主 编 李明辉

教出一个
聪明宝宝

吉林出版集团
吉林科学技术出版社

图书在版编目（CIP）数据

教出一个聪明宝宝 / 李明辉主编. -- 长春：吉林
科学技术出版社，2011.11
ISBN 978-7-5384-5545-8

Ⅰ. ①教… Ⅱ. ①李… Ⅲ. ①婴幼儿－智力开发
Ⅳ. ①G610

中国版本图书馆CIP数据核字(2011)第223306号

教出一个聪明宝宝

主　　编	李明辉
出 版 人	张瑛琳
责任编辑	孟　波　解春谊
封面设计	欢唱图文制作室　吴风泽
制　　版	欢唱图文制作室　吴风泽
开　　本	720mm×990mm　1/16
字　　数	600 千字
印　　张	30
印　　数	1—10000 册
版　　次	2012 年 1 月第 1 版
印　　次	2012 年 1 月第 1 次印刷

出　　版	吉林出版集团
	吉林科学技术出版社
发　　行	吉林科学技术出版社
地　　址	长春市人民大街 4646 号
邮　　编	130021
发行部电话 / 传真	0431-85677817　85635177　85651759
	85651628　85600611　85670016
储运部电话	0431-84612872
编辑部电话	0431-85635186
网　　址	www.jlstp.net
印　　刷	长春新华印刷集团有限公司

书　　号	ISBN 978-7-5384-5545-8
定　　价	29.90 元

前　言

　　婴幼儿时期是宝宝生长发育的重要时期。这一时期宝宝活动范围一天天增大，接触事物日益增多，宝宝的智能发育明显加快，语言和表达能力逐渐增强，但宝宝还没有识别各种危险的能力。宝宝的心理发展还仍处于萌动期，表现为意志较薄弱、注意力不易集中、兴趣易转移、做事不能持久等情况。

　　在宝宝的成长过程中，还会出现种种的健康问题。本书就宝宝早期教育及安全成长等方面提供了很多具体的解决方法，父母可按情况分析，对号入座，可根据书中给出的方法去解决，在父母对宝宝早期教育的问题上得到帮助。

　　宝宝的教育是一门综合性的科学，本书从0～6岁宝宝的生活细微处入手，解决父母最关心的问题，有助于父母掌握更多、更新的早教知识，从而提高宝宝的健康水平，给予宝宝全方位的精心呵护。本书将告诉父母如何用科学的方式爱宝宝，在后天启蒙中，给宝宝健康的思想、健康的心理、健康的身体，为他们日后智商、情商及良好性格的养成，奠定良好的基础。本书也将为父母解读如何早些读懂宝宝，了解他们，理解他们，并与他们一同成长。

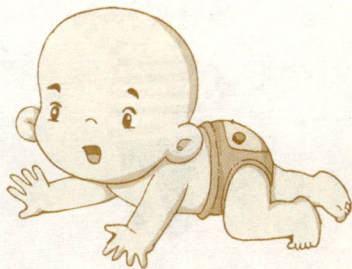

第三章
情商篇

自我管理/334

理财习惯/435

第一章

性格篇

　　自信是人们对自身力量的一种确信，只有深信自己一定能做成某件事，并为实现自己的梦想不断地去努力，才有可能成功。古今中外，那些成功的人物都是自信心很强，虽然他们在成功的路上遇到了很多困难，但是他们始终凭借内心的一种执着的信念，他们始终相信自己一定能行，因此他们获得了成功。父母要经常给宝宝讲一些有关自信的故事，并鼓励宝宝时刻相信自己的能力。

自信的性格

自信是成功的原动力

爱默生曾说："自信是成功的第一秘诀。"

父母是宝宝的第一任老师

宝宝的一生中会遇到很多老师，但父母是宝宝的第一任老师，也是最重要的老师。因为宝宝长期和父母在一起，与父母的关系是最密切的。父母的一言一行对宝宝的成长起着引领示范的作用，有着潜移默化的影响。因此，父母要用正确的方法引导宝宝从小就养成自信的性格，让宝宝自然地走向自信，由自信走向成功。

虽然宝宝还小，但是在宝宝的内心深处同样也期盼着体验成功的喜悦。宝宝的年龄特征决定了他们自我意识薄弱，对于自信的认识不深刻，自信心比较差，他们无法正确估计自己的力量和可能取得的成绩。因此，宝宝需要父母的帮助，父母可以通过各种方式，让宝宝认识自信，树立自信。其中给宝宝讲故事，就是很好的方式。

讲个有关自信的小故事

应该从小就开始培养宝宝自信、执着的品质，即使是上幼儿园阶段的宝宝，父母也不应该忽视。父母在日常生活中要学会观察宝宝的言行，对于一些不自信的宝宝，父母不要训斥他，而是应该用多种方法去鼓励。陪伴宝宝一起做一件事，让宝宝获得成就感，也可以给宝宝讲一些有趣的故事，引导宝宝树立自信心。

美国作家路斯·克劳斯写的《胡萝卜种子》就是一个引导宝宝如何在生活中建立自信心、坚守自己信念的故事。整个故事营造了一种温暖、乐观、坚定的氛围，不露任何说教痕迹，容易被宝宝接受。

《胡萝卜种子》的故事

一个小男孩种下一颗胡萝卜种子。他的妈妈说："这颗种子恐怕不会发芽。"他的爸爸也说："它恐怕不会发芽。"他的哥哥也说："它不会发芽。"每天，小男孩都把种子周围的杂草拔掉，然后浇上水。可是，什么都没长出来。大家都不断地说："这颗种子不会发芽的。"但是，小男孩每天仍然坚持拔掉种子周围的杂草，然后浇上水。终于有一天，一棵胡萝卜长出来了，如同小男孩早就知道的那样。这个故事告诉我们：在故事里，小男孩面对大人的质疑，以他特有的执着、自信、善始善终，最终实现了他的愿望。

讲故事的时候应注意什么

父母在给宝宝讲故事的时候要注意：吸引宝宝的注意力，为宝宝营造一个故事氛围，让他积极地进行思考。

● 营造良好的故事氛围

父母在给宝宝讲故事的时候，要把自己当成演员，对不同的角色采用相应的声音，粗细、高低有别，必要时使用夸张的语气。通过声情并茂、绘声绘色的讲述，让宝宝感兴趣。

● 引导宝宝积极参与

在给宝宝讲故事的过程中，可以让宝宝参与到故事中来，例如，讲到关键的时候停下来，鼓励宝宝猜猜下面的情节，让宝宝说说自己的看法，让宝宝慢慢地从故事中得到启发。

·亲子心经·

每个宝宝都有自己的优点和缺点，父母要在生活中善于挖掘和引导宝宝发现自己的闪光点，让宝宝对自己树立信心。父母可以适当地帮助宝宝，给他创造一些成功的体验，让宝宝在一个个小小的成功的喜悦中，积累起自己的一份份自信。

培养宝宝自信从爱开始

心理学大师弗洛伊德指出："受到母亲无限宠爱的人，一辈子都保持着征服者的感情，也就是保持着对成功的信心，在现实中也经常取得成功。对孩子自信的培养只能从小由家庭潜移默化，用母爱诱发出来。一个人可以被别人歧视，但万万不能被自己的父母歧视。"

培养宝宝的自信心要从父母的爱开始。其实，培养宝宝的自信心并不需要父母绞尽脑汁地去想办法，只要让宝宝从小感受到来自父母那种纯真、慈祥的爱，就能够树立起自信。因此，想要获得早期教育的成功，父母一定要用自己的爱来温暖宝宝的心田，让宝宝生活在温馨和谐、积极向上的环境中，让宝宝知道在一切顺心的时候怎么做，在遇到困难的时候，怎样去解决问题。

宝宝经常发脾气怎么办

来自北京市的一位母亲说：我儿子4周岁，因为我和老公的工作都较忙，所以他和爷爷奶奶待在一起的时间更多一些，平时孩子想要做什么，没等说话，老人就心领神会，直接给办好了，所以孩子的语言表达能力差，一句话半天也说不清楚，如果他在说话时，有人看着他，他就更说不出来了。

另外，如果他说错话或做错事，比如他把"学"念成了"字"，我们纠正他时，无论是用什么方法什么语气，他都会马上大发脾气，给我的感觉就是他很自卑，他知道自己的缺点却不允许别人指出。可是我也不能看着他明明是错的，却不纠正啊？怎么办呢？最近他又添了一个毛病，就是动不动就咬衣袖，唉……

教育专家认为，宝宝的这一表现属于一种"害羞"倾向，存在害羞倾向的宝宝只要得到家长正确的引导，完全可以克服天生的害羞性格，成为自信的人。

克服不自信的小妙招

当宝宝感到不自信的时候，父母要告诉他放松肌肉，调整呼吸，试着握紧拳头再放开，这样多次重复。父母还可以告诉宝宝："没有人盯着你看，每一个人都倾向于关注自己。"父母应该允许宝宝犯错误，切忌不要不分青红皂白地批评宝宝，如果宝宝自己改正了错误，父母要及时给予称赞。

父母要以身作则

榜样的力量是很大的，很难想象没有自信心的父母如何能培养出信心十足的宝宝。父母首先要以身作则，在生活中能够充满希望地看待未来，充满自信，这样宝宝就会深受父母的熏陶。因此，父母要求宝宝做到的时候，更要注意自己的言行，做好宝宝的典范。

诚恳、委婉地对待宝宝的顽皮

很多父母经常会遇到这种情况，例如，宝宝爱画画，可是你会发现他是故意画得乱七八糟的。这时候，父母要注意保护宝宝的自信心，不要批评他。可以委婉地告诉他："这画不是你画的最好看的那幅。我以前见过你画得很漂亮的画，为什么不画一幅更漂亮的呢？"

父母要以实事求是的态度对待宝宝，这样既能赢得宝宝对你的信任，而且还能鼓励宝宝在做事情的时候能尽自己最大的努力。

给宝宝减轻负担

父母不要主观地把宝宝的时间安排得满满的，这样只会加重宝宝的负担。要根据宝宝的情趣和爱好来安排宝宝学习，顺势加以引导及培养；如果宝宝暂时没有表现出来某方面的特长，父母也不要刻意追求。父母应该让宝宝有更多的时间享受家的温暖和乐趣。其实，父母与子女之间的爱就是培养宝宝自信心的基础。

· 亲子心经 ·

自信心是宝宝成长过程中的精神核心，它是促使宝宝充满信心去面对困难、努力完成自己愿望的动力。但是自信并非与生俱来，它必须由父母用真挚的爱和正确的方法对宝宝加以引导，这样才会让宝宝逐渐学会相信自己，树立起自信心。

让宝宝自信起步

著名苏联教育家苏霍姆林斯基曾经说过："要让每个孩子都抬起头来走路。"

这句富含哲理的话告诉我们，每个宝宝都有自己的闪光点，我们要给予他们足够的尊重，让他们能感觉到自己独有的长处和优势。在宝宝走路的时候，可以告诉宝宝要抬起头来走路，心里可以想"我很棒！"这样有利于宝宝从小树立一种自信的心态。在不同的年龄阶段，宝宝的自信也会面临不同的挑战。因此父母应该在宝宝很小的时候，就让宝宝树立起自信，父母要知道在什么时候对宝宝进行肯定和鼓励，同时，也要知道如何制定类似纪律的约束。

让宝宝说话时直视别人的目光

父母要经常直视宝宝说话，并且引导宝宝在说话的时候，也直视别人的目光，因为直视别人的目光是帮助宝宝树立自信的过程。

随着宝宝慢慢长大了，接触的人际圈也在扩大，宝宝要学会加入一个团体和直视别人的目光。专家指出："越是高质量的社会接触，宝宝就越有机会感到自己受到重视，就越会从别人的眼中看到对自己的评价，这将帮助宝宝形成自己的个性。自信将在人生中遇到的事和人中，在成功和失败中继续建立和经受考验。然而，尽管一切还没有开始，但自信是在人的孩童时期奠基的。"

用商量的语气和宝宝说话

家长应该用商量的口气让宝宝做力所能及的事情。比如"把报纸拿给妈妈，好吗？"让宝宝知道被人需要，这是提高宝宝自信心的好方法。

宽容地对待宝宝

父母的宽容是培养宝宝自信的土壤。父母不要总是因为宝宝的房间或者桌子很乱就责备宝宝，而是要教宝宝自己收拾玩具，并且跟宝宝一起做。

让宝宝感受父母的真诚

在宝宝的成长的过程中，宝宝最需要的就是被肯定的信号围绕：语言、微笑、鼓励的手势，这些虽不是树立宝宝自信心的灵丹妙药，但是通过这些信号宝宝会感受到父母真诚的爱，这对于宝宝树立自信起了积极的作用。下面就介绍一下专家建议的宝宝0～6岁时，父母鼓励宝宝的话语。

● 0～6个月
父母在宝宝刚刚出生的时候，

应该让宝宝学会新的"依恋"，而父母们正试图满足他的要求。父母可以经常说："我很高兴，你在这里。""我爱你，我愿意照看你。"

● 6～18个月

这个阶段的宝宝开始学走路，步入世界并想让别人知道他的愿望，父母可以经常说："你可以去探险了，我保护你。""我喜欢你积极主动，我也喜欢你安静。"

● 18个月～3岁

这个年龄段的宝宝开始懂得规矩和谈判的底线。这是宝宝疯狂说"不"的阶段。父母可以对他说："你可以反抗我，但我仍旧爱你。""我希望你能想一想。""你能表达你的愤怒，这我接受，但我不能允许你打人。"

● 3岁～6岁

在这个阶段，宝宝能更好地明白自己的身体和发现世界。以下的话语对宝宝是非常有用的，父母可以经常说："你有权利学习什么是真的，什么是假的。""你有权利探险。"

战胜困难可让宝宝自信倍增

宝宝在玩玩具时，如拼七巧板时遇到困难，要鼓励宝宝自己想办法解决困难。如果实在想不出办法了，父母可以提示性地从侧面进行指导。

· 亲子心经 ·

父母应该用自己的爱让宝宝有安全感，凡是宝宝能自己做的，应该让他自己做。父母应该在尊重宝宝意愿的基础上，培养宝宝的生活自理能力和良好习惯。父母要坚信宝宝虽小但是具有巨大的学习能力和发展潜力，因势利导，从而让宝宝在日常生活中逐步树立自信。

让宝宝走向自信

有位哲人曾说："自信心是每个人事业成功的支点，一个人若没有自信心，就不可能大有作为。有了自信心，就能把阻力化为动力，战胜各种困难，敢于夺取胜利。"

父母应该让宝宝多看到自己的优点和长处，避免宝宝总是针对自己的缺点，要鼓励宝宝做到以人之长，补己之短。父母要让宝宝客观地认识自我，这样有利于宝宝实事求是地制定自己的目标，使宝宝充满信心，在通往成功的道路上迈出坚实的一步。

让宝宝由内向走向自信

宝宝内向不是病，但是这种内向的性格会影响宝宝和他人之间的交流以及宝宝的自信心，家长应该注意加以正确的引导。

宝宝太内向怎么办

有位张妈妈对同事们说："我家豆豆真是一个非常害羞的孩子，在陌生人面前从不开口，也不跟别的孩子玩儿。"小王："你真有福气，孩子这么乖。我觉得女孩子就该这样。"小刘说："可孩子太过于羞怯、太内向了也不是好事。"小陈说："是啊，太内向的孩子以后与人交流会有障碍的。"

父母可以进行多种活动增强内向宝宝的自信心。比如在宝宝的生日时邀请其他小朋友参加，鼓励宝宝在小伙伴面前表演自己最拿手的节目，例如唱歌、跳舞等。经常带宝宝出去，让他和同龄的宝宝一起玩耍。父母可以让宝宝对幼儿园的功课进行提前的预习或练习，等到宝宝在正式上课的时候，宝宝就不会显得惊慌失措了。

让宝宝在成功的喜悦中走向自信

对于宝宝来说，任何微小的成功，都可以增强他的自信。当宝宝写好一个字，做对一道题，洗干净一双小袜子，第一次擦净饭桌，他都会有成功的惊喜。家长要善于让宝宝体验成功的滋味。爱迪生曾说："你知道我是怎样迷上发明的吗？告诉你，我是从小用泥块捏成城堡起步的。成功欢喜地告诉我，我可以创造一切。"在这里，我们也可以看到成功时候的喜悦对宝宝的价值和魅力。想要让宝宝体验成功，首先父母对宝宝的期望不要太高，一定要符合宝宝的实际情况，最好将长远的目标分解成一个个小的目标，循序渐进地开展。

让宝宝从生活的细节走向自信

3～6岁的宝宝已经非常有个性了，你让他赶紧睡觉可是他还想看动画片，你让他吃蔬菜可他偏喜欢吃肉，这说明宝宝的自我意识提高了，他需要自己去决定自己的事情。父母抓住这个时机培养宝宝的自信心，就会简单而有成效。

● 让宝宝做力所能及的事情

家长可以让宝宝做一些力所能及的事情，宝宝的自信来源于在每件小事中你对他的认可。例如，可以让宝宝清洗自己的小手帕等，即使洗不干净，也会让宝宝具有成就感。

● 给宝宝自由的天地

给宝宝一个属于自己的小天地。可以给宝宝一个房间，也可以给宝宝一个角落，让宝宝有一个不受约束、自由玩耍的小天地。因为拥有自己的"领地"，会让宝宝心中充满骄傲和快乐，这会让他更加自信。

● 让宝宝自己选择喜欢的衣服

家长可以让宝宝选择自己喜欢的衣服，让宝宝自己挑选款式和颜色。可能他挑选的颜色你不喜欢，但不要否定宝宝的眼光。尊重宝宝自己的意见，也是培养宝宝自信的好时机。

● 和宝宝平等交流

家长可以和宝宝一起看他喜欢的动画片。观看的时候和宝宝讨论他喜欢的人物和台词，对宝宝的观点表示感兴趣。平等地交流和相处也可以培养宝宝的自信心。

● 让宝宝来付钱

家长平时带宝宝去超市的时候，可以把钱交到宝宝手上，让他交给收银员。虽然宝宝不会算账，但是宝宝至少知道自己能买东西了。等到宝宝可以自己掌握零用钱的时候，让宝宝当家，这样有助于增强宝宝的自信。

● 培养宝宝的社交能力

家长可以让宝宝经常和小朋友们玩耍。在游乐场或公园里，鼓励宝宝认识陌生的小朋友。培养宝宝的社交能力可以提高他的自信心。

· 亲子心经 ·

　　独立和自信是相互促进的，当宝宝发现自己能够独立解决问题，自己的意见受到尊重的时候，宝宝的自信就会得到提高。父母可以根据这个原则，在生活中采用多种多样的方法，积极引导宝宝更加自立，走向自信。

宝宝缺乏自信怎么办

　　自信是一种情感体验，对于宝宝来说，从小就建立起良好的自我评价系统，树立自信，会为他将来成功度过一生，打下坚实的基础。

　　富兰克林曾说："宝贝放错了地方便是废物。"同样的道理，"废物"放对了地方便是宝贝。我们不可能让宝宝生下来就天资聪慧，但是，我们却完全可以通过有效地培养，让宝宝在成长过程中做到自信心十足。

宝宝缺乏自信的表现

　　不同宝宝对于缺乏自信心的表现也不相同，家长要及时发现宝宝的各种异常行为并给予关注，同样

的解决问题的方法不一定适用于所有宝宝，这就需要家长针对宝宝的问题进行具体分析。

　　家长在解决问题的过程中要细致观察，找出导致宝宝缺乏自信的真正原因，这样才会真正让宝宝自信起来。

● 不愿意和周围人交流

　　有时候宝宝因为经常被批评、指责，会变得不愿意说话。时间长了，宝宝就不再愿意和周围的人说话、交流，他会觉得尽量少说话可以减少甚至避免被批评的概率。

● 非常"自大"的宝宝

　　有一些非常"自大"的宝宝，对别人不感兴趣，什么东西都要占有，随时都想证明点儿东西，像这样的宝宝，总是想吸引别人的注意，同样也是缺乏自信的表现。

● 过分依赖人的宝宝

　　有时候明明宝宝可以独立完成的事情，可他就是不愿意自己完成，非得依靠周围的人来做。这类宝宝经常担心自己做得不好，不相信自己，就认为找别人帮忙做肯定会比自己强。

这多是因为以前宝宝已经习惯了依赖别人给自己做好一切。

● 经常羡慕其他小朋友

有的宝宝总是看着其他小朋友的东西好，有漂亮的衣服、好玩的玩具。虽然宝宝自己也有这些，但他总是觉得不如别人的，不喜欢自己的东西。

这类宝宝已经出现了对比，甚至攀比的心理。当自己的生活环境没有其他小朋友优越时，逐渐会产生羡慕的心理，对自己的环境产生排斥，如果家长不进行正确的引导，很有可能导致宝宝形成嫉妒心理。

● 过于听话的宝宝

家长都希望自己的宝宝听话，不喜欢那些顽皮的宝宝。但心理学家认为，儿童在言行方面略有越轨，对他们的身心成长有益。那些对家长言听计从的宝宝，通常低估了自我价值，自信心比较弱，对环境和生活中发生的事物容易怀有恐惧。他们把听话作为自我保护的手段，因为他们所犯的错误越小，"风险"也就越少，这都是宝宝自信心不足的表现。

女儿性格内向怎么办

今天去幼儿园，发现女儿情绪很低，看到我了也不敢出来，我叫她出来，她却很犹豫，坐在那里不动，直到老师叫她出来才行。我给女儿买了一把小雨伞，是自动的，但她并没有表现出高兴，而是胆怯怯的样子，其他小朋友都跑过来看，她却一点也不活跃。我向老师了解女儿的表现，老师说女儿个人能力比较强，学东西都是心里知道，但是性格内向，不爱说话，不愿交往，不善表现。我心里很难过，我希望女儿在幼儿园里是快乐的。女儿每天回家总是唱歌给我们，天天和院内的宝宝疯玩，话也很多，有时多得烦人，为什么在幼儿园里就不爱说话了呢？真不知道该如何教育和培养宝宝才好！我希望女儿的性格变得开朗活泼、阳光可爱，谁有好的办法啊？

帮宝宝克服心理障碍

父母可以在家里为宝宝特别制作一张日历表，如果宝宝当天在课堂上大声朗读或主动回答老师的提问，就可以得到1个小红旗。

如果一个星期她能得到4个小红旗，在周日的时候就可以得到奖励，可以去商店去买她喜欢的文具或玩具。

如果宝宝一个星期得到了5个小红旗，宝宝就可以得到最高奖励，在周日选择自己喜欢的活动，如看电影、到餐馆吃饭、去游乐园，全家人都要听宝宝的话。相信这种奖励的方式会让宝宝更加自信。

·亲子心经·

当宝宝不听话的时候，一些父母就会做出斥责、甚至打骂宝宝的事情，这种行为会让宝宝更加不自信，做事情畏手畏脚，生怕犯错误。斥责打骂也会让宝宝的逆反心理更强。要想让宝宝听话，首先要尊重宝宝的意愿，了解宝宝的想法。当宝宝的想法出现错误时，父母应通过说服教育的方式对宝宝加以引导，让宝宝既改正了错误，又增强了自信。

宝宝攀比源自哪里

宝宝在场，你却和别人谈论宝宝的缺点；宝宝正在努力地做一件事情，你却因为"等不及了"而擅自替宝宝做了；宝宝撒谎，被你察觉，你当场将他的谎言揭穿，甚至当着众人的面；宝宝在和别的小朋友玩，你赞美别的宝宝，对自己宝宝的努力却看不到……

有时，宝宝就是父母的影子，如果父母在谈论、在攀比，宝宝自然很快就学会了。父母是宝宝的榜样，一言一行都会对宝宝起着潜移默化的影响。因此，当父母在较着劲儿"比赛"的时候，就为宝宝作了"最好"示范！

注意把握宝宝攀比的心理

宝宝适当有点儿攀比心是正常的，因为宝宝在幼儿期就有表现的欲望，他们也想用好看的玩具、漂亮的衣服等来吸引人们的注意。但是家长要注意把握攀比的尺度，宝宝过分的、不切实际的攀比会发展成虚荣心。

瑶瑶妈的烦心事

瑶瑶3岁了，是个可爱的女孩，各方面都成长得不错，性格开朗很爱说话，也挺懂事。但让妈妈烦恼的是，她总和别的小朋友攀比。她家有个邻居，家里也有一个女孩，和瑶瑶是同一天出生的，而且同一天去了同一个班级的幼儿园。这两个女孩无论在哪一方面都要做比较，特别是瑶瑶，攀比的心理太强了。那个女孩有什么，只要她没有，马上就大哭大闹地要一模一样的东西，一点儿道理都不讲。有时，她还因为一点儿不值钱的小东西哭闹。家里的老人不忍心看她哭，就去给她买。可是下次遇见同样的情况，她还是要大闹一阵子。妈妈真是不知道，如何去教育她？

父母面对宝贝的攀比行为时，要注意度的把握，既要给予鼓励，保护童心，又不要过分溺爱，防止宝宝强化攀比惯性。

父母要引导宝宝在积极正面的地方进行比较，例如品德、技能等，引导宝宝忽略物质上的欲望，鼓励宝宝采用正当的方式，通过个人努力来赢过别的小朋友或得到自己想要的东西。

测测你的宝宝是否有虚荣心

1.宝宝喜欢受表扬且沾沾自喜吗？

2.当宝宝穿了漂亮的衣服以后喜欢炫耀吗？

3.宝宝对批评耿耿于怀，过分爱面子吗？

4.宝宝常常会不懂装懂吗？

5.宝宝常表现出"豪爽大方"吗？

6.宝宝常常掩盖自己的短处吗？

7.宝宝喜欢欣赏自己的照片吗？

8.宝宝关注自己穿的衣服是否漂亮吗？

9.宝宝喜欢在小朋友中担当中心的角色吗？

10.宝宝喜欢向别人介绍自己的家庭成员或者亲戚中较有地位的人物吗？

11.宝宝愿意同家庭状况贫困的小朋友一起玩吗？

12.宝宝愿意夸耀自己取得的成绩吗？

13.宝宝习惯于为自己做错的事找借口吗？

14.宝宝喜欢撒谎吗？

15.宝宝与小朋友交往的过程中

更关注自己的感受吗?

以上评分"是"记1分,"否"不计分。将各题相加,得出总分。

得分评价:

0~5分:宝宝有一定程度的虚荣心。

6~10分:宝宝有较重的虚荣心。

11~15分:宝宝的虚荣心十分严重。

父母要正确地引导宝宝

● 父母要转变心态

父母应注意不要拿宝宝和别的小朋友比较,要善于发掘宝宝的独特性,父母要把这种爱比较的心态,转化成与宝宝共同成长的动力,鼓励宝宝实现与众不同的自我价值,才更有意义。

● 引导宝宝攀比的方向

宝宝拿自己与别人比较不全是坏事,但是父母要引导宝宝所关注的事情的方向,例如要和小朋友对比谁更有爱心、谁更勇敢……而不要对比谁吃得好、谁穿得好。

● 不要以宝宝为中心

如果全家人都以宝宝为中心,什么都顺着他的心意,什么好吃的都先让他吃的话,宝宝就会习惯任何事情先考虑自己,觉得别人有的自己也应该有,很容易形成攀比的心理。因此,在家庭成员的关系上一定要一视同仁。

· 亲子心经 ·

虚荣心是导致人们攀比的根源,如果能够有效克制虚荣心,就不会造成盲目的攀比。人们攀比现象的出现,从另一个层面分析,是非常正常的现象,每个人都有自尊心,都希望自己比别人好,这种心理是普遍存在的。大人们如此,宝宝们也不例外。只是父母要注意以身作则,正确引导宝宝,利用宝宝的攀比心理,帮助宝宝正确面对,树立自信心,激励宝宝不断取得进步,让攀比变成优良的教育资源。

怎样和宝宝说"不"

宝宝经常有这样或那样的要求,其中又有不合理的成分。该如何对宝宝说"不",又能让宝宝从心底里接受?

从小给宝宝立下规矩是必要

的，但父母也应该学会说"不"的方式和技巧。父母在说"不"的时候，首先应该尊重宝宝，了解他们的需要，在宝宝需要的时候给予关怀和帮助。当然，在你决定说"不"前，请做个深呼吸，问一下自己"需要吗？"然后，作出正确的决定！

不要马上否定宝宝

宝宝不喜欢另一个宝宝总有他的理由。碰到这种情况还是先同宝宝聊聊吧，不妨问他："那你今天过得不开心呀？××对你怎么了？他做了什么事让你不高兴了？下次碰到他你准备怎么办？"通过这种方式来疏通宝宝。

别轻易否定宝宝的看法

小涛刚刚同小伙伴大明玩了，回家却宣称："我一点也不喜欢大明。"妈妈说："你不可以这么说，大明是个好宝宝。"小涛妈妈只是不希望宝宝对他人过分地指责，希望两个宝宝相处愉快。不过在这时候告诉宝宝应该怎样去"喜欢"对方是不对的，这等于是轻易地否认他对小伙伴的判断力，很可能抑制他今后判断人、发展人际关系的能力。而且，小涛还会觉得妈妈根本不了解情况，总是不听他说，对他有成见。

让宝宝大胆尝试

父母要判断一下宝宝的行为是否在安全的环境中，如果他所处的环境是安全的，他的行为和意愿只是想要去尝试一些他非常好奇的东西，父母可以让他自己试一下，因为每个宝宝的好奇心都很强，每个宝宝都希望模仿大人的行为。在宝宝尝试的过程中，也会有助于树立自信。

答应宝宝的小要求

每次从超市买东西回来，甜甜都要拎袋子，不给她也非要不可。后来有一次就让她拎一下，但同时告诉她："你先拎，拎不动了，妈妈帮你好吗？"东西给她一分钟后，看到她真的拎不动了，我再过去问她，"现在是不是拎不动了，妈妈可以帮你了吗？"她很爽快地就把袋子还给了我。再后来好几次，她拎了一会儿，都会很主动地还给我，事实上，满足一下她小小的愿望，她还是很高兴的。

用角色互换的方式教育宝宝

父母可以用角色互换的方式来教育宝宝，例如用宝宝喜欢的小动物来模拟，宝宝不想洗脸，你可以对他说："小猪脏了，别的小动物都不理它了，你也想和小猪一样脏吗？小花猫宝宝爱洗脸，看小花猫宝宝说甜甜小朋友，你也洗脸吧，洗了我和你做朋友。"这个方式也非常奏效，小宝宝很容易接受这样的教育方式。

什么时候要坚决说"不"

● 伤害别人

宝宝喜欢用自己的方式来表达情感，例如生气时踢人、咬人。家长在阻止宝宝这样做的同时要抚慰他的愤怒。

● 调皮捣蛋

很多宝宝调皮是为了要引起家长的注意，家长在说"不"的同时，一定要给予宝宝更多的关注、更多爱。

● 大发脾气

宝宝乱发脾气的时候，家长一定要让他知道"这样绝对不行"，并用行动告诉宝宝"只有你用正常的方式，我才能满足你。"

● 不遵守社会规则

宝宝违反规则大部分情况是因为不明白，此时家长不仅要坚决说"不"，并要给予正确引导，如闯红灯、随地大小便、乱扔垃圾。

● 处境危险

宝宝做某些非常危险的事情，家长就必须阻止，不管他玩得多么开心。

宝宝过于好强怎么办

有一位家长反映自己的宝宝过于好强，任何事情都不能够输的，和他玩个什么游戏或者来个小比赛什么的，不管是否在他自己能力范围内，他都必须赢，否则他马上就表现出非常痛苦、并且感觉很委屈的样子。

这个学期我给他在少年宫报了一个武术班，主要是想让强强锻炼身体。不过，最近发生的事着实让我伤了脑筋。吃完晚饭的时候，就我和强强在家，强强说要练武术给我看，先来了个鹞子翻身加坐盘，另外还翻了几个跟斗，都做得不错，最后他说要做下腰。在地板上做了两次，没成功。他就很不高兴，说地板太滑，然后说，到床上去做，到了床上，结果还是不行，做了几次不行，强强就开始大哭，说：妈妈我不行呀！这个动作要求手脚反向撑地，头离地，强强的头总是不能离地。可我自己这方面比较差，更别提辅导他了。

我只能是帮他扶着腰，希望他能把头抬起来，但又做了几次，还是失败，强强哭得更厉害了，"妈妈，我还是不行呀！"尽管我劝他要慢慢来，不能着急，实在不行我们今天就不练了，今天累了，不练了或者等星期四再问问老师，是不是还有什么动作要领没掌握，但他还是拼命哭。一边哭一边还坚持继续练。

看着孩子这样我都非常难受，我说这么难，我们下学期就不学了。强强一边哭一边叫，"我就是要学！"后来他实在也很累了，我

又不断地劝说开导他，说比他差的小朋友还有，下次课再跟老师说说怎么办，他总算肯让我给他讲个故事，结束了长达半个小时的哭闹。

强强从来就是个不肯认输的孩子，尽管我跟他讲，强强付出了努力就可以了，告诉他失败是成功的朋友，而且没有完美的人。但是他总好像还不能理解。

说"不"三步走

家长适当地拒绝宝宝，要注意方法技巧。这样不但不会伤害他们的自尊心，使他们产生怨恨，反而能够树立家长的威信，也使宝宝对自己有信心，懂得了生活和做人的道理。

● 拒绝之后简单解释

家长在拒绝宝宝后要作出解释，会让宝宝感觉到自己受到了尊重，这样的拒绝不但宝宝很容易接受，也使他学会了理解和支持父母。家长在向宝宝解释时要注意语言简单明了，就事论事。

● 一旦说不，就要坚持下去

家长拒绝宝宝后不要出尔反

尔，即便发现有不妥，可以事后弥补，不要当场反悔。尤其不要因宝宝撒娇、哭泣就改变决定，否则他们就"学会"用撒娇、哭泣来获取他们想要的。

● 让宝宝明白什么值得拥有

家长拒绝宝宝之后，要让宝宝明白什么东西是值得拥有的。例如，拒绝买新书包，可以解释：原来的书包还很新，现在再买就是浪费，而用同样价钱买本新书或买个新玩具，这些都比买书包有意义。

· 亲子心经 ·

许多家长主观认定不好的事情，就会直接跟宝宝说"不可以"，却并未告诉宝宝原因。家长在说"不可以"前，应先清楚地说明为什么"不可以"，也可以通过协商的语气和宝宝共同解决问题。家长不妨用正面的提醒来代替负面的禁止。

让宝宝充分相信自己的能力

宝宝的自信来自于他怎样看待这个世界，父母想要提高宝宝的自信，就需要让宝宝树立正确的世界观。作为父母首先要让宝宝学会欣赏自己的才能和天赋，从而改变宝宝对自己的认识。

父母需要拿出时间发现宝宝出众的地方，让宝宝感受到你的关心和爱。这件事情看似非常简单，但是能持之以恒做下去却很不容易，这需要家长坚定的信念和态度。家长真诚、由衷的赞美对宝宝的影响非常大，宝宝会更加具体地知道自己哪里很棒，才能真正相信自己的能力。给宝宝一个实现自我的平台，从而培养宝宝的自信心。

父母要注意对宝宝的评价

在家庭中，宝宝的自我评价主要受他人的影响，父母对宝宝有自信，宝宝就会拥有自信。因此，父母应注意自己对宝宝的评价，要以正面鼓励为主。

● 宝宝不自信，真愁人

我的女儿快三岁了，几级的小台阶还不敢独自上下，在滑梯上面的平台上都不敢站起来，除非大人也跟她一起站上去，真怕她老这样磨磨蹭蹭、战战兢兢的，还有2个月就上幼儿园可怎么办？这孩子还很敏感，要面子，做不好她就回避，你要说她她就会结巴，怎样才能把她锻炼得勇敢、自信、开朗呢？顺便说一句，她虽然个子很大，但各项动作发育都比同龄孩子慢。

● 让宝宝体验成就感

宝宝的成就感来源于生活的点点滴滴。通常而言，4个月的宝宝能自己踢响玩具；6个月的宝宝能努力够到前面的手摇铃；9个月的宝宝能够扶着妈妈站起来；2岁的宝宝能够帮助妈妈拿衣服；3岁的宝宝可以自己穿衣服、吃饭。这些看似微小的事情，都可以让宝宝感受到自己的力量，让他感到无比的自信和快乐。父母不可过分包办代替，应该让宝宝自己体验成就感。

● 挖掘宝宝的优势领域

有的宝宝会因为下棋比别人好而有自信，有的宝宝会因为讲故事绘声绘色而觉得自己是一个厉害的人，有的宝宝会因为自己比别的小朋友跑得快而觉得自己很有力量。

父母应该注意观察宝宝的优势领域，充分挖掘和培养宝宝的天赋和才能。

让宝宝增长更多的见识和能力

父母可以通过旅行、读书、学习一些才艺活动来增长宝宝的见识，只有宝宝掌握的知识增长了，判断能力增强了，他才会充分相信自己的能力，才会更有效地增强自信心。

女儿在旅行中更加自信了

一位经常带着女儿出去旅行的妈妈，曾这样介绍了自己的经验：女儿5岁那年，我在书店买了本介绍全国旅游景点的书，每到一个地方旅行之前，我都会先在书上看一遍，然后用儿童容易理解的语言讲给女儿听，让她先有个初步的认识和了解。

我想，让宝宝带着问题去玩，不但锻炼了身体，同时也可以增长地理、历史等各方面的知识，这对宝宝的身心健康和语言及写作能力都有好处。

随着宝宝年龄的增长，我除了

让她准备该带的物品外，还专门给她准备了一个能背着的小旅行包。其实我知道宝宝所能承受的重量，里面并没有装很多的东西，目的只是让她有合作的意识和小大人意识。当我们在旅途中遇到不认识的路时，我会坐在一边请女儿来帮忙问路，这样宝宝在旅行中不仅增长了许多的知识，还学会了与人交往的技巧，学会了如何处理一些问题。

·亲子心经·

宝宝的能力是在活动的过程中表现和培养出来的，父母经常鼓励宝宝多参加各种各样的活动，是培养能力的途径。但宝宝不可能一生下来就会某一种活动，这时父母就要用鼓励的态度影响宝宝积极地去尝试，让宝宝明白重在参与。如果宝宝缺少鼓励，那么他就可能会在任何活动面前退缩，如果宝宝很在乎得失，那么他也可能会因为怕失败而不敢尝试。

旅行的过程，其实也是一个增长宝宝能力和见识的过程。因此，有条件的家长可以多带宝宝出去走一走、看一看，并可以像故事中的那位妈妈一样，多给女儿一些锻炼的机会。

古人说："读万卷书，行万里路"。如果家庭条件不允许，或家长工作太忙没时间，还可以通过增加宝宝阅读量，给宝宝更多独自处事机会等方式，让宝宝见闻广博。

信心，最易获得又最易失去

美国教育家桃乐斯诺特在《人这样成长》中写道：在宝宝眼里，父母就是他们的支柱、他们的一片天。父母在宝宝成长过程中播下了什么种子，将来宝宝就会收获什么——给他们打击，他们便会丧失自信；给他们宽容与赞美，他们才能学会赏识别人、爱惜自己。

对于宝宝来说，也许只是一句鼓励的话语，一个赞赏的眼神，都会令他神采飞扬、信心百倍。可是宝宝的内心又十分脆弱，有时父母的一句话、一种行为，就会伤害宝宝的自信心。信心，对于宝宝来说，的确是最容易获得也是最容易失去的。

不要过度"保护"宝宝

宝宝对于周围的事物总是感到新鲜和好奇，喜欢参与并表现自己，这是正常的现象。父母应该给宝宝更多独立的空间让他去发挥，并且在言行上支持宝宝。如果父母经常对宝宝说"这事太难了""太危险"，这样会让宝宝产生挫败感，宝宝会把这种挫败感和父母联系起来，所以宝宝会莫名其妙地讨厌父母。父母过度地保护宝宝，阻止宝宝尝试接触世界，这会被宝宝解读为自己真的不行，这对树立宝宝的自信心没有益处。作为父母，应该让宝宝知道，不管什么事都应该让宝宝去经历，这对宝宝的成长是有好处的。但要注意保证宝宝的安全。

那样很危险，不要学

李女士的儿子3岁多，调皮好动。一次，李女士的宝宝学着其他宝宝那样在池塘边的石块上跑来跑去，李女士觉得很危险，一把把儿子拉了回去。儿子大哭，竟然用恨恨的眼光瞪着她说："我不要你了！我不喜欢你！臭妈妈！"那是儿子出生以来第一次骂她。

关注宝宝的内心世界

每个人都有一种"获得认可与欣赏"的心理需要，对于宝宝而言，这种需求更加强烈。父母无意间气急败坏地责骂宝宝"笨"，会让宝宝不知所措，妄自菲薄，会产生一种逃避的心理。这种言语会打击宝宝的自信心，让宝宝的心理素质形成恶性循环。

心理学"皮格马利翁效应"指出：一个人对自己能力的期待和信念会深深影响脑功能的发挥。因此，父母应该更多地尊重、欣赏和鼓励宝宝，关注宝宝的内心世界。

你怎么这么笨

阳阳数数只能到10，阳阳妈的耐心几乎被磨光了，一不小心说出了这样的话："你怎么这么笨？"

不要总对宝宝说"等一下"

很多父母在和宝宝说过"等一下"，之后就没了下文，而且也没有留心自己说过这句话，但宝宝却是满心期待。如果父母经常使用

"等一下"却又没有下文，这种前后不一致的说话方式就会让宝宝失去信任感。

父母在忙碌时不妨先重复宝宝的语意，然后表明自己在忙。这样的方式能让宝宝有被尊重的感觉，他自然也会尊重父母有事情要处理的状况。但在忙完后，父母一定要记得去做刚刚承诺宝宝的事情。

· 亲子心经 ·

父母要尊重宝宝的个性发展，当他没有按照你的想法做时，请不要强迫他改变想法。要多看到宝宝积极的一面，鼓励和肯定他的独立能力，帮助他建立良好的自信心。适当地赞扬可以巩固宝宝的自尊心和自信心。如果觉得他很棒，可以坦率地用"做得好"之类的话语表达你心中的喜悦和自豪。父母的欣赏、鼓励和赞扬是宝宝前进的最大动力。

不要说"你一定要，你必须"

当父母经常对宝宝说"你一定要""你必须"等命令的话语时，不妨先反省一下自己为什么这么说。是不是将自己的想法强加在宝宝身上？如果是，那么父母就应该矫正自己的想法。因为宝宝是独立的个体，控制虽然可得到短时间的效果，但却会产生很大的后遗症，影响宝宝的判断力，让宝宝只知道盲从。

培养宝宝多种兴趣和爱好

父母可以多培养宝宝的兴趣和爱好，例如，各种体育活动，特别是全家都可以参与的那种活动，因为有了父母的积极参与，宝宝会更有热情。这时的体育活动已经不再以输赢为最终目的，更多的是教会宝宝如何迎接挑战，积极进取，从而培养宝宝的勇气和自信心。

帮助宝宝克服自卑心理

苏霍姆林斯基曾说："要相信孩子，如果让孩子从小就失去自信心，长大了我们对他还能抱什么希望呢？"

居里夫人曾说："我们应该有恒心，尤其要有自信心。"自信心是宝宝成长不可缺少的重要心理素质。一个人如果缺少自信，认为自己干什么都不行，久而久之就会形成自卑心理，没有自信心。

自卑心理与性格内向是有区别的

存在自卑心理的宝宝与性格内向的宝宝，在表现形式方面虽有相似的地方，但他们也存在明显区别。这两类宝宝的相似之处是都害怕在公开场合表现自己。

区别：在心理上，存在自卑心理的宝宝觉得自己不如别人，这也不行，那也不行，而性格内向的宝宝并没有这种感觉。

在行为上，存有自卑心理的宝宝不仅在公开场合不能大胆表现自己，而且在父母和其他亲人面前也不能大胆表现自己；而性格内向的宝宝则不同，在父母和其他亲人面前并不胆怯。

在交往上，存在自卑心理的宝宝不愿意与所有人交往，包括自己的父母；而性格内向的宝宝在家庭里还是比较活跃的。

父母不要诱发宝宝的自卑感

教育专家指出，绝大多数宝宝的自卑感是由父母诱发的。如果父母坚定自信，那么宝宝对未来也是充满信心的。被自卑感"传染"的宝宝，会认为"连爸爸妈妈都没本事，我又能干什么？"父母将宝宝的发展当成自己唯一的指望，是一种丧失自我的表现。这样的父母经常患得患失，对宝宝不断催逼。当宝宝渐渐长大，会越来越感受到父母对自己的强烈期望，宝宝在潜移默化中就会变得非常不自信，还经常喜欢推卸责任。

妈妈没本事，你是妈妈唯一的希望了

杨杨妈39岁"高龄"产子，把杨杨视若掌上明珠，也把自己对生活的全部希望寄托在杨杨身上。杨杨妈经常在表达母爱时不经意间对杨杨说："妈妈没本事，你是妈妈

唯一的希望了"。未满三岁的杨杨此时只能似懂非懂地看着妈妈。

不提倡自卑的鼓励

事实上，两三岁的宝宝就开始注意自己的长相了。到了五六岁，他们会同别人比较，然后会抱怨："我的脸太黑了。""我是不是太丑？"可能令他怀疑自己的判断力，他会用父母告诉他的标准去看周围的人。

宝宝也可能觉得父母不理解他的伤心，会一个人把不愉快压在心底，不再对父母说什么，这在宝宝以后的社交中可能出现心理障碍。正确做法是，如果宝宝觉得自己哪里长得不好看，父母可以先问问他，是不是在和谁做比较。然后可以同宝宝讨论，看看能不能帮助他。

自卑的鼓励不恰当

芳芳从幼儿园回来闷闷不乐，因为同伴嘲笑她有个大蒜鼻子。妈妈说："你的鼻子挺漂亮啊，妈妈就喜欢你这个样子。"

芳芳妈妈采用的安慰方法是告诉宝宝无论长得什么模样，妈妈一样爱她。但是这其实等于告诉宝宝——她担心的东西是真的。

努力强化宝宝的自我肯定

许多自卑的宝宝心中的自我肯定往往是脆弱的、不稳定的，因而非常需要得到外界的经常不断的强化。强化宝宝自我肯定的方法很多，例如，为宝宝设一本"功劳簿"，让他每周至少一次写出（或画出）自己的"功劳"，并告诉他，所谓"功劳"并不一定非得是很大的成绩，任何一点进步，以及为这种进步所做出的任何小小努力，都有资格记载入册。

父母如果发现宝宝自卑了，不要心急，要想办法积极补救。父母可以和老师深入交谈，分析宝宝日常的表现，查找出宝宝自卑的根源，然后才可以对症下药。在帮助宝宝树立自信心的时候，不要心急，可以先找出宝宝的优点，慢慢引导他认识到自己的优点，让他明白每个人都有自己的强项和弱项，然后再逐渐提高宝宝在弱项上的表现能力。这样，宝宝自信心得到强化，自卑也就离他越来越远了。

自我肯定也不宜过度

切记不要在任何时候、任何情况下都使用自我肯定，也就是说自我肯定也应有个度，要分时间、场合和具体事情，更要提出一定的原则、标准和尺度。不要让宝宝的自我肯定用过了头，那就可能变成一个没有自知之明、唯我独尊的"小霸王"。

今天让宝宝做"小主人"

家里来客人了，让宝宝主动和客人打招呼，非常大方地和小朋友分享玩具，喜欢的食品先让给别的小朋友吃，这些做法对于宝宝来说既可以增强他的自信，也是一次次成长中的进步。

很多家长都希望自己的宝宝能自信、热情地招待客人。可是每当客人来的时候，向来聪明活泼、伶牙俐齿的小家伙突然一下就变得"沉默寡言"了，他们有时候会表现得很拘谨、不自信，好像这里不是他自己的家，有时候躲在自己的房间不愿意出来。出现这些情况的时候，家长应该采用正确的教育方法对宝宝进行引导，让宝宝做个小主人，替妈妈周到地招待客人就是个好方法。

父母的言传身教很重要

父母的言传身教，是宝宝学到正确的礼仪最快速、最有效的办法。当宝宝看到父母自信地接待客人，自然也会进行模仿。

多了解宝宝的特点

父母可以利用来客人这个机会，发展宝宝的社会交往能力，也是帮助宝宝形成自我概念的好机会。让宝宝了解"我在客人眼里是个什么样的宝宝？"但是，家长一定要注意，不要对宝宝提出"不可能完成的任务"，比如，对于两三岁的宝宝，没有必要让他和小朋友分享他最心爱的玩具，因为这个年龄段的宝宝"所有"概念正在形成，如果家长采用强硬的方式让他们提前"分享"，那么会给他们造成混乱：不知道"你的东西"和"我的东西"有什么区别，不知道属于自己的东西，即使拿在其他小朋友的手里，东西的"所有权"还是自己的。对宝宝的特点多了解一些，"伤害"就会少一些！

宝宝会接待客人了

李妈妈说，我一直相信父母言传身教的作用，所以当家里有客人来时，从程程几个月开始，我们在接待客人时，也总不会忘记带她一起跟客人打招呼、握握手，让她知道，这是一种欢迎客人到家里来的礼节。程程会走路说话后，我们采取的办法则更多的是行动。当客人按门铃了，我就会带着宝宝等在门口，亲自迎接客人的到来，并且用热情的口吻跟客人说"欢迎你来我们家做客"。然后请程程把客人带到会客区。当客人来时，家里的其他成员，不管手上在忙什么事，都会出来跟客人问候一声，然后再忙自己的事。整个家里，所表现的就是真诚的热情，让孩子也受到感染。现在，程程已经2岁了，她学习了很多待客的礼仪知识，当家里有客人来时，基本上不用我再强调提醒她向客人问好，在客人说话时不能打断对方的谈话。虽然刚开始时有些麻烦，但很快就能看到宝宝的进步。

让宝宝当妈妈的小助手

如果宝宝的胆子很小，可以让宝宝当妈妈的小助手，最好先从他拿手的活儿做起，这样不仅可以增加他的自信，也更能让他在客人面前表现得自在轻松。但不要让宝宝端咖啡、茶一类热的饮料，以免烫伤宝宝。

改变宝宝胆小的机会来了

晨晨的妈妈说，3周岁的晨晨胆小害羞，家里有客人来时，不是躲在我身后，就是一个人逃到玩具房里，远远地打量着客人，不肯向前与客人近距离接触。有时我忍不住强拉她到客人面前来，她就会哭个不停，弄得大家都很尴尬。

一次，家里来了大小五个客人，一时忙不过来，我只得叫晨晨帮我把水果端出来。晨晨平时本来就挺喜欢帮我做事，所以很习惯地端了水果到客厅。把水果摆出来后，客人借着这个机会同她攀谈时，晨晨虽然有些害羞，但还是和客人有了互动，没再躲起来。我很欣喜地看在眼里，知道改变晨晨胆小的机会来了。

后来，当家里有客人来的前一天晚上，我就用商量的语气跟晨晨说，客人来了，能不能帮妈妈做一些事情。比如带小客人玩玩具呀，还有给客人递拖鞋，妈妈真的很需要你帮忙，你上次做得很棒，妈妈心里想，多亏有了晨晨啊，我才能招待好客人。得到表扬的晨晨满脸惊喜地看着我，用力地点了点头。就这样，晨晨跟在我身边，慢慢地学会了很多待客之道。我告诉晨晨，要做个快乐的小主人，才能让客人也高兴地在我们家做客啊。

和宝宝做个招待客人的小游戏

妈妈可以将一些招待客人的礼仪知识穿插到游戏中去，宝宝可以更好地理解这些礼仪知识。只要宝宝有兴趣，游戏可以每隔一段时间玩一次。当真正的客人来的时候，为了消除宝宝的紧张感，可以告诉宝宝今天的招待客人小游戏增加了新成员，让宝宝在游戏中逐渐增强自信。

· 亲子心经 ·

父母平时要注意收集宝宝感兴趣的卡通片、故事角色、近来爱玩的小游戏，这样才能准确无误地找到宝宝喜欢的话题，宝宝就不会抗拒和客人一起交流了。

乐观的性格

教宝宝学会微笑

生活是一面镜子，你对着它笑，它也对着你笑。一个以微笑面对生活的宝宝，总是乐观自信，积极进取的。那么父母怎样才能教宝宝学会微笑呢？

父母应该试着和宝宝一起寻找生活中的快乐，也许只是一张小小的贺卡，一次充满乐趣的旅行，都会给宝宝异常的惊喜，让宝宝发现生活的乐趣。如果父母整天愁眉苦脸，满腹牢骚，遇事悲观，那么宝宝就会变得消极、沉闷。

让宝宝学会笑对人生

笑是上帝赐予人类对抗消极最好的良药。当自己犯错误的时候，笑可以让我们感觉好些，所以宝宝也应该学会微笑。如果家长不是严厉地去指责，宝宝将也会知道自己不小心犯的错，然后对之付于一笑，从而保持良好的心态，然后宝宝也会知道重新开始，继续自己的生活。

猫和老鼠也变成了好朋友

《幼儿画报》中的小故事：小猫在路上遇到了小老鼠，小老鼠见到它就害怕地走了。于是小猫就让小鸟帮她带给小老鼠一个甜甜的微笑，于是甜甜的微笑在小动物们之间传递着，小猫和小老鼠成为了好朋友。

故事告诉宝宝，就是因为微笑让猫和老鼠这对敌人也成为了朋友。在生活中应该微笑着面对一切，让微笑化做一股暖流，温暖所有人的心。

父母要让宝宝知道，微笑是世界上最美好的语言。

让宝宝明白，当学会了微笑，

你就会发现生活是美好的。微笑，会让一切平凡拥有爱心，让一切变得美妙。

微笑是一种积极的人生态度

父母想教宝宝学会微笑，首先父母自己要微笑，给宝宝一个微笑的世界。早晨起床时给宝宝一个微笑，送宝宝上幼儿园时给他一个微笑，宝宝生病时给他一个微笑，在他不高兴时还是给他一个微笑。宝宝会从这微笑中感觉到家的温馨，学到父母乐观、豁达的生活态度，这样才会让宝宝学会微笑，学会积极的处事态度。

警惕侵袭宝宝的"抑郁"

宝宝的世界应当是多姿多彩的，充满欢笑、快乐的，但有的宝宝小小年纪却总是郁郁寡欢。

由于各种原因，有许多宝宝经常被抑郁的情绪所侵袭，严重的就会成为抑郁症。

这是一个令父母感觉非常痛苦和困惑的问题，特别是一个平常表现良好的宝宝突然出现不当行为时，父母就一定要高度警惕抑郁症的发生。

玲玲的笑容不见了

玲玲的爸爸是某公司的业务经理，妈妈是一名列车员，他们通常在家的日子很有限，因此5岁的玲玲便由外婆带着。以前的玲玲活泼开朗，很喜欢笑。

每当看到别的小朋友在星期天有爸爸妈妈领着到公园玩，玲玲就很羡慕，因为她很少有这样的机会。最近一段时间，爸爸妈妈发现玲玲变得不爱笑了，她常常一个人坐着发呆，整天不说话，好像一下子乖了许多，但这种"乖"总显得有点不对劲。

另外，幼儿园老师也反映，玲玲现在上课经常注意力不集中，目光呆呆的，远不像班里其他孩子那么活泼。后来带玲玲去医院检查，才发现孩子得了儿童抑郁症。

让抑郁宝宝变得快乐起来

家庭应该是宝宝娱乐放松、宣泄减压、调适心情的"心灵港湾"，家长也应该是宝宝最好的心理咨询师，是让宝宝远离抑郁最好的医生。

● 生活不宜过分优裕

物质生活的奢华反而会使宝宝产生一种贪得无厌的心理，而对物质的追求往往又难以自我满足，这种过于贪婪的宝宝大多都不快乐。

· 亲子心经 ·

当宝宝出现抑郁症状的时候，父母要给予宝宝及时、积极的暗示，引导宝宝理智地调节自己的情绪，纠正认识上的偏差；找一些让宝宝开心或是振奋的事情，让快乐的活动占据宝宝的时间，用积极的情绪来抵消消极的情绪；教导宝宝学会适当地发泄，比如：倾诉、哭泣、运动等，把不愉快的情绪释放出来，使心情获得平静；引导宝宝为自己树立一个目标，使宝宝有方向感，实行目标激励。另外，可及时找心理专家咨询，进行积极地治疗。

● 培养宝宝抗压能力

家长应多发现宝宝的长处并恰当地给予鼓励和表扬，从小培养宝宝的自信与应对困境、逆境的能力，教育宝宝学会在困境中寻找精神寄托，例如参加运动、游戏、聊天等等。

● 鼓励宝宝多交朋友

家长自己也要真诚待人，鼓励宝宝多和人交往，教会宝宝和他人融洽相处，多让宝宝进行情感交流活动，培养宝宝广泛的爱好和乐观的性格，享受友情的温暖。

让宝宝感受生活中的快乐

专家研究发现，快乐的人有一些共同特点：乐观的世界观、亲密的家庭关系、善解人意、坚信自己的人生意义，等等。那么家长怎样做才能让宝宝拥有这些乐观的品质呢？

完全接受宝宝的个性，父母不要按照自己的希望改造宝宝，例如，他是个文静的宝宝，父母不要试图把他变成一个活泼的宝宝。父母应该理解宝宝的需求，关注宝宝的胆怯，用心倾听宝宝对你说的话。最为重要的是，父母一定要让宝宝从小知道，父母是无条件地爱他的。

家庭传统代表着快乐"长久"

对一个家庭而言，建立家庭传统对宝宝的生活有着积极的影响。

比如，过年包饺子、放鞭炮，过生日的时候点蜡烛、吃蛋糕，这些家庭传统可以加强家庭成员之间的感情，教给宝宝"长久"的含义。

同样珍贵的是每个家庭独特的小传统，比如每个周末全家外出晚餐，每个月末全家一起看一场儿童电影等，这些非常有意义的家庭传统会给宝宝带来强烈的安全感。

和宝宝一起唱首歌

古代的西方人相信音乐可以治疗一个人心灵的创伤。现代儿童医学研究发现，给患病的宝宝听他们喜爱的音乐，可以减轻他们的疼痛症状。相信很多家长也有过这样的经历，听一首喜欢的歌曲，就会让人身心舒展、精神振奋。对于宝宝来说，当全家一起唱一首他喜爱的儿童歌曲时，他就会非常快乐。

给宝宝讲乐观积极的故事

最后一周的粮食

在古希腊的城邦国家时期，各个城邦之间经常发生残酷的战争。其中有一次战争，雅典城邦被敌对的城邦围困了半年之久。这个时候，雅典最高长官命令负责军粮的官员认真计算一下他们还有多少粮食，雅典还能支撑多久。没有多长时间，官员惊慌失措地来报，粮食仅仅还够支撑一周的时间，一周以后全城的人将会被饿死。

最先听到这个消息的一些官员也惊慌失措起来，他们的脸上布满了恐惧和绝望，仿佛城邦的末日就要到了。他们纷纷向长官进言，与其被围困饿死，还不如开城投降，保住一城百姓的性命。

这个时候，最高长官站了起来，他的脸上充满了自信和乐观。他说，我们还有一周的粮食可以支持，太好了，难道我们不能利用这一周突围吗？敌人的军粮就能够一周用的吗？难道一周我们还想不出更好的办法吗？

是啊，还有一周呢，一周，也许敌人就会坚持不住了，我们就会不战而胜了。大家开始这样议论，一种乐观的充满希望的气氛在城邦里弥漫开来。大家开始为如何突围献计献策，为如何节约粮食献计献策。正如最高长官预测的那样，到了他们的粮食还能够支撑三天的时候，围城的敌人开始撤退了，原因是他们的军粮已经用尽了，雅典靠信心和希望战胜了敌人。

快乐也可以放大

专家研究还表明，奉献和快乐之间有着密切的关联。父母要积极地和宝宝一起参加各种集体活动，比如，父母和宝宝一起参加幼儿园的运动会，观看宝宝的社区演出，宝宝会意识到父母对自己的重视，这会增强宝宝的快乐。在这些活动中，因为父母的参与教给宝宝"社会"的基本含义，它让宝宝感到自己也是这个大社会的一部分，而每个人都可以对别人作出贡献，让宝宝从中发现付出的快乐。

跟负面评论说再见

父母经常对各种人和事进行评论，其中不乏负面的东西。比如，父母评论宝宝幼儿园的老师不好或者儿童医院医生很马虎等等。父母也许不会意识到这些评论对宝宝产生的负面影响。

实际上，负面评论会让宝宝逐渐丧失对周围人和环境的信任，从而失去安全感，而没有安全感的宝宝是不会快乐的。父母应该让宝宝觉得世界是美好的，而人们本质上都是好人。

· 亲子心经 ·

父母在引导宝宝感受生活快乐的同时，要对宝宝宽严并济。父母要注意不能为了赢得宝宝的开心和笑容，就对宝宝的缺点、错误听之任之，不合理的要求也给予满足；也不能苛求宝宝，父母一旦发现宝宝的点滴进步，要注意及时加以表扬。

家庭气氛影响宝宝的性格

法国思想家卢梭曾说："只要父母之间没有亲热的感情，只要一家人的聚会不再感到生活的甜蜜，不良的道德就势必会来填补这些空缺了。"

日本教育家铃木家一曾说："今天，你们回家后，要仔细看看孩子的表情。在孩子的脸上，你们一定会看到自己的生活经历。"进行早期教育，并不一定要做一些与众不同的事情，父母感情融洽，家庭温暖，本身就是最好的教育。

父母不要将压力传递给宝宝

父母营造的家庭气氛在很大程度上会影响宝宝性格的形成。宝宝情绪的发展是从内到外逐步展开的，宝宝最先接触到的就是父母，然后才是外界的人。一个和谐美满的家庭氛围能使宝宝建立起对人们的信任感，可以为宝宝未来的人际关系打下良好的心理基础。

虽然很多家庭都不可避免矛盾，但是父母不可将压力传递给宝宝，更不要将怨愤发泄到宝宝身上。应该以一种乐观、幽默的方式来处理大人的压力和矛盾，夫妻之间应彼此尊重、理解，做快乐的父母。这样不仅能让宝宝感受到真正的快乐和幸福，还能让宝宝知道怎样面对压力。可以想象，一个充满了怨恨甚至暴力的家庭，不可能培养出乐观开朗的宝宝。

家庭气氛对宝宝的影响

父母感情不和，他们的宝宝也总会显得很忧郁。宝宝虽然还不明白父母间的微妙关系，但是他却能敏感地感觉到家庭氛围发生的微妙变化。

如果父母每天当着宝宝的面吵架，会给宝宝带来什么影响？当然，宝宝不明白父母为什么吵架，吵的内容是什么，但他们却能从中学会憎恨和仇视。

● 宝宝哀伤的表情让人揪心

宝宝的神情忧郁就是一种非语言信息交流。非语言信息交流包括人的态度、语气、表情、语调的高低等等。

这种信息作为言语信息的补充而存在，同样是非常重要的。对于3岁的宝宝来说，他们还不懂许多道理，他们很容易在情绪上受到外界环境的影响。

因此可以说，非语言信息对他们的影响是非常大的。父母在家中经常无故发火，常给宝宝脸色看，这很容易使宝宝性格变得胆小、内向。曾经有一位年轻的妈妈抱着宝宝去法庭要求办离婚手续，在场的人都为这位妈妈和怀抱的宝宝同一副哀伤的表情感到惊讶。

给宝宝一个好的成长环境

湖北襄樊的一位妈妈说："我的宝宝已经3岁了,我和我老公的关系不好,曾经我提出过一次分开,但他不同意,后来看在宝宝那么小,就没分。现在我们的关系还是不好,如果现在我们分开了,对宝宝是不是会有影响?我们经常吵架,我觉得这样对宝宝更不好,还不如分开,给宝宝一个平静。请问,我这样想对吗?"

如果夫妻双方感情还有基础,就需要考虑沟通的技巧。每个家庭或多或少都会产生一些矛盾,每对夫妻都难免有需要磨合的地方。夫妻之间要理解对方,调整自己与对方配合,这些冲突就会减少。随着时间增长,曾经有过相似的冲突就不会再出现。如果夫妻双方都不擅长沟通,那就容易导致情绪化的表达,使宝宝学会父母这种表达情绪的方式。这样的家庭,宝宝不缺乏爱,只是不知道怎样去爱别人。

● 营造温馨民主的家庭气氛

良好的家庭凝聚力是宝宝健康成长的持久动力。家长要经常检查自己的情绪,尊重宝宝,顺畅地和宝宝沟通,为宝宝创造一个融洽、亲密、温馨的家庭氛围,让宝宝体会到家里的温暖感和安全感。

● 家庭破裂给宝宝带来的伤害

据研究,父母离婚后的宝宝情绪上受到扰乱,他们总是使用各种各样的自卫方式来对付父母离婚后的困难场合。退步就是一种常见的自卫方式。宝宝常用尿湿裤子、减少饮食、发脾气以及烦躁不安来表示他们对新家庭的恐惧和忧虑。他们想让别人注意到自己的痛苦,以便得到别人的关怀。

这样的宝宝会过早地具有自己独立的见解。在生活中,宝宝一边会遗忘失去的亲人,一边抛弃自己身上与那位亲人相同的品质。有人会问:"宝宝能记忆如此深刻吗?"答案是肯定的。一般宝宝在2岁左右就会常问:"妈妈,爸爸怎么还不回来呀?"或"爸爸什么时候下班呀?"等问题。

另外,离婚家庭的宝宝在幼儿园里会表现出各种各样的特殊行为。最典型的行为特征是缺乏创造性游戏的能力。他们常感到沮丧、忧郁和痛苦，他们会变得好强，喜欢吵闹，烦躁不安，他们爱踢、打小朋友。

让宝宝快乐起来的法宝

快乐，是一种对烦恼微笑的态度；快乐，是一种接受自己、也接受别人的能力；快乐，是需要精心培育的品质。

看一个宝宝脸上有多少笑容，通常就能知道他所接受的教育是否成功。育儿专家指出，要让宝宝快乐起来其实并不难，关键是父母要找对适合自己宝宝的引导方式。

学会欣赏自己的宝宝

欣赏是一种审美方式，审美需要距离。有的父母喜欢欣赏别人的宝宝，这是因为存在距离的缘故。因此，父母如果能站在第三人的角度欣赏自己的宝宝，就可能会得到意外的收获。

不要朝着宝宝发脾气

来自黑龙江的一位妈妈表示：她希望露露很听话，可露露偏偏是个特别有主意、脾气倔强的宝宝，就经常会克制不住跟她发脾气，事后又常常会自责。

专家指出，有时一念之差就会成为快乐和苦恼的分水岭。如果父母转变角度看待问题，心情就会不一样。如果父母能更多地用欣赏的眼光去看宝宝，那么宝宝和父母就能获得更多快乐的心情。

让生活有整体平衡感

父母对宝宝的过度关注，会让宝宝的生活缺少整体的平衡感，反倒让宝宝变得更加不快乐。

父母不要受"别让宝宝输在起跑线上"影响，让宝宝过早承受太多的竞争压力，而是要学会善于取舍，做到在有限的时间里有所为有所不为，这样才能让宝宝感觉轻松愉快。

不要让宝宝失去快乐

亮亮的妈妈经常觉得自己很累，上班已经够忙了，下班后还得辅导儿子的功课，周末也像赶场一样，带亮亮参加各种才艺班。儿子经常表示不愿学这学那的，妈妈只能采取"威逼利诱"和连哄带骗的手段。

专家指出，亮亮妈妈所做的每一件事，听起来都是为宝宝好。亮亮妈安排的生活看上去每个细节都很现实，也很合理，但如果将所有合理的细节加在一起，整体上的事情却是失衡的。

运动的感觉真棒

有研究表明，经常参加体育运动不仅有利于宝宝的身体健康，还有利于宝宝的心理健康。健康强壮、体力充沛会带给宝宝良好的自我感觉，让宝宝快乐。此外，对宝宝来说，跑、跳、游泳、骑车等体育运动本身就十分有趣，而这不恰恰就是快乐的源泉吗？

· 亲子心经 ·

在未来成长的路上，宝宝还要面对竞争、面对压力，各种各样的问题都会使他们不开心。所以，快乐的多少很大程度上是取决于宝宝内心战胜困难力量的大小、他与人的关系如何以及他对待世界的态度。内在的力量和智慧，会使宝宝无论在什么样的环境下都能保持快乐。

兴趣爱好是永远的快乐

专家研究发现，全身心投入到一项充满挑战的任务中，会给人们的生活带来很大快乐。对于宝宝而言，应培养他的兴趣、爱好，例如集邮、绘画、拼图等。兴趣爱好不一定是指某种技能，它们并不是某种竞技，却同样可以开发宝宝的智力，更能让宝宝获得投入的快乐。

但这里的投入并不是要让宝宝安排满满的绘画课程或者上舞蹈课等，因为那样只会让宝宝失去兴趣，失去应该得到的快乐。

亲近自然最快乐

生活在现今的高科技时代，成人们常常忘了亲近大自然。对宝宝来说，大自然充满了神奇的吸引力，无论是雨雪、白云，还是花开、叶落，都可以从中发掘到很多快乐。

亲近自然还可以培养宝宝的各项感官功能，提高观察能力、反应能力思维及表达能力。

培养宝宝乐观性格的关键

父母对生活的态度是积极的、热诚的，就不仅会把这种积极、热诚的态度表现在自己的一言一行上，还会为宝宝营造一种积极的静态教育环境。

作为大人，我们经常会感到快乐是难以捉摸的。有些人天生就拥有了乐观的情绪，但是专家认为，这种乐观的性格绝对离不开良好的外界环境的培养。这里指的外界环境包括了乐观的世界观、亲密的家庭关系、坚信自己的人生有意义、善解人意、交友广泛等等。

让宝宝乐观的"关键能力"

培养宝宝乐观性格的关键在于父母的教育方法，当父母发现宝宝不快乐的时候，就要从以下方面检查一下看看自己是不是对宝宝采用了不当的教育方法。

● 允许宝宝自由地表现悲伤

宝宝在遇到困难和不愉快的时候，他们也会表现出悲伤的情绪。这个时候，父母应该允许宝宝自由地表现悲伤。如果在宝宝哭泣的时候，父母还要求宝宝停止哭泣，不表现出软弱，那么，宝宝就会把心中的悲伤积淀起来，结果反而育成更强的悲观消极情绪。

宝宝的内心很脆弱

娟娟是河北省石家庄市一所幼儿园的小朋友，刚刚五岁，幼儿园里发生了一件让娟娟十分伤心的事情。原来娟娟的好朋友丹丹在幼儿园认识了一个从外地转学来的小朋友，原本和她很要好的丹丹与这位新同学的关系非常好，还经常一起吃饭、玩耍。娟娟就这样感到了小朋友的冷落和友谊的挫折。

娟娟非常伤心，回到家里，她向妈妈说："妈妈，丹丹现在在幼儿园不和我一起玩了，她天天和新来的小朋友一起玩，吃午饭的时候也不和我坐在一起了！"说着说着娟娟伤心地流泪了。

娟娟满以为妈妈会给自己安慰和温暖，可是妈妈却大声训斥道："这么一点小事值得大惊小怪吗？还伤心，真没出息！"

妈妈的话让娟娟更加伤心和难过。从此，娟娟变得郁郁寡欢，不管遇到什么事情也不敢对妈妈诉说了。等妈妈意识到娟娟性格上发生了变化的时候，娟娟早已经变得非常悲观、消极和内向了。

当宝宝表现出的悲伤或软弱的时候，父母不要呵斥，而是应该让宝宝尽情地发泄心中的郁闷，只要宝宝发泄够了，就自然会恢复平衡的心情。

不代替，不迁就；不训斥，更不体罚

看到宝宝因为遇到困难而变得情绪沮丧、不快乐的时候，许多父母经常会代替宝宝完成任务，要么完全迁就宝宝而放弃努力。

有的父母还会厉声批评甚至体罚宝宝，这种极端行为都让宝宝无法形成乐观的性格。

正确的做法是：父母应为宝宝提供鼓励的话语和一些完成任务的小帮助，鼓励宝宝坚持到底，让宝宝体验通过自己的努力获得的成就感。

不向宝宝宣泄自己的"垃圾情绪"

有的父母在外面受了"窝囊气"，回到家就对宝宝发"无名火"。

这种做法非常容易打击宝宝乐观的性格，因为宝宝会把父母的恼火归咎为自己的错误，使宝宝自责、畏缩，从而变为隐约但却牢固的消极心理，让宝宝失去乐观的笑容。

因此，父母在遭遇困难时能否积极乐观地面对，对培养宝宝的乐观性格至关重要。

让宝宝感受幽默的魅力

幽默是一种生活态度，是一种洒脱的生活方式，也是一种独特的人格魅力。幽默是家长排解烦闷的阀门，它能将与宝宝交流中激烈、紧张的气氛排解掉，并能创造亲切、愉快的气氛，增进家长与宝宝的感情交流。

家长采用幽默的方式教育宝宝，既可以不触碰宝宝的逆反心理，保护他的自尊心，又有利于训

练宝宝口语能力，开拓思维，对于发挥其想象力和开发智慧也大有帮助。拥有幽默感的宝宝通常很乐观，在生活中不断地制造欢笑，让周围的人感到轻松愉快，宝宝自己也会富有成就感和自信。

培养宝宝幽默感的重要性

保证健全的人格

幽默感是完整人格的重要保证。幽默风趣的性格、乐观豁达的气质，是心理健康的重要指标之一。富有幽默感的宝宝常常乐观而自信，而且也有着富有生气、阳光、有朝气的性格。

有助于树立良好的人际关系

幽默有助于促进宝宝人际关系的和谐。幽默的气质让宝宝散发出一种光彩炫目的亲和力，它会缩短和其他宝宝之间的距离，让宝宝之间增添了一份快乐，减少了些许摩擦；多一份信任，少了些许敌意。因此，具有幽默感的宝宝在生活中有着非常良好的人缘。

让宝宝学会调节情绪

幽默能让宝宝学会调节自己的情绪，以轻松的心情面对千变万化的生活。宝宝的心理承受力和情绪控制力都比较差，很容易产生烦躁、不安等负面情绪。如果宝宝富有幽默感，他就可以很好地调节自己的情绪，以幽默的态度面对事情，从而乐观地看待问题。这样的一个心理自我调节过程，也是不断提升宝宝的意志力和自我心理承受力的重要过程，对宝宝的成长有着重要意义。

怎样让宝宝更加幽默

生活中需要适当的幽默

日常生活中，我们需要适当的幽默，因为幽默能制造轻松愉快的情调。

幽默不是天生的，而是后天教育的结果。如果家长用一种幽默的方式来教育宝宝，那么宝宝会在潜移默化的熏陶中学会幽默。

培养宝宝想象力和语言能力

如果宝宝的想象力欠缺，头脑中缺乏一定的语汇，就不能充分表达自己的幽默。父母可以引导宝宝多背诵儿歌、古诗，看一些幽默漫画，还可以给宝宝讲一些有益心智的故事，让宝宝充分感受故事中幽默的语言风格。

● 团体游戏中培养宝宝幽默感

团体游戏，例如捉迷藏、打水仗、捏泥团、打雪仗等游戏，这些会让宝宝从自己观察事物的角度来理解社会规则，不因循守旧，对事物会产生自己的看法，常常会语出惊人。同时，宝宝在与小朋友的交流中，提高了理解能力，从而可以欣赏别人的幽默，这也是发展宝宝幽默感的一个重要方面。

在生活中让宝宝懂得幽默

小燕燕不爱吃饭，一次妈妈带她去老乡家走访，邻家的狗冲上来，吓得燕燕往妈妈身后躲。回来路上，燕燕问妈妈："为什么狗狗只咬我不咬妈妈呢？"

妈妈问她："狗狗最喜欢吃什么？"

小燕燕想了想，回答："吃骨头。"

妈妈调侃地说："对啦！你看你尽是骨头，所以它就要咬你了。"小燕燕又问妈妈："那怎样狗狗才不咬我呢？"

"像我这样，每天吃三大碗，多长一些肉，身强力壮，狗狗就不会咬你了。"从此以后，小燕燕就开始少吃零食多吃饭了。

还有一次，小燕燕放学回来，不知书包丢在哪里了，好不容易才找回来。妈妈没有骂她，而是安慰道："你看，书包里塞了这么多没用的东西，它驮累了就躲着小主人呼呼地睡着了，记住，以后上学时一定要注意招呼一声小书包，并要把它身上没用的东西都拿出去，减轻它的负担。"

燕燕听明白了，赶紧将书包里的玩具、球拍等都拿出来，这样小书包轻多了，而且后来再也没有出现过丢书包的现象。

·亲子心经·

父母在培养宝宝幽默感的时候，要让宝宝处于一个轻松、愉快的生活氛围，这使宝宝体验到快乐，并促使他以快乐的心情来看待周围的人或事物，以达到善于发现幽默和制造幽默。在日常生活中，父母可以多和宝宝玩一些有趣的情境游戏，例如扮鬼脸、躲猫猫、找宝贝，让宝宝在游戏中充满欢声笑语。

果断的性格

让宝宝做事"快"起来

很多父母都有这样的苦恼：怎么我的宝宝不管做什么事，都是慢吞吞的，经常拖延时间，就是火烧眉毛了也一点不着急？不管是动之以情，还是晓之以理，还是厉声呵斥，一点效果都没有，到底怎样才能让宝宝改掉这个做事拖拉的毛病呢？

有的宝宝做事情拖拉，既有自身的原因，也有外在因素的影响。比如宝宝贪玩、受到不应有的干扰、因为问题难以解决而犯愁犹豫，这都可能养成宝宝拖拉的习惯。这时，父母要帮助宝宝找出原因，对症下药，才能达到理想的教育效果。

多给宝宝一些鼓励和奖赏

表扬和鼓励比批评和指责能更有效地激发宝宝的积极动机，宝宝受到的表扬越多，他对自己的期望也就越高。

宝宝都较为看重来自外界的承认或认同，因此，要想让宝宝不再那么拖拉，父母改变对宝宝的评价是必须的。如果父母能经常对宝宝说："你如果再快一点儿就更出色了""你现在比过去有很大进步了""你看你做得多快""做得真棒，加油啊""真好，现在用不着老提醒你了"。宝宝便会受到正面的外部刺激，而这些真诚的鼓励是能够打动宝宝的，宝宝为了不让父母失望，下次做事就会有意识地提醒自己快点儿。

另外，为了使宝宝更有动力，当他做事的速度比以前加快时，父母还可以适当地给予一些物质奖励，比如给宝宝加一个小红星，带宝宝到公园游玩，给宝宝买他想要的玩具等等，这样常常能够收到很好的效果。

让宝宝知道拖拉要付出代价

很多宝宝早晨起床非常拖拉，父母急得不得了，总是帮着宝宝穿衣服、系纽扣，但是宝宝却一点也不着急，最后，父母还得赶紧开车把宝宝送到幼儿园。其实，父母这种做法正是促成宝宝拖拉的原因之一。宝宝会觉得，慢点没关系，反正迟到不了，还有爸爸妈妈呢！

当宝宝拖拉的时候，父母正确的做法是不要急，让宝宝自己急。妈妈不要帮他穿衣服、洗脸，可以站在一边说："再不快点可要迟到了，我可不帮你。"这种提醒的话只说一遍即可，不要反复唠叨。

如果宝宝迟到，老师肯定会问迟到的原因。如果宝宝说"妈妈没帮我穿衣服"之类的话，老师肯定会采用一定的教育方法对宝宝进行教育。宝宝以后就会认识到拖拉给自己带来的害处，第二天他就会自己加快速度。

让宝宝了解拖拉的后果

家住河南省郑州市的一位家长反映，自己的儿子冰冰今年五岁了，上幼儿园小班，他做什么事情都很拖拉。

早晨闹铃响了，妈妈对儿子说："冰冰，快点起床，你爸爸的车正在修理，不能送你，迟到了老师要批评的。"

儿子没事似地说："爸爸一会儿就能修好车，来得及。"说完，冰冰蒙上被子，又睡了一会。

过了一会儿，冰冰说："妈妈今天我能不能不上幼儿园？"

妈妈说："不行，赶紧起床，再不快点可要迟到了，妈妈送完你还要去上班呢！"妈妈赶紧把冰冰拉起来。

冰冰终于起床开始洗漱了，可他一会儿说："妈妈刷牙杯里的水太多了，撒了我一身，我不想刷牙了！"妈妈说："那你就把水倒出来一点，再刷牙。"

冰冰一会儿又说："妈妈我不想先洗脸，我要先洗手！"妈妈不耐烦地说："你赶紧洗吧！把手和脸洗干净就行了！"说着妈妈赶紧用毛巾给冰冰擦了脸。

这时，爸爸打电话说："车子还没修好。"这下他急了起来，动作立刻快了几倍，等他到幼儿园时，早已迟到了……

父母应改善评价角度，少说"慢"

父母给宝宝"动作慢"的评价，会让宝宝忽略时间的利用，长期被说成"慢"，宝宝会认为自己每次做事情的时间都很漫长，自然而然地出现太多的"小插曲"：发呆、玩耍等。因此，在幼儿园里老师有意识地夸他，今天进步了，速度比昨天快了；在家里，家长也要有意识地表扬他，并告诉他，你可能够"快"起来。父母可与宝宝玩一些小的竞技游戏，如比赛看谁穿衣服快，看谁洗澡快等。

通过这些比赛，家长可以随时教给宝宝穿衣、洗漱、收拾玩具等自我服务的技巧，教给宝宝如何利用做事的先后顺序，来提高效率、安排时间等。

· 亲子心经 ·

宝宝的磨蹭行为还可能和父母自身的行为有关。有的父母平时喜欢边吃饭边看电视或书报，有的父母也会因疲倦或懒惰做事拖时间，这些行为影响着宝宝，非常容易使宝宝养成注意力不集中、办事拖沓等不良习惯。父母要注意自己的言行，为宝宝做个优秀的榜样。

培养宝宝自我决定能力

听父母话、听老师话的宝宝虽然能让人省心，可是大家是否曾想过，如果一旦遇到需要宝宝自己做决定的时候，他们的第一反应是什么？你的宝宝是不是已经习惯了让父母帮着做决定呢？

生活中大人常常有意无意地以自己的决定代替了宝宝的想法，很多本该宝宝自己做的事情，父母也许出于疼爱宝宝，也许是嫌宝宝麻烦，于是就自己包办代替。其实，让宝宝自己做选择却是一种极有益的锻炼，它可以锻炼宝宝的观察、分析、权衡、判断、综合等思维能力。宝宝每经历这样一次机会，其做决定的能力也慢慢随之提高。

注重培养宝宝的自我决定能力

宝宝的自我决定能力，只有在自我决定的过程中才能培养起来。这是父母必须知道和遵循的规律。但做父母的常常忘记这一点，他们不让宝宝去做选择，总是忍不住要替宝宝做选择。于是，宝宝只能按照父母的决定去做。

当宝宝有了自主意识，就不

再愿意什么事情都听父母的，有了自己做决定的需求。如果宝宝的这种需求长期不被满足，自主意识就会被抑制，自信心会受到打击，影响宝宝对自己的评价，很可能导致宝宝产生消极的自我评价，而这一点可能会深植于他的内心。长大以后，宝宝可能会缺乏判断力和选择的能力，缺乏责任感，凡事依赖，缺乏主见。到那时父母再想让宝宝自己做主就很难了。

让宝宝自己做决定的好方法

● 放手让宝宝自己做决定

要提高宝宝的自主意识，最好的方法就是"适当放手"，让宝宝自己做决定，即父母给宝宝制定一个基本的底线——认真生活不做坏事，然后放手让宝宝去决定自己的人生，只有在非常有必要的时候才去帮宝宝。

● 让宝宝敢想、敢说、敢做

宝宝有不同意父母的意见的权利，在对他们有影响的决定上，有发言权，同时，宝宝也有提出有见识的不同意见和发挥自己才能的职责。父母要让宝宝行使自己的权利，让宝宝敢想、敢说、敢做，而不是一味地顺从父母。

让宝宝自己做决定

静静是个乖巧的小女孩，因为爸爸妈妈工作忙，静静便跟爷爷奶奶一起生活。

奶奶每天接送静静时，都会把宝宝的吃穿安排好，就连喝牛奶插吸管这样的事，她也不让宝宝做，总是自己做或请老师做。于是，每天早晨静静来幼儿园后，从不主动去玩玩具或进行户外活动，而是四处游荡，非要等老师指定她去玩什么，她才去；每当老师请她进行选择时，她便犹豫不决，事事都要由别人做决定，自己没法做选择。

妈妈认为这样不行，同静静爸爸商量后，他们把静静接了回来。爸爸妈妈既不过多地干涉静静做什么，也不催促她做什么。当静静特别想要自己脱衣服或者穿衣服时，父母就放手让她自己去做；静静洗澡时，爸爸妈妈让静静有充足的时间在澡盆里玩耍；吃饭时，爸爸妈妈让静静自己吃，而且不催促她，吃饱以后就不再让静静留在饭桌旁了；到了该睡觉、该外出散步或者该回来的时候，都让宝宝按照自己的想法去做……

静静妈妈说：我们的目的既不是把她娇惯成说一不二的"小皇帝"，也不是要成为连个什么都自己不能决定的"小木偶"。现在，静静已经是个5岁的"小大人"了，她有自己的眼光、自己的感受、自己的思维、自己的判断，不再是先前那个绝对听话，叫她干什么就干什么的"小木偶"了。

·亲子心经·

父母在让宝宝做决定的时候，要多给宝宝一些表现的机会，这样可以提高宝宝对事物的决断力和选择的能力，可以提高宝宝的责任感，知道怎样果断地做出选择，从而养成一种果断做选择的性格。

● 尊重宝宝的意愿

做父母的应尊重宝宝，要尊重宝宝在家庭中的地位，把他当做家庭中平等的一员来对待，任何涉及宝宝的事情，应尊重或听取宝宝的意见。要尊重宝宝的见解，甚至当

你不同意时，也要以商量的口吻表示对宝宝的尊重。例如，在和宝宝对话时，不要中断或反驳宝宝，不要干涉宝宝自己喜欢的方式等。

让宝宝做事更有效率

在生活中，很多宝宝做事总是慢吞吞的，父母催一催，宝宝动一动，为此父母很着急，究竟宝宝为什么总是慢吞吞的呢？有些宝宝先天气质就是属于慢吞吞型的，这种类型的宝宝并不容易去转变，反而是父母需要花费更多的心思来关注他的需要。

宝宝做事慢吞吞通常会表现为：起床、吃饭、穿衣等速度慢；喜欢赖床，起来了又躺下；把任何事情都与玩结合起来；洗脸时喜欢玩水；刷牙时喜欢玩牙刷牙膏；穿鞋时喜欢拿着鞋子在客厅里跑一圈；喜欢撒娇、希望等人帮忙等。

做事情比较慢的宝宝，做事谨慎细致、从容不迫。但如果宝宝做任何事情总是慢半拍、跟不上别人的速度，一定有某种原因存在。可以教宝宝做事更积极些、机灵点、加快速度。

找出慢的原因，明确指示

当宝宝做事情慢吞吞的时候，父母首先要了解宝宝慢的原因。如果发现宝宝是缺乏兴趣，就不要勉强他，而是要设法引起他的兴趣。

如果宝宝故意慢吞吞的，想要拖延时间，很可能是父母的压力造成宝宝的反抗心理，父母就应该调整宝宝的情绪，给宝宝明确的指导，非常明确地示范给宝宝，让宝宝明白事情进行的步骤。

交给宝宝有效率做事的方法

宝宝做事速度慢，在很大程度上也是因为方法不当，正确的方法是提高做事效率的基本保证。父母要注意观察宝宝做事的过程，找出做事慢的原因，及时教给宝宝正确的方法。例如宝宝穿上衣总是不能把胳膊伸到衣袖中，翻来覆去，越穿越慢，这时父母就应该告诉宝宝穿上衣的正确方法和顺序，让宝宝按正确的要领去做，这样就会提高穿衣服的速度。

给予正面的赞美

父母在平时要给予宝宝正面积极的赞美，让宝宝有充分的自信心。负面、否定的语调，比如"你怎么动作那么慢，像个蜗牛在爬一样。""你真笨，笨得像猪。"这只会使得宝宝更加惶恐。只要宝宝有一点进步，就给予他适当的赞美及鼓励："加油哟！妈妈相信你会做得到。"让宝宝更有信心且主动的把事情做得更好。

🐻 不要对宝宝用否定的言语

聪聪小朋友在山西省太原市的一所幼儿园里上学，幼儿园老师发现每次吃午餐的时候，聪聪和三四个小朋友总是慢吞吞的，老师用眼神暗示他们加快速度。

只见几个小朋友马上快速地嚼起饭来，只有聪聪一个人仍慢吞吞地、不着急地、自顾自地悠闲地进餐，不时还玩一会儿手中的玩具……

聪聪小朋友在班级中做任何事总是慢吞吞的，吃饭慢、穿衣慢、做作业慢……

他从不争第一，有的小朋友甚至叫他蜗牛。

父母反映聪聪在家也是这样，似乎任何事也引不起他的兴趣。不过，他做事较仔细，不慌不忙，不易冲动，比较冷静，喜欢思考、观望，考虑的事情较多。

有一次聪聪在家慢吞吞地吃早餐，妈妈着急，说："聪聪，快点，我要迟到了。再不快，妈妈被开除怎么办？"

聪聪好像真的不关心妈妈似的，仍在慢慢地"品尝"那点粥。

"你从生下来就给我找麻烦……"聪聪妈妈在叹气。

晚上，聪聪的妈妈生气地把聪聪的事告诉爸爸。爸爸更加生气对聪聪说："早知这样，不如不生你。"虽然父母很着急，但是宝宝却一点也不听话。

培养宝宝的自理能力

宝宝做事总是慢吞吞并非故意，也许是小肌肉没有发育成熟。此外，有的父母由于溺爱，就凡事代劳，而使孩子失去锻炼成长的机会，比如总是担心宝宝吃得少、吃得慢，就主动喂他吃饭；急着出门时，干脆帮宝宝将袜子、衣服、鞋子都穿好。父母要多给宝宝自己动手的机会，在稳定的情绪下学习生活自理能力。

增加与同伴相处的机会

宝宝们在一起玩，可以互相刺激学习。可以找邻居的宝宝，彼此年龄差距不大，让他们一起玩，并从中观察宝宝的反应如何，然后在互动过程中，找出谁最快？谁最努力？谁最勤劳？每个人都替他找出一个优点来。千万不要说谁第一名，谁最后一名，这样会让速度快的宝宝更快，而速度慢的宝宝更有挫折感。

· 亲子心经 ·

宝宝做事慢吞吞并非说改就能改，养成一种好习惯，也不是一朝一夕的事情。这需要通过多次反复的练习，才能实现。父母要有耐心、有信心，相信宝宝能够和其他宝宝做得一样快。要根据宝宝的特质，耐心地去协助他，调整家长自己的行为。

培养宝宝的时间观念

时间是人一生中非常宝贵的东西，让宝宝从小有时间观念，这对宝宝的成长有十分重要的作用。培养宝宝良好的时间观念，养成不拖拉的好习惯，应该从小开始。

培养宝宝的时间观念，是宝宝养成良好的生活和学习习惯的重要基础。良好的时间观念有利于宝宝及早地适应幼儿园的集体生活以及未来的学校生活。时间概念对宝宝来说是比较抽象的，宝宝很难理性地掌握时间概念，这时，父母一定要根据宝宝的年龄特征和身心发展的特点，利用其生物钟的规律进行启发式的指导。

为宝宝制定科学合理的作息时间表

父母要根据宝宝的发育情况，为宝宝制定科学而又合理的作息时间表，引导并帮助宝宝依照时间表上的内容有条理地完成，养成宝宝作息规律的习惯。

父母在和宝宝做游戏的时候，可以让宝宝在规定的时间内完成游戏，让宝宝在快乐中学会合理分配时间。例如，父母和宝宝进行比赛，看谁在规定的时间内，把玩具摆的又好、又快，这些小游戏都有助于让宝宝明白时间概念，并集中精力完成一件事。

让宝宝认识时间

0～6岁宝宝的思维是以具体形象思维为主，在他们的头脑中，还很难正确认识时间的概念，父母可以借助生活中的具体事情，让宝宝感知时间的存在。也可借助宝宝的成长以及通过比较不同阶段人的外貌特征，让宝宝体会时间流逝在人身上发生的变化。

父母要帮助宝宝养成严格遵守时间的习惯。例如，玩玩具、画图、做游戏等都要按时进行，按时结束，让宝宝从小要养成遵时、守时、惜时、对时间有紧迫感的好习惯。当宝宝在思想上有了时间观念之后，做事就不会太拖拉。

时间有的是，为什么要抓紧

家住北京市海淀区的阳阳今年5岁，上幼儿园大班了。阳阳天生就是个慢性子，做什么事从不着急。

早晨起床，只要妈妈没顾上管她，她穿衣服能用一个小时。吃饭时，一家人都吃完了，她还边玩儿边慢腾腾地吃。每次幼儿园的老师要求大家7点50分到校，可是阳阳早上7点40还在家里玩。

妈妈可着急了，不停地对阳阳说"几点了几点了，"可她一点也不急，天天早上磨磨蹭蹭，让人着急。因为她这慢性子，妈妈总跟她讲浪费时间等于浪费生命的道理，可每次阳阳总是说："时间有的是，为什么要抓紧？"

后来，为了让阳阳能按时上幼儿园，妈妈就让阳阳早上起来锻炼身体，希望能早点起床，可她起早了也磨蹭，后来还是拖到快到点了。她不会看表，只认识整点，没有时间观念，有时让她做什么事，她就说"马上，就一分钟"，可一拖又是很久。妈妈问她"一分钟"是多长时间，她就说不知道。

妈妈真是无可奈何，怎样才能让阳阳明白时间的重要性呢？

● 教0～2岁的宝宝认识时间

0～2岁的宝宝，没有具体的时间概念，父母可以通过各种不同的活动，让宝宝感受时间的概念。例如，每天宝宝起床的时候，父母可以指着衣服说："现在，早晨6点了，宝宝该穿衣服了！"等到宝宝穿好衣服以后，妈妈可以指着香皂说："现在，早晨7点了，宝宝该洗脸、洗手了。"慢慢地，宝宝会对每天固定的活动形成条件反射，进而为以后养成做事遵守时间的好习惯打下基础。

● 教3～4岁的宝宝认识时间

对于3～4岁的宝宝，可以运用已掌握的数学知识来感受时间。3岁的宝宝已经认识不少数字了，父母可利用数字，让宝宝了解时间流逝的感觉。例如在捉迷藏时，请宝宝数到10再睁开眼睛，让他感受到时间如何在数数的过程中就流逝了。此外，父母还可以让宝宝感受时钟指针的转动，并运用时钟来限定活动时间。例如，告诉宝宝，当分针指到7时就可以玩玩具了；当分针指到9时，就该结束了。这样，在日常生活中让宝宝按时开始并按时结束各项活动，以养成珍惜时间的好习惯。

● 教5～6岁的宝宝认识时间

5～6岁的宝宝，对时间的概念已经有了一定的把握，已能理解时钟的作用，并乐意认识时钟。此外，由于这一年龄段的宝宝即将进入小学学习，需要为适应小学生活做好准备。因此，结合认识时钟，引导宝宝在规定的时间内完成一些任务或活动，是培养宝宝时间意识的重点。

·亲子心经·

培养宝宝的时间观念是一件循序渐进的事情，父母首先要在思想上重视，态度要平和，言语要温和，行为要耐心。日积月累，宝宝就会形成规律、秩序、稳定且有效的时间观念，这是一个对宝宝终身有益的好习惯。

让宝宝拥有自己的主见

大部分父母都非常喜欢听话的宝宝，对宝宝也极为关心，凡事都替宝宝想好，凡事也都替宝宝做好，宝宝们只有听从安排的份儿。可是，这样的宝宝长大后，很可能会是一个优柔寡断、遇事毫无主见的人。一个没有思想和主见的宝宝将来又如何适应社会呢？

一个听话、乖巧的宝宝的确可以让父母省很多力气，而且不用操心他在外面和小朋友闹矛盾。但是，如果宝宝表现得过于顺从，凡事总是模仿别人，没有自己的主见，就不是一种好现象了，这对宝宝今后果断性格的健康发展是没有好处的。对宝宝的成长来说，有思想、有主见才是最重要的。

宝宝缺乏主见的原因

一般说来，宝宝缺乏主见的原因主要有三个方面：

第一，宝宝本身的天性就是喜欢模仿，容易盲从。

第二，父母、教师本来就是宝宝心目中的权威，再加上有些父母总是习惯于帮宝宝设想一切，所以很容易造成宝宝唯命是从，不敢做甚至不敢想违背家长或教师意愿的事情。

第三，有些父母因为工作忙，和宝宝之间缺乏沟通，不理解宝宝，往往造成宝宝的畏惧心理，不敢说、不敢做想做的事情。

为什么宝宝做事情总是没有主见

家住山东省泰安市的玲玲今年4岁了，现在妈妈正在为玲玲没有主见的性格而发愁。

玲玲妈妈说：我一直为孩子这种没有主见的性格而发愁，孩子的性格可能有遗传的因素，因为我自己就是个没有主见的人，在生活中尽量迁就别人，认识到这种性格的苦恼，所以我想培养孩子果断的性格。在平时，尽量让她自己作决定，比如穿衣服时让她自己挑选，买东西时征求她的意见，去哪玩时也问问她，只要她说了，我就会按照她的想法去做。可孩子却总是说妈妈说怎样就怎样，我听妈妈的。

有一次，我问玲玲："是爸爸好，还是妈妈好？"她回答："爸爸好，妈妈也好！"我听了非常高兴，觉得宝宝非常的乖巧可爱，可是时间长了，我发现每次问玲玲两样东西哪样好时，她总是回答这个好，那个也好。

玲玲妈妈说："玲玲特别容易受别人的影响，比如，幼儿园小朋友摔一跤，她也会跟着摔一跤；幼儿园的老师问玲玲这个东西好看吗，她不回答，结果别的小朋友说这个东西好看，她就跟着说好看；小朋友喜欢什么动物，她也喜欢什么动物。我觉得孩子没有主见，老师也说这孩子没主见。可是她为什么没有主见，老是喜欢跟着别的小朋友学呢？"

怎样让宝宝有主见

教宝宝敢说"不"

父母要使宝宝有主见，必须破除宝宝对权威的迷信。比如，可以和宝宝一起玩"说不"游戏，父母有意出错，让宝宝挑出错误的地方。比如，父母说："椅子、桌子、床头柜、毛巾被都是可以用的东西，都是家具。"宝宝说："不对，毛巾被是可以用的东西，但不是家具。"你可以告诉你的宝宝，无论大人还是宝宝，都可能出错。

宝宝意识到这一点，就不会模仿别人了。

训练宝宝的发散性思维方式

父母可以找出一个主题或者难题，让宝宝想出多种方法解答。例如，人在什么情况下容易口渴？小兔子不小心掉进猎人为抓大灰狼而设的陷阱里了，它该怎么办呀？引导宝宝进行发散性思维，并提出解决问题的多种方法。

在做游戏时，父母应该注意以下几点：宝宝的答案越奇怪越新鲜越好；不要对宝宝的错误滥加指责与批评；想的办法越实用越好。这样可以使宝宝认识到解决问题的途径是多种多样的，自己原来也有很多好主意。这样做不但能增强宝宝的自信心，同时也能提高宝宝的主动性。

● 尽量让宝宝做主

家中的一些"大事"，也要给宝宝提供参与的机会，例如，房间的布置，父母可以和宝宝一起筹划设计方案，鼓励宝宝提出自己的建议，如果可行，则尽量采纳宝宝的建议。

日常生活的一些"小事"，尽量放手让宝宝自己去安排。例如，过生日，到商店买什么样的衣服，选择什么玩具等。

鼓励宝宝自己拿主意

一般父母对宝宝做事都不放心，不管是购物、外出，还是遇到其他事情，多是父母代劳。

想要宝宝学会自己拿主意，父母要做到绝不代劳，让宝宝亲自去体验，自己能拿的主意让他自己拿。如果他遇到举棋不定时，父母就会在一边当参谋，给宝宝讲明道理，而后仍然让他自己决定。多让宝宝自己拿主意，宝宝就能快速成长，遇事就能有自己的主见。当宝宝能自己处理事情时，会让父母更加的放心。

父母要经常鼓励宝宝自己动脑筋、想办法，就算是错误的，也不能用压制的办法来解决问题，而要积极引导，寻找原因，父母更不可包办代替。当宝宝盲目模仿，追随别人时，父母应表示不满："我不喜欢没有主见的宝宝。"要鼓励宝宝自己提出几种方案，父母帮助他从中选择最佳方案。

·亲子心经·

学龄前的宝宝是以自我为中心的，作为父母，不要过分要求宝宝按照父母的想法去生活，那样只能让宝宝的依赖性越来越强。父母应该体察宝宝的内心世界，尊重宝宝的自主要求，采用各种方式发挥宝宝的自主性。

自强的性格

培养宝宝的自强心

自强心是一种超越他人、超越自我的上进心态。它是宝宝非智力因素中最重要的一种个性心理特征。当宝宝的自强心被激发时，他就会拥有不满足现状、奋发向上、敢于竞争的勇气。自强心可以使宝宝努力进取，不怕困难，勇往直前，敢于成功。自强心是一种富有挑战性的心态。

作为父母，在培养宝宝"自强心"的过程中，首先要以宝宝的自我表现为前提，然后辅以鼓励性的语言，逐步增强宝宝的自强心。

一般来说，宝宝越自信，自强心越强，其成就动机也就越强烈。反之，越自卑，缺乏自强心，则其成就动机就越弱。对宝宝来讲，培养成就动机主要是培养其自强心。

怎样培养宝宝的自强心

● 善用激将法

在宝宝幼小的心灵中，本来就燃着争强好胜之火，他们都希望在与别的宝宝竞争中得到奖赏，赢得重现。激将法就是要激励宝宝的争强好胜之火，使之愈燃愈旺。例如，几位小朋友在一起学习写字，父母对宝宝说："你瞧，某某小朋友多聪明啊！学习写字又快又好，你能不能像他一样啊！"这样一说，宝宝自然来了劲，决心争这口气，相互比起来，结果写的字整整齐齐，父母也很满意，宝宝的争强好胜心理得以被激励。

但是父母要根据宝宝自身的特点，注意恰当地使用激将法。如果被激的宝宝自尊心不强，你用"激将法"激他，也很可能无动于衷。有一句俗话说"烫不死的跳蚤"，说的就是那些没有自尊心的顽劣宝宝，对这种自尊心不强的宝宝不能使用激将法。另外，被激的宝宝还要有应战能力。有的宝宝虽有一定的自尊心，但没有什么本事，天赋也平平，纵使你的激将法用得再巧妙，也难以调动他的积极性，就是把积极性调动起来了，也难以达到理想效果，有时还适得其反。

出奇制胜的激将法

来自吉林省长春市的一位爸爸是这样培养儿子自强性格的：

家里的书柜上摆了满满的书。但是洋洋很淘气，根本不爱看这些书，虽然我经常在他面前看看书，翻翻杂志，还练练毛笔字和钢笔字。一天，我一边看书一边严肃而明确地警告洋洋："这些是大人看的书，你们小孩子不能碰。你们看不懂。要是偷看我的书被我发现，打断你的腿。"我从洋洋的眼睛里看出了他的想法："邪门！凭什么我就不能看，我就看不懂？看不懂我也看，不让我看，我偏要看。看你能把我怎么样？真要打断我的腿，我就离家出走！"看着洋洋一副视死如归的样子真让人哭笑不得。当天洋洋就开始行动了，他趁着我不在家的空儿，溜进房间，爬上书柜。从此，宝宝多了一项顶撞我的行动：偷书。自此，儿子每天放学回家就躲回自己的房间偷偷看书。看来激将法还真是一个不错的方法。

为宝宝树立优秀的榜样

父母应该为宝宝树立自强的好榜样，给宝宝一种不甘落后的感觉，父母勇于进取，既是宝宝的好榜样，也是对宝宝的激励。玛格丽特·撒切尔夫人本是一位默默无闻的小杂货商的女儿，可是她竟成为英国历史上第一位女首相。她的崛起引起了欧洲和世界各国的瞩目，被称为当今"世界第一女强人"。她的成功与她父亲的教导是分不开的。正如她当选首相时所说的："我父亲的教诲是我信仰的基础，我在那个十分一般的家庭里学到的教诲，正是我赢得这次大选的武器，这次获胜归功于我的父亲。"在她小时候，父亲就从不允许她说"我不会"或"太难了"之类的话。

父亲经常鼓励她读有用的书，有时还带她去听演讲和音乐会，给她讲各种有用的知识。从小父亲就教她不要迎合别人，常对她说："千万不要人云亦云，你自己要有主见，而且还要设法让别人跟着你干。"父亲严厉、自强的性格对她影响很大。

父母在培养宝宝自强心时一定要把握一个度，不要让宝宝过分地争强好胜。同时要注意不要对他随意滥用鼓励性语言，去进行"自强心"的培养。对于宝宝优秀的表现，父母可以给予适当的鼓励，但不要过分表扬，以免出现"自强心"的过度膨胀现象。而当宝宝时而表现出不尽如人意时，父母还随意表扬，不仅不能达到培养的目的，还可能让宝宝原有的"自强心"受到挫伤。

塑造宝宝坚强的品质

坚强的品质是事业成功不可缺少的人格条件之一，品质坚强的宝宝，往往在学习上能坚持刻苦钻研，在生活上也表现出较强的独立性。因此，要想宝宝在长大后的事业上取得成功，就要注意培养宝宝的坚强品质。

强调坚强品质对宝宝成长的必要性，并非小题大做。很多成功人士的具体事例都明确说明，当一个复杂问题出现的时候，需要人果断地作出决定。品质坚强者，遇到问题能沉住气，冷静分析妥善处理；而品质软弱者就不同了，他们往往思前想后，优柔寡断，以致把事情搞砸。

父母不要过分包庇宝宝

在宝宝成长的道路上，存在着一个非常温柔的陷阱，这是过分庇护宝宝的父母亲手挖掘的。那些掉进陷阱里的宝宝，由于被剥夺了犯错误和改正错误的机遇，从而也失去了在失败中洗礼、锻造的体验。

宝宝的性格不坚强怎么办

家住北京市朝阳区的一位家长反映，自己的宝宝性格不够坚强。

然然已经上幼儿园大班了，可是她很娇气，在性格上一点也不坚强，很爱哭，不管是谁说她一句，可能就让她眼泪汪汪的。我每次教她学东西，学的时候遇到困难就不继续学下去了，总是闹着不学了，她每次一遇到什么问题就知道哭，比如小朋友抢她玩具了，碰到她了，一点也不知道自己去想办法。但是她平时和小朋友们玩得都非常好，性格也很开朗，就是有点懦弱。有一次，然然和朋友家的孩子在玩捉迷藏的游戏时，不小心摔倒，擦破一点儿皮。任我怎么劝说，都哭闹个不停，还振振有词说："妈妈，以后我再也不玩危险的游戏了。"我告诉她，以后注意玩耍的技巧，但不要躲避。可任我说破嘴皮，她就是哭个不停，最后只得回家。以前也遇到过这样的情况，但她老是退缩。到底怎样才能让宝宝变得坚强起来？

培养宝宝建立自我心理防御机制

自我心理防御机制，是指一个人在生活中，遇到挫折时能自觉或不自觉地解脱自己的烦恼，减轻内心的不安，恢复自己稳定的情绪，维护心理平衡的一种防御机制。培养宝宝自我心理防御机制主要有以下几方面：

● **宣 泄**

心情烦躁，用理智控制不了自己的情绪时，可以改用语言宣泄。比如，可及时找老师、家长或好朋友，尽情倾诉一下自己的苦衷、愤怒和不平，以解脱或减轻自己的烦恼；还可以大声痛哭一场，把自己内心破坏性的能量都释放出来，再冷静地处理问题。但要注意场合、时间和尺度。

● **理 智**

在遇到挫折和心理冲突时，应强迫自己冷静下来，理智地去分析挫折和心理冲突的性质、原因和发展趋势，以确定自己的态度和处理方法。

● **转 移**

如果挫折太大，心理冲突太强，一时难以排解，可以采用转移大脑兴奋中心的方法。扔下这些不去理睬，转移去做自己最喜欢的、最有可能成功的事，以此来缓解自己的不良情绪。或者脱离现有环境，进入新环境，来达到缓和情绪的目的。

● 升　华

遇到挫折或打击时，不悲观失望，不气馁，把它变成动力。遇到困难，不但不灰心丧气，反而把它看成是前进的力量，不干出成绩来誓不罢休。

让宝宝受到小伙伴的积极影响

对于年幼的宝宝来说，小伙伴的影响力是非常大的。父母可以让性格软弱的宝宝经常和胆大勇敢的小朋友在一起，多跟一些平时胆大敢做事情的小伙伴玩，日久天长，他会自觉将小伙伴的言行举止作为自己模仿的对象，慢慢地，宝宝就会变得勇敢、坚强起来。

·亲子心经·

婴幼儿时期的宝宝感受暗示性强。父母不要在众人面前揭宝宝的短处，到处对别人说自己的孩子胆小怕事，这样做没有任何积极的作用，反而会刺激、强化宝宝的弱点，让宝宝觉得自己就是胆小怕事的人。聪明的父母应该懂得发现和放大宝宝一些细小的勇敢行为，在别人面前夸奖宝宝的进步，这样，宝宝坚强性格的养成，才会进入一种良性循环的状态。

提高宝宝的自制力

著名文学家高尔基说过："哪怕对自己一点小的克制，都会使人变得强而有力。"克制，是一种实力的折射，是自信的结果。也是自强的必备心态。可见，培养宝宝的自制力非常重要。父母可以通过一些趣味游戏增强宝宝的自制力。

别把宝宝当成弱者

在生活中，父母常常会低估宝宝的能力，什么事情都不肯放手让宝宝去做，让宝宝在父母的庇护之下变成温室的花朵。想要培养宝宝自强的性格就不要把宝宝看做弱者，而是应该在心里认为宝宝是强者，因为宝宝的人生需要他们自己去经历。

著名科学家居里夫人非常注意培养孩子的坚强性格。在第一次世界大战期间，居里夫人将大女儿带到战争的前线来救护伤员，让女儿在艰苦的环境中锻炼自己的意志。

1918年，居里夫人又让两个女儿留在正遭到德军炮击的巴黎，并告诉孩子，在轰炸的时候不要躲到地窖里去发抖。这种把孩子当成强者的态度，让居里夫人的孩子们成了性格坚强的人。

相信宝宝并不胆小和懦弱

当父母发现宝宝懦弱和胆小的时候，就要多给宝宝一些机会和时间，让宝宝独立地面对一些困难和挑战，让宝宝在困难中逐渐认识自己强大的力量，从而成为一个自强的人。

在现实生活中，有的父母不了解宝宝拥有自强的意识，没有把宝宝看做是一个人格独立的人，只是把宝宝看做是自身的一部分。其实，很多父母都轻视了宝宝的能力，很多宝宝常常能够表现出具有一种非常强烈的自强精神，甚至令成人震惊。

别把孩子当弱者

教育家苏霍姆林斯基写过这样一篇文章，相信它会对父母们有所启发：

有一次，有一家人到森林中去度假，爸爸、母亲、五年级学生托利亚和4岁的萨沙。森林里是那么美好，那么欢快，父母带着孩子来到了盛开着铃兰花的林中旷地。

林中旷地附近长着一丛丛野蔷薇，第一朵花开放了，粉红粉红的，芬芳扑鼻。

全家人都坐在灌木附近。爸爸在看一本有趣的书。

突然雷声大作，飘下几滴雨点，接着大雨如注。

托利亚把自己的雨衣给了妈妈，好像她并不怕淋雨似的；而妈妈却又把雨衣给了萨沙，好像她也不怕淋雨似的。

萨沙问道："妈妈，托利亚把自己的雨衣给了你，你又把雨衣给我穿上，你们干吗这样做呢？"

"每个人都应该保护更弱小的人。"妈妈回答说。

"那么，我干吗又保护不了任何人呢？"萨沙问道，"就是说，我是最弱小的人？"

"你要是谁也保护不了，那你真是最弱小的人！"妈妈笑着回答说。萨沙朝蔷薇丛走去，他掀起雨衣的下部，盖在粉红的蔷薇花上。滂沱大雨已冲掉了两片蔷薇花瓣，花儿低垂着头，因为它娇嫩纤弱，毫无自卫能力。

"现在我不是最弱小的了吧，妈妈？"萨沙自豪地说。

"是呀，现在你是强者啦！"妈妈这样回答他。

四五岁的孩子也刚刚懂事，应该是非常弱小的；但就像文章中的萨沙那样，他并不愿意认定自己就是最弱小的人。这也就是孩子自强的缩影。

让宝宝更加坚强的好方法

让宝宝多读好书

培根说："书籍或许是人类在通向未来的幸福富强道路上所创造的一切奇迹中最复杂和伟大的奇迹。"高尔基说："书籍是人类进步的阶梯。"莎士比亚说："书籍是全世界的营养品，生活里没有书籍，就好像没有阳光；智慧里没有书籍，就好像鸟儿没有翅膀。"

可见，书籍给予人们的力量是巨大而长久的。父母应该培养宝宝养成喜欢读书的习惯，对于年龄比较小的宝宝，父母可以读给宝宝听。这样让宝宝通过书籍找到自己的直接榜样，这是锻炼宝宝坚强意志的捷径。

让宝宝学会自己生活

父母想要宝宝成为强者，就要鼓励宝宝做一些力所能及的事情，比如，晚上独立上厕所，自己到牛奶站取牛奶等。这对培养孩子坚强、勇敢的品质很有益处。

给宝宝制造一些困难

父母可以针对宝宝的年龄特点，给宝宝适当地制造一些小困难，这样可以培养宝宝克服困难的能力。

吃苦：父母不妨有意识地让宝宝多参加一些野营活动，让宝宝吃点苦头。

饥饿：父母可以适当让宝宝尝一下饥饿的滋味，让孩子学会控制自己的偏食。

批评：宝宝做了不应做的事情，就要接受批评、惩罚，有时还要严厉一些。

惩罚：对于宝宝犯的较大的错误，父母要给予适度的惩罚。

忽视：父母在生活中不要处处把宝宝作为重心，有时候可以适当忽视宝宝，让宝宝学会调整自己的心态，从而帮助宝宝在与人交往中保持正确的心态。

· 亲子心经 ·

父母应该从小就注重培养宝宝坚强的性格，提高宝宝面对苦难和挫折的能力。不要过分溺爱宝宝，这样不利于培养宝宝自强的性格。

正确引导宝宝的好强心

宝宝有好强心，凡事都喜欢争第一，喜欢追求完美，做父母的应该为宝宝高兴，这说明宝宝有进取心。但是父母在高兴之余，还要考虑一个问题，宝宝的好强心是否用对了地方，如果用到了不恰当的地方该怎么办？

在生活中，很多好强的宝宝，常常出现这种情况，喜欢和谁比在公交车上先抢到座位，比谁不听老师的话……宝宝出现的种种问题，在于宝宝年幼没有辨别是非的能力，出现了追求错位的问题。此时父母要及时进行正确的引导，让宝宝提高辨别能力，朝着积极的方面努力。

引导宝宝明确是非观念

父母要让宝宝明白，比赛赢了是光荣的，但输了并不是可耻的，只要努力了，从中已经学到了知识，体会了一次非同寻常的锻炼，就是最棒的。很多好强的宝宝都认为自己是优秀的，都非常喜欢"第一"的感觉。幼儿园老师常常会发现，宝宝们上厕所跑的特别快，后来才知道，原来孩子们不是因为急，而是想要得到"第一名"，孩子们会为自己第一个到达厕所而非常得意，甚至经常为"谁是第一名"争得不可开交。

父母要把正确的是非观念灌输给宝宝，引导和启发宝宝去思考和明白事情的对与错、好与坏、美与丑，知道什么是该做的，什么是不该做的；应该做的就努力去做，不应该做的坚决不做，而不是看他人的脸色行事。

怎样引导输不起的宝宝

宝宝输不起的心态，实际上是宝宝对待失败和挫折的一种错误的解决方法，一旦自己输了，就可能出现逃避困难或者大发脾气，大哭大闹等。这时父母要针对宝宝的情况，进行正确的引导。

宝宝输不起怎么办

　　家住北京市海淀区的一位家长反映，自己的儿子奇奇太好强了，不管是什么事情，只喜欢赢，如果是自己输了，他就大哭大闹，而且越哭越伤心。有时候，我们没有满足他的要求，奇奇会把手边的东西都丢在地上，还用小眼睛生气地看着我们。

　　幼儿园老师曾经向我反映，小家伙好表现，在班上谁要唱歌的声音比他大，他就会站起来走到那个小朋友面前说："你不会，我会。"不让别的小朋友唱歌了。

　　有一次，奇奇看到小区空地上有很多孩子在踢足球。新成员奇奇抢着要做守门员。开始的时候，奇奇扑住了好几个球，得意得又唱又跳，还直喊着让妈妈看。可是没过多久，奇奇的大门就被攻破了，一个球接不住，就个个球都接不住了。奇奇甩下小帽子，带着满脸的不高兴，哭着跑向妈妈说："踢球不好玩，我不玩了！咱们回家吧！妈妈！"

　　还有一次是在家里，他跟爸爸学下象棋，只几个月的工夫，就把下了几十年象棋的爷爷给赢了，大家都夸他聪明。可从此以后，奇奇一输棋，就开始耍赖，一定要赢。跟他讲道理，说这样的话没有人愿意和你下棋了。下棋是要讲规则的，输了就输了，赢了就赢了。可奇奇听不进去，就开始哭，闹着情绪对谁都不理不睬。

● 不要迁就宝宝

　　面对"输不起"的宝宝，父母绝对不能迁就。不妨就让他输几次，事后任由他发泄，不去理睬，这样会让宝宝感到哭闹很没有意义。而且，当宝宝以后再提出类似诸如"下棋"的要求时，父母要故意立刻拒绝，并且直言告诉他，我不喜欢和你玩，因为你怕输。从而让宝宝知道他输后不好的情绪会影响他和周围人的关系，他会成为没有朋友、没有快乐的人，从而帮他改正毛病。

● 理解宝宝受挫的心理

　　当宝宝失败的时候，会出现受挫的心理，父母要进行适度的安慰，首先告诉宝宝，妈妈理解宝宝的感受。等到宝宝情绪稳定以后，再给宝宝分析失败的原因，告诉宝宝遵守游戏规则的重要性，引导宝宝再次投入游戏。

● 抓住时机，进行引导

父母可以找一段专门的时间陪宝宝玩，开始先让他赢几次，宝宝开心了以后，父母趁机赢一局，然后告诉他："比赛是不可能总赢的，赢是要靠实力的。在家里玩儿，可以有人让着你，如果在幼儿园和小朋友一起玩儿呢？会有人让吗？是游戏就有赢有输，谁都不会让着你一辈子的。如果总让别人让着你，就算赢了，也不光彩，别人也会看不起你的。"

让宝宝从吃苦走向自强

吃苦耐劳是中华民族的传统美德，随着物质生活水平的提高，人们的经济条件越来越好，现在的宝宝特别是城市宝宝，生活在父母的羽翼下，饭来张口，衣来伸手，几乎与吃苦无缘。但是在人生中，如果没有吃苦的精神，很难做到自强，更不要说成功了。

"宝剑锋自磨砺出，梅花香自苦寒来"。人们常说，艰苦环境可以磨炼人的意志，让人具有吃苦耐劳的精神。父母在日常生活中要注意培养宝宝吃苦耐劳的精神，才能让宝宝学会自强，学会为成功而努力奋斗。

家长不要怕宝宝吃苦

很多家长都很害怕宝宝吃苦，为了不让宝宝吃苦，家长吃多大的苦都是心甘情愿的。其实这种心态是剥夺了宝宝进行吃苦锻炼的机会。没有经过吃苦锻炼的宝宝永远不会懂得生活的艰辛，宝宝缺乏吃苦的锻炼，就相当于将来失去了一种生存必备的能力。家长的这种做法，表面上是疼爱宝宝，实际上是害了宝宝。因此，父母对于让宝宝吃苦这件事，首先要端正态度，注重培养宝宝吃苦耐劳的精神。

🐻 宝宝怕吃苦怎么办

家住山东省烟台市的一位家长反映，自己的宝宝特别不能吃苦。婷婷今年5岁了，五官很漂亮，小小年纪气质很好，身材虽比同龄人矮小，但体形很优美。她从小喜欢跳舞，跟随音乐踏出的舞步充满了韵味。在婷婷3岁半时，对钢琴有了兴趣，爱在家里的电子琴上敲敲打打的，是她主动提出学琴的。可钢琴课才上了七八次，她就退缩了，因为"钢琴太硬了，手指头很痛。"当时她妈妈想她还小，手也可能太小了，等她大一点再学吧。就放弃了。

在她4岁的时候，妈妈给她在幼儿园的舞蹈兴趣班报了名，一星期学一小时。

可她才学了两三个月，就不肯再去了，因为"腿压了很痛啊。"于是又放弃了。

前几天一个舞蹈学校来幼儿园物色跳舞的好苗子，在众多小朋友中选中了婷婷和另一个孩子。可婷婷死活不肯参加，她说："我只喜欢画画，我不跳舞。"我们说了一大堆跳舞的好处，可她反而哭起来了。哭时说漏了嘴，还是因为怕疼，不出我们所料。

有一次，妈妈给她讲故事，故事书里的巴豆和嘟嘟在秋天的树林里扫树叶，妈妈在讲故事的时候也发挥了一下，问小家伙愿不愿意也拿把扫帚和他们一起来扫秋天的树叶，小家伙回答妈妈："扫地的话，我的手要起泡的。"有时候妈妈让她收拾玩具，弄干净地板，她却说奶奶会打扫的。

让宝宝学会吃苦

很多父母都为自己宝宝害怕吃苦而苦恼不已，其实，想要培养宝宝吃苦耐劳精神的方法很多，关键是父母要在生活中，留意一些让宝宝能够得到锻炼的机会。

父母和宝宝一起吃苦

宝宝吃苦锻炼的机会比较少，父母可以和宝宝一起参加一些体育锻炼，比如，晨跑、打球、爬山、游泳等，既可以增加与宝宝沟通的机会，也可以让宝宝得到充分的吃苦锻炼。

● 让吃苦成为一种稳定的品质

父母要让吃苦耐劳变成宝宝一种稳定的道德品质，在生活中，要抓住点滴细节，不在任何一件小事上让步。让宝宝把吃苦精神看做是自己身上的优点，还可以配合一些通俗浅显的故事，让宝宝得到非常生动的认识。

● 设置一些小障碍

在生活中，父母可以多为宝宝设置一些小的障碍，让宝宝去面对和解决。父母要让宝宝做一些力所能及的家务活，比如，扫地、摆放玩具、擦桌子等，可以设置一些精神奖励，调动宝宝的积极性。也可以让宝宝参加一些社会实践，比如，农村生活体验、卖报纸、和农村孩子交朋友、夏令营等，培养宝宝吃苦的精神。

给太好强的宝宝"降温"

从儿童心理学的角度来说，宝宝过于好强或者输不起是一种正常的现象。很多宝宝不管是做什么事情，总是希望自己能做的最好，获得别人的认可。

宝宝过于好强经常有两种表现，一种是一些宝宝面对失败和挫折，就会采取回避、逃避的态度。另一种就是一些性格急躁的宝宝，一旦他们在游戏或者比赛中输了，就会大发脾气，哭闹以示宣泄。虽然好强是宝宝正常的心理，但如果宝宝得失心过重，对于每一次比赛的输赢都耿耿于怀，这会影响到宝宝和别人相处的能力。

了解原因，讲清道理

对于部分宝宝出现过分好强、好胜、自信，总认为自己是对的，固执的坚持自己意见的时候。父母首先要理解宝宝心理的变化，要有意识地接受宝宝合理的要求和探索的行为。

很多宝宝对于父母的要求不愿意接受，从而造成了僵局，这时，父母就要耐心的了解宝宝不愿意接受的原因是什么。这种原因可能来自很多方面，比如，虽然父母提的要求非常合理，但因为不合时宜，宝宝缺乏情绪上的准备；宝宝对父母的要求不理解，父母引导的不清晰；宝宝对于父母的要求没有兴趣或者以前曾经有过不愉快的经历。

这时父母应该用简单、易懂的语言对宝宝进行教育。给宝宝讲道理的时候，不要过于深奥和抽象，要注意倾听宝宝的意见，允许宝宝反驳和争辩。

·亲子心经·

让宝宝学吃苦的时候，父母要注意运用科学的方法，具有危险隐患的事情不要让宝宝去做，要针对宝宝的年龄特征和实际情况。想要宝宝多吃苦，首先是家长不怕苦，还要采用正确的教育方法，这样宝宝才能具有吃苦精神，在生活中养成自强的性格。

宝宝过于好强怎么办

家住北京市宣武区的一位家长反映，自己的宝宝过于好强，任何事情都不能够输的，和他玩什么游戏或者小比赛什么的，不管是否在他自己能力范围内，他都必须赢，否则他马上就表现得非常痛苦、并且感觉很委屈的样子。

这个学期我给强强在少年宫报了一个武术班，主要是让他锻炼身体。不过，最近发生的事着实让我伤了脑筋。吃完晚饭的时候，就我和强强在家，强强说要练武术给我看，先来了个翻身加坐盘，另外还翻了几个跟斗，都做得不错，最后他说要做下腰。在地板上做了两次，没成功。他就很不高兴，说地板太滑，然后说，到床上去做，到了床上，结果还是不行，做了几次不行，强强就开始大哭，说：妈妈我不行呀！这个动作要求手脚反向撑地，头离地，强强的头总是不能离地。我自己这方面比较差，更别提辅导他了。

我只能是帮他扶着腰，希望他能把头抬起来，但又做了几次，还是失败，强强哭得更厉害了，"妈妈，我还是不行呀！"尽管我劝他要慢慢来，不能着急，实在不行我们今天就不练了，今天累了，不练了或者等星期四再问问老师，是不是还有什么动作要领没掌握，但他还是拼命哭。一边哭一边还坚持继续练。

看着孩子这样我都非常难受，我说这么难，我们下学期就不学了。强强一边哭一边叫，"我就是要学！"后来实在他也很累了，我又不断地劝说开导他，说比他差的小朋友还有，下次课再跟老师说说怎么办，他总算肯让我给他讲个故事，结束了长达半个小时的哭闹。强强从来就是个不肯认输的宝宝，尽管我跟他讲，强强付出努力就可以了，告诉他失败是成功的朋友，而且没有完美的人。但是他总好像还不能理解。

提高宝宝挫折时的承受力

父母在生活中，不要时刻为宝宝排除在正常环境中可能遭遇到的困难。当宝宝遇到挫折的时候，父母不要马上插手，不妨给宝宝留一些自己的空间，让宝宝在失败中学会思考。宝宝克服困难的动机和能力，在于宝宝经历挫折后积累的经验，这样可以增加宝宝的成就感，培养宝宝自强的性格。

游戏中平衡输赢心态

父母可以为宝宝准备一些输了也有奖励的游戏，给礼物的前提是说出输的原因。通过这种办法，平衡宝宝输不起的心理。

对于过于好强的宝宝，父母更要注意进行正确的引导，不要挫伤宝宝的积极性，避免宝宝将好强转为嫉妒。帮助宝宝发现其他小朋友的优点和长处，明白每个小朋友都有自己的优点和缺点。

· 亲子心经 ·

父母应该尽可能地协助宝宝体验成功，培养自强的性格。不过失败在生活中又是不可避免的，应该让宝宝把失败看做是另外一种情感体验。当宝宝情绪非常低落的时候，父母要进行积极的鼓励，帮助宝宝重拾自信，正确的面对挫折和失败。

让宝宝学会勇于承担责任

自强的人，必须是勇于承担责任的人；而只有勇于承担责任的人，才能真正地做到自强。因此，父母想要培养宝宝自强的性格，就要让宝宝学会勇于承担责任。

让宝宝学会承担责任，就要让宝宝明白：在做事情的过程中，不管事情结果是好还是坏，都应该勇于承担自己的责任，不能把责任推卸给别人。这样，当宝宝做事成功的时候，他就会有成就感；而在失败的时候，也可以拥有一颗平和的心态，能够经受住挫折的考验。父母应该从小培养宝宝的责任心，为宝宝形成健全的人格打下良好的基础。

让宝宝为自己的行为负责

作为父母，我们应该懂得，从宝宝呱呱落地的那一天开始，他就是一个独立的人，作为一个独立的人，宝宝的成长不只是包括身体和智力方面，还有性格、人品等方面。为了让宝宝成为一个完整意义上的人，父母应该为宝宝的成长提供正确的引导，父母要有意识的让宝宝学会为自己的行为负责。

● 父母要以身作则

父母要以身作则，为宝宝树立学习的榜样。父母要严格要求自己，对工作、家庭以及生活上的点滴小事，都要持有一种负责的态度。这会对宝宝负责的性格产生潜移默化的影响。

● 让宝宝为自己的错误负责

当宝宝犯错误的时候，父母不要只顾批评，而是要注意让宝宝为自己的错误负责，应该引导宝宝，让宝宝明白自己错在哪里，为什么会出错，有什么补救方法能把错误的影响降到最小等。

● 教宝宝学会关心别人

关心别人是责任感的具体表现。教宝宝学会关心别人，首先要让宝宝从关心父母开始，比如，妈妈感冒了，就让宝宝帮着端饭倒水等。平时也要教宝宝帮助父母做一些力所能及的家务，比如擦桌子、扫地、洗碗等。然后再逐步教宝宝关心身边的人。

对宝宝提适当的要求

父母在生活中可以对宝宝提一些合理的要求，让宝宝做一些力所能及的事情，比如，看完的图书要自己收起来，书包要自己整理，收拾自己玩过的玩具，老师提出要求带的物品要自己记住，到了幼儿园要养成独立写作业的好习惯。

父母应该让宝宝明白，生活和学习的事情是宝宝自己的事，宝宝应该对这些事情负责，也有能力可以做好。

· 亲子心经 ·

父母在日常生活中应注意宝宝责任意识的培养，让宝宝逐步了解"人人为我，我为人人""不积跬步，无以至千里，不积小流，无以成江河"这些道理，这样宝宝才能在人生道路上有所作为，幸福快乐地生活。

让宝宝战胜困难学会自强

人们在成长的过程中，不可避免地会遇到各种苦难，而人们对待苦难的态度往往能反映出一个人的意志品质、心理素质以及解决问题的能力和水平。

让宝宝养成自强的性格

为了让宝宝养成自强的性格，父母应该在宝宝幼儿时期就注重培养宝宝这方面的意识，教宝宝一些克服困难的方法，让宝宝在父母或者老师的指导下，能够依靠自己的力量来克服苦难。

父母在日常生活中，可以给宝宝多创造一些独立处事的机会，只要宝宝自己能完成的事情，就尽可能的让宝宝自己完成，遇到困难和问题的时候，尽量让宝宝自己解决。如果宝宝表现的比较好，就要对宝宝进行适当地鼓励和表扬，这样宝宝就会表现得更好。

让宝宝学会克服困难

宝宝害怕困难该怎么办

儿子上幼儿园快半年了，以前都是高高兴兴地去上学。可是最近，他总是磨磨蹭蹭地不愿意去上学。我百般地给他讲道理，告诉他为什么每个孩子都要上学，学习知识的重要性。他似乎听明白了，可是还是不想上学。经过我仔细地观察和耐心的引导，儿子终于敞开心扉，他说："上学每天都得拍球"。原来儿子是因为球拍得不好而有挫败感，为了帮助他找回自信，我去买了一个很好用的篮球，每天晚上和他一起玩拍球比赛，现在儿子似乎有些喜欢拍篮球了。

前几天，儿子睡觉时跟我说："妈妈，你明天别给我穿毛衣了，我不会脱，你还是给我穿带拉链的衣服吧"。这令我很惭愧和心痛，惭愧的是自己太宠爱儿子，忽略了培养他独立自主的能力，其实儿子已经4岁，一些简单的力所能及的事情应该学着自己去做了。心痛的是，儿子这么小就要逃避困难，而不主动学习，一遇到困难就依赖父母或者干脆逃避，这确实是很危险的倾向。

这几天，我有意地教儿子穿、脱衣服，希望他早日学会。今天早晨，我故意让儿子穿了一件毛衣去上学，回来我问儿子，你今天中午脱毛衣有没有让老师帮忙啊？儿子的回答很令我诧异："我脱了半天，没脱下来，我就偷偷地穿着毛衣睡觉了。"听了这话，我真后悔没早点教儿子学着做自己力所能及的事情。想想儿子在幼儿园睡午觉不会穿脱衣服而又担心老师会不喜欢自己的情形，我很心疼！

可是，儿子由于害怕失败和困难不愿意上学，我该怎么办呢？批评他吧，看到他委屈的表情，我又不忍心。跟他讲道理，他都明白，就是每天磨磨蹭蹭不想上学。孩子的爸爸责怪我太宠爱孩子，让我不要给孩子好脸色，让他觉得还是学校好。可是我觉得，家是孩子永远的港湾，我不能让他觉得在家里没有温暖，我想让孩子在充满爱的环境中快快乐乐地成长。

针对以上的案例，这位家长首先应该教会宝宝怎样穿衣服，可以从穿单衣开始学起，先帮宝宝解开纽扣，再让宝宝把手臂伸直，教宝宝怎样拉袖子，脱出手臂。

然后让宝宝自己试脱，当宝宝脱衣不成功时，要鼓励宝宝别放弃，让宝宝学会克服困难。

● 教宝宝学会面对困难

当宝宝遇到困难，想要逃避的时候，父母应和宝宝一起分担。父母要看到自己教育方法上的问题，不要对宝宝过于溺爱，也不要单纯的指责宝宝，而是给宝宝比较具体的指导。

● 改变教养方法

父母不要过高的认为宝宝自己能克服所有困难，这种想法会让宝宝在遇到苦难的时候，不知所措。因为宝宝的年龄较小，能力和知识都比较有限，宝宝需要父母的支持、鼓励和具体的指导。

自立的性格

培养宝宝的独立意识

独立意识是宝宝自我发展的一种内在动力，也是宝宝终身发展的重要素养。独立意识较强的宝宝，在幼儿园中会表现出色，自信心也会增强。相反，独立意识比较弱的宝宝，在幼儿园中常有挫折感，这将影响宝宝的自信和进取心。

2岁以上的宝宝开始表现出一定的独立意识，但这种独立意识不会随着年龄的增长而自然增强，而是会随着所接受环境的影响而改变；宝宝的独立意识形成于4～6岁，这种独立要求在规则中建立，被称做"规则独立期"。父母在培养宝宝独立意识的时候，要注意这种独立必须建立在规则之内。

怎样培养宝宝的独立意识

● 让宝宝参加公益活动

大部分宝宝都具有好动、喜欢模仿的特点。父母可以让宝宝跟随自己参加一些公益活动，这是培养宝宝动手能力的捷径。比如，参加春天的植树、秋天的除草、冬天的扫雪等活动；为孤寡老人和残疾人做点事情；为邻居送报纸、取牛奶等。这些活动可以帮助宝宝感受真正的生活，磨炼宝宝的意志，萌发自立的思想，并逐渐提高其独立生活的能力。这对宝宝的日后成才有强大的推动力。

● 坚持一定的原则

在培养宝宝独立意识时，应坚持这样的原则：只要是宝宝自己能做的事就让他自己做，不要代替他。父母要懂得宝宝不管做什么事情都有一个规律，那就是从不会到会，从做不好到做得好。

宝宝做不好的时候，父母不要求全责备，更不要代替宝宝去做，那实际上等于剥夺了宝宝锻炼的机会。及时鼓励宝宝独立的行为，这样宝宝就会感到我能行，这种感觉会增强宝宝的自信，有利于增强宝宝的独立意识。

宝宝独立性差怎么办

我女儿巧巧今年5岁，上幼儿园中班，平时爱唱歌跳舞，很会表现自己，老师也挺喜欢她。可是唯一最大的问题是她不管干什么总希望我们家长陪着，比如她搭积木、拼图，她有什么不会就觉得可依靠，如果这件事是她独立完成的，我们称赞她几下，她就很得意，不过也总得我们坐在她边上看着，就连看动画片也需要陪，我们稍走开一点，她就拼命地喊叫，直至大人过来，这样我们必须等她睡着了才能干家务活。

有一次在家里，她钻到爸爸怀里，悄悄地跟爸爸说想吃梨，爸爸让她自己去厨房，洗两个梨子顺便也给爸爸一个，每到这个时候，就使劲在爸爸怀里蹭，撒娇哭闹地让爸爸替她去，直到大人被缠磨得无计可施为止。

幼儿园李老师也发现巧巧的依赖性实在太强了，她什么事情都要喊老师帮忙，吃饭要老师喂，小便要老师给她脱裤子、穿裤子，午睡时要老师给她脱鞋、脱衣服……老师想让她自己做，她总是以"我不会"而拒绝。李老师把这一情况告诉了我，我无奈地说："是啊，有一阵子，她老是要自己做，我还嫌她烦；现在可好，懒得不得了，什么都要大人帮忙，想叫她自己做，她总是不肯。"

引导宝宝合理安排生活

由于宝宝受年龄、经验等因素的限制，因此在自主安排生活时需要父母的引导和帮助。父母对于宝宝的选择应适当地限制，比如，带宝宝出去买衣服，父母可以把选择好的两件衣服给宝宝看，然后让宝宝根据自己的喜好，做出最后的选择。

● 尊重宝宝的独立意识

当宝宝的独立意识开始萌芽时，他就会要求自己做一些事情，比如，自己跌跌撞撞地搬小凳子，自己拿小勺吃饭等。随着宝宝年龄的增长，宝宝自己要求做的事情就会越来越多，这说明宝宝的独立意识正在增强，父母要予以重视，有意识地鼓励和支持宝宝的行为。

● 教宝宝独立做事的知识和技能

宝宝不仅需要独立意识，而且还要掌握相应的知识和技能。比如，怎样自己脱衣服、洗脸洗手，怎样扫地、擦桌子，怎样择菜、洗菜。父母可以教宝宝自己完成游戏和学习任务；自己选择朋友；当和朋友发生纠纷时，教宝宝自己解决矛盾等。

·亲子心经·

当宝宝出现独立意识时，这是一种积极的信号。父母要高兴并给予鼓励和支持，不要生硬限制或干预宝宝的独立行动。父母还应创造一些条件，让宝宝学会自己尝试做，同时注意给宝宝必要的指导。

让宝宝学会生活自理

生活自理能力是指宝宝在生活中能自己处理的小事，主要包括穿脱衣服和鞋袜，独立进餐，收拾衣服和床铺，自己洗脸、洗脚和洗小手帕等。

让宝宝的自我管理能力在锻炼中逐步走向完善，让他们学会有条理、会安排、巧打算，不仅使宝宝从小学会了自立，而且也使宝宝摆脱依赖父母的习惯，在心理上也会健全起来。

如何培养宝宝的生活自理能力

● 必须从小事做起

要想加强对宝宝自理能力的培养，还需要父母下一番狠心，留些事让宝宝自己去做。在日常生活中，有些琐事，例如洗衣服、扫地、整理书包、穿衣服、整理房间、包书皮，这些事情都应逐步交给宝宝自己完成。

● 别怕宝宝做不好

有的人认为，宝宝年纪太小，许多事情都办不好，因此不愿放手让宝宝多干活，唯恐宝宝把事情砸了。其实越是对宝宝束手束脚，越会使宝宝形成依赖心理。宝宝会想：反正这样的事情轮不到我，我还不如自由自在地玩呢！

宝宝自理能力差怎么办

家住河北省邯郸市的母亲说：我儿子5岁了，儿子的爸爸在外地，我一个人带宝宝。宝宝别的方面都很好，很爱学习，能背30首诗，英文字母都认识，也能记住很多英语单词，而且会基本的英文会话，汉字也认识挺多了，在这个方面相当的聪明。宝宝4岁时我要上班，没办法，给他找一个保姆。还好，保姆非常负责，对宝宝很好，宝宝相当依赖她，我上班也很放心。可是凡事必然有它不好的一面，宝宝的自理能力相当差。去年回老家过年时，他叔叔家的宝宝比他小四个月，可是人家宝宝会自己吃饭，还会剥鸡蛋，什么东西都吃，还会自己洗脚。当时儿子什么都不会，什么事情都是等。

入冬以来，宝宝感冒了，我实在没办法，就又找保姆给看了。可是，大概是因为保姆照顾得太好吧，而我儿子到现在什么事情都等大人帮助，自己也不做。送幼儿园时，本来都会吃饭了，可是现在又不会了，有时我是嫌他太慢，又折腾得太脏，所以也就喂他了。

而且儿子挑食得很，我有时想宝宝不吃，身体又不好，就调样赶着他吃，哎！到现在如果你不喂，他就什么都不会，穿衣、穿鞋、洗脸，更是什么都不做，别的倒也无所谓，可是吃饭怎么办呢？有时候也想不管他，饿了自然就吃了，可是又老是坚持不了！

近来由于工作太忙，而且过年后保姆可能没有时间来看他了，老公说要把他送到乡下他奶奶家去，我不太放心，一个是那里条件太差，再者他也学不到东西，宝宝从3岁到6岁也是智力开发的一个重要阶段，最重要的是老人会养成他任性的坏习惯，以后不好改！

眼看又要回家过年了，想想宝宝肯定是没他叔叔家的宝宝自理能力好，重要的是我以后肯定没那么多的时间来管他的，而且我打算送他去全托的幼儿园，可是以他现在的自理能力，可怎么办呢？

让宝宝多干一些力所能及的事

对学龄前的宝宝来说，自己管理自己的日常事务，这是能够办到的事情，虽然有时可能引发宝宝的不快。但从长远来看，却非常有利于宝宝的发展，父母只要把道理给宝宝讲清楚，宝宝还是很乐意去做的。

让宝宝参与家务劳动，可以使宝宝学会简单的统筹方法，例如，学会平行地做两三件事而不致手忙脚乱，做事的计划性也要好于同龄小伙伴。有的父母认为，做家务只是锻炼宝宝的生活自理能力的小事，这显然是将做家务的目的狭隘化了。其实，做家务可以帮助宝宝确立对家庭的责任心，使他与长辈有休戚与共的感受，这对宝宝控制自己的情绪，了解及体察父母的情绪变化，有着很好的效果。让宝宝反复做同样的家务，如擦地板、择菜、晾衣服等，对宝宝的忍耐力也是很好的锻炼。

当宝宝学会处理一件日常事务后，父母如果夸奖他一番："真不错！真能干，是个大人了！"那么，宝宝的兴致一定会更高，做起事来一定更积极、更快乐。

· 亲子心经 ·

宝宝的自理能力差，很大程度是由父母包办、溺爱造成的，因此，父母在生活中要注意引导和教育的方式、方法。要让宝宝多主动尝试做一些事情，做一些力所能及的事情。

如何培养自主的宝宝

每个人的性格和习惯基本上都是在幼年时期养成的，很多人性格中的依赖性与懦弱都与宝宝时期爸爸妈妈的影响有关。院子里练不出千里马，温室里长不出万年松。爸爸妈妈们如果包办宝宝的一切，就容易让宝宝失去自己锻炼的机会，还有独立发展的空间，当然也就谈不上自主的性格。

循序渐进培养宝宝独立自主

独立自主是宝宝以后适应家庭以外生活，更是走入社会中一项非常重要的能力。但是这个能力的培养却不是一朝一夕的事情，它需要爸爸妈妈在日常生活中对宝宝循序渐进的去培养。

● 耐心等待宝宝的成长

爸爸妈妈要有足够的耐心，要能做到不厌其烦。比如在教宝宝自己穿衣服系扣子时，爸爸妈妈要先教给宝宝正确的方法，然后耐心等待宝宝自己动手，并且要及时地鼓励宝宝。这样自然会麻烦些，而且也很费时间。但是爸爸妈妈要知道宝宝独立自主的能力就是从一件件生活中的小事上慢慢培养起来的。

由简到繁循序渐进

宝宝能力毕竟有限，爸爸妈妈在培养宝宝独立自主的能力时，不要急于求成。要注意过程的安排和锻炼。

比如，在培养宝宝独立吃喝方面，1岁时可以开始教宝宝用小勺吃饭，到了1岁半左右，就可以教宝宝左手扶碗，右手拿勺独立吃饭，到了两岁以后再开始试着教宝宝使用小筷子进食。那么，等宝宝到了两岁半左右，就能够顺利地吃完一顿饭了。

如果一开始就试图让宝宝学会怎样使用筷子，那么，估计宝宝3岁了，也许还不会用勺子吃饭。爸爸妈妈们要知道，欲速则不达。

家校要求要一致

爸爸妈妈们注意不要把幼儿园里要求宝宝做的一些事情，回家后替宝宝完成，这是不利于宝宝独立生活能力的培养的。只有爸爸妈妈和幼儿园老师协调一致，对宝宝共同要求，步调一致，才不至于给宝宝造成混乱，也才能使宝宝早日养成独立自主的能力。

不会自理的龙龙

午休过后，老师给每位小朋友发了一个芒果，大家兴致勃勃地剥开芒果，津津有味地享用起来。这时，3岁的龙龙却举着自己的芒果看了半天，然后开始叫老师过来帮忙剥开。老师问："龙龙很乖，自己剥开芒果，好吗？"龙龙理直气壮地说："每次在家里吃芒果都是妈妈给我剥好了我就可以吃了，我没剥过，我不会……"老师很无奈，在平时，龙龙就连穿衣服也会请老师代劳，他自己根本不知道该怎么系扣子，就算偶尔扣上了一个，十有八九也是安错了地方。因为在家里，一直是妈妈帮他穿脱衣服。几乎每天的午餐，都得有一位老师陪着，小龙龙才能吃饱，如果没人喂他，没人在旁边催促他，他不是吃不完就是干脆不吃饭。

老师请来龙龙的妈妈，反映这些问题，龙龙妈疼爱地抚摸着宝宝说："我就这么一个孩子，而且从生下来身体就一直不太好，经常生病，我怎么舍得让他自己去做什么？反正我也不累，就让宝宝舒服点吧。孩子已经受了很多罪了，我不想他再有什么不舒服的。这么小的孩子自己能做个什么主？"老师无奈地看着这位母亲，真想告诉她，她的宝宝已经完全不会自理生活了。

· 亲子心经 ·

> 培养宝宝的独立自主就要敢于放手和耐心等待，不能急于求成，也不要害怕宝宝吃苦受伤。只有让宝宝自己在多种多样的生活实践中去慢慢体会和锻炼，才能够培养和提高他的独立自主能力。

拒绝也是一种爱

平日里，当宝宝向爸爸妈妈提出要求和寻求帮助时，建议爸爸妈妈们不要一概答应宝宝，可以试着找一些理由来拒绝宝宝，同时要讲一定的拒绝策略。在刚开始实施这一方法时，爸爸妈妈要选择在宝宝情绪稳定和快乐的时候进行，随后，可以根据时间的推移，慢慢增加拒绝宝宝的次数。比如在爸爸妈妈正好比较忙，而宝宝又遇到问题的时候，可以分情况有意识地拒绝宝宝的一些要求，向宝宝解释自己暂时没时间，建议宝宝自己动手去试试看。

这样，爸爸妈妈给了宝宝很多锻炼自己的机会，渐渐地，宝宝的生活能力就会在这种拒绝下得到提高和发展。那么，你就会发现，培养一个独立自主的宝宝，并不需要你天天跟随左右，看着他，提醒他。

看看国外宝宝的自立教育

在国外那些发达国家的家庭里，爸爸妈妈们普遍都很重视从小培养宝宝的自理能力和自强精神。因为发达的市场经济要求每一位社会成员必须具备这种能力和精神。那么，让我们来看看国外是如何教育宝宝自立的，爸爸妈妈们可以引以为鉴。

美国宝宝的自立教育

在美国，家庭教育是以培养宝宝具有开拓精神，成为一个自食其力的人为出发点的。爸爸妈妈们从宝宝很小的时候起，就会让他们认识到劳动的价值，常常让宝宝自己动手修理、装配一些劳动工具，或者自己装配摩托车，鼓励宝宝到外面去参加一些劳动。就算是富豪的宝宝，也要自谋生路。美国的教育理念是，倡导在逆境中塑造宝宝的独立性，培养宝宝的抗挫折能力。

在美国，刚出生几个月的宝宝就要开始试着独自喝水喝奶，1岁多的宝宝基本已经开始自己进食，两到3岁的宝宝便已独居一室。平时在大街上也很少能看到抱着宝宝走路的美国爸爸妈妈，他们主张宝宝要尽早地独立行走。如果宝宝不小心摔倒了，他的爸爸妈妈一定是一声不吭地等在那里，而宝宝也会习以为常地、一声不响地爬起来继续走路。

美国的爸爸妈妈们还主张从小就教宝宝做家务，并把每周宝宝要做的家务劳动内容张贴出来。他们也经常把一些特定任务指定给宝宝去干，并且规定他们完成任务的时间。美国人在家庭教育中，对宝宝的鼓励多于保护，对宝宝的引导多于灌输。他们要求宝宝从小就掌握能够脱离父母独自生活的能力。

日本宝宝的自立教育

日本的家庭从小就很重视培养宝宝自主、自立的精神。当宝宝还很小的时候，爸爸妈妈就向他们灌输一种"不给别人添麻烦"的思想，并在日常生活中十分注意培养宝宝的自理能力和自强精神。大部分的家庭都要求宝宝要做家务劳动，包括吃饭前后的帮忙、洗菜做饭，刷碗筷。日本的爸爸妈妈经常让宝宝收拾整理自己的房间及身边的东西，让宝宝自己去买东西等等。而在全家人外出旅行的时候，无论多么小的宝宝，都无一例外地要背一个小背包。如果你会忍不住问为什么？日本爸爸妈妈们会对你说："那是他们自己的东西，应该让自己去带。"在日本，宝宝自己处理问题的能力、适应生活、环境的能力都比较强。在那里，小学生在冬天都穿短裤，有的宝宝腿冻得都发紫了，爸爸妈妈们并不"心疼"，而是支持和鼓励宝宝继续那样做。

日本宝宝的自立生活

在日本教育宝宝的理念里，有一句流传很久远的名言：除了空气和阳光是大自然的赐予，其余的一切都只有通过劳动才能获得。在这种观念的指导下，许多日本的爸爸妈妈们在教育宝宝学好功课的同时，经常要求宝宝们要利用自己的课余时间去做一些力所能及的家务，比如让宝宝自己到外面去打工挣钱，养活自己，或者帮助爸爸妈妈解决一些生活中的小难题。在日本的宝宝们中，勤工俭学的现象是非常普遍的。宝宝们经常靠自己在饭店里端盘子、洗碗和在商店里理货、售货，做家庭教师，陪护老人等，以换取自己的学费。在宝宝很小的时候，爸爸妈妈们就经常地给他们灌输一种思想："走到哪里，都不要给别人增添麻烦。"

瑞士宝宝的自立教育

在瑞士，爸爸妈妈们为了不让宝宝成为无能之辈，在宝宝很小的时候就培养其自食其力的精神。比如，宝宝星期天的时候就要去一些有教养的家庭当小佣人，在平时也是上午做工，下午上学。这样做，一方面可以锻炼宝宝的劳动能力，培养宝宝的自立能力；另一方面，还有利于宝宝学习语言。因为瑞士有讲德语的地区，也有讲法语的地区，所以一种语言地区的宝宝通常被爸爸妈妈们安排到另外一种语言地区的人家当佣人。

培养宝宝独立思考的能力

宝宝必须学会独立地思考，通过自己的亲自实践来认识社会，思考人生，体验劳动的艰辛和快乐，收获成功的幸福和喜悦。

独立思考是宝宝认识世界的根本途径之一。

在独生子女家庭里，很多宝宝什么事情都依靠父母，已经习惯了衣来伸手，饭来张口，这样的宝宝不仅缺乏生活自理能力，连思考的灵气也会渐渐消失。如果孩子做事很懒散，就更谈不上勤于思考了。父母应注意了解宝宝思考问题的方式，积极地采用各种方法引导宝宝独立思考。

了解宝宝思维发展的规律

宝宝3岁以前思维的主要方式是直接行动思维，这是人类最初级的思维方式。3~6岁宝宝主要的思维方式是具体形象思维，即依靠头脑中已长期储存的各种事物表象与语言符号联系来进行思考。5~8岁的宝宝抽象思维开始萌芽，这是思维发展的最高级形式，处在这一阶段的宝宝可以初步依靠词所代表的概念来判断和推理，认识反映事物的内在联系和规律。

父母在培养宝宝独立思考时，要遵循宝宝这一思维发展规律，充分理解宝宝的行为与需要，引导宝宝挖掘他们的生命潜能，让宝宝勇于思考，乐于思考。

在游戏中学会思考

游戏是培养宝宝思考能力的好方法。在玩游戏时，宝宝常常会遇到"小困难"而向父母发出求助信号。这时，父母最需要做的就是沉住气，让宝宝有时间自己进行思考，比如，"还有没有方法？"如果宝宝实在想不出来，父母可给宝宝一点提示，而不是直接告诉他该怎么做。

从思考中得到乐趣

我是铭铭的妈妈。铭铭今年5岁了，幼儿园的老师经常夸他反应快，思维敏捷，很聪明。因为我在生活中非常注重培养宝宝独立思考的能力。

有一次，我把剪掉底部的细口瓶倒过来，它就成了一个漏斗。铭铭往"漏斗"里装沙子，结果是上面装、下面漏。于是他用手指头堵住漏斗口，等装满沙子再把漏斗挪到另一个瓶口，让沙子流进去。然而，沙子漏的速度很快，从他拿开手指到将漏斗对准瓶口的瞬间，沙子几乎都漏光了。铭铭回过头来求援似地望着我，但我却把头转向一边，一声不吭。铭铭无奈地一次次

地重复着……终于，他恍然大悟：先将漏斗口伸进瓶口，再开始灌沙子，很快瓶子就被装满了。他得意地回头看我，而此时，我已经向他竖起了大拇指。

还有一次，铭铭把一小瓶水倒入另一个大一点的瓶子中，左看右看之后，又倒回原来的瓶子。就这样反反复复，不解地问我："妈妈，在这个瓶子（大一点的瓶子）里，水怎么变少了？"我没有直接回答他，而是递给了他一个更小的瓶子："把水放这里，试试看。"结果，瓶子装满了，水还剩了一半。铭铭又试了几个来回，突然开窍了："这些水放在大瓶子里就觉得少，放在小瓶子里就觉得多……"

培养宝宝思考的兴趣

"兴趣是最好的老师"。如果宝宝对某件事情产生了浓厚的兴趣，他就会集中思想和注意力，想方设法克服困难去达到目的。父母要用自己的行为和情绪，来影响和感染宝宝，用自己对周围事物的情趣和态度来影响宝宝。同时，父母还可以经常给宝宝提一些问题，激发宝宝的求知欲，以引导宝宝

进行独立思考。

3~6岁的宝宝，还很难理解抽象的理论，因此，只对宝宝进行说服教育其效果不会很理想。父母应该为宝宝创造思考的环境，开展一些益智活动，在活动中启发宝宝思考。比如，搞家庭智力游戏、家庭猜谜活动、家庭数学游戏、中秋赏月晚会等，将数学、智力题融入家庭活动当中。

● 从易到难循序渐进

对于不喜欢思考的宝宝，父母不要提出太高的要求。要根据自己宝宝的实际，从最直接、最容易思考的问题入手，例如，可以比较两事物的异同，然后慢慢地增加难度，让宝宝在这样一个又一个的过程中，通过自己的努力克服遇到的困难。

无微不至的照顾妨碍宝宝自立

由于现在的宝宝大多是独生子女，是家里的宝，爸爸妈妈们总是紧张地保护着他们，其实这样很容易让宝宝对生活产生恐惧，容易让宝宝形成患得患失的性格，为人处世小心翼翼会很累。其实，我们不可能把宝宝的每一件事情都安排

好，爸爸妈妈无微不至的照顾会在很多方面限制宝宝的能力和发展。

经常听到我们的爸爸妈妈们抱怨，自己的宝宝总是丢三落四。等把他送到幼儿园了，却发现不是忘记带书本了就是忘记带文具了。也有的宝宝，穿衣吃饭样样是爸爸妈妈包办。天冷了爸爸妈妈会在第一时间里给他加厚衣服，天热了，爸爸妈妈会很细心的帮他准备凉开水和解渴消暑的食物，总之，爸爸妈妈们对宝宝的关爱，可谓是点点滴滴，无微不至。其实，每个宝宝天生都是很聪明也很勤快的，但是，在爸爸妈妈们事事都代劳的生活条件下，宝宝渐渐地失去了自主生活的能力，越来越依赖于爸爸妈妈的插手，也越来越没有了自己动手的热情与勇气。日久天长，他们渐渐失去了独立生活的能力。

过分保护是限制

爸爸妈妈们总是想时时刻刻保护宝宝，不让他们受伤害受委屈，从感情上来说，这是很自然很正常的事情。但是如果爸爸妈妈们过于保护宝宝，这也不让做，那也不能动，又怕累着，又怕伤着，这样的

过分保护，只会导致宝宝能力的发展受到很大的限制，那么宝宝就很难学会自立，自己解决生活中的种种问题。爸爸妈妈们要明白，我们不可能保护宝宝的一生。我们所面临的现实有时连我们自己都难以应付，如何能保证宝宝将来不受伤害呢？我们的责任是培养宝宝有自主生存的能力，让宝宝能够很好地去应对生活中的种种，而不是无微不至地去帮他解决生活中的所有难题。我们不能将自己对宝宝的关爱延伸得太远，不可以将宝宝的所有事情都考虑周全，使他们完全丧失了独立自主的勇气，限制了自主发展的能力。

我自己会想办法

上星期，我到一位朋友家做客。一上午，我们天南海北地聊着天，竟然不知道外面什么时候下起了大雨。正是放学的时间，我突然想起朋友六岁的儿子龙龙早上走时没有带伞，他一定会淋了雨的。这样想着，我赶紧抓起一把伞，准备以最快的速度给小龙龙送去。朋友见状拦住了我，淡淡地说："你不用担心，龙龙他自有办法平安顺利的回家。"正说着，龙龙跑回来了。我关切地问："龙龙，你没被大雨淋湿吧？"龙龙走过来，让我摸摸他的头发，骄傲地说："你看，我的头发上一滴水珠都没有！"我问："龙龙，你想的什么办法？"龙龙说，"那还不简单？"他从背后变戏法似的拿出一把伞来，在我眼前得意地晃了晃，"我见爸爸一直不来给我送伞，就找老师借了一把。"我竖起大拇指一个劲儿地夸奖："你真聪明，我生怕你被大雨淋湿了，正准备给你送伞去。"龙龙嘴巴一撇："你们别小看我！我自己有的是办法。"我决定考考这个小家伙："那你准备想些什么办法？"龙龙扳起手慢慢说："如果雨下得小，我就跑回家，反正我身体好，淋湿一点无所谓。万一雨下大了，我就躲一会儿再走，还可以和打伞的小朋友一起走。如果不行，我就到学校旁边的商店买件雨衣，但是今天我身上没带钱，只好找老师借伞了。"龙龙说到这儿，突然对我有些不满："你们别总是把我当小孩子看，老替我把什么都想好。遇到问题，我会自己解决的！"

引导宝宝体验生活

爸爸妈妈总是觉得宝宝太小，没有能力解决什么问题，或觉得宝宝的想法太幼稚，没有什么可取之处。其实，爸爸妈妈们应该信任宝宝的能力，要相信宝宝自己会做好许多的事情。我们应当给宝宝一些机会和时间，让他们去发展自己解决问题的能力。这不是让他们去凭自己的微小能力与经验去"过日子"，也不是放任自流让宝宝为所欲为。爸爸妈妈不可能让宝宝永远站在自己身边，无微不至的保护一辈子。所以我们要给宝宝机会，让他有机会去体验生活，锻炼自己的能力，从生活的磨炼中学会自立，学会生存。

·亲子心经·

宝宝的潜力很大，可以自己做很多的事情，可是爸爸妈妈无微不至的关爱却剥夺了他们自立的能力。如果不希望自己的宝宝将来离开你们后无法在社会上立足，那么从现在起，爸爸妈妈们要从点滴做起，鼓励宝宝做力所能及的事情，提高他们的责任意识和动手能力，让宝宝从小就学会自立自强。

让宝宝爱上独立思考

随着宝宝的成长，他慢慢地会掌握许多生活的技巧和能力，人们天生都是比较向往自由的，他们总希望能够自己去探索和思考。所以，生活中，爸爸妈妈们要多给宝宝自己面对和解决问题的机会和时间，让宝宝能够自己思考，用自己的办法解决小问题。

从出生到学会走路，宝宝的独立能力在渐渐的增加，他可以慢慢地开始自己行动，一个人去他想去的一些地方，做自己好奇的一些事情，他开始有了自己的想法和观点。这个时候正是宝宝思考能力发展的大好时机。

如果这时爸爸妈妈们替宝宝做得太多或对宝宝管制太严，就容易限制宝宝思考能力的发展。爸爸妈妈们可以让宝宝在自己能力范围内有机会自己想一些事情，做一些决定，然后运用自己的办法去努力达到自己的目标，来培养宝宝的自主能力，让宝宝爱上独立思考。

亲子阅读多向宝宝提问

爸爸妈妈要多陪宝宝一起阅读，并且可以根据书中的故事情节和画面的内容，结合宝宝的实际水平，给宝宝设置一些问题，引导宝宝去独立思考。而且，完全可以引伸开来，比如，可以在回家路上问宝宝："你看那汽车离我们越来越近和越来越远，看起来会有什么不同？"这样，爸爸妈妈们把书中的内容和现实生活结合起来，就拓展了宝宝的思路。如果妈妈爸爸能和宝宝互换角色，相信宝宝会更有兴趣去思考和发现问题。

让宝宝在游戏中动动脑

很多时候，当宝宝在游戏时，经常会因为"走投无路"而向别人发出"求救"信号。这个时候，爸爸妈妈一定要沉住气，让宝宝有时间自己去琢磨琢磨，自己再好好想想还有没有别的办法可以行得通？如果宝宝实在没办法，爸爸妈妈可以在旁边给宝宝一点提示，取代直接告诉宝宝该怎么做。可以先启发宝宝去尝试，然后鼓励宝宝自己去做做看。这样能够很好地帮助宝宝从小学会从多种角度来思考一个问题，让宝宝体会到独立思考的乐趣。

小小 "机灵鬼"

一岁半的豆豆渐渐进入问题多的时期了。他几乎每天都要拉着爸爸妈妈问：这是什么呢？那个又是什么？这个是做什么用的呢？这像个什么呢？为什么呢？有时候甚至会让爸爸妈妈有十分头疼的感觉。但是，通常情况下，爸爸妈妈都不会马上回答小豆豆的问题。而是蹲下来对豆豆说：那你觉得是怎么回事呢？你自己想想看是做什么用的呢？豆豆自己动动小脑筋嘛。于是，豆豆就会歪着脑袋安安静静地去想那些自己看来奇奇怪怪的东西和现象。脑筋动过之后，他就会有很多自己的答案，有的时候会正确，令爸爸妈妈感到大吃一惊，有的时候会无厘头地引起大家的爆笑，也有太多的时候是错误的。但是，爸爸妈妈从来没有嘲笑过小豆豆或者打击他的思考积极性。因为在爸爸妈妈看来，不管豆豆想到的答案是对是错，重要的是他在用自己的大脑思考。现在，豆豆成了左邻右舍讨论的"小机灵鬼"了，因为他遇到事情总是非常喜欢自己动脑子想办法，甚至让很多大人都感到十分的佩服。

谦虚的性格

谦虚是开启成功之门的金钥匙

中国有一句古老的成语："满招损，谦受益。"这句名言被中国人视为修身养性的珍宝。谦虚谨慎永远是一个人建功立业的前提和基础，拥有谦虚谨慎品格的人，还能使他面对成功、荣誉时不骄傲，把它视为一种激励自己继续前进的力量，而不会陷在荣誉和成功的喜悦中不能自拔。

谦虚的表现

1.谦虚首先表现为实事求是地看待自己，有自知之明。当人们称颂科学家牛顿的光辉成就时，他却认为自己好像是一个在海滨玩耍的孩子，只不过捡到了几片贝壳而已。

2.谦虚还表现为正确地看待别人，虚心地向别人学习。

3.谦虚的反面是骄傲。骄傲使人盲目自满，故步自封，自高自大，脱离群众，堵塞进步与成功的道路。谦虚绝不是自卑。自卑是不切实际地低估自己，觉得自己处处不如别人，对事业灰心丧气，这往往导致无所作为。骄傲和自卑从两个极端背离实事求是的精神，都是前进道路上的绊脚石。

让宝宝学会谦虚

● 让宝宝正确面对批评建议

正确面对批评和建议是终身的学问。骄傲自满往往也和不能很好地处理别人的批评与建议有关。

● 帮助宝宝全面认识自己

宝宝产生骄傲往往源于自己的某方面特长和优势，父母应该先分析这种骄傲的基础：是学习成绩比较好、有某方面的艺术潜质，还是有运动天赋什么的。然后应让宝宝认识到，他身上的这种优势只不过限定在一个很小的范围内，放在一个更大范围就会谈不上这种优势；正确的态度应该是积极进取，而不是骄傲懈怠；并且优势往往是和不足并存的，同时应该努力弥补自己的不足。

父母要教育宝宝，取得了一定的成绩，这确实是自己努力的结果，但是不要忘记这里也包含着家长的培养、老师的教诲和同学的帮助。另外，不正确的比较往往也容易滋长骄傲情绪。

正确面对批评

小军已经读小学了，是个爱学习的男孩，由于学习成绩在班里一直名列前茅，因此非常自负。在家里，小军已经认为自己是个大人了，对于父母说的话越来越不放在心上。在学校里，小军也非常清高，不太愿意与成绩不好的同学一起玩，觉得跟他们在一起没什么意思。对于任课老师，小军也不太尊敬，他认为老师的水平不过如此，自己自学都能够学到很多知识。唯一令小军比较敬重的是他的班主任侯老师。侯老师是一位快退休的语文老师，他对小军非常好，经常给小军介绍一些学习方法，讲一些名人的故事。

有一次，小军在一篇交给侯老师的日记中流露出自己看不起同学的思想，他还提到了一次与数学老师发生的争执，原因是数学老师批评小军做作业不够仔细。

侯老师后来在小军的本子上是这样写的："有人批评你，并不是他看不起你，而是他希望你进步。因为，他不批评你，你不会怨恨他，他批评你，你则会怨恨他。他宁可你怨恨他，也要批评你，原因就是他希望你进步。侯老师也是这么希望的。"小军深受触动，后来，他果然慢慢改正了自负的毛病。

·亲子心经·

父母应该让宝宝认识到骄傲是健康成长的绊脚石，任何成绩的取得只能是阶段性的、局部的，只能作为又一个起点。父母应有意识地给宝宝介绍一些成功者的经验，告诉他们古今中外凡是有所作为的人，都是在取得成绩后仍能保持谦虚奋进的人。

批评往往直指一个人的缺点，如果一个人能够接受批评，他就能够比较清楚地看到自己的缺点。对于宝宝来说，他在评论自己时常会出现偏差，原因是"不识庐山真面目，只缘身在此山中"，若能经常听取别人的意见或建议，就能不断充实和完善自己。

谦虚是进步的动力

有些人担心，谦虚的宝宝也许不错，但如果太谦虚的话在社会上可能要吃亏。这是杞人忧天。应该说，不谦虚的人就不会成功。为什么这么说呢？因为谦虚的人明白仅仅靠自己的能力和努力，有些事情是不会成功的，因为人是群体的社会性动物，自己的成功离不开他人的帮助。

父母教宝宝学会谦虚

为了能让宝宝很自然地亲口说出"谢谢"，从宝宝幼年开始父母就要对其反复教育。不仅是对送礼物给自己的人、表扬自己的人、帮助自己的人……要让宝宝在各种场合中说"谢谢"，让他明白每个人的生活都离不开周围人的帮助。

美国是一个强调培养自信、张扬个性的国家，但同时，美国的宝宝从小就被教育要真诚地表达对他人的感谢。长大以后也要保持虚心听取他人建议的习惯，以"三人行，必有我师"的态度与他人交往，使自己得到更多有益的建议。

如何教育骄傲自满的宝宝

1.父母应该保持一种平静的心态，实事求是地分析宝宝的优缺点。宝宝经常受表扬，有一点骄傲是难免的，这个时候没有必要正面去泼冷水。克服这种骄傲情绪的办法也不是教训他，迫使他承认自己不行，而是让他多见见"高人"，让他去接触更优秀的宝宝，使他认识到山外有山、天外有天。

2.父母要沉着对待，改变自己的观念，反思自己的行为。现在的普遍情形是，宝宝考试或表现得好，往往是宝宝喜笑颜开，父母眉开眼笑；而反之，则是宝宝垂头丧气，父母冷眼相对。因此，父母应该从改变自身态度做起，认识到宝宝现在的小成就，不等于将来的成功；暂时的失败，也不是永久的失败。父母让宝宝在成功时刻保持冷静，让谦虚的宝宝取得更大的成功。

不要骄傲自满

正读一年级的小晓在日记里这样写道：

我读学前班的时候，考试经常是99分或100分，因此我就非常得意，骄傲。同学们叫我去玩，我也不理睬他们，因为我嫌他们的学习不好，所以就不和他们玩。

一次，我和妈妈去逛街，走着走着，我看见我们班的兰兰，然后兰兰就叫我，我没有理她，拉着妈妈的手往前走。

回到家，妈妈把我拉到她身边，说："刚才在路上，你们班的同学叫你，你怎么不回答呢？"我说："她啊，学习不好，每天被老师批评，我才不爱理她呢！"

妈妈又说："假如你是她，她是你，她这样对待你，你会有何感想呢？""我当然会伤心，难过了！"

妈妈说："那就对了，有一位名人说过，谦虚使人进步，骄傲使人落后，所以你不能骄傲，而要谦虚。"

到了星期一，我去上学的时候，兰兰又叫我了，我一想起妈妈的教诲，就回答，"哎"，然后她跑过来，对我说："你不像是以前那个自高自大，骄傲的小女孩了。"

妈妈对我说，什么时候都不要自以为是，谦虚使人进步，骄傲使人落后。这句话我会永远铭记在心的。

·亲子心经·

父母还可以适时让宝宝品尝一下失败的滋味，适当挫挫其骄傲性格，让他意识到自己并非最为完美。当然，在宝宝沮丧和自我怀疑的时候，则应该给他鼓励和信心，否则又会陷入另一个极端，变得自卑起来。这个时候的规劝是很有效的，让他明白：谦虚使人进步，骄傲使人失败。

3.父母也要适当鼓励宝宝的表现，适当满足宝宝的虚荣心。给宝宝些真诚的鼓励，这样可以培养宝宝的上进心，增强宝宝的自信心。自然，父母要把握好火候，适时、适度地把宝宝从喜悦中"拽"出来，帮他恢复常态，防止其"脱轨"。教育宝宝懂得，如果被暂时的胜利冲昏头脑，会"翻船"的，也会像龟兔赛跑中那只骄傲的小白兔一样，永远落后于小乌龟。

4.父母更应该在肯定宝宝成功的同时，理性地指出其缺点所在，明确生活和学习的方向。如哪个地方做得不到位，哪些功课有薄弱环节需要补补，如何用更好的方式尝试。

帮助宝宝设定更高的目标

引导宝宝学习，社会和学校当然能做好多事，但是，父母必须能够做得更早更多。那么，父母如何把宝宝引入学习的更高乃至最高境界呢？

经常有父母这样抱怨说："我家的宝宝太骄傲了，你说他学习是不错，可他只在班里考第一有什么用啊？学校有好几个班呢，你跟全校的比比，还有全北京市有多少小学啊，你再跟全北京市的同级学生比比，他的那个第一还不知道排第几去呢？"

相互比较要有限度

父母的担忧可以理解，但是想拿更优秀的宝宝来激励自己宝宝的这种说辞却值得考量。因为本来宝宝考了个好成绩，满心欢喜地希望得到父母的表扬，但你这样一说，宝宝会觉得无论自己如何努力，都不能让父母满意，从而容易引起宝宝的逆反心理，影响他努力学习的积极性。

作为父母，不妨换一种说法。首先要肯定宝宝取得的成绩，可以对宝宝说："哟！宝贝这次又考了班里第一啊！真厉害，保持得不错。"这样先在心理上让宝宝觉得自己有成就感，满足他心理预期的兴奋。接下来，再鼓励宝宝："宝贝，咱们在班里已经很难找到对手了，你试试，下次考试的时候能不能把2班那个总考年级第一的XX给比下去，妈妈给你打气，你肯定能行！比不下去也没关系，那是咱正常发挥，比下去了，就证明你还有更大的潜力可挖。"相信经你这样一说，宝宝一定会暗中较劲，再努力一把。

需要注意的是，无论在什么情况下，说话要留有余地，要考虑到宝宝的自尊。

我们既要激发宝宝向更高的目标迈进，同时也要让宝宝明白，即使目标没有达成，也是正常的。

引导宝宝到更高目标

●培养宝宝的学习精神

榜样的力量是无穷的。父母不仅是宝宝的第一任老师，而且是宝宝最具影响力的榜样。蔡和森、蔡畅的妈妈葛健豪，也是李富春的岳母、向警予的婆婆，为了鼓励儿女学习，1913年已48岁的她还毅然投考湖南女子教育养习所。

学校见她年纪大不给报名，她一直告到县衙，县官批了"奇志可嘉"四个字，才被破格录取。1919年54岁时，她还和儿女们一起远涉重洋赴法国勤工俭学。

她的精神不仅鼓舞了她的儿女晚辈，而且也为社会树立了光辉的榜样。

●兴趣往动机、理想方面牵引

综合平衡，培养宝宝的学习能力。学习的能力主要包括注意力、观察力、记忆力、思维力、想象力、表达操作力等。木桶理论告诉我们，有多块木板箍成的木桶，它装水的多少取决于那块最短的木板。假如上面所说的那些能力就是知识木桶上的一块块木板，那么，宝宝掌握知识的多少就取决于那个最差的学习能力了。父母要注意发现宝宝的能力"短腿"，并善于培长培强，以求有比较平衡的学习能力去攫取更多的知识。

我是最棒的，我要做第一

一名小赛车手在比赛中得了第二名，他非常兴奋地跑回家，想把这个好消息告诉妈妈。他一冲进家门就叫道："妈妈，有35辆车参加比赛，我得了第二名！""这值得高兴吗？要我说——你输了！"母亲回答道。

"妈妈，你不认为第一次就跑第二名是很了不起的事吗？而且有这么多辆车参加比赛。"他抗议着。

"你用不着跑在任何人后面。如果别人能跑第一，你也能！"母亲严厉地说。这句话深深刻进了儿子的脑海。接下来的20年中，他称霸赛车界，成为运动史上赢得奖牌最多的赛车选手——他就是理查·派迪。

理查·派迪的许多项纪录到今天还保持着，没人能打破。20多年来，他一直未忘记母亲的责备——你用不着跑在任何人后面！母亲的这句话让他明白了一个道理，那就是一个人要不断地鼓励自我："我是最棒的！我要做第一！"

·亲子心经·

父母要引导宝宝树立自己的目标，这个目标不要太低，也不要过高，应该是宝宝通过努力可以实现的。尤其要引导宝宝确立他感兴趣的目标，比如，许多男孩喜欢玩电脑，父母可以引导宝宝通过电脑来学习英语或者其他电脑程序等。

● 波澜不惊，帮助宝宝学会心理调节

学习是一生的事，但人生在青少年时期的学习任务相对集中和繁重些，而且，学习的成绩很大程度上要影响将来的从业和收入。青少年尚处在心理走向成熟的阶段，如此的压力，不少宝宝承受不了。现实生活中，有不少宝宝学习非常努力，确实做到了"我要学"，但由于各种原因，他们的成绩不甚理想。其中不少宝宝由于心理调节没跟上，而产生焦虑，甚至极度焦虑的症状，引发心理疾病，有的甚至上演了人间悲剧。

因此，父母要将宝宝引入"要学我"的境界，就必须重视帮助宝宝学会心理调节。宝宝们中间流传的"大考大玩，小考小玩，不考不玩"的说法尽管不尽准确，但基本上反映了调节的要求。父母要帮助宝宝轻松饱满、信心十足地走进考场，还要让宝宝轻松平和、波澜不惊地走出考场，不骄不馁地走向人生的下一个阶段。

● 自知之明，帮助宝宝学会自我评价

父母要把宝宝引入更高乃至最高的境界，使宝宝真正成为学习的主人，还必须帮助宝宝对自己的学习进行较为准确的评价，并力争做到有自知之明。

首先是对学习结果的评价。起初可能只是对一个字、一道题的评价，逐步发展为一门学科或一段时间乃至所有功课的学习评价。

● 自知之明，帮助宝宝学会自我评价

学习评价不能只停留在学习结果上，还要循序渐进地在学习兴趣、学习方法、学习能力等多方面进行。

对学习进行自我评价还只是一种手段，其目的是使宝宝在学习过程中，通过不断的自我评价去查漏补缺，取长补短，扬长避短，以求整体进步。

人的发展的最高境界是全面自由地发展，学习的最高境界是"要学我"，让宝宝争做学习的榜样，把"学习"作为自己全面自由发展的手段。

虚心向别人学习

"三人行必有我师"这话几乎是家喻户晓，它出自《论语·述而》。原文是："三人行，必有我师焉。择其善者而从之，其不善者而改之。"意思是：三个人同行，其中必定有我的老师。

我选择他善的方面向他学习，看到他不善的方面就对照自己改正自己的缺点。瑞士有句古话："傻瓜从聪明人那儿什么也学不到，聪明人却能从傻瓜那儿学到很多。"这就是告诉我们要做聪明人，树立"三人行必有我师"的观点，虚心向他人学习。

不要不懂装懂

每个人都会遇到不熟悉、不明白的事情，这是很正常的。因为每个人的知识能力都是有限的。

但是有些宝宝爱慕虚荣，往往犯下不懂装懂的毛病，一次两次还可以，多了就会铸成大错，影响宝宝的一生，使宝宝变成一个因无知而成为别人的笑柄的人。那么如何改正宝宝不懂装懂的小毛病，培养宝宝虚心好问的好习惯呢？

培养宝宝虚心好问的学习态度

● 培养宝宝谦虚的心态

不懂就问，不耻下问，只有这样才能把学习搞好。

● 做功课遇到疑难问题时，不要让宝宝依靠父母解决

最好是做一些提示、反问，鼓励宝宝独立思考，放弃依赖心理，因为做功课是宝宝的责任。

● 要启发宝宝自己解决问题

当宝宝发现书上有不懂的问题，问为什么时，父母要耐心回答，还要称赞他能虚心好问。有的宝宝学习上怕苦

怕难，一遇到难点就问爸爸妈妈怎么做。这时不能直接告诉他答案，要鼓励他自己动脑筋去想，要启发他，自己去解答问题。

● 向别人学习，不要施加不应有的压力

虚心学习不同于施压

邻居家有一个小男孩叫明明，从4岁开始就弹钢琴，现在已经小有名气了。可前几天，邻居家时常传来男孩的哭声，间或还有大人的打骂声。我听不下去了，便过去探个究竟。

原来，邻居领着宝宝去朋友家玩，他们家也有一名练钢琴的小男孩亮亮，两人学的时间差不多。可亮亮参加钢琴比赛，竟然获得了第二名。邻居顿时受了刺激，对明明实施拳脚教育，结果明明不想练琴了。

我理解明明父母的心情，但不赞同其做法。找到自己家宝宝的不足，向别人看齐这固然是好的，但绝不等于盲目施压。俗话说："天外有天，人外有人。"每个人的能力是有所差别的，普天下的父母无不对宝宝情之深，爱之切。一旦宝宝没有达到期待的目标，父母就急了。如此压力，宝宝怎能承受得了，其作用只能适得其反。看到亮亮比自己强，明明本该去反思，找出自己的差距，进而激发起奋勇拼搏的斗志，可是在父母的"干扰"下，明明体会的只有自卑。久而久之，便会怀疑自己的能力，从而制约自己的发展。

引导宝宝向别人学习既是一个课题，更是一项教育艺术。父母应该坦然对待别人的成功，以平静的心态来引导宝宝。

·亲子心经·

"虚心的人十有九成，骄傲的人十有九空。"无论任何一个年代；无论到了任何一个区域；无论是任何一个人，真诚的谦虚，正确地认识自己，虚心向别人学习，永远是事业成功的保障。宝宝们只有从小就拥有"三人行必有我师"的心态，虚心向他人学习，才能不断进步，走向更美好的明天。

在谦虚心态的指引下，人们就会渴求学习，从而使自己不断进步，最终达到成功的境界。谦虚是人们走向成功的坦途，成功是谦虚的必然结果。胜利永远属于那些谦虚向他人学习的人，只有在取得胜利后，继续保持清醒的头脑，客观地面对成绩，制定一个更宏伟的目标，这样才能更上一层楼。

自满会让你失去动力

宝宝似乎自我感觉一直不错：当考试测验成绩不理想时，妈妈说他"你看看，最近学习退步了吧。"宝宝回敬说"我蛮好了，班级里比我差的人多了"。父母和老师都觉得宝宝心胸宽广倒不错，但好像有点自满，要是能改掉这一点就好了。

宝宝自满的原因

要帮宝宝改一改容易自满的坏毛病，还得先找找问题的原因。宝宝自满常常是以下原因造成：

● 对事物的认识不足

比如说考试成绩吧，自满的宝宝并不是从知识的学习和掌握的角度看待自己的分数，不是比较自己进步还是落后了，而是和其他人比，"比我考得差的人多着呢"，这种认识上的局限性会使宝宝的目光变得比较短浅，不能站在更高的位置上全面看待问题，轻易地满足于已有的成绩，有"夜郎自大"之嫌。

● 对自己的认识不足

容易自满的宝宝往往对自己的评价比较高，自我感觉良好，习惯于看到自己的长处，而忽略了自己的不足。这样的宝宝一般在某些方面是有一定的优势的，"比上不足比下有余"，这些优势常常给他们带来认识上的偏差，不能客观地评价自己。

● 寻找逃避责任的借口

有的宝宝为了不因自己的不足被父母或老师批评和责骂，而抢先给自己找一个"我其实怎样怎样不错"的理由，目的只是为了要表明自己的状况是不应该被批评的，因为还有"班级里那些比我差得多的人"在后面，他们才是应该被人表示不满的对象，要批评责骂该找他们，他们如果能被原谅的话，自己当然也应该被原谅。

亚历山大的故事

一天亚历山大大帝来到一家乡镇小客栈，为进一步了解民情，他决定徒步旅行。当他穿着一身没有任何官衔标志的平纹布衣走到一个三岔路口时，记不清回客栈的路了。亚历山大无意中看见一个军人，于是他走上前去问道："朋友，你能告诉我去客栈的路吗？"

那军人叼着一只大烟斗，头一扭，高傲地把这身平纹布衣的旅行者上下打量一番，傲慢地答道："朝右走！"

"谢谢！"亚历山大又问道，"请问离客栈还有多远？"

"一英里。"那军人生硬地说。并瞥了陌生人一眼。

亚历山大抽身道别刚走出几步又停住了，回来微笑着说："请原谅，我可以再问你一个问题吗？如果你允许我问的话，请问你的军衔是什么？"

军人猛吸了一口烟说："猜嘛。"

亚历山大风趣地说："中尉？"

那烟鬼的嘴唇动了一下，意思是说不止中尉。

"上尉？"

烟鬼摆出一副很了不起的样子说："还要高些。"

"那么，你是少校？"

"是的！"他高傲地回答。

于是，亚历山大敬佩地敬了礼。

少校转身来摆出对下级说话的高贵神气，问道："假如你不介意，请问你是什么官？"

亚历山大乐呵呵地回答："你猜！"

"中尉？"

"不是。"

"上尉？"

"也不是！"

少校走近仔细看了看说："那么你是少校？"

亚历山大镇静地说："继续猜！"

少校取下烟头，那副高贵的神气一下子消失了。他用十分尊敬的语气低声说：

"那么，你是部长或将军？"

"都猜错了。"亚历山大说。

"殿、殿下是陆军元帅吗?"少校结结巴巴地说。

亚历山大说:"我的少校,再猜一次吧!"

"皇帝陛下!"少校的烟斗从手中一下掉到了地上,猛地跪在亚历山大面前,忙不迭地喊道,"陛下,饶恕我!陛下,饶恕我!"

"饶恕你什么?朋友。"亚历山大笑着说,:"你没伤害我,我向你问路,你告诉了我,我还应该谢谢你呢!"

应该说,宝宝对自己的长处和优势表示认同,这也是宝宝自信的一个方面,孩子在"环境恶劣"的条件下能为自己找一些开脱的理由证明自己"不错",也是具有积极意义的,因为这是缓解压力、自我情绪调节的一种有效途径,问题是,自信过了头就是自满了,自满是一种不客观不合理的自我意识,会阻碍学习和生活。因此,对于容易自满的孩子,一方面要肯定其积极的一面,一方面也要帮助其弥补不足的地方。

帮宝宝树立一个努力的目标

家长可以和宝宝一起分析孩子目前的状况,有什么优势,有什么不足,哪些地方应该巩固,哪些地方应该加强,帮助宝宝制订一个切实可行的计划和行动的方案,以此激励宝宝不断向前进。努力的目标不仅是学习方面的,还可以包括生活和个人修养等内容。

鼓励和引导相结合,因势利导

当宝宝出现自满情绪的时候,要帮助宝宝正确看待问题,既不能抹杀宝宝的成绩,也不回避宝宝的问题。结合具体的情况对问题进行分析和讨论,使宝宝明白其实自己做得还可以更好,自己还有更大的余地应该去努力,让宝宝体验到骄傲自满对自己进步的不利影响。利用宝宝对自己优势的认同,进一步鼓励宝宝争取更大的进步,作出更好的表现,懂得"谦受益,满招损"的道理。

不急于批评,客观评价宝宝

有的父母常常会对自满的宝宝说:"你以为自己挺了不起呀?""你别嘴巴硬,哪天我倒要看看你的真本事"等诸如此类的话。这些话表面上看起来似乎有点道理,但并不能起到教育宝宝的作用；相反，这些讽刺、挖苦、不相信宝宝的话，很容易使宝宝产生不满或者受到"打击"，要么表示对抗，要么走向另一个极端，即自卑。

所以，父母要客观公正地评价宝宝，结合具体问题对宝宝进行引导，帮助宝宝对自己、对他人、对学习逐渐有一个正确的认识，逐步摆脱自满的情绪。

· 亲子心经 ·

父母要尽量和宝宝建立一种同伴的关系，走进宝宝的内心世界，了解宝宝的需要。不要过分的强调家长式的权威，宽松的环境更有利于宝宝的发展。

帮助宝宝克服浮躁心理

如今的宝宝生活在一个五彩缤纷的世界里，各种新奇玩意，奇门巧类，多如牛毛。宝宝很容易分散精力而被吸引过去，学习就难以全神贯注，专心致志地进行，会出现"身在曹营心在汉"的现象，学习效果自然也就上不去。

宝宝都有浮躁心理

浮躁心理是当前一些宝宝的通病之一，表现为行动盲目，缺乏思考和计划，做事心神不定，缺乏恒心和毅力，见异思迁，急于求成，不能脚踏实地。

为了改变宝宝的浮躁心理，父母应指导宝宝注意以下问题：

● 用榜样教育宝宝

身教重于言教。首先父母要调适自己的心理，改掉浮躁的毛病，为宝宝树立勤奋努力，脚踏实地工作的良好形象，以自己的言行去影响宝宝。其次，鼓励宝宝树立学习榜样，如革命前辈、科学家、发明家、劳动模范、文艺作品中的优秀人物，以及周围的一些同学，生动、形象的优良品质来对照检查自己，督促自己改掉浮躁的毛病，教育培养其勤奋不息，坚韧不拔的优良品质。

● 有针对性地"磨炼"宝宝

父母可以采取一些措施，有针对性地"磨炼"宝宝的浮躁心理。如指导宝宝练习书法，学习绘画，弹琴，解乱绳结，下棋等，有助于培养宝宝的耐心和韧性。

此外，还要指导宝宝学会调控自己的浮躁情绪。例如，做事时，教宝宝用语言进行自我暗示，"不要急，急躁会把事情办坏""不要这山望着那山高，那样会一事无成"，"坚持就是胜利，等等"。

只要宝宝坚持不断地进行心理上的练习，宝宝浮躁的毛病就会慢慢改掉。

● 重视宝宝的行为习惯

一是要求宝宝做事情要先思考，后行动。比方出门旅行，要先决定目的地与路线；上台演讲，应先准备讲稿。

父母要引导宝宝在做事之前，经常问自己这样一些问题："为什么做？做这个吗？希望什么结果？最好怎样做？"并要具体回答，写在纸上，使目的明确，言行、手段具体化。二是要求宝宝做事情要有始有终。不焦躁，不虚浮，踏踏实实地做好每一件事，一次做不成的事情就一点一点分开做，积少成多，积沙成塔，累积的最后即可达到目标。

● 教育宝宝立长志

伟大作家托尔斯泰说过："理想是指路的明灯。没有理想，就没有坚定的方向；没有方向，就没有生活。"父母只有帮助宝宝树立远大的理想，才能使宝宝明确生活的目的和对崇高理想的追求，具有对生活和学习的高度责任感，这对防止宝宝浮躁心理的滋生和蔓延是十分有利的。

父母在帮助宝宝树立远大理想时，要注意两点：一是立志要扬长避短。有的宝宝立志经常不考虑自身条件是否可行，而是凭心血来潮，或看到社会上什么挣大钱，就想做什么工作。这种立志者多数是要受挫的。二是立志要专一，并且不可轻易放弃或改变。

鼓励宝宝立长志

兵兵参加了学校的绘画兴趣小组，没学几天，觉得足球运动最流行，于是改学足球；又过不久，感觉踢足球太累，想学一点轻松的，就上了剪纸班；但剪纸又太繁琐，于是转学钢琴……这样，兵兵不断地换班，始终没有静静地坐下来，专心学好一门本领。一学期结束，兵兵发现自己什么也没有学会。

怎样帮助宝宝克服浮躁心理

那么，父母该怎样帮助宝宝克服浮躁心理呢？专家有以下建议：

● 帮助宝宝调节心理状态

当宝宝因学习而心情烦躁的时候，可以让宝宝先把功课放一放，听一曲优美、舒缓的音乐；可以带宝宝出去散散心，减轻他心理上的负担，让他的心情平静下来，再以更充沛更集中的精力重新投入到学习中。放松之后，宝宝可能就会心无旁骛，专注学习，浮躁之心自然就消失了。

● 正确引导宝宝的好奇心

没有哪个宝宝不具有强烈的好奇心，但若不正确引导，宝宝的好奇心有可能成为产生浮躁情绪的根源。父母不能任由宝宝的好奇心随意发展，而应把他们的好奇心引入对问题、对事物、对现象的深入探讨中，让宝宝对深层次、更本质的内容产生好奇，从而锻炼宝宝的思维能力，提高宝宝的思维水平。

● 为宝宝营造一个宁静的学习氛围

外面的世界很精彩，宝宝容易受到影响，难以专心学习。父母一方面要注意防止新奇怪异的事物影响宝宝的注意力，另一方面要主动为宝宝营造一个安静、少干扰、少诱惑的学习氛围。

·亲子心经·

俗话说："无志者常立志，有志者立长志。"父母要告诉宝宝立志不在于多，而在于"恒"的道理。要防止宝宝"常立志而事未成"的不好结果的产生。正如赫伯特所说："人不论志气大小，只要尽力而为，矢志不渝，就一定能如愿以偿。

勇敢的性格

怎样教宝宝练胆量

宝宝的胆量生来是不一样的，但在很大程度上，宝宝胆量的大小是后天形成的。有些宝宝天生不爱说话，害怕生人，不敢表现自己，我们宁可把这看成是他的性格特点，而不要简单地看成是缺点。有些宝宝胆小，父母有责任。父母安全意识过强，老是吓唬宝宝，宝宝干什么父母都说"危险"，久而久之，宝宝就会总结出一条经验，最可靠的办法是什么也别摸，什么也别干。在我们成年人看来，这自然就是胆小怕事。

从小培养宝宝的独立能力

父母要多给宝宝做事的机会，不要总是认为宝宝小，什么都替他们去做。过度保护的环境，往往难以形成宝宝的主动性和积极性，一旦从温暖的家庭走出去，宝宝容易变得依赖、胆怯。正确的做法是从小就有意识地给宝宝提供一些机会，让他做些力所能及的事情，这不仅可以让宝宝表现自己的能力，树立宝宝的自信心，并能使宝宝在学习做事情的过程中变得勇敢。

父母要经常关注宝宝的情绪变化，与宝宝多交流。在一般情况下，宝宝在活动或交往的过程中，父母只在一旁观察、指导，即使做些保护也不要让宝宝完全察觉。对于宝宝自发的无端恐惧（如怕到黑的地方去），父母就该用自己的示范，为宝宝消除恐惧心理。

鼓励宝宝独立做事

月月和妈妈去商场，付款时，妈妈想让她试着交钱，便俯下身子对她说："月月，这个娃娃是给你买的，就由你去交钱好吗？"5岁的月月怯怯地看着妈妈问："妈妈，那个阿姨会不会要我的钱呀？""会。""那阿姨找错钱了怎么办？"月月还在想办法推脱。妈妈鼓励她说："不会的，阿姨是用电脑收钱，你把钱给她，电脑会把钱算得清清楚楚的，而且妈妈也会帮你算钱呀。"看着妈妈这么坚持，月月无可奈何地答应了。妈妈将钱塞到月月手中，月月涨红了小脸走上前去，把钱高高地举给了收银员。收银员看到月月，赶紧接过钱，顺便还夸了女儿一句："这个小姑娘多能干呀！这么一点点就会帮妈妈做事了。"阿姨的夸奖大大刺激了月月，一路上她兴奋不已，回去之后和爸爸讲了三四遍。

多鼓励宝宝与他人交往

在宝宝很小的时候，就引导他尽量习惯陌生的环境、陌生的人。可以经常带他去串门，或者去公园，但父母要充满爱心，使他有安全感。平时不能用某些事物恐吓宝宝，比如"再不好好睡觉，大老虎就来了"，或者宝宝每做一件事，父母必定先"提醒"宝宝"那可危险"等等。

在生活中，鼓励宝宝参加各种社会活动，多提供与小朋友交往、玩耍的机会。当宝宝一天天长大，要去面对令他困惑的新情境时，父母的鼓励和支持会让宝宝知道，一切都是有趣的，一切都是友好的，只需要让宝宝拿出更多的好奇和勇气来面对。当宝宝面对生人时，当宝宝主动结识小朋友时，要表扬他、夸奖他，让他感到这是一件快乐的事。

胆怯的宝宝一般都不愿意与别人主动交往，下面这两个技巧可以提供帮助：

● 从小范围活动开始

邀请一两个宝宝到家里来玩，因为在自己家里宝宝会感到安全。可以玩有组织的游戏，每个宝宝都要轮到。父母要在旁边，不要走远，如果宝宝想靠在父母身上，就让他靠。父母要安排，但不要给他压力。

父母也可以利用宝宝的特殊兴趣来鼓励他参与活动，这样可以消除宝宝的紧张不安。如果宝宝对画画有特殊的兴趣，那么父母就可以帮他邀请一些小朋友，在家里或小区的草地上画画，宝宝在这样的小团体里，就能有兴致，而且十分自如地表现自己。久而久之，与人交往的愿望逐渐加强起来。

● 与小一些的宝宝玩耍

多和比自己宝宝年龄小的宝宝一起玩，也是行之有效的良方。这样可以给宝宝创造更多的自我表现和取得成功的机会，年龄小的宝宝也有了"学习的榜样"。父母在此时应多给宝宝创造有利条件，表扬宝宝的每一个微小进步，时间长了，宝宝就会慢慢地解除心理障碍，日渐大胆甚至可能从容不迫地待人处事了。

用游戏的方法培养宝宝的表现力

喜欢游戏是宝宝的天性，每个宝宝都喜欢融入到游戏的情境中。可以用游戏的口吻鼓励宝宝在家里进行各种表演。首先让宝宝表演给父母看，这样他不会感到羞怯。宝宝表演的节目可以是他喜欢和熟悉的任何题材，如一段儿歌、一首唐诗、一段舞蹈等。父母要加以表扬、鼓励，增加宝宝的自信心。

可以布置"场景"，让宝宝对"观众"进行表演。这些"观众"可以用洋娃娃、小熊、小狗坐在凳子上来代替，让宝宝假想它们是真正的观众，自己正在舞台上单独表演。当然这些观众里面也包括父母。父母尽量要求宝宝认真地表演，以获得"观众"的掌声。每当宝宝表演完毕，父母就代表所有的"观众"给宝宝鼓掌。

宝宝可以与这些观众握握手，然后谢礼、闭幕，就如同在真正的舞台上一样。父母在这个过程中表现得要像真的观众一样。

最后，逐渐扩大观众阵容，让宝宝和其他小朋友轮流表演，时间长了，就会锻炼出宝宝的表现力。表现力强的宝宝是培养出来的。

正确对待宝宝的退缩行为

当发现宝宝有退缩行为时，不要拿他跟那些善交际的宝宝比较，要体谅他的心情；不可由于心急而粗暴对待，那样会使宝宝更加恐惧，更不敢与人接触，尤其不能当着外人说"我这宝宝就是胆小"。

要积极强化宝宝表现出的闪光点，鼓励宝宝千方百计克服所遇到的困难；但也不能溺爱，以免宝宝从心理上更加依赖父母，而是要以亲切的态度，诱导并鼓励宝宝克服心理上的缺陷，去与周围环境及人接触。拓展宝宝表现力的方法很多，但千万不要急于求成，否则会吓着宝宝，使他又重新缩回到"壳"里去。父母时常告诉宝宝自己喜欢他，欣赏他的所作所为，哪怕是一点点小事，如宝宝懂得体贴大人，知道关心别人等，这样宝宝就会更好地接受自己。经常鼓励宝宝，让宝宝觉得父母永远都支持自己能行。

· 亲子心经 ·

父母应注意到宝宝的闪光点，对他的优点经常加以鼓励，使宝宝从中获得尊严。当宝宝要面对新的环境时，父母应给他详细描绘新环境的情况，教给宝宝适应新环境的方法，并教给宝宝勇敢地去面对。

帮宝宝培养勇敢刚毅的个性

都说初生牛犊不怕虎，然而，一份调查资料表明，怕，已经成了现代宝宝的一种心理疾患。因此，有的电视台做起了让宝宝勇敢起来的游戏节目，旨在培养宝宝的勇敢精神，父母们都乐于参加，让宝宝在镜头里"秀"一把。但经过调查研究却发现，原来，宝宝的怕，竟然来自于台下扶宝宝走上"秀"场的父母。

过度保护扼杀了宝宝的探索欲

现在的宝宝多是独生子女，父母们凡事都包办代替，给了宝宝过多的爱。这样做的结果，使宝宝们不仅难以具备勇敢精神，甚至连起码的自立能力都没有。现在的宝宝所处的生活环境与过去大大不同，他们天天与书本在一起，与电视、电脑在一起，远离了大自然，失去了小伙伴，他们根本就没有机会知道什么是探险，什么是挑战，什么是探险的乐趣。

社会衡量宝宝优秀的标准摒弃了探索的重要性

现在的父母都认为，宝宝只要成绩好，能考上好学校，将来就能获得好的工作，与勇敢精神无关。但实际上，在当今这样一个充满机遇和挑战的社会，要想把握机会，迎接挑战，创造自己的事业，必须远离胆小、懦弱等不良的心理素质。

社会不安定因素使父母不放心，令宝宝心理压力大

父母总是告诉宝宝过马路多么危险，会有车祸，会有骗子，甚至一到晚上再也不让宝宝出门；总是把宝宝视为弱者，给了宝宝太多的限制，弄得宝宝总是处于惊恐状态，增加了宝宝的心理压力。宝宝需要从小培养一颗面对挫折与逆境的勇敢的心。怎样才能让宝宝获得勇气呢？首先，一个人的勇气来源于自信，当宝宝对自己的能力有了信心，渐渐就能勇于承担一些责任。当责任逐渐被宝宝视为一种体现自身价值的荣耀时，宝宝就能克服许多困难，形成坚毅的品格。

独立活动，树立信心

父母应尽可能让宝宝独立活动，如让他自己穿衣、收拾玩具、吃饭等。宝宝在做这些事情时，要克服肌肉尚不成熟，手和眼协调一致工作，以逐渐达到熟练。在不断尝试过程中，宝宝的意志力就可得到锻炼。如果宝宝做得不好，也不必急忙去帮助，应该"先等一会儿"，让他自己克服困难去解决。当他经过努力终于获得胜利的满足感时，克服困难的勇气和信心也就随之增强。

增加交往，多见世面

人们常说，知识就是力量。当一个人见多识广，逐渐形成自己独立的意识和判断时，他面对困难，往往有常人所不具备的智慧与勇气。小宝宝也一样，出生之后妈妈就应常带宝宝参加亲子聚会，见不同的人，听不同的事，让宝宝懂得各种场合中应该如何礼貌应对。持之以恒，宝宝渐渐能养成一种不惧人、不惧事，凡事应对自如的坦然之气。

多种方法，有勇有谋

面对困难，一种方法不行，鼓励宝宝多想想，多试几种方法，灵活解决困难。

比如，让宝宝去推一个很重的大箱子，宝宝推不动，怎么办呢？让宝宝试着把箱子里面的东西先拿出来，再推箱子；或者，让小宝宝在亲子小组聚会的时候，邀请其他小朋友一起来推这个重重的箱子。让宝宝懂得，多种方法都能解决同一个问题。

经常受到类似情景的启发，宝宝就会养成遇事多动脑筋，有勇有谋的性格特点。

内心有爱，个性坚强

内心有爱的人才会是坚强的人。平日里要注意培养宝宝对他人、对社会的爱，只有和爱心相结合的勇敢，才是真正的勇敢，以爱作坚强的支撑，才是持久的坚强。因此，爱心教育是宝宝意志品质教育的一个重要方面。宝宝关爱他人的能力不是自发的，而是在与环境和他人的交往中逐渐养成的。这种能力最初产生于其他人对宝宝的关爱：亲人之爱、手足之爱、伙伴之爱。生活中妈妈可以引导宝宝树立对他人友爱的态度，帮助宝宝把握恰当的表达爱的行为方式，这样会使宝宝感到安全、舒适、愉快，并自然地模拟父母，去关爱别人。

父母当先，行为表率

生活中遇到宝宝摔伤、擦伤、打针、上药等情况时，虽然父母看了心里着急，但还是要镇定，对宝宝说："一点儿小伤，没问题。"这样的神情行为会给宝宝很好的暗示，使他自然而然地学会怎样坦然地面对。如果父母一惊一乍的话，宝宝反而会紧张地大哭起来。

父母要做宝宝的表率。如果父母意志坚强，做事具有不怕困难、百折不挠的意志力，那么宝宝也会在耳濡目染、潜移默化的过程中逐步完善自己的意志品质。

培养宝宝勇敢刚强的性格要从宝宝小时候开始，宝宝出生后要按照性别穿戴衣服，剪不同的发式。宝宝稍大后，父母要买符合宝宝特点的玩具，以及指导宝宝参加游戏和活动。

父母还要注意自己在宝宝面前的表现，尤其是母亲更要注意自己的表现，多数女性在见到突然窜出的老鼠或听到突发的音响等，会失声惊叫，宝宝见到此景，也会吓得魂不附体。父母在对宝宝进行性别角色教育时，应注意鼓励男宝宝勇敢刚毅的表现，爱护他们的独立性和创造性。例如，男宝宝喜欢登梯爬高，父母此时不要大声吓唬宝宝："掉下来就没命了！"这样会使宝宝的胆量越来越小。父母应该赞赏宝宝的勇敢精神，同时要给宝宝讲清只有在大人的保护下才能爬高的道理。这样既保护了男宝宝活泼好动的气质，又使宝宝增强了安全意识。

鼓励宝宝做勇敢的孩子

一次，妈妈带4岁的强强到公园玩。强强高兴地在公园的草地上跑来跑去，像一只脱缰的小马。一会儿，他跑累了，就躺在草地上，打起滚来。突然，听到强强尖叫一声，妈妈赶快跑过去，只见他脸蛋都吓白了，一把抱住妈妈，惊恐地叫："一条虫子，我害怕！"妈妈走近那块草地，仔细找了半天，才看见有一条2厘米长的绿色虫子。

妈妈把虫子捏起来，放在掌心里，然后对儿子说："这条虫子没有什么可怕的，它不会咬人，是条草虫子。"

听到妈妈这么说，强强才敢凑过去，仔细地看着虫子。

"来，把虫子捏起来。"妈妈说。

强强一听，吓得倒退了两步，一边摆手一边对妈妈说："我不敢，我不敢！"

"不用怕，你是个男子汉，还害怕一条小虫子？"妈妈鼓励强强。

强强听到妈妈的话，鼓起勇气走过去，小心翼翼地用手碰碰妈妈手心里的虫子，见它没什么反应，慢慢地捏了起来。

"强强真勇敢！"妈妈高兴地对强强说。这时，强强看着被自己捏在手中的虫子，也高兴地笑起来。

·亲子心经·

在培养男宝宝勇敢刚强的性格时，要避免出现把刚强变为粗暴，把"男子汉"气质理解为男尊女卑意识的错误观念。

有主见的宝宝更勇敢

宝宝是家庭中的重要一员。可是，许多父母在决定一些事情尤其是一些重要的事情时往往把宝宝排斥在外。是的，生活中纯粹的大人之间的事没有必要让宝宝知道，可是还有很多事是完全应该让宝宝也参与讨论的，尤其是涉及宝宝的某项决定时。不要以为宝宝小，什么也不懂。更不要以为宝宝是你的，你就可以随便对他做出决定。

让宝宝有主见也不难，下面几点值得注意一下：

允许宝宝做他自己

宝宝的世界和成年人的世界有很大的区别，父母常理解不了宝宝为什么"边吃边玩"、为什么那么喜欢玩；小宝宝也理解不了父母为什么那么忙，为什么陪自己的时间那么少，为什么自己喜欢的父母会不同意，他们经常会想：是自己不重要吗？是自己不够好吗？是自己不值得吗（"重要""值得"这两个词小宝宝可能不懂，但早早就有感受它的能力）？

此外，尽管宝宝有父母的遗传基因在身上，但宝宝还是有很多很多不同于父母的地方，包括性格、喜好、习惯等，父母允许宝宝按照他的需要和兴趣来做他自己吗？如果宝宝的兴趣和父母大相径庭，父母能够放下对宝宝的期待而去为他的兴趣买单吗？如果宝宝的性格不是父母所欣赏的，父母能够尊重这就是他的性格么？

随着宝宝的长大，他会越来越

有自己的见解，而因为亲子之间在成长背景、成长经历、价值归属等诸多方面的巨大差异，宝宝的见解很可能和父母不同。父母该如何对待这些不同呢？如果宝宝不同的见解不被允许，宝宝的"主见性"从何而来呢？

总之，如果父母能够尊重宝宝的不同，和宝宝就能互相接纳；如果父母能够欣赏宝宝的不同，和宝宝就能互相滋养。互相接纳，亲子关系就是融洽的，互相滋养，亲子关系就更亲近。

相信宝宝能够做好自己

人是天生喜欢自由自主的，而依赖是后天完全能够"培养"出来的。怎样能成功的"培养"依赖的宝宝呢？大部分父母都有自己的诀窍。而其中最大的要领是"不放心"，"不放心"的背后是"不相信"。只要这个要领把握得好，培养"依赖的宝宝"，指日可待。

怎么叫"不放心"呢？"宝宝，多吃点，不然等下会饿的""今天冷，多穿点，不然要感冒的""你还不会呢，我来吧""这样不行，你得……"大部分父母对这些话十分熟悉吧，难道宝宝连吃饱穿暖也不懂么？饿一次就知道吃了，冻一次就知道穿了，问题就在于父母而不是宝宝经不起那一次饿或者一次冻；宝宝不会正需要学呀，有谁天生会呢？"这样不行"，他要做过才知道呀，如果什么错误都不犯，何从学习和成长呢？通过尝试来知道行或者不行，是人类最基本的学习方式呀！对于学习来讲，最主要的动力就是自主性，父母每多督促一次，宝宝就少督促自己一次，自主性就被破坏一次。

建议父母一开始就这样告诉宝宝：这是你的事情，你需要自己决定和负责，任何困难我都愿意帮助你，但由你来决定要不要我帮。父母对宝宝的唯一要求就是"宝宝对自己有要求"，唯一的帮助就是"宝宝能够自己帮助自己，知道怎样能做到以及怎样获得帮助"。

父母能不能相信：宝宝能够胜任那个年龄要求他做的事；宝宝不会，可以学会。学习常常通过犯错或者失败来进行，学习是一个过程不会一蹴而就；宝宝天生就有自主的愿望和能力；宝宝天生就是向上

的、向善的。如果父母能真的相信这些，根据宝宝的自主要求给予必要的支持、建议和帮助，而不是把支持、建议、帮助根据父母的理解强加给宝宝。

对宝宝晓之以理，提高他们的认识

父母可以通过一些成功的典型事例或者通过身边反面例子，让宝宝深深地体会到学习、生活中有"主见"，能够坚持自己想法而执着奋斗所带来的好处。充分认识到"无主见"对人的影响及危害性，从而提高宝宝的"主见"意识。

给宝宝自主决定的权利

婷婷今年上四年级了，学习成绩很好，但是她对任何事情都没有自己的看法。

在家，她经常问妈妈："妈妈，我明天是穿裤子，还是穿裙子呢？"在学校，她经常问老师："老师，你说我是参加活动好，还是不参加活动好？"在生活中也是一样，看到别的同学穿背带裤，她也要求妈妈给她买。但背带裤买回来她才发现，由于她个子矮，根本

不适合穿，最后只得送人。

婷婷为什么会这样呢？

原来，在家里，妈妈每天把整理好的衣服放在婷婷床头，并对婷婷说："女儿，我把你明天要穿的衣服放在你床头了。"

婷婷外出刚回来，妈妈便对婷婷说："女儿，以后别总是和那些调皮的宝宝一块玩。和楼上的那个王磊一块玩吧，人家学习好，多向人家学习学习。我都帮你约好了，让他星期六来咱家玩。"

让宝宝养成勤于独立思考的习惯

父母们可以引导宝宝遇事有疑问时，多独立思考问题，主动解决问题。同时应让宝宝知道，只要是经过充分的证实后确信自己的做法或想法是正确的，就应敢于坚持，而不要随意被周围人的思想所左右。在课堂教学中，教师也要多给学生独立思维的空间，鼓励学生大胆交流与质疑，多提倡个性化思维，少一些统一要求。

创造让宝宝"自我做主"的机会

在生活中、课堂中、课外活动中多给宝宝"自己作主"的机会。充分地信任宝宝，大胆放手让他们去设计，去计划，去安排，去实践。多让宝宝换位思考，"如果让你去组织这次活动，你会怎样安排？" "如果这事发生在你身上，你会怎么去想？" 有了良好的思维习惯，宝宝将会慢慢从"无主见"转变到"有主见"，最终成为一个有"独立性"思维的人。

· 亲子心经 ·

许多父母出于对宝宝的宠爱，既希望自己的宝宝做得最好，又不放心宝宝的能力，于是干脆以自己的选择来为宝宝代劳。宝宝没有自主决定的权利，久而久之在宝宝的观念中就会认为自己的选择总没有别人的好，凡事都由父母决定好了，也就不爱思考、没有主见了。

勇于尝试，才能把握机会

有些父母总是怕宝宝受到伤害，因此时刻呵护着宝宝，用自己的成人经验全权指导宝宝的行为，以为这样就能避免宝宝遭受挫折，其实这样做的同时，父母也剥夺了宝宝勇往直前的勇气，使宝宝对父母产生很强的依赖性，失去许多学习的机会。

在宝宝幼小的心灵中，还没有建立起自信或自卑的概念，他既没有失败的体验，也没有成功的体验。宝宝是一张白纸，当他要实现某种愿望的时候，只是被一种强烈的冲动支配着，一次又一次地尝试。爸爸妈妈如果阻止他，不让他尝试，他还会大哭大闹，不达目的不罢休。

这个时候最好是让宝宝去尝试，不要对尝试中的不成功作任何评价。假如宝宝因为没有成功而不想再坚持下去，爸爸妈妈要这样鼓励他："宝宝多能干呀，再坚持一下就好了。"

鼓励宝宝勇于尝试

让宝宝勇敢地尝试，既能增强宝宝的勇气，也能培养宝宝勇敢抗击挫折的意志，父母在生活中可以这样做：

1.鼓励宝宝大胆地去做事，多对宝宝说"你一定行！大胆去做吧！"在宝宝做事的过程中，父母可以适时地提出指导性的建议，帮助宝宝更好地克服困难，增强宝宝做事的自信心。

2.当宝宝遇到挫折时，父母要予以鼓励，帮助宝宝建立克服挫折的信心和勇气，而绝不能嘲讽宝宝。

3.多让宝宝认识、了解新事物。及时告诉他一种新事物的利弊，让宝宝消除对新事物的排斥感，积极主动地尝试新事物，成为一个勇于探索，创新的人。

4.要对宝宝进行开放式的养育，鼓励宝宝自己去探索和尝试，在实践中培养宝宝的勇敢精神。不要因噎废食，大部分成功都是从不断地克服失败而来。宝宝只有摔倒了，才知道走路要小心；宝宝只有到水池中游过泳呛过水，才知道水是好玩的，但同时也是危险的；宝宝只有经常自己走路，才知道走到路中间会妨碍到别人，并且是危险的。

教宝宝学会面对失败

说到底，失败和成功其实都是人对一件事情的主观感受，而不是这件事本身具有的性质。所以，在宝宝感受挫折体验时，父母要让宝宝从中收获积极的认识，教给他必胜的信念。

可是爸爸妈妈往往不自觉地会以自己的体会去理解宝宝没有成功时的心情，替他惋惜，心疼他的辛苦，害怕宝宝受挫，而竭力阻止宝宝再作尝试。恰恰是你的这些表现，终于教宝宝明白了：失败是可怕的、叫人沮丧的事。

久而久之，宝宝就会变得胆小、怯懦、自卑。当宝宝稍微大一些时，爸爸妈妈觉得他应该学会做点什么的时候，再要他去尝试，他只会扯着妈妈的衣襟求助："我不行，我学不会的。妈妈，你帮帮我吧！"因此，当宝宝进行最初的尝试时，爸爸妈妈不能对他说："要摔倒的，很危险的，你做不到的"之类的话，而应该说："再来一次，再试试，你一定能行。"宝宝的自信就在这个过程中培养起来了。

勇于尝试

雨小幼儿园的尹某小朋友在自由活动时，因为两个雪花片插不到一起而向老师"求教"："老师，这两个我插不上，请你帮帮我吧！"老师对她说："只要你仔细看，对准了再插就可以了。"结果她是屡试屡败，不断抬头看老师，终于得出了结论："老师，这两个雪花片一定有问题，永远不可能插在一起，我可不插了，我要换一个。"

"别忙，老师来试试。"老师接过雪花片，仔细一看，插口有点变形，但只要对准了，稍微一用力还能插上。于是，老师稍加摆弄，便将雪花片插在一起了。

"哇！王老师真棒！"尹某高兴地拍着手，但转眼间就露出了惊异的表情，因为老师又把雪花片拆开，放到她眼前。

"老师，为什么又拆了呢？"尹某的脸上写满了不高兴。

"刚才为什么说老师真棒？"

"因为老师把很难插的雪花片插在一起。"

"为什么老师能插上，而你却不能插上？这说明了一个什么问题？"

"……说明我不棒。"

"可是你说雪花片有问题，老师帮助你插上，是要告诉你，它们没有问题。"

"可是老师又拆了？多可惜！"

"一点也不可惜，因为老师觉

得你很棒，也能插上，怎么样？想不想试试？"

"想！"

尹某拿起两片雪花片，一开始，她仍然办不到，就抬头看老师，老师只是微笑地看着她。老师的鼓励使她消除了内心的顾虑，她终于插上了。"老师，我插上了，我很棒！"她的脸上洋溢着得意的喜悦，老师也为她高兴。

父母不能代替宝宝走完以后的人生道路，因此就要从小让他自己独立而勇于尝试。对于宝宝能力范围外的事情，父母可以尽量创造较为安全的环境让他尝试。比如自己过马路，父母就要选择车流量很少，速度很慢，甚至是有红绿灯的地方让宝宝在父母的注视下开始尝试。总有一天宝宝就能"破茧而出"，成为一个积极面对生活的小勇士。

·亲子心经·

鼓励宝宝勇于尝试，不要让宝宝把一次次的不成功看成是不愉快的、沮丧的事。

鼓励宝宝战胜羞怯

许多宝宝十分羞怯，羞怯的宝宝容易自卑、胆小、内向，性格不开朗，遇到事情容易钻牛角尖。宝宝羞怯的表现有多种形式，大多数羞怯的宝宝都伴有以下现象：学习成绩差，不与人交往，不愿与同龄人玩耍，逃避课堂讨论，不主动发言，不愿在公开场合抛头露面，做什么事都要父母陪着，不能单独外出，怕见生人，在生人面前不知如何应付，说话低着头，声音小，爱脸红，说话办事都在别人后面，甚至连笑也不敢先于别人。

除此之外，有时羞怯的小孩也会恃强凌弱，表现出惊人的举动，但在内心深处却是很羞怯的。

羞怯的本质就是一种不自信，造成这种状况的原因很多：

家庭原因

家庭是宝宝健康成长的一个主要环境。如果这种环境不好，定会给宝宝造成很多的心理障碍。据调查，有羞怯行为的宝宝，其父母本身就存在羞怯的情绪。在别人面前说话办事畏畏缩缩。另外，对宝宝经常打骂、责备，或夫妻离异，对宝宝的打击是很大的，使宝宝缺乏依靠、交流和亲情的抚爱。宝宝从小就觉得比别人差，形成羞怯、自卑的症结。

学校环境

宝宝的成长，学校也是一个重要的环节。学习成绩好的宝宝，经常受到老师同学的表扬，在学校表现出自信。而学习成绩差的宝宝，往往受到老师同学的批评、责备，久而久之就形成一种害怕、羞怯的情绪，觉得自己比别人差，不敢与别人交往，用一种退缩的方式来保护自己受伤的心灵。

多给宝宝抚慰

离开母体，宝宝就以一个独立的个体存在，随之慢慢形成自我意识。宝宝处在婴幼儿期间，同样不能忽视其心理的发育。

不要过多或过长时间与宝宝分离，尽量用母乳喂养，让小孩在母亲的怀抱中有一种温暖、安全的感觉。无论这时宝宝是否能听懂你的语言，也要多与宝宝进行语言、目光、情感的交流。

多给宝宝以鼓励

每个宝宝都希望能得到别人的肯定和表扬，胆怯的宝宝更需要。他们本身就自责，缺乏勇气，在做某件事之前，预见的是自己不行。如果这时给他一些鼓励，增加他的勇气，他可能会把事情办得很好。

支持宝宝参加有益的活动

当宝宝找到自己感兴趣的活动时，就很容易摆脱羞怯。所以平时多让宝宝参加学校的文体活动、手工制作，多鼓励宝宝在公共场合发言，千万别让宝宝在集体活动的圈子之外。

鼓励宝宝交朋友

交朋结友是宝宝社会化的一种表现。羞怯的宝宝，担心被人瞧不起自己而不去交友。

这时父母就应鼓励他，首先让亲朋好友家的较熟悉的宝宝与之一起玩，克服他交往的恐惧心理，然后再鼓励他在同学中去交朋友。当宝宝带朋友到家中时，父母要表现出热情，别不当回事，以增加他的勇气。

给宝宝一个温馨的家

平等、理解、温馨的家庭环境能给宝宝勇气和自信。克服宝宝的羞怯，更要有这样的环境。在宝宝面前不要滥用父母权威，尤其是对易羞怯的宝宝。家里的事尤其是与宝宝有关的事，要多征求和尊重宝宝的意见。例如，带宝宝去公园，要征求宝宝去哪个公园，准备带些什么，使他觉得自己是这次小小旅游的组织者和主人。

这样他就会以一种主人的姿态出现，树立自信心。在家庭中，父母对宝宝也要多用些民主型的语言，如："你认为怎样？""行吗？"如果宝宝为你做了些什么，你要表示"谢谢！"让宝宝觉得在家庭中他是平等的，这有利于克服宝宝的自卑情绪。

与宝宝讲条件

首先培养宝宝在父母面前克服羞怯，再逐渐扩大范围，鼓励他们在大环境中克服羞怯。

如果宝宝有所要求的时候，父母可以提出交换条件，鼓励宝宝做一些平时因为害羞而不好意思去做的事情。

比如，宝宝要听妈妈讲故事，父母可以开导宝宝，如果妈妈讲一个故事，你要给妈妈唱一支歌。

宝宝挑战自己以后，父母一定要给予鼓励，或是奖励，比如对宝宝说，本来妈妈答应给你讲一个故事，可是你的歌唱得太好听了，所以妈妈决定奖励你一个故事，给你讲两个故事。

克服羞怯是一个漫长的过程，一定要循序渐进，对宝宝进行鼓励帮助，从小开始进行引导。

带宝宝"周游列国"

带他们到亲戚朋友家里去玩、逛商店，或者是外出作长短途的旅行，鼓励他们做挑战自己的事情，比方说，外出后让宝宝买东西时自己付钱，跟收银员进行接触。

一开始宝宝可能还会很拘束，但是慢慢地就会放松了。经常接触外界，他们的性格会慢慢开朗，也会慢慢克服羞怯。

为宝宝制定特别"条约"

父母可以规定宝宝必须要对到家里来的客人打招呼，但是一开始不要太严格，要鼓励他慢慢来，让他明白打招呼问好的宝宝是有礼貌的好宝宝。宝宝本身是有向善心理的，很多事情他们本来想做，但是有的因为害羞而不好意思做，鼓励一下就好多了。

害羞的宝宝

彬彬今年5岁了，是个帅气的小男孩，并且彬彬有一副很响亮的嗓子，常一边玩玩具，一边大声唱幼儿园学到的歌曲。

过中秋节时舅舅和舅妈来看他，妈妈让他唱几首歌。他却忸忸怩怩着躲到妈妈身后。爸爸生气地骂他："真是狗肉包子端不上桌！"妈妈反驳爸爸："哪个小孩不害羞？长大自然就好了。"

让胆小的宝宝勇敢起来

对宝宝来说，恐惧、担忧是一种非常正常的现象。宝宝的恐惧心理一般2岁左右就会出现，并且每个宝宝恐惧担忧的事物不一样。有的宝宝可能害怕小虫子、小狗、黑暗甚至吸尘器，也有的宝宝可能害怕

新环境、陌生人，大多数宝宝的这种恐惧心理会随着他独立能力的增强而消退。

如果宝宝的恐惧一直持续并且到了几乎不可收拾的地步，那么，他就有可能患有恐惧症。这种超乎寻常的恐惧会带给宝宝非常大的心理压力，甚至对宝宝的日常生活产生比较严重的影响，因此，父母应该引起重视，并采取相应的措施，帮助宝宝缓解他这种因恐惧带来的心理压力。

以下是帮助宝宝消除恐惧的6个策略：

坦然接受宝宝的恐惧

尽管宝宝的恐惧有时候看起来很没有理性，但是他们的恐惧仍然是真实而严重的。当宝宝告诉你他害怕某个东西，比如抽水马桶、汽笛等的时候，一定要注视他的双眼，认真地听他倾诉他的想法。让宝宝说出他的恐惧，列出他恐惧的东西有助于他克服恐惧。

相反，回避宝宝所恐惧的东西，那些恐惧的感觉并不会真正从宝宝的内心消失。千万不要因为他那些看起来很可笑的想法而粗暴地

嘲笑他，也不要试图一味地向宝宝解释那些东西并不可怕，说他没有任何理由感到恐惧，这样会让他对自己的感觉产生怀疑，他会因此感到更加不安。

最好的做法是：以理解与平静的心态面对他的恐惧，让他明白他的恐惧很正常，你理解他的恐惧。妈妈平静的态度不会让他觉得自己的恐惧是一件愚蠢的事情，同时也能让他感觉到十分的安心。比如宝宝害怕狗，妈妈不要对他说："没关系，那只狗不会咬你，没什么可怕的。"

聪明的妈妈应该这样回应宝宝："我知道你害怕那只狗，来，妈妈陪你一起走过去好不好？你不想走过去？那好，妈妈抱你过去好了。你看，它不会咬我们，一点都不可怕，是不是？"

用事实来说服宝宝

如果宝宝亲眼见到一些事实，他就会变得安心一些。比如宝宝害怕吸尘器把他吸走，妈妈可以拿吸尘器对着宝宝的玩具吸一吸，对着自己的脚趾头吸一吸，用事实让宝宝相信吸尘器只能吸走灰尘，不会吸走宝宝的玩具，也不会吸走他的脚趾头，更不会把他整个儿吸走。

如果宝宝害怕理发，让理发师先剪下宝宝的一两根头发，让宝宝相信理发确实不会给他造成伤害。

给宝宝一些合理而简单的解释

以一种简单的方式向宝宝做些解释，有时候可以帮助宝宝摆脱他内心的恐惧。比如，宝宝洗澡的时候看到浴缸里的水流进下水道，他就可能担心自己也被吸进下水道。这时候，妈妈可以拥抱着宝宝并且告诉他："水和泡泡会流进下水道，但是橡皮鸭和宝宝不会。"如果宝宝害怕救护车的声音，那就告诉宝宝："救护车要救人，所以要发出很大的声音，好让其他的车听到给它让路。"

让安慰物带给宝宝安全感

很多宝宝无论走到哪里都喜欢拖着一条褴褛的小毛毯或者一只破败不堪的毛毛熊，这些物品可以让焦虑的宝宝处在陌生环境或者感觉恐惧时安定下来。如果宝宝依赖他的安慰物，那就让宝宝带上他的安慰物，因为宝宝的这条褴褛的小毛毯或破败的毛毛熊可以帮助他摆脱内心的恐惧与焦虑。一般到4岁左右，宝宝对安慰物的依恋就会减轻，他会开始尝试以别的方式来缓解自己的恐惧。

冬冬的恐惧

冬冬快四岁了，但是他特别怕黑，每天晚上睡觉一定要开着灯，还要妈妈陪在身边才能睡着。妈妈本以为等到儿子大一点，这种情况就能够得到改善，可是现在冬冬4岁了，也没有任何转变的迹象。

冬冬的恐惧心理还不止表现在对黑夜的害怕上。有一次妈妈在房间收拾东西，突然听到冬冬尖锐的叫声，妈妈吓坏了，急忙跑出去看冬冬发生了什么事情，只见冬冬抱头躲在桌子底下。妈妈巡视了一下屋子，发现有一只小蜜蜂飞进了屋子，原来冬冬还害怕动物。

帮助宝宝认识他恐惧的事物

选择一个宝宝感觉比较安全的距离，给他一个认识令他恐惧的事物的机会，也是帮助宝宝克服恐惧心理的好方法之一。比如，给宝宝看一些画有令他恐惧的事物的图书或图片，这种与实际事物看起来没有多大区别的画片，可以帮助他更好地认识这些事物。比如，宝宝害怕小猫、小狗之类的小动物，那就让他看看画有这些动物的图画书或者图片，也可以带他去宠物乐园参观，有机会看到别的小朋友亲手去摸摸他感到恐惧的这些小动物，甚至自己亲自去摸摸这些小动物，就可以帮助他熟悉那些小动物，并克服宝宝的恐惧感。

不要在宝宝面前表现得很胆小

如果妈妈因为发现卧室有一只蜘蛛而吓得大声叫嚷或者带宝宝去看牙医的时候显得很焦虑，那么妈妈的这种恐惧心理就会"传染"给宝宝。妈妈应该在宝宝面前表现得很勇敢，才能给宝宝一个模仿的榜样。

当然，如果宝宝害怕去看牙医，不妨如实地告诉宝宝，当妈妈很小的时候也会害怕这些东西，但是为了保护自己的牙齿，必须去看牙医，这样会让宝宝明白，他的感觉很正常，他也可以像妈妈小时候一样克服自己的恐惧心理。

培养抗挫折精神

当前，日益竞争的社会使得父母对宝宝过分重视智力开发和掌握学习技能，忽视非智力因素培养，使他们缺乏起码的生存能力和奋斗精神，缺乏独立精神，缺乏必要的知识、经验的准备，这是宝宝容易受挫的最大原因。

宝宝自身的原因包括生理、心理两方面。比如生理方面，让一个三岁的宝宝去画一个很形象的人物，他肯定完成不了，因为他还处于涂鸦期，画不出来必然会产生挫折感；如果某个宝宝动作协调性发展不好，他再怎么努力，在各种体育活动中也很难得第一，也会产生挫折感。

父母要树立挫折教育意识

许多父母都认为，宝宝心理承受能力差，应该对宝宝保护有加。这种观念直接影响了宝宝。其实，一个人受点挫折，尤其是早期受一些挫折，很有好处。父母应正确看待挫折的教育价值，把它看成是磨炼意志、提高适应力的好方法。

父母要给宝宝设置一些挫折障碍

对宝宝来说，在成长的道路上难免要遇到苦难、阻碍，如果宝宝平时走惯平坦路、听惯顺耳话、做惯顺心事，那么一旦他们遇到困难，就会不习惯，从而束手无策，情绪紧张，容易导致失败。所以父母不妨在平时学习和生活中有意地给宝宝设置些障碍，或对宝宝的要求说"不"，以此给宝宝"加点钙"。

父母要鼓励宝宝克服困难和挫折

宝宝因失败而沮丧时，父母不要说"我认为你是最好的"，宝宝会认为自己遇到不公正的待遇，把失败归在裁判或他人身上。这时应积极引导宝宝正视失败。

有的宝宝在逆境中易产生消极反应，往往会垂头丧气，采取退避的方式。要改变这种现象，就必须在宝宝遇到困难时，教育宝宝勇敢面对挫折，向困难发起挑战。例如，当宝宝登山怕高、怕摔跤时，就应该鼓励宝宝说："别怕，你行的！摔一跤算什么？"当宝宝一次次战胜困难时，他们便会增添勇气，激起战胜困难的愿望，害怕的心理就会消失，自信心就会增强，抗挫折能力也就培养起来了。

训练宝宝的忍耐力，学会等待

从宝宝七八个月开始，就需要让宝宝学会在有要求时要"等待"，如喝奶要等凉了才喝；吃糖要自己耐心包皮等。宝宝学会等待是对付逆境的一大能力。

欣赏胜利者，提高自己

不要为安慰宝宝而贬低其他宝宝应和宝宝一起分析对方取胜的原因，教宝宝从内心欣赏对方。等宝宝长大后才能在竞争中从容面对，并欣赏对手，这也是个人魅力的体现。

在宝宝失败后，要温情地鼓励宝宝

生活中的不如意太多了，对宝宝来说，家人的温情与支持是信心的来源。人是有感情的动物，我们多么希望宝宝能一切顺利，但是挫折却像影子一样跟随着宝宝的一生，我们只好把它当做生活里正常的一部分，以一颗平常心去对待。因此，当宝宝面对挫折的时候，父母更应看重宝宝的心灵，用温情去温暖宝宝，对宝宝进行引导，避免挫折对宝宝的心灵造成伤害。

培养乐观向上的精神

面对挫折应该是一种痛并快乐的状态，让宝宝以乐观情绪坚强地挑战挫折，不消极地看问题。当宝宝不能面对挫折时，父母应以乐观的情绪感染宝宝。

引导宝宝多读一些伟人传记

读得多了，就感觉到人生的过程就是不断战胜困难、战胜挫折的过程。和伟人比起来，我们遇到的困难和挫折实在算不了什么。伟人是在大海洋里与大波大浪搏斗，而我们的挫折，真的像在公园里划船时遇到一点小浪。

·亲子心经·

教育要做到持之以恒，不怕艰巨，反复。坚持正面教育，以表扬鼓励为主，即使批评也要先肯定宝宝的点滴进步后进行，使宝宝看到成绩，这样既纠正了错误或不良行为，又不伤害宝宝的自尊心和自信心。

认真的性格

培养认真仔细的性格

"认真仔细"是宝宝性格中对外界事物的一种态度特征，这种特征对于学龄前宝宝非常重要，因为不管做什么事，要想做好，首先必须具备认真仔细的态度，否则什么都做不好，直接影响了今后的学习成绩和工作。那么应如何培养宝宝的认真仔细的性格呢？

提醒宝宝认真做事

宝宝年龄小，做事容易此一时、彼一时，一会儿认真、一会儿马虎。父母应经常提醒宝宝将每件小事做仔细、做好，可以用温和的语气提醒宝宝："这段曲子弹得不错，如果将每个音节弹准，那就更好了。"

日常生活中，父母应培养宝宝做个有心人，注意生活细节，随时指出宝宝做事不认真给自己和他人带来的后果和影响，帮助宝宝建立改正马虎的信心。

培养宝宝认真做事的好习惯

对于3岁左右的宝宝，可以多让他们进行观察，做一些简单的智力游戏，如将不同颜色的卡片进行分类、比较长短不同的积木等。对于4岁以上的宝宝，可以让他们从事一些益智类的游戏，且游戏范围更加宽泛，如对卡片进行多重标准的分类，让宝宝找两幅图的不同，可随年龄大小设置游戏难度，培养宝宝做事耐心认真的好习惯。

分析宝宝做事马虎的原因

有的宝宝受到生理条件发展的限制，往往在做超出自己活动能力的事情时一团糟。有的宝宝做事马虎是因为事先考虑不周到，有的宝宝是因为做事图快而不仔细，有的宝宝则是太掉以轻心，最后都成了"马大哈"。此外，宝宝做事马虎，更多时候是和他们处于具体形象的思维阶段有关，想到什么就做什么，缺乏计划和推理，做事往往只凭一时兴趣。如有的宝宝在画苹果时，只想自己喜欢的颜色，不管生活中它应该是什么样子。

因此，父母应根据宝宝的表现做出具体分析，有针对性地帮助宝宝改变做事马虎的坏毛病。

· 亲子心经 ·

过分的细心，过于严肃认真到了谨小慎微的程度，将会成为各种心理障碍，尤其是强迫症的温床，也会使宝宝本来脆弱的神经难以驾驭理性，甚至面临崩溃，因而父母要把握好细心的"度"，做到灵活性与原则性的完美结合。

从激发宝宝的各种兴趣出发

因为积极的兴趣能够成为推动宝宝学习的动力，把学习引向深入，积极的兴趣是推动宝宝去掌握知识和技能发展能力和促进个性发展的动力，不论宝宝学习什么，首先考虑的第一个问题就是把宝宝的兴趣调动起来。

当然，这不是一天、两天、一个月、两个月的事情，而是要长期付出的艰辛和细心。例如：有个宝宝喜欢画画，尤其喜欢画青蛙，但每次只画了几笔，就不画了，理由是太累了。这时父母就要教导宝宝：农民伯伯辛辛苦苦种的庄稼长了虫子，而青蛙帮助农民伯伯抓害虫不怕苦，不怕累，你喜欢青蛙吗？喜欢，那就赶快把它画出来吧，妈妈相信你一定画得好。过一会儿又去观察她的画，立即表扬画得很好，增强她绘画的信心。这位妈妈无疑是睿智的，她用自己细心的关照、鼓励，不仅把宝宝画画的兴趣调动起来，并且宝宝还画得很认真仔细，很有创意。

父母配合，让宝宝适当参加劳动

有的宝宝在学习上不专心、马马虎虎、好吃懒做，在学校老师看见头痛，在家里父母看了也不喜欢。有些明智的父母，让宝宝从小明白自己的事情自己做，自己洗自己的小衣服，自己收拾房间等，事实证明，这些宝宝做什么事都很认真仔细，学习成绩也都不错。因为劳动对培养宝宝认真仔细的个性有着积极作用。

懂得观察周围细微事物的人，往往能在这些观察中获得关键信息。从小养成宝宝注重细节的好习惯，才能在竞争激烈的社会里胜过别人。

少了一个铁钉，亡了一个国家

1685年，里奇蒙德·亨利伯爵带领军队来攻打查理，这场战役将决定谁有统治英国的权力。战争进行的当天早上，查理派了一个马夫去备好自己最喜欢的战马。

"快点帮它钉掌！"马夫对铁匠说，"国王希望骑着它打头阵。"

"你得等等。"铁匠回答，"我前几天帮国王全军的马都钉了掌，现在我得找点儿铁片来。"

"我等不及了。"马夫不耐烦地叫道，"国王的敌人正在推进，我们必须在战场上迎击敌兵，有什么你就用什么吧！"

铁匠埋头干活，从一根铁条上弄下四个马掌，把它们砸平、整形，固定在马蹄上，然后开始钉钉子。钉了三个掌后，他发现没有钉子来钉第四个掌了。

"我需要一两个钉子。"他又说，"得需要点时间砸出两个。"

"我告诉过你我等不及了。"马夫急切地说。"我能把马掌钉上，但是不能像其他几个那么牢固"。

"能不能挂住？"马夫问。

"应该能。"铁匠回答，"但我没把握。"

"好吧，就这样。"马夫叫道，"快点！要不然国王会怪罪到我们头上的。"

两军交上了锋，查理国王冲锋陷阵，鞭策士兵迎战敌人。

"冲啊，冲啊！"他喊着，率领部队冲向敌阵。

远远地，他看见战场另一头几个自己的士兵退却了。如果别人看见他们这样，也会后退的，所以查理策马扬鞭冲向那个缺口，召唤士兵调头战斗。哪晓得他还没走到一半，一个马掌掉了，战马跌翻在地，查理也被摔倒在地上，还没等他再抓住缰绳，惊恐的马儿就跳起来逃走了。查理环顾四周，他的士兵们纷纷转身撤退，敌人的军队包围了上来。

他在空中挥舞宝剑。"马！"他喊道，"一匹马，我的国家倾覆就因为这一匹马。"

他没有马骑了，他的军队已经分崩离析，士兵们自顾不暇。不一会儿，敌军俘获了查理，战争就这么结束了。

从那时起，人们就开始流传着：

少了一个铁钉，丢了一只马掌；

少了一只马掌，丢了一匹战马；

少了一匹战马，败了一场战役；

败了一场战役，亡了一个国家。

有道是"千里之堤，毁于蚁穴"。的确如此，能够击垮我们的，往往不是巨大的挑战，而是一些小事，甚至一些细枝末节。小小的疏忽有可能发展成大漏洞，许多看起来不重要的细节最终却破坏了大局。正所谓"种瓜得瓜，种豆得豆"，种下失败之因，就会结出失败之果。

如何改变粗心大意的毛病

每一个宝宝在父母眼里都聪明可爱，如果宝宝能在某些方面有着超常的优秀表现，那么父母肯定更开心。然而，有些父母却有着小小的烦恼，那就是聪明的宝宝总是很粗心，好比一块洁白的玉石上有一个小瑕疵，总是让人感觉不舒服。

粗心大意，几乎成为所有宝宝的通病。父母评价自己宝宝的不足时常说：宝宝就是太粗心。这粗心原因是什么？大多受个性和生活习惯影响，想象力丰富但不细心，缺少认真检查习惯等原因造成。

粗心的毛病一定要改，父母要重视。这个毛病小的说丢三落四，大的说会影响宝宝将来的成就。

粗心是宝宝常见的问题，父母不妨试试下面的方法。

为宝宝提供安静的环境

宝宝注意力集中的时间短，而且很容易受到外界的干扰。要求他们在嘈杂的环境中继续保持清楚的头脑，无疑有些要求过高。

帮他树立责任心

责任心是做好一件事的前提，责任心对宝宝来说非常重要，有了责任心，宝宝才能不马虎。光靠说教不行，要靠平日慢慢培养。比如，在家里父母可以让宝宝做一些力所能及的家务劳动。扫扫地、洗洗碗，作为责任。尽到责任，父母给一定鼓励、奖励，干不好也不能客气，该罚就罚，该重做就重做，直到宝宝尽到责任干好为止。

还要让宝宝增强学习责任感。把学习看作责任，才能投入热情努力做好。培养起宝宝的责任心，是宝宝克服粗心大意的重要前提。

家里别杂乱无章

生活习惯大都在家庭中长期养成。一个宝宝生活在杂乱无章的家庭中，什么东西乱放，时间安排得也乱七八糟，就会使他养成粗心、马虎、无序的生活习惯。所以，父母要在家庭中创造有序生活，把家打理得整洁有序，做什么事都尽量有规律，宝宝慢慢就会有序起来，学习上也会渐渐细心起来。

把做功课的时间化成功课量

爱玩是宝宝的天性，很多宝宝在做作业的时候总是想着玩电脑、看电视。有的父母为了让宝宝完成作业，便规定做1小时作业，才能去看电视。宝宝在做作业的过程中总是心不在焉。如果父母把督促宝宝学习的条件改为"再做对5道题才能玩"，结果可能他5道题做得有质有量。因此，父母帮助宝宝改掉"粗心"的方法是：化时为量，即把"再做30分钟"，改为"再做5道题"。这样，宝宝的劲儿就来了，从"必须忍耐30分钟"的消极状态，转变为"快把练习做完"的积极状态。

这种积极状态能帮助宝宝集中注意力，不知不觉中克服了粗心的毛病。

为宝宝准备一本错题集

当宝宝因粗心而做错作业时，不妨让宝宝把错误记录下来，再同他一起分析做错的原因，并找出规律。这种方法对于提高宝宝认识粗心大意的危害，提高改正粗心缺点的自觉性很有好处。

要避免做作业疲劳

许多宝宝作业前半部分质量好，后半部分字迹潦草，错别字很多，大多数父母会说宝宝粗心，其实这是疲劳所致。心理学家认为，疲劳是由于长时间持续活动，导致学习能力减弱、效率降低、错误率增加的心理状态。疲劳不能恢复，粗心问题就难以纠正。若适当休息，疲劳得以解除，学习"引擎"再度启动恢复效率，粗心问题便能解决。

用目标激励宝宝上进

父母可以和宝宝一起制定减少错误的近期目标，并辅之以奖励措施。如：本周或今天作业本上有五个错题，下周或明天要求减少一个，直至准确无误。每达到一个目标就给予精神或物质奖励。这种用目标来激励宝宝上进的方法，也能帮助宝宝逐步乃至最终消灭因粗心造成的错误，从而养成仔细认真的好习惯。

警惕几个小细节

有的父母，不管宝宝是不是在学习，都会自顾自把电视机打开，在一旁看电视，或找一帮朋友在家里打牌搓麻将。这些做法都会干扰宝宝的正常学习，不能集中精力。时间一长，宝宝很容易养成一心二用的坏习惯。当看到宝宝放学回家后，先打开电视，边写作业边看，或者戴着耳机做作业，父母要特别警惕了。

小·事入手，偶尔惩罚

开心是一个聪明的宝宝，这是大家都公认的。不过开心也有一个最大的缺点：粗心。在多次教育无效之后，妈妈决定开始惩罚她。

一次妈妈带开心去超市，约好给她买巧克力蛋糕，前提是她自己带好蛋糕店的代金券，结果她忘了，开心非让妈妈先拿钱买，回家再把券给妈妈，结果被妈妈一口拒绝。妈妈明确地告诉她：出门前我提醒过你，结果你还是忘带，是你自己的错，所以今天肯定吃不成。

对宝宝来说，泛泛而谈粗心的危害没有太大作用，当他们还不能理解大道理的时候，就要从他们身边的小事入手，从关系到他们切身利益的事情入手，才能让他对粗心的危害深有体会。

说话最能反映宝宝内心的细节

宝宝是很单纯的，因此父母从宝宝说话这个动作就可以找到很多反映宝宝真实内心的细节。这也是父母读懂宝宝心理的第一堂课。

宝宝在与父母交谈的过程中，语速、语调、韵律等细节，都会明显表现出言外之意。当和宝宝交流时，需要设法从这些细节中来了解宝宝的心理。

说话的节奏可以了解宝宝的心理

在宝宝言谈方式中，除了语速和音调之外，语言本身的节奏也是重要的因素。

如果宝宝当时充满自信，谈话的节奏为句与句之间比较紧凑，滔滔不绝；当宝宝缺乏自信时，讲话的节奏则慢慢吞吞，伴有结巴。当宝宝没有主见时则喜用不肯定的语气进行谈话，很容易形成模棱两可的意思。采用这种谈话方式的宝宝，通常不敢承担责任，父母要注意。常用语为"我也不知道该怎么办""都听您的""都行"等。

说话的速度是了解宝宝心理的关键

在宝宝说话方式的各种要素中，速度是最能反映其当时心理状态的。父母尤其需要注意的，便是如何从宝宝与平时相异的言谈方式中了解其心理。像有些平日能言善辩的宝宝，有时候忽然结结巴巴地说不出话来；相反地，也有些平时木讷讲话不得要领的宝宝，却突然会滔滔不绝地高谈阔论。遇到这种情况，父母应小心，必定出现了什么问题，应仔细观察，以防意外。

大体而言，当言谈速度比平常明显缓慢时，表示宝宝不满父母的观点或表达方式；当宝宝的心中有不安或恐惧情绪时，言谈速度便会变快。凭借快速讲述不必要的多余事，试图排解隐藏于内心深处的不安与恐惧，来避免父母的怀疑。

因此，当宝宝语速一反常态时，父母要格外关心宝宝，这是因为，此时宝宝通常有心事。

说话的音调可以洞察宝宝的心理

除了语速这个明显因素外，音调的变化，也是宝宝心理发生变化的外部表象。

如果宝宝在说谎，被妈妈识破，则宝宝狡辩的声音必定会立刻升高。法国教育家狄德罗说过："当宝宝想反驳对方意见时，最简单的方法，就是提高嗓门"。宝宝总是单纯地认为压倒父母观点的最好方式便是大声说话。宝宝让父母带自己去游乐场或让父母买玩具时，最终的招数肯定是放声大哭，这是父母都知道的例子，这恰恰是宝宝音调变化的最佳案例。宝宝由央求到大哭的过程，对应的也是其心理从平和到焦急。

随着宝宝年龄的增长，音调会随之降低。随着宝宝精神结构的逐渐成熟，也具备了抑制"任性"情绪的能力。

宝宝如何听别人说话

成年人之间，讲话者可以通过对方听自己讲话的方式来揣摩对方的心理。面对宝宝，也是如此。细心的父母，会在听宝宝说话没有头绪时，换个角度，针对同样问题，自己表达观点，同时细心地观察宝宝听话时的微妙反应，来获取宝宝心理的信息。

教育学家研究显示，当宝宝对话题有兴趣时，会认真地听父母讲述，通常伴有坐姿前倾，视线正视；如果对于话题有厌烦之意，就会眼珠乱动，视线发散，身体倾斜，一副心不在焉的样子。

紧盯父母、点头、提问是宝宝在生活中常见的三种听话态度，可以反映宝宝的微妙心理。

1.盯父母的眼睛是一种非常理想的沟通状态。宝宝相对于成年人，心智通常比较单纯，遇到自己感兴趣的话题，会非常认真的听父母讲，生怕错过其中的一个字。父母可能还会发现，宝宝的眨眼频率都非常低，这表示宝宝已经完全投入到父母的话语中。

2.我们观察宝宝在倾听时的点头方式时，便可以发现宝宝大多数的点头表示其正在安静地倾听父母或讲话者的言谈，心态是很严肃的，这种情况通常发生在双方就某一重大问题沟通时。

3.最完美的听话态度是，宝宝能时不时提问，发表一下自己的看法。这说明宝宝真正在用心听的同时也在思考，只有思考了，才有问题。父母对于宝宝的提问首先要鼓励，然后要仔细回答宝宝的问题。

不适应换保姆带来的环境变化

小红阿姨是照顾妞妞两年半的保姆，最近她回乡结婚去了，妞妞妈妈不得不重聘了一位保姆，这位叫"刘姨"的保姆和小红阿姨很不一样，块头大，喜欢强迫妞妞吃下她不喜欢的蔬菜，喜欢叉着腰、瞪着眼，监督妞妞把散落一地的玩具捡回大抽屉里去，要是妞妞闹脾气，哭个不休，刘姨也不会如小红阿姨一样抱着哄她，刘姨会一声不响地擦地板，妞妞跟着她擦地板，但她用屁股对着妞妞。

妞妞妈妈看着笑，认为现任保姆很严格，是个"立规矩"的好手，因此更坚定了雇请刘姨的决心。但是妞妞出现了新变化，她开始假想小红阿姨仍与她在一起，餐桌上，妞妞早早地在离她最近的座位派给"小红阿姨"，并把自己最喜欢吃的松子炒玉米泼泼洒洒地舀进"小红阿姨"的碗里；捡玩具的时候自言自语，"小红阿姨捡一块大的，妞妞捡一块小的"；坐车出门的时候坚决要求"和小红阿姨一起坐前面"，抱着一个大靠枕，让爸爸扣上安全带，这会儿，"小红阿姨"就临时变成这个弹力大靠枕了。刘姨的表情有点尴尬，妈妈的表情也很尴尬。

· 亲子心经 ·

幼儿期的宝宝最需要家庭的关爱，父母一定要多关注宝宝的生理、心理等各方面的表现，尤其在宝宝有一些不寻常表现时，要及时调整思路，了解宝宝的内心世界。

如何培养宝宝的耐心

6岁以前的情感经验对人的一生具有恒久的影响，宝宝如果此时无法集中注意力，性格急躁、猜疑、易怒、悲观、具破坏性、孤独、焦虑、有各种恐惧的幻想、对自己不满意等，会很大程度地影响其个人健康个性的发展。所以，在幼儿阶段进行正规、系统的情商教育十分必要，这是奠定人生的基础。

培养"皮实"宝宝的关键也在于良好习惯的塑造。常听到一些父母抱怨："我这宝宝并不比别的宝宝笨，就是没耐心，做事总是虎头蛇尾，半途而废。"这其实并不奇怪，因为宝宝的耐心并不是与生俱来的，而是需要后天培养的。当宝宝不停地用哭闹强迫父母满足他的要求时，父母要沉得住气，一定要注意对宝宝进行耐心训练。只有父母付出是足够的耐心，才会培养出宝宝的耐心。那么，家长应该怎样培养宝宝的耐心呢？

要做出榜样

许多宝宝没有耐心，是因为家长对宝宝做事的要求往往也是虎头蛇尾。所以，要想让宝宝有耐心，父母首先要有耐心地去做每一件事情。

在开始一种新的活动之前，必须让宝宝把正在进行的活动有个了结。如让宝宝去洗澡，应在开始烧水时就告诉宝宝画好这张画后，就去洗澡。然后在宝宝洗澡之前别忘了认真检查画到底画完了没有，这本身就是培养宝宝做事应有始有终的良好习惯。

让宝宝明白耐心的重要性

一定要让宝宝明白，耐心执着是成功的秘诀。

家长要以身作则，教育宝宝时就要有耐心。宝宝做错了事，要给他讲道理，耐心地告诉他错在哪里。不要不分青红皂白地打骂；就是拒绝他的不合理要求，也要讲得让宝宝心服口服。

三分钟耐性训练

如果宝宝对学习没有耐性，总是沉迷于玩耍当中，父母可以试试其他的方法。安吉娜·米德尔顿在《美国家庭的卡尔·威特教育》一书中，介绍了一种"三分钟"耐性训练法，这种方法被证明是训练宝宝耐性的好方法。

三分钟耐性训练

皮奈特是一个缺乏耐性的宝宝，这导致他只爱看电视和玩游戏，对书本不感兴趣。

一天，父亲拿着个沙漏，告诉他说，这是古时候的钟表，里面的沙子全部漏下去时，整好是三分钟。皮奈特想玩玩这个沙漏，这时父亲说，以沙漏为计时器，你和爸爸一起看故事书，每次以三分钟为限。皮奈特很高兴地答应了。

第一次，皮奈特果然静静地坐下来听爸爸讲故事。但事实上他根本没有留意看书，而是一直看着那个沙漏，三分钟一到，便跑去玩了。但是皮奈特的父亲没有气馁，他决定多试几次。这样数次之后，皮奈特的视线渐渐由沙漏转移到故事书上了。虽说约定三分钟，但三分钟过后，因为故事情节吸引人，皮奈特听得特别入神，他要求延长时间，但父亲坚持"三分钟"约定，不肯继续讲下去。皮奈特为了早点知道故事情节，就自己主动阅读了。

在这里，皮奈特的父亲用了一种循序渐进的训练，对宝宝进行了潜移默化的教育。这实际上是通过宝宝感兴趣的东西，使宝宝的注意力在一定时间内专注于某一对象，久而久之，宝宝形成了习惯，也就提高了耐性。

让宝宝学会等待

宝宝毕竟还小，他们似乎没有多大的耐心，只要想到一件事情，他们总是希望立刻去做，否则便会不停地纠缠。

事实上，父母从小教宝宝学会等待，不事事都满足宝宝的要求，宝宝的耐心就会慢慢被培养起来。

遇到宝宝没有耐心的时候，父母一定要坚持，不能因为宝宝的要求而作出让步。如果父母每次都是只要宝宝一要求就作出让步，宝宝得到的经验就是"妈妈总是听我的，我想怎样就可怎样"，那么，宝宝就会越来越没有耐心。当然，父母也不可以用生硬的态度来命令宝宝，如"不行，你给我等着"，这样宝宝就会产生逆反心理。因此，聪明的父母应该让宝宝明白，等待是有原因的。

从身边的小事来培养

在日常生活中，任何小事都可以用来培养宝宝的耐心。例如，洗碗、擦桌子、收拾房间等。刚开始，宝宝会漫不经心地边做边想玩，这时父母可以站在一边督促宝宝，让宝宝用心地去做，直到他把碗洗干净、饭桌擦干净、房间收拾整洁。在经历过小事的锻炼后，父母应该再有意识地给宝宝设置点障碍，为宝宝提供一些克服困难的机会。因为耐心是坚强意志磨炼出来的，越是在困难的环境中，越能锻炼宝宝的耐心。宝宝经过努力完成一件事时，父母应当及时给予表扬，强化宝宝耐心做事的好习惯。

认真强于聪明

认真是一种良好的心理素质，很多成功人士胆大心细，办事缜密，战略上能够藐视困难，战术上能够重视细节，因此常常能运筹帷幄，把握机遇，同时又能明察秋毫，有条不紊，所以能够取得成功。

粗心，是好多宝宝存在的问题，突出表现在做作业、考试手脑不一，明明会做的题，但结果却是错的。原因是"粗心""没看见"，直接影响了考试成绩。那么，如何培养宝宝认真的习惯呢？

让宝宝体验不小心所造成的后果

父母的单纯说教，对于生活知识不完备，尚未建立完善逻辑思维的宝宝来说，所起的作用不大。因此，父母可有意识地让宝宝体验他不小心所造成的恶果。例如，不小心弄脏了墙壁，就让他自己去清洗。可能他洗不干净，却在这件事中汲取了教训。这种切身体验，比说教更令宝宝记忆深刻。

和宝宝比一比、赛一赛

要让宝宝完全信服父母的说教，父母也要以身作则，平时做事小心认真。不妨以自身为例，向宝宝讲解由于不小心、不认真所造成失误的后果。父母和宝宝一起，建立一个失误记录，比一比、晒一晒，在一定时限内，看谁由于不小心所造成的失误最少。

用游戏引导宝宝做事小心、认真

游戏对宝宝来说有着无法比拟

的效力，父母可以利用宝宝这一嗜好，将一些要求，如做事情要小心认真，不能三心二意，注意安全，学会保护自己和别人，设计成各种生动好玩的游戏，让宝宝在玩的过程中知道自己平时应该怎样做、如何做。

也可以根据宝宝的表现，自己编制些能说明问题的故事，帮助宝宝分析问题。买些有教育意义的动画片，让宝宝在欣赏动画片的同时感知只有做事认真、小心的宝宝才能把事情做好。这样，就会收到比说教、训斥更加明显的效果。

· 亲子心经 ·

三分钟的时间，正好适合宝宝注意力的特点，三分钟后立即打住，这样不仅使宝宝觉得父亲守信，而且还利用了宝宝的好奇心，引发了他主动学习的动力。当然，培养宝宝的耐性父母要有耐心和恒心，不要试了一两次后觉得没效果就放弃了。

与宝宝一同寻找学习的乐趣

宝宝爱看电视，不喜欢学习，是因为他觉得学习远不如看电视有趣，父母可以通过各种形式与宝宝一道发现学习中的乐趣。例如父母可以让宝宝当老师，自己做学生，让宝宝觉得非要好好地"教你"不可；或者可以与宝宝来个比赛，做个红花台，谁优胜就印红花。如果宝宝朗读不好，可以请其他的宝宝来到家中与宝宝一块儿读；如果宝宝写字不好，可以找来别人的作业本，让他当"医生"，指一指有病的字，再帮着改过来。你还可以抓住宝宝偶尔一次认真地学习的机会，就用讲故事或买一本好书来奖励他，让宝宝觉得学习中有无穷的乐趣，认真学习还会得到奖励。

制订学习计划，严格执行

制订学习计划是培养良好学习习惯的重要方法，计划上要注明什么时间做什么事。可以列短期计划，也可以列长期计划。学习计划最好在父母的建议下让宝宝自己制订，父母监督执行。例如小军比较爱看电视，制订学习计划时应该跳过动画片时间，这样可以使宝宝容易接受。长此以往，不仅能培养良好的学习习惯，还能培养宝宝做事坚持到底的意志、品质。

与老师密切联系，耐心说服教育

父母应多与老师交流，询问宝宝在幼儿园表现。如果宝宝在幼儿园表现良好，可以用他在幼儿园的表现要求他在家里也应如此表现；如果宝宝在幼儿园习习惯也不是很好，要与老师一块儿教育宝宝，端正宝宝的学习态度，帮助宝宝认识到养成良好学习习惯的重要性，自觉约束自己不认真的学习习惯。

数硬币

芬尼要搬新家了，她存了一大罐子的硬币，父母和芬尼商量，让她将这些硬币拿到银行兑换成纸币。芬尼想到能换成一张面额极大的钞票，欣然应允了。

现在的问题是，要将硬币数出来。这么多硬币让一个人数，时间要很久。父母建议将硬币分成三份，父母和芬尼每人各负责数一份。芬尼负责的那堆最小，不一会儿，她还是数累了。她开始东张西望，把刚刚数了的数儿给忘了。结果，芬尼又重来一遍。芬尼偷偷地看看父母，发现他们两个人干得可认真了，一枚硬币、一枚硬币地数，一边还在纸上记着数字。芬尼不想记，她嫌这样太麻烦。最后，当父母都数完时，芬尼才数了一点点。父母指出芬尼慢的原因，干活时总是开小差，不认真。芬尼认识到了自己的问题，最后，她终于将她的那一堆硬币数出来了，三个人的硬币加在一起，总共是362美元5美分。

通过这件事，芬尼明白了一个道理，做什么事情都要坚持与认真，这对她的成长极有益处。

认真是一个人优秀的心理品质，但它不会与生俱来，而是要靠后天培养教育，而且是教育得越早越好。

严于律己，善始善终

宝宝没有长性，很多兴趣和爱好往往是轰轰烈烈地开始，悄无声息地结束，这让很多父母头痛。很多宝宝缺乏的不是智慧而是善始善终的信念。半途而废不会给他们带来心里的负担，相反，不断的接触新东西才是他们的兴趣。

父母为之伤脑筋不无道理，因

为宝宝能做到做事善始善终，不仅可以促进其健康人格的养成，而且可以发展他的认知能力。拥有良好坚持性的宝宝更容易成长为一个独立自主、有毅力、有恒心、自信、乐观、社会适应能力强的人。

做能善始善终的父母

培养宝宝善始善终，父母要以身作则，宝宝每天都在用最精细的眼神观察着父母的一言一行、一举一动，他们模仿着、学习着，往往在你还没有觉察的时候，你的言行举止已经给宝宝留下了深刻的印象。如，今天要求宝宝练半个小时琴，明天父母自己先忘了，后天又因什么事耽搁了没送宝宝去练琴，那么，培养宝宝的坚持性就成为一句空话。所以，父母无论处理什么事情，都要认真、圆满地完成，做宝宝的表率。

诚实无诈，身教重于言传

常听父母抱怨宝宝言行不一：说一个样，做一个样；当面一个样，背后又是一个样。要知道，宝宝是好模仿、易暗示的，父母的行为对其影响十分重要，如果自己本身言行不一，不履行承诺，宝宝又怎么会讲诚信呢？训子千遍不如培养一个习惯，家庭是习惯的学校，父母就是习惯的老师。

为了鼓励宝宝，许多父母常常采取许诺方式。"期末考到班级前十名，爸爸奖励你MP3……""只要你考上重点小学，妈妈就带你去旅游……"当宝宝努力达到父母要求，然后满心欢喜期待父母履行承诺时，一些父母却因为这样那样的原因，对当初许出的诺言无法"兑现"。

父母信口开河、不过脑子热地随便一说，在宝宝那儿很可能就是大事。宝宝的内心世界和父母截然不同，他们的快乐往往就源于父母的一句"承诺"，他们甚至会为此兴奋好长时间，而父母却没把它当回事儿。最终导致的结果是：宝宝不再相信父母说的话。大人说话不算话，导致的直接后果是信任危机，会让宝宝变得越来越"不听话"。

父母对宝宝要慎许诺言

常言说"一诺千金"，父母对宝宝信守诺言，是爱和关怀的高度表现。真正关爱宝宝的父母，不能以工作忙为借口不遵守诺言，更不能随便说说哄骗宝宝。即使面对的是刚上幼儿园的宝宝，也不能随随便便地就承诺"妈妈今天第一个来接你"。如果父母三番两次对宝宝言而无信，最终无论父母再说什么，宝宝都可能是置若罔闻。

"许诺"是奖励的一种方法，能对宝宝起鼓劲、促进和教育的作用，但许诺的分寸如果掌握不好，就会适得其反，带来不良后果。因此，父母对宝宝一定要慎许诺言。在现实生活中，父母对宝宝的许诺必须慎重、实在，让宝宝产生奋发向上的动力，促进其更好地完成任务。父母在许诺前要慎重考虑：该不该对宝宝许诺，许诺后能不能兑现，这个许诺对宝宝有没有益等。

父母要做一个智慧的承诺者，要根据家中的经济状况、自身条件、宝宝的需要是否合理等做出切实可行的负责任的承诺。

不要对宝宝随便"爽约"

"明明，好好学习，如果你下次大考能进入年级前30名，妈妈就休假带你去北京看天安门。"小明自从上小学后学习成绩一直不好，他妈妈非常着急，于是就向小明许下了这样的诺言。小明听了妈妈的话后异常兴奋，非常努力地学习，最终如愿以偿地取得了良好的成绩。当小明将考试成绩告知妈妈后，妈妈也非常高兴，但她对当初的承诺只字不提。两天后，小明终于忍不住要求妈妈实现诺言。

妈妈下班刚到家，小明就急忙跑到妈妈身边："妈妈，咱们什么时候去北京呀？"妈妈说："我有事不能休假，去不了了！"小明一听就急了，拉着妈妈的手说："干嘛不休假了？干嘛不去了？我就要去！"妈妈挥挥手："不能去就是不能去，问那么多干什么？该干啥干啥去。"小明不依不饶地大叫："不行，就得去！你早就答应我了，不能说话不算数。"小明这一嚷嚷，妈妈也生气了："你这宝宝怎么这么不听话！我是妈妈，我说不去就不去，还用你批准？"小明大哭了起来："我都已经告诉我的同学我要去北京了，到时会给他们带好吃的，还给他们看照片。现在不去了，叫我怎么和同学说呀，人家一定会说我就会吹牛！"妈妈也对小明嚷嚷："妈妈的工作重要还是你们同学重要？不去就是不去！"

小明还是不放弃，再三要求妈妈带他去北京，结果妈妈一生气，给了他一个耳光，还大骂他不懂事。小明万分伤心，从此再也不相信妈妈的话了，学习上也丧失了动力。后来还是小明的老师了解到具体情况，跟他的妈妈及时做了沟通，他的妈妈这才明白过来，后悔当初不负责任地向宝宝许诺。

不要打断宝宝的正常活动

有时候，父母会出于关心，不分时间、场合经常打断正在专心做事的宝宝，这也是使他做事不能有始有终的原因之一。当宝宝正在画画儿，妈妈不时地问他"要不要喝水"，奶奶走过来说"宝宝，吃个梨吧"。

在画画儿的过程中，宝宝不断被打断，画画儿的兴趣自然会受到影响。宝宝的思维活动需要连续性，经常受到干扰，他的心就静不下来，长此以往，宝宝的坚持性就

无法养成了。因此，当宝宝正在专心做事时，父母一定不要打扰他，给他一个沉下心来全心全意做事的氛围，这对宝宝的坚持性是会有所提高的。

其实，宝宝只要沉浸在自己喜欢的活动中，就是其做事善始善终的一种很好的体现。

让宝宝自己做选择

有时候父母可以让宝宝自己做选择，但是要求他一旦选择好就必须坚持到底，遇到再大的困难也要有信心、有毅力去克服。比如，甜甜喜欢的事情很多，如下棋、画画儿、跳舞等，但是做每件事都只有三分钟热情。妈妈不妨让宝宝自己选择最有兴趣的内容来学习，并要求他坚持到底。这样，宝宝会一心一意地学习某个内容，其坚持性也会得到加强。父母对宝宝提要求时语气要坚定，但不可在他身边不停地唠叨，更不能训斥打骂他。

让宝宝负一点责任

宝宝做事往往是凭兴趣，不爱干的事情常常半途而废。针对这些情况，父母应故意把一些事情郑重

地作为一个任务交给他，比如，家里喂养了小动物，要求宝宝给它们喂食、让宝宝去取牛奶等。宝宝觉得自己有了一定的责任，也就增加了克服各种困难的勇气，通过自己的努力把事情做好，也就逐渐养成了做事有始有终的习惯。

重视对宝宝自制能力的培养

宝宝由于年龄小，注意力不稳定、自控能力较差，做事往往有头无尾，所以，要根据以上特点，从宝宝生活习惯方面入手，先提出小的要求，让其通过不大的努力就能完成任务，久而久之，就会逐步地学会控制、约束自己的行为，去完整地做好每一件事情。

鼓励宝宝善始善终

暨阳小学的严灏是个被长辈惯坏的宝宝，在家饭来张口，衣来伸手。平时，上课不专心，作业常拖拉，学习成绩也就可想而知了。

自从学校开展书香园活动以后，班里增添了许多图书，要选一名图书管理员，严灏立刻要求让他来当这个"七品芝麻官"，在他的恳求下，严灏终于当上了图书管理员。

新官上任三把火。开始的三天，他一吃完中饭，就又是登记，又是整理起图书来，图书放得整整齐齐的。可到了第四天，图书角就乱了起来。老师找他谈话，他说："我以为当个图书管理员很有趣，没想到这么烦，我想换个事情做做。"老师告诉他，做任何事情都会碰到困难，要想办法克服。既然当图书管理员是你自己提出来的，就应该把这件事当成自己的一种责任，一种义务，尽力把事情做好。经过一个星期的努力，严灏终于得到了大家的肯定，他激动地对全班同学说："我一定好好干"。

三周以后，严灏已经把图书角整理得井井有条。慢慢地，严灏上课专心了许多，抽屉里也焕然一新，同学们都夸严灏进步了，用严灏的话说"我在整理图书时，我的图书常常会跟我说话，夸我对他们好，夸我有责任心，我会做的更好的，看我的表现吧！"

第二章

智商篇

　　著名的前苏联教育家马卡连柯曾说：〝教育的基础主要是在5岁以前奠定的，占整个教育过程的90％，在这之后教育还要继续进行，人进一步成长、开花、结果，而精心培育的花朵在5岁以前就已绽放。〞

开发智商

早教对智商发育不可低估

著名教育家马卡连柯的这一席话，深刻地揭示出了宝宝早期教育的重要性。心理学研究成果表明：宝宝智力发展最快的时期是在5岁以前。人智力发展的一般方式是5岁以前约有50%的能力，5~8岁能发展30%，而在8~17岁时只有20%。可见，父母一定要抓住宝宝智力发展的关键期，充分开发宝宝的智能。

早教教育要科学

现在有很多父母虽然重视婴幼儿的早期教育，但在早教问题上仍存在很多误区，早期教育的方式并不科学。例如，有的父母急于培养宝宝某种单一技能，认为这就是早期教育的目的，其实这种做法常会让宝宝产生逆反心理或者扼杀了宝宝其他方面的潜质。

● 认识科学早教的目的

婴幼儿早期教育的目标是帮助宝宝打好全面素质发展的基础，包括身体、智力、品德、个性、审美等方面的素质。很多父母简单地认为早教目的就是开发宝宝的智力，让宝宝更聪明。其实不然，早教与智力训练有很大的区别，属两个范畴，智力训练只是早教的一个点。

● 了解科学早教的内容

科学的早期教育应该包括三个方面：培养宝宝健康的体魄、良好的性格和智力开发，从而为宝宝以后的人生道路打下良好的基础。早教专家指出，婴幼儿时期是宝宝大脑发育的最快时期，在这一段时间进行科学的早期教育，能提高宝宝的智商17%左右，这将会影响宝宝的一生。

如何进行科学的早教

早期教育是一门"艺术"，父母在进行早教时要考虑到宝宝的特点，方式、方法要得当。还应该注重培养宝宝对知识的学习兴趣，让宝宝由被动学习变为主动学习，同时也不要忽略培养宝宝良好的行为习惯。下面介绍一些张妈妈的早教经验。

早教的艺术

我家涵涵今年两岁了，虽然她还小，但是还想让她早一点开始学东西，这对她还是有好处的。当然女儿还很小，不可能理解太多的意思，就让她背一些简单的诗，这样不但锻炼了宝宝的语言表达能力，而且增加了宝宝的识字能力。如果宝宝会背了，就要求宝宝经常重复记忆地背，如果背完了就不管了，这样宝宝会很快遗忘。虽然女儿还很小，但是通过背诵简单的诗就能让她认识很多字，我们都应该根据她的兴趣去学习，我们只是在一旁引导宝宝学习，并不强迫她去学，这样宝宝学得进去，还高兴去学。我们要做的就是当宝宝在做得好的时候，及时给她表扬和赞赏。在宝宝做的不是那么好的情况下，也不要大声训斥。

早期教育要循序渐进，全面发展

宝宝早期教育的重点是智力启蒙，具体说就是在生活中开发宝宝的智力，包括观察力、创造力、想象力、记忆力等方面。但是父母也要注重宝宝非智力因素的培养，因为智力和非智力因素的发展是相辅相成的，父母不能顾此失彼。

给宝宝创造良好的教育环境

父母应以身作则，在日常生活中逐渐培养宝宝优良的道德品质，学会为人处世等。父母还可以为宝宝准备充分的玩具、书籍、工具等，指导宝宝多使用，勤动脑。

早期教育要善于观察，因势利导

父母要经常和宝宝玩耍，善于观察，了解宝宝的爱好，这样才能引导和发现宝宝某方面的才能。例如，有的宝宝在玩耍的过程中喜欢自言自语等，这表明宝宝在语言方面有优势；如果宝宝好奇心强，甚至有计算能力，这表明宝宝的逻辑思维能力强。

·亲子心经·

宝宝的早期教育非常重要，但科学的早教方法更重要。父母要多了解婴幼儿智力发育的规律，进行有目的、有计划的训练，这样才能使宝宝的智能很好地开发出来。

正确看待宝宝的智商

智商即智力商数，包括观察力、记忆力、创造力、分析判断能力等多个方面。最新的研究表明，智商并不是与生俱来的，后天的发展因素对于孩子的智力发展影响较大，人类的智商在两岁之前是可以获得开发提升的，孩子的智商水平通过有效的教育方法甚至可以进一步提高。

孩子的大脑如同一块海绵，可以将所有接触到的信息全部吸收，每个孩子都有巨大的潜能，孩子听到的、看到的、周围环境影响的越多，大脑中形成的连接就越多，对能量的利用就会越大。

宝宝智商发展影响因素

孩子的智力发育不仅仅是因为遗传、疾病等先天因素的影响，一些生活、环境因素对孩子的智力发展也有很大影响。

● 先天因素

孩子的智商受遗传因素的影响，遗传提供了智商的基本素质，一般父母智商高，宝宝的智商也相对较高。即使宝宝没有父母所期盼的那么聪明，也要树立坚定的信念，注意孩子潜力的发掘，为孩子提供合理的后天教育。相关科学证明，每个孩子都具有巨大的潜能，每个孩子都是天才，在父母的后天教育下，高智商属于每个孩子。

● 后天因素

宝宝的智力发展受饮食营养不均衡，睡眠情况较差，运动不足，药物因素和家庭环境等多方面后天因素的影响。应注意，婴幼儿时期要尽量让宝宝食用母乳，及时为宝宝添加辅食，合理安排睡眠时间，注意药物的副作用以及带宝宝进行适当的锻炼，促进血液循环和新陈代谢，给宝宝营造一个温馨的家庭环境，帮宝宝塑造美好的心灵和智力培养环境。

相信孩子是第一名

　　幼儿园的王老师说："家长经常会对孩子说'别玩了，去学习。''你怎么考了这么点儿分？''这么简单的题都不会，真笨。'这些话，很容易让孩子感觉难过，甚至让孩子产生不再继续学习的想法。孩子感觉到因为几道题，爸爸妈妈就认为自己笨，是不是他们不喜欢我了呢？其实，很多的时候，孩子的笨都是家长骂出来的。面对这种问题，家长不如换个方法，称赞孩子，鼓励孩子，说孩子你真棒。"

　　以前一位老师到一个孩子的家中进行家访，对孩子的母亲说："你的孩子在考试中，每次的名次都在全班60名同学中排在第57名，我们怀疑是孩子的智商问题。"老师走后，母亲感觉到非常难过和失望，可是她将孩子叫到身边，并没有责怪自己的孩子，她对儿子说："孩子，虽然这次考试的成绩并不理想，可是老师对你充满信心，她专门到家来安慰你，说你是个聪明的孩子，只要认真细心，就一定会有进步的，妈妈相信你是最棒的，你永远是妈妈心中的第一名。"这次之后，孩子上课认真听讲，放学后认真作业，在下一次的考试中，居然真的拿到了第十名的好成绩。他后来和妈妈说，你说我是最棒的，我就是最棒的。

·亲子心经·

　　明智的父母应该重视孩子的每一个进步，及时鼓励孩子，赞许孩子，赏识孩子，让孩子在快乐和关爱中不断成长，让孩子知道他在你的心中永远是最优秀的最棒的。

　　很多孩子的未来，会因为父母的话而发生意想不到的改变。父母要让孩子在鼓励中感受到关怀，要给予他足够的信任，认为他可以做得好，量力而行结合自己的实际，来学习，让孩子感觉到学习是快乐而有乐趣的。家长关心孩子的学习方式、方法很重要，选择好方法，鼓励孩子能起到事半功倍的效果。父母应让孩子生活在鼓励中，赞美中，使他们变得自信，学会喜爱这世界，为孩子开启智力之门。

如何开发宝宝的天才潜能

日本的七田真的智力发展递减学说认为，孩子的智力发展犹如一个等腰三角形，孩子年龄越小，智力发展的可能性越大，而随着年龄增长，智力发展可能性随之递减。在0岁时发展最快，就是三角形的底，8岁时到了三角形顶端，孩子的智力不再明显提高，只会增长知识和技能了。

0～6岁是宝宝早期潜能开发的一个关键期，父母要抓住这个关键期，要善于开发宝宝的智力、非智力及特长等方面的潜在能力，要充分调动宝宝个人主观能动性，使宝宝健康快乐地发展。

善于抓住教育时机

父母在宝宝的日常生活中，注意宝宝的个性特点，善于捕捉教育的最佳时机。如果发现宝宝有某方面的特长，父母就要着力培养，促使宝宝以后取得成就，这些对于宝宝的潜能开发都是极为有利的。下面是一个关于潜能开发的故事。

潜能开发得抓时机

贝贝今年5岁了，她很喜欢背九九表，而且背得很溜。父母喜出望外，期待她在数学方面有特殊的天分。但是当幼儿园的考试成绩出来后，他们感到很失望——只不过是平均水平。原来外婆经常带贝贝背乘法口诀表，贝贝喜欢上了这种自言自语的游戏，一再重复，贝贝就记得很牢。死记硬背只是掌握计算所必需的一种技巧，贝贝并没有真正懂得用数字来匹配物体的数量。这种记忆只是暂时的，如果一段时间不强化，贝贝会很快忘记。这并不是贝贝真正的潜能所在。

宝宝潜能的发现，并不意味着要花很多钱给他报各种各样的培训班，让宝宝收获各种奖杯和奖状。

其实，在日常生活中仔细观察宝宝，例如，有的宝宝能弹奏一些简单的歌曲，这全是他凭耳朵听来的，而不是刻意教会的，这说明宝宝的听觉非常的敏感；有的宝宝很喜欢讲故事，词汇非常的丰富，有时还能自己编一些小故事，很有创造性……对于宝宝身上这些无意中被发现的才能，父母可以借助专业的评估或者根据宝宝自身的兴趣，来培养他某方面的天赋。

父母能为宝宝潜能开发做些什么

父母能为宝宝潜能开发做很多事情，可以给宝宝更多发展的空间，也可以给宝宝营造一个良好的氛围。

● 为宝宝提供空间

父母可以在家里的一个房间或一个小小的角落，放上各种乐器、画板、彩笔、纸张等，让宝宝自己去尝试，慢慢的宝宝的兴趣模式和特长就会显示出来。这时候，父母只需要让宝宝安全地自由活动，让宝宝自己锻炼自己的才能和技巧。

● 教宝宝学会欣赏

如果宝宝在6岁以前，潜能被发现并得到培养，那么他以后的人生会得到更多的自我满足。父母可以经常带着宝宝欣赏音乐、参观画展、博物馆、科技馆等，让宝宝通过对艺术品的感受、想象理解和鉴别等一系列视觉思维活动，从而开阔视野、扩大认知领域，提高艺术素养和审美能力。宝宝具有善于欣赏、评论别人的独特才能，这也是宝宝潜能的表达方式。

● 让宝宝把学习当做是享受

父母可以把宝宝的"杰作"放在最显眼的地方，让宝宝时刻充满创作的自豪感。在宝宝参与某项学习活动的时候，父母要注意与宝宝进行沟通，不要忽视一个婴幼儿时期宝宝的感受，要经常问问他，喜欢不喜欢学？还想不想学？讨厌什么？为什么讨厌？等等，从而父母要激发宝宝的学习兴趣，这样才能使宝宝的潜能表现出来。

·亲子心经·

父母在开发宝宝的潜能的时候，要掌握教育宝宝的最佳方法和技巧，根据宝宝身心发展的情况，从宝宝心理、行为习惯、学习、目标、特长、爱好等方面进行培养和指导，这样才会达充分开发智能的效果。

智力潜质的开发

著名的法国哲学家爱尔维修强调说："即使最普通的孩子，只要教育得法，也会成为不平凡的人。"智力开发是通过培养人的智力来提高劳动者素质的活动，爸爸妈妈要重视对孩子的早期教育，要用科学的方式去引导宝宝，教育孩子，来帮助他们快速建立神经网络，促进大脑发育，潜力的开发。

父母正确引导的原则

父母对于孩子进行早期教育，应遵循以下原则：

● 顺其天性，寓教于乐

智力发展和孩子的身体发展相互影响，父母应根据每个孩子发育的不同阶段进行训练。在培养宝宝时，要遵循大脑发育的规律性，通过最生动、具体的教育形式，和宝宝一起做游戏、讲故事，培养宝宝的好奇心和兴趣，既注意刺激、诱发儿童智力的发展，刺激宝宝的想象力，又重视培养，发展儿童的良好行为和个性品德。

● 为宝宝提供空间

孩子的智力发育遵循一定的规律，父母在教育孩子时，要遵循大脑的生长发育规律和知识本身的顺序性，不能操之过急，亦不可过度教育，否则容易使孩子变得胆小，促成孩子逆反心理，缺乏独立和自主，反倒会妨碍儿童智力的发展。

● 因材施教，注意表率作用

对于不同的孩子，遗传因素、生活环境、接受教育及个人努力程度不同，其兴趣能力、性格也不同，家长要根据每个孩子的个性特征实施不同的教育，为孩子起到表率作用，父母的一言一行对于孩子的教育很重要，家长要不断地发觉孩子的兴趣，增强孩子的信心，促进孩子智力的发展。

父母要做"专业"的教育家

父母对孩子智力潜能的开发，主要途径是通过教育，每一个爸爸妈妈为培养出聪慧的宝宝，都应变成一个"专业"教育家。

首先，父母要为宝宝制造出适合宝宝智力发育的环境，以身作则，引导宝宝正确的时间观念，让宝宝学习阅读、喜欢阅读，愿意为读书而放弃大部分娱乐；其次，父母面对自己的孩子，要注意培养宝宝的专注力，婴幼儿时期的孩子学习潜力和可塑性很大，家长一方面不能急于将自己的想法强加给宝宝，一方面要合理地锻炼宝宝的专注力，让宝宝自己培养兴趣；再次，父母要为宝宝合理选择教材辅导，要根据宝宝对图像、色彩、情绪、动作等多方面的反应来为宝宝选择适合于脑部发育的教材。

最后，父母要同宝宝建立良好的沟通渠道，父母要学着和孩子沟通，要掌握孩子的心态，宝宝是容易产生骄傲或自卑心理的，这关键就是父母在同宝宝交流时，要充分地了解孩子的心态，在不给孩子负担和压力的同时，让孩子提高对事物的兴趣。

游戏中的识字经

我的女儿小美今年5岁，长得胖嘟嘟，可爱乖巧，可是不爱讲话，学东西很慢，一首唐诗需要3～5天才能记住，我感到很发愁，是不是孩子发育迟缓呢？有一次，我发现小美最近从幼儿园经常带回来老师发的识字小游戏，例如"二人打一字"，我就想到"从"，而小美对我说："妈妈还有'天'字呢。"我恍然大悟，对呀，天也是二和人嘛，再仔细看答案，原来还有：夫、仁。我就觉得这种游戏有趣，并且锻炼了孩子的思考能力。我很高兴，幼儿园的王老师告诉我说这是魔法玩字游戏，可以科学地开发孩子的学习兴趣，培养孩子的注意力、观察力、记忆力，还能锻炼他们的语言表达能力、动手能力。小美学了几个星期后，我发现她喜欢唱儿歌，和我比赛认字，说成语，还跟我说：妈妈你以后要好好跟我学习哟。走在路上，看到路牌呀、广告牌呀，认得的字她就会喊出来，而且愿意和人打招呼说话了。我觉得女儿真是了不起，我不再担心她学东西慢了，虽然班上别的孩子有比他厉害多的，但是小美和过去相比较，进步很大。

在孩子的智力发展中，父母可以为孩子营造一个寓教于乐的环境，充分锻炼孩子的学习思考能力，锻炼孩子的系统性，总结归纳能力，让孩子在游戏中学习，在学习中产生快乐。

· 亲子心经 ·

科学证明，幼儿期是人一生当中智力发展最重要的时期，1～3岁的孩子在人生道路上跨进了新阶段，体格发育，神经发育，心理发育和智能水平都出现了前所未有的新特点。父母应该认识到孩子的发育规律，对孩子进行适当的教育和训练，为宝宝的智力发展提供科学的方法，切忌揠苗助长，画虎类犬，得不偿失。

宝宝笑脸多智商才更高

专家说："爱笑的宝宝长大后多性格开朗，有乐观稳定的情绪，这非常有利于其发展人际交往能力，使其更乐于探索，好奇心比较强，这样会使孩子学到更多的知识，就更有利于孩子的智力发展。"

笑是开启宝宝智力大门的金钥匙，对于宝宝身心健康，情绪发展，以及人际交往能力，智力发展影响很大。

"笑"的奥秘

"笑"，被誉为智慧的第一缕曙光，宝宝在3个月就会出现发笑反应，是宝宝与他人交往的第一步，这在精神发育方面是一次飞跃。笑是对于孩子大脑发育的良性刺激。据研究表明，笑是宝宝智力开发的一大妙招，家长多和宝宝接触用欢乐的表情、语言以及玩具等激发其快乐的情绪，促使其早笑、多笑，不仅能表达出宝宝快乐的情绪，而且有利于心智的发展。

"笑"是宝宝交际的飞跃

"笑"对于人的智力发育是一

种良性刺激，一般笑可以分为"天真快乐效应"和"无人自笑"。科学证明，这两种笑对于孩子大脑的发育均有裨益，而智力低下儿童的早期表现就是孩子早期吃奶困难、大动作落后、对声音无反应、对周围不感兴趣，往往到3个月还不会笑。笑是衡量孩子智慧和情感发展的重要标志。会笑表示孩子对周围的事物感兴趣，父母多与宝宝接触，用欢乐的表情、语言以及玩具等激发其天真快乐效应，能让宝宝模仿并学会以微笑应答。

如何培养爱笑宝宝

● 父母要为宝宝提供微笑环境

每天清晨的第一缕阳光照射进窗子的时候，父母都要用最美丽的笑容跟宝宝说："宝贝，早上好。"每一次同宝宝拥抱，父母都要用最亲切的笑容跟宝宝说："宝宝，妈妈（爸爸）爱你。"

每次和宝宝交流的时候，父母都要用最慈爱的目光和甜美的笑容，来鼓励宝宝说："宝宝，你真棒。"给宝宝提供一个微笑环境，让宝宝经常看到爸爸妈妈的笑容，保持好心情。

● 父母要同宝宝一起微笑

宝宝在面对陌生的人或事物时，会感觉到不知所措，不知道如何反应，这时爸爸妈妈如果给予宝宝一个微笑，让宝宝扬起嘴角，绽放笑容，宝宝会变得招人喜爱。爸爸妈妈在平时陪宝宝玩耍时，尽量逗宝宝笑，让宝宝感觉到游戏有趣，也可加深他对于游戏的记忆力。在和其他人玩耍时，也许一个小小动作就能唤起愉快的回忆，宝宝不仅变得爱笑，而且能够在游戏中加深亲子感情。

·亲子心经·

由衷的笑有益增强免疫系统功能，但是在逗宝宝笑的时候要注意，不要在进食时逗宝宝大笑，那样容易导致食物误入气管引发呛咳甚至窒息；睡前逗笑可能诱发宝宝失眠或夜哭。要掌握合理的方法来逗宝宝，高抛婴儿，很容易使宝宝头部震动。逗乐宝宝还应注意适度，因为过度的大笑还可能使婴儿发生瞬间窒息、缺氧、暂时性脑贫血，损伤大脑。

● 父母要多带宝宝交往

有的宝宝和家人之间表现亲热，整天笑逐颜开，但对于陌生人却变得安静，不说话，适应能力较差。爸爸妈妈可以经常带着宝宝出门，多接触家人以外的人，鼓励宝宝用自己的方式和他们交流，让宝宝在一个舒心的环境中健康成长。

宝宝为什么不爱笑

妈妈问题：宝宝五个多月了，现在出去反而不爱笑了，朋友今天都在问我是怎么回事啊，宝宝精神没以前好，郁闷得很。宝宝不爱笑是不是因为我很少抱他出去？在以前我都很少抱他，每天都是吃了就放在床上，最近几天宝宝都不吃奶粉要吃面条米粉还有苹果汁，而且爱哭闹，不知道是没有喂饱还是因为不喜欢坐在车里了，从早上起来好像多数时间都听到他在闹。我好担心他会不会因此变得内向。

妈妈专家：每个孩子都有自己的天性，这或许是你宝宝的个性吧。四个月左右的宝宝，应该会发出响亮、连续的笑声了，妈妈一逗会笑，看到陌生人会有害怕、躲避等表现。宝宝哭闹一定是有原因的，家长要经常仔细观察，从您的描述看您的宝宝应该是哪里不舒服，找到原因后尽量满足宝宝的合理要求。宝宝不喜欢吃奶粉可能是到了厌奶期，没有关系的，过一些时间就会好了。多抱宝宝吧，这种身体接触带给宝宝的安全感，是任何人无法代替的。每天可以上下午，有一定规律地，抱宝宝做些游戏，看看外面的景色等。

智商和营养的密切关系

加拿大的脑外科手术医生阿里拉加扁曾说，提高孩子的智商需要通过四大方法："一为改变儿童的饮食习惯；二为儿童营造一个具启

发性和刺激感官的环境；三为增强孩子的情绪智商；四为引导孩子制定一个目标、启发他们进行创意思考。"

阿里拉加扁医生的这段话告诉我们，营养对于智力发展有很大的关系，正确的饮食、均衡的营养能够为大脑和神经细胞提供适宜的营养素，给予宝宝的大脑充足适度的营养，可以对孩子健康成长提供良好的基础。

聪明宝宝的营养均衡

家长们要特别注意孩子的饮食，多吃不同种类不同形状不同颜色的食物。孩子的体内存在自动调节酸碱平衡系统，对孩子的饮食要求多样化，荤素搭配，让孩子互补均衡的营养，纠正孩子的挑食偏食的现象，让孩子健康成长。

孩子的营养食源

宝宝一天天长大，家长肯定担心宝宝会不会缺乏营养，应该如何为宝宝提供足够的营养等问题。让我们听听儿童保健专家给爸爸妈妈的建议吧。

人体摄入食物中各种营养物质的含量要与机体的需要相适应。为宝宝制订食谱时，需要注意谷类、肉和蛋类、蔬菜和水果以及奶类的合理搭配，这样才能满足宝宝生长发育所需要的各种营养成分，以利宝宝体格及智力全面发展。

1. 新生儿的营养来源主要靠母乳，母乳营养丰富，含有大量蛋白质、维生素E、C以及镁、磷、硒、铁等矿物质，易消化吸收，且含有婴儿所需的各种免疫物质，而且是促进婴幼儿生长发育和提高智商的重要保证。

2. 1～12个月的宝宝除继续母乳喂养外，添加适量的面糊、米汤、菜汤、蛋、瘦肉、豆浆、饼干等辅食是非常必要的。

3. 1～3岁的宝宝体力脑力消耗相对增加，饮食中应注意优质蛋白质的供给，均衡的配方奶类食品仍然是幼儿饮食的重要部分，孩子的食物宜细、软、烂、碎。

4. 3～6岁孩子膳食已接近成人水平，爸爸妈妈要尽量让孩子的饮食多样化、荤素搭配，粗细交替，保证供给平衡膳食。

平衡膳食提高智商

营养专家提倡，家长一定要为孩子调节不合理的膳食结构，让孩子养成平衡膳食习惯。宝宝培养一个健康的习惯对于宝宝的智力发展有很大的帮助。

● 坚持让宝宝吃早餐

调查资料显示，参加高难度考试的学生，吃早餐后的得分明显优于那些空腹参考者，坚持吃早餐不仅有助于宝宝的智力发展，而且对于宝宝的肠胃消化能力都有益处。

● 让宝宝勤于锻炼

经常参加锻炼可以让宝宝的大脑处于放松和活动的状态，对于孩子的想象力、创造力的发展提供了帮助，能让孩子变得机敏聪明。

● 给予宝宝最健康的食物

提高孩子和家长的自我保健意识，在日常膳食中多为孩子补充营养，让孩子多食用牛奶、鸡蛋、适量的粗粮、鱼类、蔬果和豆制品，平时在空闲时候阅读一些关于营养方面的书籍，学习搭配饮食的互补，让宝宝吃出高智商。

家庭和睦有助于提高宝宝智商

研究表明，人的大脑和神经系统是通过不断地学习和生活而逐步发育成熟起来的。宝宝会经常被身边的环境影响，早期的家庭环境对于孩子的智力、性格发展有决定性的影响，而且这种影响从孩子出生一直能延续到他们长大成人。

爸爸妈妈为宝宝提供一个和睦、气氛融洽、充满亲情的教育氛围与家庭环境，有利于增进孩子的智力。孩子不仅会根据爸爸妈妈的行为进行模仿，而且会在家长提供的家庭氛围中培养自己的文化修养、语言能力，在家庭环境潜移默化的影响中发展认知能力和运动技能。家长朋友千万不要忘记，您是孩子的第一任老师，是孩子一生的偶像与榜样。

适合宝宝生长的环境

培养宝宝的智力和情商，父母要给宝宝创造良好的家庭氛围。

● 自由的空间是孩子心智发展的前提

室内是否显得宽敞对孩子的智力发展有着重要的影响，房间里的摆放井井有条、整洁，可以让孩子感觉到心情愉快；而自由的心灵空间，比物质空间更为重要，从多方面为孩子提供平等、安全、自信，是他们健康心灵的前提。

● 知识型环境是孩子智力发展的保证

为促进孩子的智力发展，鼓励孩子用正确的途径多思考，多交流，父母应积极同孩子用优美、规范的语言交流，并且为孩子准备一个知识型的环境，同孩子一起学习，并且从物质到行为习惯都为孩子学习准备良好条件。

● 为孩子提供一个训练基地

在孩子的智商培育中，父母要不断地创造一些氛围，或者提出一些问题，引起孩子的好奇，引导他去思考、探索。应寓有意于无意之中，寓教育于娱乐之中，激发孩子的兴趣，创造孩子可以用耳听，用眼睛辨认，练习手指灵敏度等游戏环境，让宝宝目、耳、手、心的协调发展，让孩子在充满好奇心的美好世界里成长。

家庭环境的影响

家庭是孩子安身的第一个环境，是孩子生长的摇篮，一个良好的家庭环境可以对孩子的智力发展，人格发展都打上深刻的烙印。著名教育学家马卡连柯曾说："不要认为只有你们同儿童谈话、教育他、命令他的时候，才是进行教育。你们是在生活的每时每刻、甚至他们不在场的时候，也在教育着儿童。你们怎样穿戴，怎样同别人谈话，怎样谈论别人，怎样欢乐和发愁，怎样对待朋友和敌人，怎样笑，怎样读报——这一切对儿童都有着教育意义 。"家长是孩子的终身教授，影响着孩子的身体和心理素质，家长之间的和睦温馨，人与自然的和谐安宁，有助于让孩子感受到人间真爱，为孩子成长提供基本保证。下面给家长朋友讲一个小故事。

张妈妈的小烦恼

张妈妈的小女儿叫苹果，因为她长的水灵又机灵的不得了。可是小苹果的爸爸妈妈是上班族，于是小苹果被送到了乡下奶奶家看管。长辈对小苹果很溺爱，不让孩子做这个，怕做那个会伤到孩子，结果影响了小苹果的心智。小苹果长到3岁上幼儿园后，还是不会说普通话，老师反映说小苹果不懂得和周围的小朋友玩耍，交流，比较任性，这让张妈妈感到很烦恼。原来在奶奶家时，大家都宠爱着孩子，孩子长期耳濡目染自然开始变得习蛮任性，不懂得谦让，这样的环境造成了孩子在文化修养和人生感悟上的偏差，过分的宠爱也不利于孩子坚忍不拔、自强不息的精神的养成。后来张妈妈带着小苹果找到了

儿童医院的李医生，在医生的指导下，张妈妈开始慢慢培养小苹果的语感，跟小苹果交流，给她诵读故事，并且经常带着小苹果在社区内和邻居玩耍。小苹果慢慢变得开朗，乐观，变得爱学习了。研究证明，孩子生活在批评的环境，容易感染指责；在忍受的环境中，容易学会抑制；在公平的环境中，会学会善良，在赞许的环境中，会学会自爱。家长要在教育孩子时，让孩子懂得自信、自爱、团结，在重视智力教育的同时也重视宝宝的品德教育，从小就培养孩子，让孩子成才。

·亲子心经·

父母的智力和家庭环境是制约孩子智力发展的软因素，恶劣的家庭环境会使孩子心情压抑、孤独，生长激素减少，导致孩子身材矮小、智商降低。为孩子创造出一个适合发展的生活环境吧！用耐心和智慧陪着孩子成长，因材施教，给孩子自由和空间，让孩子身心健康生长。

语言智能

语言是宝宝的智力测量计

所谓语言智能，即能够用语言准确地表达自己的意思，能够和人轻松清楚地交流的能力。婴幼儿时期是语言智能发展的关键时期，语言作为人们相互交流的必备工具，在生活和学习中都有着很重要的作用。美国哈佛大学教授加登纳认为："语言是最广泛、最公平地在人类中得到分享的一种智力"，他将语言智能定位为人类的第一智能。

一个具有高语言智能的人，通常具有很大的词汇量，阅读和书写能力也都很好。研究表明，宝宝1~3岁是语言能力发展最快的阶段，这个时候的宝宝喜欢发问，好交际，好奇心大，对词义和词序的敏感度高。对于这个时期的宝宝，爸爸妈妈应该因势利导有规划地为宝宝进行语言能力的训练。

创造语言智能提升的环境

研究证明，宝宝在刚出生时，就开始具备语言能力了，而孩子语言智能的发展只有通过孩子的兴趣和主动性，才能得到充分的发展和发挥，爸爸妈妈应该通过为孩子创造良好的语言环境，多鼓励孩子讲话，让孩子在兴趣中顺其自然的提升语言智能。

例如，父母对孩子做一些表情（如微笑）、眼神的对视和肢体语言（如手势）等交流，对于加强和孩子之间的交流和帮助宝宝提高智能都是不可或缺的。所以在日常生活中，爸爸妈妈就应该为宝宝创造一个良好的语言环境。

● 父母和宝宝一同发音

妈妈在平时，可以在给宝宝穿衣服、吃饭的时候，利用这种机会同宝宝讲话，引导宝宝回应性发育。例如，当宝宝哭泣时，妈妈可以也发出"哇哇"的声音；当宝宝高兴的时候，妈妈可以发出"咯咯"的声音，来让宝宝迎合，帮宝宝学会回应。

● 随时随地学习

妈妈在给宝宝洗澡的时候，可以向宝宝讲身体各个器官的名称，告诉他这是宝宝的眼睛，这里是宝宝的小胳膊等；在宝宝的房间里放上宝宝喜欢的玩具和书籍，放一些中外经典的朗诵CD，给宝宝读一些故事，让他们一边学习，一边思考，并耐心地为他们讲解，慢慢地宝宝的语言能力就会潜移默化地增长。

● 带宝宝一同出门

在生活中，经常带宝宝一起到小区里散步、到动物园游玩或者到商店等场合，让宝宝自己学会观察，在人们之间的相互交流中逐步丰富自己的词汇，充实经验。

叮叮的外语求学经历

妈妈：我家叮叮已经两岁多了，也没有上过什么学习英语的专业学习班，现在的教育都时兴双语，我也希望叮叮能够好好学习一门语言。但是我的英语基本属于文盲级别的，孩子他爸爸也水平一般，单词量极有限，都是些日常的水果啊，身体部分啊这种名词。我有的时候就想，如果自己英语水平好一点，平时在家里跟孩子多说，不用上什么学习班也能起到英语启蒙的作用。最近《阿凡达》上映了，我带着叮叮去电影院看，结果看完了，叮叮对我说："妈妈，他们管小蓝人叫blue monkey。"我感觉很惊讶，他竟然听出来这些简单的词汇，并且说的还挺自然的。

专家：宝宝处于一定的丰富语言的环境中，就可以在不知不觉中积累词汇，把大量的语言输入在宝宝的头脑中，才有可能使他获得丰富的知识。所以说，爸爸妈妈千万不要小看宝宝的语言能力，而应正视宝宝的生活环境，给宝宝个健康、科学的生活空间。

语言智能开发越早越好

研究证明，语言智能作为一种高级的智力和潜能，越早开发越好。在妈妈怀孕5个月时候，宝宝的听觉就已经形成，所以早教专家认为从宝宝出生的第一天起，将语言交流渗入在宝宝的生活中，对宝宝的语言智能发展有着很重要的作用。

例如，宝宝在3~5个月的时候，就会出现口形和出声反应；8~9个月会有要表达自己意思的需要；而等到宝宝1岁时，宝宝就能够说出单词句、双词句直到完整语句。所以说，宝宝的语言发展不仅需要爸爸妈妈的正确引导，而且需要从小开发。

·亲子心经·

宝宝从1岁开始，就能够依依呀呀地说话了，这个时候宝宝最喜欢模仿家人的语言和行动，经常会出现双音节词，拉长声音说话。这个时候爸爸妈妈要耐心地帮助宝宝学说话，纠正宝宝发音问题。

让宝宝成为未来的雄辩家

美国心理学家加德纳的研究表明，孩子的语言智能并不一样，有的孩子语言智能较高，多表现为爱说爱笑，乐于讲故事，这些孩子相对来说更加擅长用言语沟通表达，将来可能会从事文学、戏剧。

语言，是思维的载体和交际的工具，自古以来就作为人类生存和交流的重要工具，对于人们生活和学习中的重要性毋庸置疑。宝宝的语言智能是不是强，对于语言的察觉力高不高，对于字词的发音、韵律和意义是不是很敏感，都会影响孩子的表达能力。

让宝宝成为未来的辩论家

语言智能高的孩子通过说话或写字和他人之间进行沟通交流的能力都相对较高，他们擅长通过语言优势来表达自己的想法，具有很强的说服别人的能力，说话会很幽默，写文章很棒，喜欢玩成语接龙游戏，并且能用丰富的词汇和逻辑来表达自己。可以说，语言能力较高的宝宝，将来可能是一个小小的辩论家。例如，领导者通常也是演说家，就是因为他们利用自己的语言智能来影响公众、发展自己的追随者，另外像小说家和诗人学者也具有很强的语言智能。

培养宝宝的语言天赋

具有语言天赋的宝宝，从小就表现出喜欢听故事，爱自己编故事，讲故事，而且在生活中就显露出在语言方面的天赋，例如一些小宝宝，在没有满两周岁时候就能说一些简单的词语。而培养宝宝的语言天赋，让宝宝从小就能够在语言智能方面获得优势，对于爸爸妈妈是很重要的，也是很棘手的。其实，培养宝宝的语言智能，就要尽量为宝宝营造一个良好的语言环境，让宝宝充分发挥自己的想象力和创造性，鼓励孩子把自己的思想通过语言和文字等媒介来表达出来，自然而然地在生活和学习的过程中提高自己的语言领悟能力。

·亲子心经·

宝宝的发音一开始，都是通过模仿家人开始的，而作为爸爸妈妈要发音清楚、正确，才能让宝宝学习到正确的发音，父母的语音对宝宝学习发音影响最早，作用也是最大的，而尽量用标准的普通话来教导宝宝说话，对于宝宝日后正常的语言交流是很有必要的。

语言智能讲究听说读写

一个人的素质高低，经常表现在他的表达能力上，说话常常是一个人气质、智慧最直接的表现形式。哈佛大学心理学教授霍华德·加德纳将语言智能列为人类的第一种智能，因为语言在实际生活中有着最为广泛、公平的运用。

孩子语言智能的培养在《幼儿园教育指导纲要（试行）》中就有论述，而在我们平常的生活中，应该如何对宝宝进行语言智能的培养呢？教育学家、儿童心理学家的实践经验，有以下的一些建议。

让宝宝对于语言充满好奇

宝宝在出生几个月后，就对于语言刺激表现出非常敏感。当爸爸妈妈给宝宝说话时，他会通过微笑和一些肢体动作来做出反应。一些宝宝的语言智能较高还会出现对于语调、音色和说话节奏的反应，他们对于语言的好奇心大，并且有很好的预感和语言鉴赏力。爸爸妈妈要对于宝宝的语言天赋给予关注和正确的引导，不断鼓励宝宝，让宝宝保持对语言的好奇心。

培养宝宝的听、说、读、写能力

宝宝的语言智能是在日常生活中逐渐培养和积累的，父母可以用轻松简单的方式来帮助宝宝增强语言能力，通过"听、说、读、写"四个方面来加强宝宝的语言智能。

● 听

爸爸妈妈在讲故事或者同宝宝说话时，叫宝宝："来宝宝，乖乖地坐在这里听妈妈讲故事给你。"小宝宝乖乖地坐在那里听，就说明了他接受了爸爸妈妈的语言。而事实证明，让宝宝成为一个有效的倾听者，对于宝宝在今后的工作和学习中，能够很快抓住谈话中的最有效、重点信息，是很有好处的。

·亲子心经·

爸爸妈妈在对宝宝进行语言能力的培养时，要注意讲究和宝宝的说话方式，并且适当进行有计划的语言训练。在教育宝宝时，要为宝宝创造条件，带着宝宝直接进行观察，让宝宝在最直观的形象中认识事物，从而表达事物。宝宝在自己的观察后，会更加加深他们的记忆力。

● 说

俗话说："一句话讲得人笑，一句话讲得人跳"，父母在平时注意培养宝宝的表达技巧，让宝宝流畅地表达出自己的想法，也能让他准确地表达对别人的喜爱。经常让宝宝谈论一些他所喜欢的故事、小事情，都是锻炼的很好方式。

● 读

宝宝的阅读能力要从小培养，让宝宝在"读"中拓展知识面，丰富自己的词汇，这对于宝宝的交流和语言能力都有很大的帮助。

● 写

我国的文字多是形声字，教会宝宝认字写字，可以更加促进宝宝的阅读兴趣，而且可以提高宝宝的知识素养。很多宝宝由于对于一些汉字的实际理解能力不够，经常写错或者是认错，搞不清楚它们的区别。例如很多宝宝将衣字旁和示字旁搞乱，还有一些宝宝分不清秃宝盖头和穴宝盖。其实，我们培养宝宝认字，就是要让宝宝自然地了解文字的音、形、义，慢慢积累和发展对汉语文字的认知和使用技巧。

专家支个招——在游戏中学写字

佳佳在学习写字的时候下了很大的工夫，可是让佳佳爸爸感到奇怪的是佳佳经常将"祝贺"的"祝"和"初次见面"的"初"搞错。佳佳并没有意识到"祝"和"初"的偏旁部首的区别。其实，我们可以利用"字形"小游戏来加深宝宝对于这两个字的认识，例如妈妈可以拿着一把剪刀和一些报纸，对宝宝说："'初'就像拿一把刀，朝着布剪下去，他就会认识到，这是衣服的衣字旁。"也可以在教宝宝认字的时候对字形进行分门别类，例如关于水的字，江、河、湖、海等，给宝宝一同并列细致讲解，逐步培养宝宝"音、形、义"的初步概念，用轻松的方式来提升他的语言智能。

如何让宝宝会说话

语言是一种复杂而又系统的符号，很多的爸爸妈妈都以"宝宝能说话"来作为他发育成长的指标，其实宝宝从出生开始就在慢慢积累他的语言能力，一旦我们给了他大量的刺激，他的潜能就能够很快地被发掘出来。

研究表明，爸爸妈妈在和宝宝一同聊天时，将宝宝当做朋友一样，创造出一个和谐、平等的环境，和宝宝一同讨论问题，会使得宝宝的词汇量更加的丰富，表达方式也更加清晰多样。那么应该通过什么方式来提高孩子的语言智能呢？

要宝宝从小养成阅读习惯

一般宝宝6个月后就可以开始阅读图画书了，爸爸妈妈可以给宝宝多买书，并且带着宝宝一同读书，从一开始简单的图片到多插图的彩绘本，慢慢引导宝宝进入图书的王国。在晚上睡觉前，给宝宝经常讲故事，阅读名著，对于宝宝的语言智能发展有很大的帮助。

选择图书的时候，可以挑选一些质量较高的经典名著和儿童故事，并且要尊重宝宝的意见，挑选宝宝所喜欢的书籍，这样不仅可以让宝宝在阅读的过程中享受一种语言氛围，而且可以培养宝宝的勇敢和关爱。

让宝宝学习古诗词

很多的爸爸妈妈都认为，教宝宝背诗虽然可以提高宝宝的文学意境，但是宝宝的年纪这么小，一定不能理解得清楚，经常是让宝宝一直重复地单调背诵，而不去讲解其中的内在意境。诗词是精练的语言，教给宝宝读古诗不要过分的苛刻，应该合理引导宝宝学习，也可以通过小游戏、小童谣或者一些歌曲来帮助宝宝学习诗词，并且配合着一些肢体动作，鼓励宝宝从诗句中发现自己所认识的词句，自由灵活地运用诗句和自己的日常生活联系起来，培养宝宝的语言兴趣。

一切从兴趣出发

父母在平常的时候要多关注宝宝的兴趣所在，抓住宝宝的兴趣才能强化效果。例如，宝宝喜欢小动物，可以经常带宝宝去动物园、科技馆和海洋馆来认识动物，告诉宝宝每一个动物的名称和生活习性；宝宝喜欢汽车，可以给宝宝提供尽量多的图片和知识，可以拓宽宝宝的知识面，增强他的求知欲，让宝宝从兴趣开始不断提高自己的语言能力。

交往是语言发展的有利空间

宝宝喜欢和同龄的小伙伴们在一起，无拘无束地发言。在这个过程中，宝宝相互之间互相的争论，不断磨炼自己的语句，就会渐渐发展起来他们的语言能力。一般情况下，乐于和他人进行交谈的孩子，语言能力都比较强。

鼓励宝宝进行即兴演说

在平时和宝宝一起看书、看电视时，可以针对里边的一些小问题，鼓励宝宝发表自己的看法，激发宝宝对于一些事情的思考和探求，让宝宝学习主动的思考，大胆表达自己的想法，并且集中他的注意力，让孩子在这样的过程中满足自己表达自我的强烈愿望。当然，宝宝的生活阅历少，对于一些事情的看法并不正确，但是我们在这个过程中主要训练的是宝宝的语言能力，最重要的是宝宝讲话时候的过程和形式。

宝宝受委屈也有"话"

宝宝在出现饥饿或疲劳时，很容易哭泣，这是宝宝表达自己情感的最初方式。宝宝在成长过程中，很容易出现厌食，爸爸妈妈如果注意观察，可以很容易看出，宝宝其实是情绪出了问题。如果对此忽视，就有可能发展成饮食节律紊乱。所以，爸爸妈妈应认真对待，不能强迫宝宝吃饭。应该经常改变饭菜的种类，鼓励孩子帮你做饭，帮你准备他们爱吃的饭菜。宝宝如果经常反复叫嚷肚子痛或头痛，但又没有任何外在的症状，那么很可能是他的精神紧张。宝宝在看到电视里飓风灾难的报道后而害怕，很容易出现焦虑。对于语言能力还有限的儿童，减轻压力的唯一方式就是咬、激怒或欺负他的玩伴，如果宝宝出现了攻击性行为可能源于心情压抑。还有，宝宝渐渐长大后，有时会撒谎，但他们通常并不知道他们行为的后果，这大多数是因为他们受到心理压力。

提升语言能力的趣味游戏

学前教育家陈鹤琴曾说："孩子的知识是从经验中获得，而孩子的生活本身就是游戏。"游戏，作为一种亲子交流和提升宝宝语言能力的方式，是最佳的教育手段和方法。

宝宝在游戏的过程中，很容易激发极大的学习兴趣和交流能力。爸爸妈妈和宝宝说的话、做的动作和表情，宝宝和自己小伙伴一起玩耍时相互说的话，都能够产生交流。爸爸妈妈和宝宝一同参与游戏时，要选择适合宝宝的发育水平的游戏，难度要从易到难，在游戏的过程中多鼓励宝宝动脑筋，帮助宝宝培养遵守游戏规则的好习惯。在这样的概念中，"学习"对孩子来说，就是"玩"。下边就为爸爸妈妈推荐几个可以促进宝宝语言智能发展的小游戏。

宝宝的语言智能测试

爸爸妈妈可以根据自己宝宝的具体情况来做以下的小问题，看看宝宝语言方面的天赋有多强。

1. 您的宝宝喜欢听故事、儿歌吗？

2. 您的宝宝是否喜欢与人交往？

3. 您的宝宝是否善于口头表达？

4.您的宝宝是否善于模仿各种声音和语调？

5.您的宝宝是否喜欢翻书，喜欢阅读？

6.您的宝宝常常喜欢涂涂写写，到处画吗？

7.您的宝宝总是喜欢问：为什么？这是什么意思？

8.您的宝宝喜欢玩文字游戏或猜谜语、听笑话吗？

9.您的宝宝喜欢完整的复述故事或所经历的事情吗？

10.您的宝宝记忆名字、地点、日期、能力强吗？

11.您的宝宝学习语言的能力强么？

评测答案：回答"是"可得1分，总分11分。

如果得分高于8分，那么您的宝宝语言智能方面非常有优势，将来可以做辩论家、作家、记者、主持人、律师等职业。

如果得分为6～8分，您的宝宝语言智能正在不断的发展之中，长时间的锻炼和努力，就可以取得很大的进步。

如果得分低于6分，您的宝宝语言智能发展还没有完善，继续加油努力。

广播电台

目的：培养宝宝的语言组合，口齿清楚，让宝宝学着有表情地叙述故事和小诗歌。

玩法：爸爸妈妈可以命名小广播站，比如：爸爸广播电台、妈妈广播电台、宝宝广播电台，当拨电话到小电台时，电台里就开始播放歌曲、小故事或者讲讲今天在幼儿园发生的小事情等小栏目。在玩时，妈妈要先给宝宝做个示范，用废旧的杂志卷一个"话筒"，鼓励宝宝拿着话筒开始，比如当宝宝"打电话"到妈妈广播电台时，妈妈可以给宝宝说："宝宝，现在是故事时间，让我来给你讲一个'小红帽'的故事"。

宝宝童谣、诗歌选

《小老鼠上灯台》

小老鼠，上灯台，偷油吃，下不来。

咪咪咪，猫咪来，咕噜噜碌滚下来。

《月儿弯弯挂树梢》

月儿弯弯挂树梢，好像一把小镰刀，

我要借它用一用，割把青草喂羊羔。

《登鹳雀楼》——王之涣
白日依山尽，黄河入海流。
欲穷千里目，更上一层楼。

《游子吟》——孟郊
慈母手中线，游子身上衣。
临行密密缝，意恐迟迟归。
谁言寸草心，报得三春晖。

传电报

1.目的：培养宝宝的记忆力和表达能力。

2.玩法：爸爸妈妈可以分成两个小组，然后让宝宝在中间做一个小小情报员。爸爸可以先给宝宝讲一些有意思的小笑话、小故事、小百科知识。比如，小松鼠有条长长的尾巴，小猴子迟到了等，当宝宝听到后传给妈妈，然后让妈妈讲出电报的内容，经过爸爸验证后就好，如果宝宝传递的完整又正确，一定要给宝宝一些奖励。

童话小剧场

目的：培养宝宝的语言表达能力，而且可以在宝宝准备服装道具的过程中激发宝宝的创造性。

玩法：爸爸妈妈先给宝宝提供一些简单的床单、毯子、小衣服等道具。在玩的时候，爸爸妈妈可以和宝宝先一同进入讨论的环境中，和宝宝一同参加制作剧场的服装，和宝宝一起研究要表演的童话故事、剧情，让宝宝知道自己要扮演的角色的台词，布置场景后和宝宝一同穿上服装，演这个小故事。爸爸妈妈在和宝宝表演时，不要因为感觉到服装幼稚而表现出不耐烦，如果宝宝在剧情中说出一些不合剧情的台词，也要尽量地配合他的想象，给宝宝搭建一个表现的舞台。

反义词游戏

目的：培养宝宝倾听能力。

玩法：宝宝到了5岁后，语言词汇量的积累已经有了很大的发展，这个时候爸爸妈妈就可以和宝宝一起玩反义词游戏了。当宝宝听到爸爸妈妈命令的时候，就要做出和命令相反的动作。例如，妈妈和宝宝站在地板上，对宝宝说："宝宝，向前看"，然后宝宝应该把小脑袋向后扭；当你说"宝宝看地上的小汽车"时，宝宝应该把小脑袋朝上望望等。

观察力训练

宝宝能观察才会发现

观察力对于宝宝的一生有着重要的意义。在我们日常生活中，各个行业其实都离不开观察，在培养宝宝的时候，要从思想上意识到观察并非一件易事，这是培养孩子观察力的第一步。

能观察才能发现

"发现"首先来自于观察，观察是一种有目的、有计划的知觉过程，是知觉来源的高级形态。幼儿期不仅是智力发展的开始阶段，同时也是观察力初步形成的时期。这个时期的宝宝由于年龄小，其生活经验少，认识大千世界最主要的方式就是观察了。

人们的观察能力，是随着年龄的增长而不断地向前发展的，其观察的目的性和持续的时间也渐渐向着有意性、目的性发展而增加。

宝宝观察能力的强弱，直接关系到获取知识的多少与深浅。所以，从小注意培养宝宝的观察能力，对于他们的心理发展和认识世界，具有长远的意义。

陶陶的观察能力培养记

陶陶是个聪明、活泼的大班小朋友，他对什么东西都十分好奇，什么都要摸一摸，碰一碰，看一看，问一问。每当这时，陶陶爸爸总是不厌其烦地解答陶陶提出的各种问题，所以陶陶懂得了许多知识。到了幼儿园，陶陶就把自己的新发现、新知识告诉小朋友，小朋友都觉得陶陶懂很多，都叫他"小博士"。

最近，陶陶家新购了一套商品房，装修队的叔叔正忙着为新房装修。这天电工叔叔来装灯，陶陶又好奇地围着电工叔叔转，在边上看电工叔叔工作，还不时地问这问那。灯管装好了，电工叔叔一揿开关，"啪"灯亮了，陶陶高兴地叫起来：

"让我试试，让我试试。"

试了几下后，陶陶似乎又发现了什么，他走到爸爸妈妈的身边，拉着爸爸的手，神秘地指着灯管对爸爸说："爸爸，开灯时我发现灯管是两头先亮的，中间后亮的，你看。"陶陶又试了一下给爸爸看。

"不错，真是这样的，好孩子你观察得真仔细，又发现了问题，那你知道这是为什么吗？"

"不知道。"陶陶疑惑地回答。于是爸爸又把其中的道理告诉了陶陶，他听了恍然大悟，点了点小脑袋。他又长见识了。

在上面小事例中，陶陶爸爸对陶陶的"发现"不仅十分珍视还给予了高度的赞赏，他的做法让陶陶增加了知识，而且培养了陶陶的观察力和智力。

观察力是人类感知觉发展的最高形式，它对于帮助宝宝获得周围环境的信息和知识有着重要的作用。因此，对宝宝观察力的培养，首先要从基本的感知觉能力的培养入手。

爸爸妈妈平时要特别注意保护宝宝的感知觉器官，注意保护眼睛、耳朵、嘴巴、鼻子、手等器官的健康发育。

其次要多为宝宝提供机会，以此来刺激各项器官的发育，让宝宝多看美丽的图画，多动手、多说话，并且教给宝宝丰富的知识，进一步发展宝宝的观察力，保证孩子对事物有一个完整的了解过程，让他的兴趣持续长久。

重视幼儿观察力的培养和训练

敏锐的观察力是良好心理素质的体现，而心理素质教育，必须重视观察力的培养。爸爸妈妈要重视对孩子观察力的培养，珍视宝宝的"发现"。

要引导宝宝有目的去观察周围的环境，培养宝宝对于观察的兴趣，让宝宝养成观察的好习惯，积极、主动地去观察事物。与此同时，爸爸妈妈要教宝宝一些有效的观察方法，让宝宝能够更加正确地观察环境和生活。

有的爸爸妈妈对于宝宝满心欢喜的"发现"，一笑了之，或者嫌宝宝"罗嗦""烦"，这种做法很容易挫伤宝宝的求知欲和好奇心，令宝宝丧失对事物的观察兴趣。长此以往，很容易让宝宝的观察能力得不到提高。如果不能很好地认识事物，认识世界，就更不谈的上发明创造了。

培养宝宝对生活的观察力

"发现"是宝宝不可遏制的天性，而宝宝"发现"事物奥秘的基本途径主要就是通过玩具、游戏、户外活动和家务活。

在宝宝的生活中发现世界

● 在家庭劳动中发现世界

家务，对于爸爸妈妈来说可以说是一项工作之外的负担，但是对于我们的小宝宝来说，他们看到爸爸妈妈在做家务，反而有着很大的好奇心，当做一种有趣的游戏，争吵着想要去做。宝宝一般从1～2岁开始，就会变得非常喜欢做家务。

如果这个时候爸爸妈妈能够抓住给宝宝提供做家务的机会，他就会通过这些活动"发现"很多有趣的事情，在这种情况下去培养宝宝的发现乐趣和能力，能让宝宝在日常生活中很随意的就将观察和生活相互结合起来。

宝宝会观察并发现生活了

昨天洗澡的时候，小青在澡盆里发现一根长长的头发，我问她："这是头发，青青的头发呢？"小青指指自己的头上，看来现在她已经会观察生活，而不需要像1岁前那样指着一个东西教好多遍了。正逢国庆节，中央台的梦想中国和星光大道节目近两天正在决胜负，宝宝看着电视，对唱歌、跳舞有了浓厚的兴趣，有时会哼一句很好听的调子，有时会转圈，有时会一蹲一站地扭屁股，有时会像芭蕾一样站，看着他对大动作越来越领悟的行为，真欣慰啊！晚上让宝宝睡觉的时候，小青不停地揉耳朵，又用自己的手指试图伸进耳洞里掏，我想起来刚才玩积木的时候，她也拿着一块积木在耳朵边塞来塞去。于是我决定壮着胆给宝宝掏一次耳朵。宝宝很配合，躺着一动不动，静静地闭着眼睛，一定是做对了决定，因为很快就掏出难以置信的好长好大的一块分泌物。看来以后除了剪指甲，还有这项清理工作需要做了。前天，青青爸爸用他一贯宽容的行为教会了我一件事：吃完水果后，宝宝去拿空的玻璃水果盆，大家都有要阻止的意思，爸爸说：让她拿。并对宝宝说：当心点，拿到厨房去给阿婆洗。宝宝小心地捧着水果盆稳稳地走到厨房交给阿婆。其实信任对于每个人都很重要，为什么不给宝宝多一点信任呢？于是，昨天我把装了半盆水果的玻璃水果盆让小青拿到客厅里，那时的小青正准备拿盆里切好的苹果吃，但这件允许她做的事情一定是给了她莫大的荣誉，所以她一块也没有吃，就稳稳地拿着水果盆到了客厅给大人吃，并变得好像大孩子一样没有抢里面的水果，而是等大人拿给她吃。发现宝宝的进步与能力，正是我们家长所需要做的。

● 在玩玩具中发现生活

宝宝玩玩具从来都不会依照玩具说明书上的具体玩法，其实不管他是拿在手里玩，还是往地上砸，或者违反玩具说明书的指导玩得离经叛道，这都是宝宝"发现"玩具趣味的方式。爸爸妈妈让宝宝按照他们自己的方式去玩，去寻找玩具中的趣味，对于宝宝观察力的培养有很大的帮助。

● 在游戏中发现世界

游戏一直都是宝宝的最爱，小小的游戏无论是形式上的改变，还是在您和宝宝一同游戏过程中的一些小的事件，都很容易的让宝宝变得兴奋起来，让宝宝对游戏产生别样的兴趣。宝宝在玩耍的过程中，会渐渐养成好奇和探究事物奥秘的习惯，及解决问题的方法和能力。

培养宝宝的观察力

培养宝宝的观察能力，可以引导宝宝观察一些他熟悉、感兴趣的、特征比较明显的事物，掌握由易到难，由简单到复杂的原则，然后随着宝宝的兴趣培养起来，再让他去认识其他相对复杂的事物。

比如，宝宝喜欢玩水，我们就可以给宝宝提供一些玻璃球、石子、木球、塑料片，把这些材料扔到水中，让他观察物体的沉浮现象，哪些东西是浮在水面上的，哪些东西是沉在水里的。宝宝最开始的观察和描述往往漫无目的、缺乏计划性、分不清主次，所以在在培养宝宝观察力时，爸爸妈妈要引导他们按一定顺序观察。比如，我们带着宝宝一起看花，宝宝可能只看到"花开了"这一简单层次，而我们就可以进一步的引导宝宝，问问他："你看这一棵上共有几朵花？""都是什么颜色的"，然给宝宝能够更加细致的观察、描述。

· 亲子心经 ·

爸爸妈妈在引导宝宝进行"发现"时，要注意尽可能让宝贝按照自己的方式去"发现"，不要依照大人的想法来对他的行为指手画脚，苛责他，而要及时给予鼓励，将他的"发现"与他已经理解的事物联系起来。

提高宝宝观察力的方法

提高宝宝的观察力，不仅需要家长在日常生活中的不断帮助引导，而且需要好方法来帮助和激励。

提高观察力要循序渐进

观察力本身就是综合视觉能力、触觉能力、嗅觉能力、听觉能力、图形辨别能力等多种能力的总和，它是在这些能力的基础之上发展起来的。观察力的好坏不仅仅只是眼睛好耳朵灵的问题。所以，爸爸妈妈在培养宝宝的观察能力时，要注意循序渐进。

● 全方位展开感觉训练

在日常生活中，要带着宝宝多到大自然中多看美丽的风景，将宝宝的房间布置得色彩柔和而漂亮，提高宝宝的视觉感官能力。让宝宝在平时多听动人的音乐，让宝宝和周围的人进行交谈来培养宝宝的听力。也可以在给宝宝洗澡时，用不同柔软度的刷子、毛巾来摩擦宝宝的身体，让宝宝能够充分感觉到粗糙和力度。在视觉、听觉和触觉等多方面来对宝宝的感官进行训练。

● 提醒宝宝记得观察

小宝宝的观察活动，在最初时都是无意识的。这个时候如果爸爸妈妈加以引导和肯定，就会使他对于事物的观察得到强化。例如，你带着宝宝到公园里玩耍，宝宝看到几朵小花、绿绿的小草，还有小动物，都很容易产生大的好奇。这个时候就可以引导性地问他："宝宝，你看小狗，小狗好可爱啊！"这就很容易使宝宝的注意力集中到小狗的身上，从而观察得更认真、更细致。

妈妈谈谈宝宝观察力

飞飞妈妈：飞飞今年3岁多了。我觉得飞飞的观察力一般，因为是女孩子，所以对逛街比较感兴趣，而且她观察到的问题与人好像关系比较大，比如有一次她问我，为什么有垃圾桶，大家还把垃圾扔到外面呢？不知道这是不是情商很高啊，这么小就关注环保。我觉得画画对于观察力还是有帮助的，女儿喜欢画汽车和小树。

点点妈妈：点点3岁。我觉得我与老公比起来，我的观察力比较强。我是做策划的，我的这个职业需要关注到每一个细节。我女儿对于一些自然现象感兴趣，比如"为什么天黑了呢？"有的时候也会对周围的人不解，比如"为什么她哭了呢？"如果要花钱去培养孩子的观察力，首先还没有这个意识，其次没有时间吧！

女儿喜欢画画，特别对颜色感兴趣，所以会给她很多涂色的游戏，当然她最喜欢去动物园，在那里她的问题也很多。

和宝宝一同看故事书时，妈妈要细心地指引他注意图片上左边有什么？右边有什么？小松鼠藏到哪里去了？藏在房子后露出一条尾巴的是什么？引导宝宝注意整幅画面。妈妈在平时去市场上买菜，也可以拿出一颗菜给宝宝玩耍，让他摸一摸、看一看、折一折。宝宝很容易在观察中增加乐趣。

● 和宝宝一起观察

在生活中，和宝宝一同进行观察，跟随着宝宝的观察能力来对他进行引导，面对一个观察对象，让宝宝自己仔细观看后再对他进行讲解，留一点时间和空间给宝宝，会让宝宝在观察实践中得到快乐。

好方法帮宝宝提高观察力

● 相互比较

一个事物的发生一般都会有先后顺序，并且会形成一个完整的逻辑关系。

宝宝根据事物的变化进行按顺序观察的好习惯，对于他们今后能够有条理的思考帮助很大。宝宝在观察完整个事件之后，爸爸妈妈可以问问宝宝："在这个事情中，哪一个环节是最主要的？"这样的询问对于宝宝抓中心环节，掌握大局都有好处。

·亲子心经·

培养宝宝的观察能力其实有很多的方式，依照自己宝宝的发育状况和智能发展情况，选择适合他们观察力培养方法才是最主要的。

● 反复观察

让宝宝对一个动作进行反复的观察，对于强化宝宝将各个暂时性联系之间相互贯通，逐步形成连贯一致的整体认识，有很大的帮助。

在反复观察的同时，也要有意识地培养宝宝的整体意识，既先局部后整体或先整体后局部地观察事物，最终达到全面正确的认识。

宝宝的观察力游戏

游戏一直都是宝宝最喜欢的，而将教育与游戏相互结合起来，也成为了培养宝宝的最有力的工具。下面就给家长介绍几个游戏，来提升宝宝的观察能力。

小小的拼图玩具，对于宝宝的观察能力和注意力的培养，空间认知和手脚协调能力的提高都有着很重要的帮助。拼图是开启宝宝智能的一个重要手段，一起让宝宝在玩的同时集中注意力和观察力。

玩拼图和选拼图

爸爸妈妈在培养宝宝玩拼图时，要有意识引导他们。由易到难的引导，并且给予他们适当的启发。比如，你可以先向他演示拼图拼成一幅完整图形的过程，然后再试着移走其中的某片图形，让他自己学着观察和思考，看看有什么地方不同。在拼图的过程中，你还可以这么问他："宝宝这两片拼图的颜色相同吗？这片小的换成那片可以么？"引导他建立起从上到下、从边到角的对应关系和空间概念。

宝宝拼图记

在宝宝1岁不到的时候，妈妈就打电话给我，让我给宝宝买一幅中国地图的拼图，说是既锻炼手，又锻炼脑，以后学习起地理就会很得心应手。当时我嘴上答应，可心里直嘀咕，这小宝宝现在还是迷迷糊糊的，能拼什么地图呀？

上个星期天，终于在书店里看到了中国地图的拼图，很遗憾的是有一点儿小，但想到那张张小小的省份拼板在宝宝的小手里能挥洒自如时，又忽略了这点小小的缺憾。在柜台前，我又看到了一本花园宝宝的杂志，图片精美，大气，而且随书赠送了一副拼图，当时就想，在给宝宝拼地图之前，让她先拼拼这个花园，知道什么是拼图。

到家后，我对宝宝说："宝宝，妈妈今天给你买了非常非常有趣的东西！"宝宝听到这，兴奋得直跳，我取出杂志和拼图，宝宝一下子从我的手里拿过去："谢谢妈妈！"我把杂志上的拼图取下来："宝贝，你先好好看一下这幅图，然后妈妈把上面的花园宝宝拆散，你要一块块地拼还原！"没想到一会儿，宝宝就把拼图拼好了。哈哈！宝宝这么的聪明，我想过几天我就又要去买较为复杂的拼图了！

在为宝宝选择拼图玩具时，一定要注意它的材质和安全性，避免它将宝宝稚嫩的小手给扎磨破了。拼图游戏时，妈妈可以和宝宝进行亲子互动，和宝宝进行比赛，增加趣味性，提高宝宝的兴趣。

小小饲养员

目的：培养宝宝的观察能力，让宝宝学会观察动物，培养亲近动物的情感。

玩法：爸爸妈妈要首先给宝宝提供饲养员的工具，比如买些小鱼、小乌龟，将他们饲养在鱼缸中。在平时，可以引导着宝宝给这些小动物喂食，让宝宝自己观察小鱼的颜色、外观和生活习性。比如，让宝宝拿些面包屑或饼干屑，引导宝宝观察小鱼吃东西的样子，问问宝宝："小鱼是怎么吃东西？""小鱼在水里游来游去的时候，尾巴在动，宝宝看到了么？"宝宝在饲养小动物的过程中，很自然地就会学着自己观察。

水到底少了吗

目的：培养宝宝的观察能力，让宝宝在观察事物过程中学会思考。

玩法：爸爸妈妈可以先找两个杯子放在宝宝的面前，当然最好依照宝宝的年龄和观察力的发展状况来选择杯子。游戏开始时，可以先在其中任意一杯中倒入半杯水，让宝宝看看清楚，然后在另一个杯子中倒入一整杯的水，让宝宝仔细观察两个杯子里的水的含量。宝宝通过观察，很容易地就能说出："这个里有一整杯水，而那个杯子里只有半杯。"这个时候，你就可以再拿出一个杯子，从整杯水的杯子中倒出半杯，然后，让宝宝观察着三个杯子，让宝宝观察先后的这几个杯子的水面高度有何不同，引导宝宝思考，看看这几个杯子的水是不是一样多。

森林大聚会

目的：引导宝宝观察和思考。

玩法：爸爸妈妈找来各种动物卡片，为宝宝虚拟出一个森林聚会的场景。一边给宝宝讲故事，一边让宝宝给动物进行分类。比如，可以按照飞禽、走兽、两栖动物等的标准给动物卡片分类，或者按照动物的大小、颜色来给他们分类。也可以根据你讲的故事，让宝宝自己找找在故事中出现的动物。宝宝在开始的时候，可能会毫无章法地将这些动物分类，这个时候，你可以引导着宝宝去认识这些动物，给他一定的思考时间，问问宝宝："宝宝，是按照着什么标准给动物们分类的呢？""宝宝，这两个动物放在一起会不会不友好呢？"宝宝在妈妈的指导下，一定会对这些小动物有更加深刻的认识。还可以告诉宝宝一些小动物的日常习性和小动物们的长相，让宝宝观察并说出它们之间的差别。比如，问问宝宝："看小老虎有几条腿呢？"宝宝认真地看了之后会告诉你说："小老虎，有4条腿。"你又可以问他："宝宝，那你看小螃蟹有几条腿呢？"这个时候宝宝就能很直观的看出，不同的小动物有很大的差异。当然，你要给宝宝观察时间，要有耐心，顺便从中教他数字概念千万不要代替他观察，一股脑儿地告诉宝宝一切。

西西的发现故事

早上下雨。西西起床后我给他穿衣服，他突然问：这是什么声音？我问他指的什么。他不理睬，神色严肃地又问：这是什么声音？我仔细听听周围，窗外传来刷刷的汽车行驶声，估计是指这个。我说：是汽车在路面行驶的声音，因为下雨，路面上有一点积水，所以声音和平时不一样，知道了吗？西西满意地说：知道。然后问：这是什么车？我说：妈妈也不知道是什么车，得要到阳台上看才知道。他继续侧耳听，过了一会儿问：车怎么跑得这么快？惊讶，他竟然能从汽车的行驶声听出车跑得快慢。

上周日，应西西的要求，我们坐公共汽车去上课。因为以前没坐过，不知道在哪站下，而上课的地方既没有明显的标志也没有站点，需要在附近下车走一段路才能到，这样想打听别人就难了。约摸快到了，给西西爸打电话，他也不清楚，只告诉我途经的一段路因为修地铁封闭了，必须绕道行驶。坏了，坐过了站就要迟到了。正和姥姥商量怎么办，车拐到另一条街。这时，只听西西说：马上就到了。我仔细辨认，可不是嘛，就是这条街，这一站就应该到了。都说女人方向感差，这一点在我身上体现得尤其明显，可从来没想到连个2岁的娃娃都不如，惭愧啊。

给西西讲故事，问里面的小动物是什么。西西说：小刺猬。我纠正：不是刺猬，是小鸡。西西用手指着小鸡身上的毛盯着我看，很不认同的样子。我看了看小鸡身上一根根支棱的短毛，嘿，难怪西西说是刺猬，哪有鸡毛长成这样的。我说：这只小鸡画得有点不太好，毛太短了，而且都竖起来了，是有点像小刺猬，以后西西画的时候不要这样画，好不好？西西点头：好！

记忆力训练

小宝宝也有记忆力

大多数的爸爸妈妈，对于教给宝宝很多次，而宝宝仍然"健忘"的表现非常困惑。其实，这简单的现象背后隐藏着婴幼儿记忆力发展的奥秘。婴儿的记忆一般要经历感知、认识和再现三个阶段。所以，爸爸妈妈要有目的、有计划地训练宝宝，发掘宝宝的记忆潜力。

所谓"感知"就是指宝宝对于事物的外表最初步的印象。而随着宝宝的成长，他对于事物特征及作用等方面的理解，慢慢地在大脑里留下印记，我们就将这种行为称为"认识"。宝宝将所印记的事物回忆出来，就是一个"再现"的过程。这么看来，对于宝宝的早期记忆训练，作用就显得很重要。

婴儿记忆延续

对于小宝宝来说，记忆主要是来自感官感受到的东西。在宝宝熟悉的场景中，他的记忆力能够得到更加广泛的锻炼和延续。

比如，很多的爸爸妈妈会发现，带着宝宝到医院去打疫苗，本来情绪很好的宝宝，在走到诊所门口时就会突然间的大哭起来，其实这就是因为以前在接种疫苗时给他留下的很痛苦的记忆。

或者带着宝宝一同到花园去玩，宝宝便会觉得非常开心，而如果你在此时给宝宝一些小礼物，就能让宝宝更加容易记住这次愉快的旅行。你们再去花园的时候，一看到花园绿色的门，宝宝马上就会高兴起来，这是因为他想起了上次在这里的美好时光。

公园里的嬉笑玩闹的声音、色彩缤纷的颜色和大家兴高采烈的气氛，都是宝宝感官能够最直接感受到的东西，这些，很容易变成他产生记忆的材料。

头三年的记忆无比重要

宝宝出生后的最初三年，是人"潜意识教育"的积累时期。而正是由于这样的积累，才能使得这些记忆在日后变化成"显意识教育"。而一个人的心理成长，往往就是通过与周围环境之间相互影响而发展起来，这个发展的前提，就是这些潜意识教育的记忆。据调查研究，人的潜意识教育相对于显意识的功能强50倍以上。所以，潜意识决定了人类头脑的好与坏。

● 宝宝第1年的短期记忆

这个时期的宝宝记忆保持的时间很短，比如，即使你和你的小宝宝经常在一起，偶尔因工作等原因离开几天，再回来抱宝宝时，他却表现出了极度的不乐意。

● 宝宝第2～3年的整体记忆

在这个阶段，宝宝的记忆时间明显延长，只是宝宝对于记忆的灵活运用度还是很差。比如，他可能只是对特定地方的物体有记忆，一旦这个物品发生位置的转移，他可能就把它忘记了。

经过科学研究表明，婴儿的最初记忆是可以储存的，只不过婴儿的记忆更加脆弱而已。而这一论断引发了许多对婴儿记忆的新发现。比如，很多的宝宝能够慢慢区分先后的两个物品的不同。

而且随着宝宝的成长，他的记忆力保存时间会越来越长。宝宝长到2个月时，他的记忆力就能延续24小时，而3个月的宝宝的记忆可以持续一个星期了。

小宝宝有记忆力吗

今天我带着可可去医院，打第二针的百白破疫苗。所以早上一起床就把可可洗的香香的，给他吃得饱饱的，这样他的心情就会很好的（这是指一般情况下）。

九点准时出发，驾驶员是姥爷，刚出门的时候可可还是很高兴的，可是在车上坐着坐着就不笑了，表情越来越严肃，到了医院门口，姥爷去停车，我先带可可上楼，保健室在五楼。没想到，一进门诊大厅，可可就死死抓着我的衣领，等一踏上楼梯就开始放声大哭起来，就这样一直哭到了五楼，哭到了护士阿姨那里，一路上回头率那叫一个高呀。护士阿姨非常不解地看着我们，问我他怎么了，别的小朋友是打完针哭，他怎么一来就哭呀。我说我也不清楚，护士阿姨说要稳定情绪才好打针，让我们先到外面等会，我只好在走廊上哄着可可。这个时候姥姥来了，看到我就问，可可针打完了吗。我一脸无奈，过了一会儿，看可可没有要消停的打算，决定长痛不如短痛，还是打完算了，于是由姥姥抱着，护士阿姨刚往可可屁股上涂碘酒，可可的腿就乱踢，真是闹死了。一针下去，可可哭的那叫一个惨烈，姥姥赶快把可可抱到外面，护士说："你的小孩怎么这样呀，是不是平常都没出来，认生呀。"我说："哪呀，经常出来的，带他出去吃饭，逛百货他一点意见都没有。"我问是不是打针打怕了有记忆力呀，上次来打针，一脱裤子就哭了。护士非常不屑地看着我说，这才打第二针，上次是第一针，怎么会有印象。我也不想说什么了，如果不是亲眼所见，我也不信，可这也太巧了吧，不知道别人家的宝宝会不会这样，小宝宝的记忆力究竟是怎样的，会这么好吗？

另外，宝宝的适应能力很强，对于每天重复的东西，能够适应周围世界有用的那些东西，很容易被宝宝长久记忆。而且强烈的情绪也同样有利于记忆的储存。

宝宝的美好记忆时光

每一位爸爸妈妈，都希望自己的宝宝能够聪明健康，拥有一个好的记忆力。可是，作为家长，应该如何培养宝宝的记忆力呢？现在，让我们一起来关注宝宝的记忆力发展规律。

1岁前宝宝的记忆力发展

根据调查显示，小宝宝从一出生就具有形成记忆的能力，他们经常通过自己身体上的感官来记忆自己周边的事物。比如，小宝宝对于妈妈身上的味道非常的熟悉。随着宝宝开始成长，他的瞬间记忆也开始慢慢的发展，6个月左右的宝宝，形象记忆开始出现，但是大多时候，他的记忆力很短暂，这将会一直持续到宝宝1岁左右，这个时候他开始渐渐的模仿妈妈，活动记忆能力才开始发育。

宝宝读唐诗

既然已经开始写宝宝日记，我一定要记录下我家墨墨在1岁9个月~11个月中，能背诵的几首唐诗与三字经片断，免得日后自己忘得干干净净，希望留下美好的回忆，也便于鼓励墨墨。

《咏鹅》——骆宾王
鹅、鹅、鹅，曲项向天歌。
白毛浮绿水，红掌拨清波。

《静夜思》——李白
床前明月光，疑是地上霜；
举头望明月，低头思故乡。

《春晓》——孟浩然
春眠不觉晓，处处闻啼鸟。
夜来风雨声，花落知多少。

《悯农》——李绅
锄禾日当午，汗滴禾下土。
谁知盘中餐，粒粒皆辛苦。

《相思》——王维
红豆生南国，春来发几枝?
愿君多采撷，此物最相思。

《登鹳雀楼》——王之涣
白日依山尽，黄河入海流。
欲穷千里目，更上一层楼。

这个时候，爸爸妈妈要是想培养宝宝的记忆力，就要适当地对宝宝进行反复的引导。

比如，在喂宝宝喝奶时，可以拿出宝宝喜欢的小奶瓶在宝宝面前摇摇，告诉宝宝："宝宝，吃饭时间到了。"一段时间后，宝宝每次一饿，你再摇晃奶瓶，宝宝就会很容易产生"吃饭"意识。

形象记忆萌芽后，妈妈可以将宝宝喜欢的玩具做道具，在宝宝眼前晃一晃这些物品，让宝宝的眼睛随着这些玩具移动，接着用一块小毛巾把它们盖上，然后问问宝宝："这些小玩具哪去了？"引导孩子去找。这样，有助于帮他形成"短期记忆"。

也可以启发宝宝模仿你，对自己的宝宝说说话，做一些简单的训练。这些，对于宝宝的记忆力发展都有很大的帮助。

2～3岁宝宝的记忆力发展

随着宝宝的成长，他的记忆力也开始迅速增强。这个时候，宝宝已经能够长久地记忆一些事情和事物了。而这个时候，妈妈如果想训练宝宝，最好要摒弃采用机械记忆教导宝宝的老套路，而是启动宝宝的各个感官，让宝宝在理解的基础上记忆。

比如，带着宝宝到户外走走，让他自己亲眼看到多彩的生活环境。而这个时候，你可以告诉宝宝他的视线范围内可以看到的画面和实物，回家后问问宝宝：

"宝宝，今天小区花坛里，花有几种颜色。"问问他："我们刚才在外边看到了谁？"以此来帮助宝宝记住新的对象。

此外，在日常生活中，也可以随机的问宝宝。例如，吃晚饭时，就可以问问宝宝："宝宝还记得中午饭吃的是什么吗？"如果宝宝能说出，中午吃的是小蘑菇，说明他已经开始储存记忆并且和相关信息相互对应了。

这个时候，他的记忆力有了不小的进步，而且还开始学习思考了。当然，在这个时候，一定要注意给宝宝充分的食物营养补充，让宝宝拥有一个轻松愉快的情绪，而且别忘了多鼓励自己的宝宝。

·亲子心经·

宝宝与外界沟通时，经常靠着音乐的帮助。爸爸妈妈在和宝宝进行交流时，可以把一些简单的故事、生活片断编成小儿歌，让宝宝在朗朗上口的语言中边唱边跳，强化记忆。

3岁后，教宝宝强化记忆

3岁后的宝宝，脑容量变大，神经系统也有了很大的发展。你会发现这个时候的宝宝，能够很快的记住你刚刚教给他的一首儿歌、一个故事，可是也同样会发现他忘记的很快。宝宝在这时的记忆带有很大的无意性，比较容易记住他所喜欢的事物，而且他的记忆的持久性仍然比较短暂，但已经有了很大的发展。此时，这些记忆力的精准性还比较差，多半只是对于自己熟悉的事物记得精确一些，而对于一些复杂的东西的歪曲度较大。

🐻 妈妈日记

宝贝的记忆好，模仿能力强，这是天大的好事。但我们做家长的也要特别注意，孩子们整天和我们生活在一起，我们就是孩子的第一任老师，我们的行为举止，耳濡目染地会影响到孩子。宝贝的记忆力超强，这个都有例子可以证明。

气球爆炸于我们家附近，这是几个月之前的事了。是宝贝的气球哦，一边玩，一不小心炸了。后来每次只要路过那个地方，宝贝都会发出"啪啪啪"气球爆炸的声音。也许是由于自己亲身经历了，所以仍然记忆犹新。

去了也没几次，一般都是妈妈看宝贝不爱吃东西，比较心疼！偶尔带去KFC吃个鸡腿，解解馋！后来发现宝贝就记住这地方了，每次路过，只要看到有KFC标志的，就要指挥着进去哦！嘴里还要不停地喊着"爷爷－爷爷"，肯德基的招牌头像，老爷爷！如果还要继续追问，进去干吗呢，那就是小手嘴边一伸，声音配上"Mina-Mina"那样子可爱极了！

一共带宝贝去了香村汤包店两次。第一次去买了5元/盒的虾藕饼，宝贝很爱吃。第二次再去光顾，虾藕饼没得卖了。买了份馄饨，自己感觉不怎么对口味，宝贝也没吃几口。跟家对面的馄饨店没得比！但宝贝还是记得这个地方哦，上次小逛路过这里，宝贝还是示意进去买Mina-Mina吃。虽然我不是那么的喜欢吃，但这个地方他始终记得。

这个时候，爸爸妈妈在培养宝宝记忆力的时候，一定要注意方法，抓住培养记忆力的黄金时期。比如，这个时候，爸爸妈妈就可以对宝宝进行一些有意识记忆的提示训练。在每次带着宝宝一同外出的时候，要给宝宝定下一些小任务。

比如去了动物园，可以让宝宝注意观察，熊猫馆里有几只熊猫，或者是让宝宝观察长颈鹿的舌头是什么颜色的呢？回家后，问问宝宝，这样不仅锻炼了宝宝的记忆力，还锻炼了宝宝的观察能力。此外，宝宝都喜欢模仿自己的爸爸妈妈，这个时候，爸爸妈妈可以和宝宝一同进行游戏或看故事书等活动。在和宝宝之间互动的同时，加深宝宝的记忆。当然，在进行亲子互动的时候，应该给宝宝充分的思考空间和自己动手的机会，让宝宝通过锻炼来建立自己的行为模式。宝宝渐渐的就能够有条理地整理自己的经历，形成一个完整的记忆力了。

宝宝记忆的内容

宝宝从出生到渐渐成长，他的记忆力水平也渐渐地从简单趋向复杂化。可是宝宝这么小，他的记忆到底都有什么？

根据研究，小宝宝从出生开始最早出现的是运动记忆，然后依次是情绪记忆、形象记忆，最后才是语词记忆。所以，在培养宝宝的记忆力时，可以根据宝宝的记忆特点进行。比如，在宝宝小的时候，

可以先通过多训练他的运动技能比如翻身、使用勺子等方式辅助他，然后在他的成长过程中培养他对体验过的情绪或情感的回忆，根据具体形象来记住各种材料。比如，宝宝能够很容易地认出自己的爸爸妈妈，能够很聪明的分出谁是陌生人。到宝宝的语言能力发展到一定阶段后，再开始有意识的培养他的语词记忆能力。

·亲子心经·

培养宝宝记忆力水平的几个因素。例如，宝宝记忆力发展水平速度的快慢，进行记忆时记忆的内容是否正确，在记忆内容中提取所需要信息的速度，以及记忆保持时间的长短。

宝宝记忆力培养法则

人们判断记忆力的好坏，大多是以记忆力是否准确作为标准。

如果想要造就聪明宝宝，记忆力的锻炼不能忽视。通过科学的训练，让宝宝的记忆力大幅度的跨越提升吧。

宝宝记忆的特点

宝宝好奇心大，对于外界环境和很多的事物即使是不理解，在爸爸妈妈的反复教导和重复下，也会很容易将这些记忆保留。

● 受情绪和环境影响

宝宝的记忆很容易受情绪的影响而出现差异。一般情况下，心情愉快的宝宝，记忆的效果更好。

● 带有很大的随意性

宝宝的记忆大多数属于无意识记忆，特别是1~3岁的宝宝，记忆力没有目的性。他们对于一些事物的认识，大多都是通过无意进行，自己没有主动的目的和接受记忆任务。特别是对于直观、形象、有趣的事物，宝宝能够很自然的记忆。所以，在训练宝宝时，爸爸妈妈可以用一些色彩鲜明、形象具体的材料，来促进宝宝的记忆力发展。

● 记得快，忘记的也快

宝宝对于事物的理解很差，对于事物的记忆大多都属于死记硬背，机械记忆，而且很容易遗忘，一些记忆的内容在宝宝的头脑里的保留时间很短。宝宝在回忆时，经常出现片段的、不完整的，甚至出现情节、人物颠倒的现象。

🐻 晒晒宝宝记忆力

儿子的记忆力特好。3岁零7个月了，现读中班。他健康、活泼、聪明，但是最明显的特征是记忆力特好。所有他感觉的事情或物品，只要大人说一遍，下一次不管是什么时候再问，他会一字不漏的说出来。上午教背的儿歌，晚上他会全部背出来，在一排众多形式一样的公司大楼中，只看一次，他就知道哪一个公司是叔叔的。下一次再到这里，儿子会毫不犹豫地指出来。

周末，我们坐公交车去市区玩。在车里，每到一个地方，或者有明显标志牌的地方，我都会告诉小新。那天去的时候，小新突然兴奋地说："妈妈，下一站，要到立交桥了，你看，我都看到桥了。过了立交桥就到新浦市区啦。"没想到偶尔不经意的对话，却让小新轻易地记住了。

去市区，只要带上他，就一定要去两个地方，要不然回到家都会闹，一个是超市的游乐园，一个是肯德基或德克士。小新比较喜欢去德克士，因为每次到那，服务台都会给他一个气球、玩偶等小玩具。那次，刚下车，小新就拉着我的手说："妈妈，往左边走，去德克士走这条路的。"真不敢相信，居然连路都记住，我在小新的指引下真的到了德克士。远远地看见德克士的牌子，小新就高兴地指着："妈妈，你看，快到了。我都看见了。"哈哈，孩子的记忆有时真的很惊人啊。

宝宝的记忆力培养法

帮助宝宝的记忆力发展，需要科学的方法。下边，让我们一起看看这些简单有效的方式。

● 需要调动多种感管

宝宝在记忆的过程中，让多种感官共同参与，是一种行之有效的方法。将宝宝的眼、耳、口、鼻、手调动起来，对于宝宝的记忆效果的提升有着很好的作用。

比如，在春季，你可以带着宝宝到户外游玩，让宝宝自己看看绿树开始发芽，闻一闻散在空气中的自然气味，感受一下春季后气温回升的感觉，让他自己获取这些感性认识。讲解过后，让他复述，形成记忆。

● 需要这任务的形式

要让宝宝的记忆力变得更加有意识，你可以在培养时给宝宝下达一些记忆小任务。当然，这个任务应该是简单而且具有目的性的，在日常的生活中就可以做。比如，给宝宝在睡觉前讲故事时，带着宝宝到户外散步游玩时，就可以向宝宝提出疑问："宝宝，昨天的故事，讲到哪里了呢？"如果宝宝能够很完整的完成了记忆任务，爸爸妈妈记得要给宝宝及时的肯定和赞扬。

● 需要具体生动的材料

形象生动，色彩鲜明的事物，能让宝宝的记忆自然并且持久。爸爸妈妈可以给宝宝提供一些形象具体、色彩鲜明并富有感染力的识记材料吸引宝宝，也可以用一些卡通片、游戏来进行辅助教导。在教导的过程中，可以问问宝宝："宝宝，你看动画片里鸟为什么会飞？"让宝宝轻松记忆知识。

● 需要复习

加强宝宝的记忆力，也同样需要不断的复习和重复。这可以算是提高他的记忆能力的最佳方法。在对宝宝的记忆力进行复习时，一定要注意采用多种有趣的方式进行。故事、谜语、儿歌等都是好方法，轻松愉快的环境，对于宝宝的记忆力培养更加的有效。

· 亲子心经 ·

宝宝的记忆力培养，是需要循序渐进的进行。所以爸爸妈妈在培养宝宝的时候，一定要有耐心，促进他们自己去探索、去研究，千万不可急躁。

读书是超强学习记忆法

歌德说："哪里没有兴趣，哪里就没有记忆。"其实，这句话对于提高宝宝记忆力也是适应的。让宝宝在兴趣中提高自己，在玩中学，玩中记，才能事半功倍。

视觉是获取记忆的重要来源，通过让宝宝多看一些图片，多看一些书，让他将见到的对象清晰地印在他的小脑袋里，形成牢固的映像，是发掘他的记忆力的一种好方法。

读书其实是超强学习记忆法

宝宝看到自己熟悉的画面其实也会产生自豪感。而这个时候，爸爸妈妈就可以利用宝宝的这个心理，每天都陪着宝宝看看书、读读故事，来培养他的阅读习惯。

对于宝宝来说，他同样是可以通过这些美丽的图片和故事收获自己的阅读享受的。

而通过阅读来培养他，帮助他形成一种态度或观念，这比简单的教会他数数、认字要重要得多。宝宝从中很容易地感受到快乐，也能和爸爸妈妈建立起一个良好的亲子关系。

小·欣读书记

晚上，照常跟小欣一起看书，这次小欣一反常态居然要讲给我听。哈哈，又不认识字，看你怎么讲。于是随手拿了一本《婴儿画报》。奇怪了，小欣居然看到图就能把图旁边的文字一字不差的说出来。看来是每次我们在教她的时候，她自己默记的吧。挺让我们吃惊的，一个故事，要有十几页差不多，全部都说出来了，还真是小看了她。

背三字经，我认为中国的文化还是有必要多灌输给孩子的。书很不错，有解释，有插图，我先背，然后再教小欣，平时玩的时候，再反复教给小欣。有一次，背到一个地方自己居然忘了，小欣说："我知道"。她居然接下往下连背了四句。"妈妈，后面的我也不知道，你回家好好看看书，再教我吧。"真不能小看了小欣的小脑袋！

· 亲子心经 ·

在帮助宝宝养成学习记忆的习惯时，不妨参照一些其他爸妈的经验，也可以听听一些专家对于传授记忆方法的讲座，看一些提高记忆力的书籍。另外，将一些晦涩难懂的问题总结成一些朗朗上口的小诗歌、口诀，也是增强宝宝记忆力的一种好方法。

比如，你可以每天抽出半个小时，和你的宝宝一起进行亲子阅读。坚持每天给宝宝讲一段小故事，也可以用一些五颜六色的卡片，来刺激她的听力、视觉，引导他们的思维，在给宝宝读故事时，可以运用你的语言和表情，比如对于故事中的角色，你可以采用不同声调，对于画面的小草、小花、小动物的表情，你也可以适当的模仿，这样很容易激起宝宝的好奇心和阅读兴趣。

记忆力是培养和训练出来的

在培养和训练记忆力时，通过读书从心里专注起来，将视觉和听觉相互结合，这种方式远远比单纯的用眼或者默记要有效得多。当然，学习和读书也是有些小窍门的。

首先，在学习的时候，一定要培养宝宝的专注习惯。宝宝的好奇心大，很容易出现坐不住的现象。于是培养宝宝的专注力，就是一项重中之重的任务。这就需要爸爸妈妈能够抓住宝宝的好奇心和兴奋点"顺着"来培养宝宝。

另外，在帮助宝宝记忆时，要注意调动他的感官，进行综合记忆。很多的家长都有这样的经历，就是宝宝长大后，对于一些形象和色彩都很羡慕的新奇事物，能很容易回忆。让宝宝拥有对事物自己独到的见解和记忆，对于他今后的学习都是很有帮助的。在培养宝宝的记忆力时，还要注意边学，边理解，边复习，帮助他巩固知识。我们都知道，学习是一个漫长的过程，如果上一节课的知识小宝宝没有学会，那么很容易影响到他后面的学习和成长。所以要帮助宝宝及时的消化。

"玩"物有时也不丧"智"

每一个爸爸妈妈都希望自己的宝宝记忆力超群，所以对于宝宝的智力培养更是从小就开始锻炼。其实，让宝宝在"玩"中学习知识，对智力的开发是有益处的，爸爸妈妈要给予鼓励和指导。

认爸爸

目的：培养宝宝的记忆力，让宝宝学会观察，同时增进和宝宝之间的交流。

玩法：首先选择一些爸爸的近照给宝宝看，在宝宝的面前放置大约30秒钟之后再移开。大约过1分钟后，加入一张妈妈的照片和爸爸的照片一起拿给宝宝看，注意宝宝是更加喜欢看爸爸的照片还是妈妈的照片。当然，你也可以问宝宝："这张照片上的人是谁呢？"让宝宝说。当然，如果爸爸正好在宝宝身边，也可以让宝宝指出。如果宝宝在记忆中保存着刚才看到的爸爸形象，在第二次看到妈妈的照片时会表现出更大兴趣。小宝宝在3~6个月大时，已经能够有意识地自我储存一些信息，这个时候他对于物体和人都有了初步的记忆。

考考霖霖的记忆力

霖霖平时对爷爷口袋里的香烟是最感兴趣的，每天爷爷回来的时候，他一定抢着要爷爷抱抱。当爷爷一抱起他的时候，他就在爷爷的口袋里掏烟，不但要掏烟还要把打火机也掏出来。后来更是到了一定要打开香烟的盖子，在里面拿一支烟往爷爷嘴里塞，虽然把烟丝的那头塞向爷爷的嘴，但是爷爷还是"乖乖"地张开嘴，任霖霖"肆无忌惮"地塞塞塞。

昨天天气太热了，爷爷一回家就把香烟放在鞋柜上面，然后到房间把衣服给脱了。霖霖看见爷爷都没穿衣服，就不去他那里，然后自己在那里玩牙签筒。我突然想考一下霖霖的记忆力，就问他："霖霖，爷爷的烟烟在哪里啊？"霖霖看了一下爷爷平时衣服口袋的位置，看了一眼不对劲，就用手去指了一下，没东西，又自己玩，也不回应我的问题。所以我又问了一次，然后他还是不回答。这时，爷爷就把香烟当着霖霖的面把它放到电视机上，他一看见就要冲着去拿，我马上用其他东西吸引他的注意力。然后，过了几分钟就问他烟烟在哪里，呵呵，小家伙竟然是一脸迷茫，无论我如何问，他都没找到烟烟在哪里。

于是，我把他抱起来，站在电视机前假装看其他东西，他却一眼看到了香烟，马上"飞扑"上去，一定要拿到才肯罢休。所以，有时候为了促进霖霖的记忆发展，我也会想出一些小游戏跟他玩，借游戏的过程来学习，是我一直主导的教育方式。

看橱窗

目的：培养宝宝的记忆力，让宝宝在生活中学会观察，引起他的记忆兴趣。

玩法：爸爸妈妈可以在平时带着宝宝外出，在外出的过程中，让宝宝留心周围事物，刺激他的记忆能力。在带着路过商店的橱窗时，就可以有意识地让宝宝观察一下橱窗中陈列的物体，有什么，告诉他品名或者怎么用。当带着宝宝离开之后，再让宝宝自己说出他刚才看到的东西。

当然，带着宝宝到动物园、植物园去观赏，让宝宝告诉你说他看到了什么动物，动物的颜色是什么，或者看到了什么花，花的颜色有几种。大约等到小宝宝长到了1岁以上，具有目的性的记忆还是处在发展阶段，而通过日常生活中形象、直观的食物来吸引宝宝注意，也是提高宝宝记忆力的重要方式。

好记忆力当然离不开好营养

一些健脑的食物，其实往往并不神秘，他们很可能就是我们日常能看到的物美价廉之物。谷类、动物内脏、肉类和蛋奶、蔬果，这些食物所富含的卵磷脂，不仅容易被身体消化，对于宝宝的脑髓发育也有积极的作用。下边，就让我们一同来认识一下帮助提升宝宝记忆力的食物吧。

提高记忆力，蔬果当道

提高记忆力，蔬菜和水果的作用是不可或缺的。

1.菠菜：菠菜中富含维生素A、维生素C、维生素B_1和维生素B_2，而这些因素是大脑细胞进行新陈代谢的必要元素，对于健脑益智都有着很重要的作用。

2.辣椒：辣椒虽然味道浓烈，但是它自身所含的维生素C是其他的蔬菜望尘莫及的，它的独特味道能够刺激食欲，还可以有效地促进大脑血液循环。

3.藻类：藻类的蔬菜中含有大量的叶绿素，它的蛋白质、维生素和矿物质含量也很高，对于改善记忆力和注意力有着很好的作用。

4.木耳：黑木耳中的蛋白质、脂肪和矿物质含量较高，被誉为补脑佳品。

5.大豆：大豆中富含卵磷脂和蛋白质，食用适量的大豆或豆制品，可以增强记忆力。

6.葡萄：让宝宝适量饮用葡萄汁，可以提高神经系统的传输能力，在短期内提高记忆力。

7.柑橘类：柑橘类属于碱性食物，可消除酸性食物对于身体神经系统造成的危害，使人精力充沛。

8.油梨：油梨中含大量的油酸，是短期记忆的能量来源。

9.菠萝：菠萝中含丰富维生素C和微量元素锰，常吃有生津提神、提高记忆力的作用。

增强记忆力，粮食不可缺

1.花生：花生等坚果中富含卵磷脂，能够延缓脑功能衰退，增强记忆，改善血液循环。

2.小米：小米中富含维B_1和B_2，常食用有益于脑的保健，可防止衰老。

记忆力和其他食物也不可分家

1.牛奶：牛奶中富含蛋白质、钙元素及大脑必需的维生素B_1和氨基酸。而且牛奶中所含的钙元素相对来说最易吸收。

2.鸡蛋：被营养学家称为完全蛋白质模式，特别是蛋黄，其中所含有的卵磷脂、蛋钙等是脑细胞发育的必需物质。据调查，人体的吸收率为99.7%，孩子从小适当吃鸡蛋，有益发展记忆力。

3.鱼类：鱼类可以为大脑提供优质蛋白质和钙，大大激发大脑能量，提高大脑功能。

4.味精：味精中含有谷氨酸钠，它是参加脑代谢的唯一氨基酸。适当食用可以促进智力发育，改善记忆力。

排忧解难——小孩记忆力和食物究竟什么关系

头脑和身体其他部位的器官一样，营养对于增进智慧也是必备的。当宝宝长到3岁时，脑部的发育便已达到高峰，既脑容量不再增加。所以在胎儿时期和婴幼儿时期营养的选择对于宝宝非常重要。下面我们再给爸爸妈妈介绍一些营养头脑和清醒头脑的食品。

人体大脑的主要成分是蛋白质，而蛋白质分解之后的氨基酸，在人体内的吸收并不乐观。通过让宝宝食用肉类或其他的高蛋白质食物，很容易使他体内的钙和维生素减少，造成宝宝的情绪不稳，反应迟钝。所以，在为宝宝添加辅食时，最好采用果菜类、海藻类等碱性食品。蔬菜类属碱性食物，食用之后可以使血液常呈碱性，而保持头脑清醒。另外，能够使头脑清醒有活力的食品，比如小麦，黄豆，海带，萝卜，植物油等，每日适量摄取都是很有必要的。

另外，茶叶中含有咖啡因，会使人头脑清醒，而且其中含有维生素C，可以增加身体抵抗力，杀菌，是一种碱性饮料。如果将果汁和冷茶混合在一起，可以给宝宝饮用。

·亲子心经·

营养对于宝宝的身体和记忆力发展都有着很大的作用，宝宝的好记忆力离不开好的营养，所以在训练宝宝记忆力的同时，也不能忽视营养的作用。

想象力训练

宝宝想象力演化史

想象力，是人在已有的形象基础上，创造出新形象的能力。它是需要一定的知识做基础。而针对小宝宝，想象力也同样有着很重要的作用。孩子良好的行为习惯是由妈妈有意识地培养成的，而习惯一旦形成，就不易更改。

正因为如此，妈妈应该充分认识到良好行为习惯是幼儿教养的重要一环，让孩子从细小处做起，成长为一个独立、有自信、有责任感、乐于学习、善于与人相处的人。

童车里的宝宝

宝宝还不会走路时，躺在童车里他的想象力就有了发展的苗头。这个时候，爸爸妈妈可以在宝宝的童车四周悬挂上一些鲜艳图案，还有一些漂亮的玩具，这样经常让宝宝自己看，其实就是一种锻炼宝宝视觉想象的意识活动。

蹒跚学步的宝宝

这个时候的宝宝好奇心很大，早已不愿束缚在推车和家庭的小环境中。带着宝宝去公园里看看草地和小动物，让宝宝认识小狗、小花。回家后，拿出宝宝的动物玩具，和宝宝一同做连线活动，多问问宝宝："这是什么？为什么？"给宝宝打造一个可爱的森林王国。

2岁的宝宝开始想象了

宝宝的最初想象，在他2岁的时候才开始展露。比如，宝宝都喜欢喂他们的布娃娃吃饭，也喜欢把家里的小凳子当做汽车开。虽然宝宝的想象内容简单而且生活化，但是，这些毫无疑问的就表现出宝宝将想象力和生活相互融合的一个过程。宝宝在这个时期的想象大多没有目的，甚至有时候，问宝宝要去做什么，他自己都说不清楚。而面对这些宝宝，爸爸妈妈就需要为宝宝提供丰富的刺激形象。要为宝宝创造出一个尽可能开放的空间，通过提问来引导宝宝想象和认识。而且，宝宝的最初的想象跟记忆有很大关系，比如，在宝宝搭积木时，他会根据自己所搭积木的外形说是房子、汽车。培养宝宝的记忆力，对于想象力发展也有很大的作用。

3岁的宝宝联想正在进行

宝宝的想象力在3～4岁时会出现迅速发展。这个时候，无论你给宝宝什么玩具，宝宝都能玩起来。他很容易的把一些物品和现实混合起来。比如，他把小凳子当做小火车，自己作列车员；或者是把纸杯当做电话。每一个简单的物品到了他的手上都有了象征意义。但是，这些丰富的想象力也经常存在于表象中，很简单的例子，就是宝宝的画大多都是不完整的，例如画中出现只有头、手和脚，没有更多细节方面的内容。甚至，当你要宝宝画一个香蕉时，宝宝在画了一个月牙后，就说要画一个月亮的行为也会经常出现。

婕儿的想象生活

晚饭妈妈做了蒜薹，炖了个猪血小黄豆芽汤，洗好蒜薹递给婕儿一截，婕儿摆着手不要："妈妈烧好宝宝吃"。呵呵，看来妈妈平时的教育婕儿还是听进去了，突然这么明白了。"没关系，这个蒜薹生的也可以吃的，你尝一尝。"婕儿这才接过尝了一口，忙"辣，辣"还给妈妈了。开饭了，婕儿一上桌就点名要吃蒜薹，妈妈夹了些放在婕儿碗里，婕儿大口地一根接一根地吃着，觉得几分饱了小嘴又叽叽喳喳起来，指着妈妈刚用小勺子舀到碗里的一些黄豆芽说："大鞭炮"，妈妈低头看了下，一些刚吐些芽芽出来的小黄豆芽三三两两并肩排列着，可不就像没点燃的大鞭炮吗？

随后婕儿吃着米饭还要放在桌子上的煎饼，妈妈便随意撕了一块递给婕儿，婕儿吃了两口就举起来："飞机，飞喽"，前窄后宽长长的不规则样子可不就是有些飞机的雏形！看到煎饼，妈妈突然想起来前些天婕儿在外婆家的"想象作品"，婕儿初到外婆家那天晚上，吃饭时看到外婆拉开电灯，15瓦左右的电灯泡泛着昏黄的光，婕儿望着头顶的灯光嚷嚷着："天黑喽，太阳出来了"。哈，没见过电灯泡光亮的婕儿居然爆料出这样一句不合逻辑的话语。奶奶用豆浆泡干煎饼吃，婕儿看到了要那煎饼吃，外婆便随手给了婕儿一块，婕儿接在手里没急着吃，而是兴奋地嚷嚷起"白云，妈妈我要吃白云"，说着还在眼前晃了晃，妈妈慌忙看向婕儿手里的煎饼，比鸡蛋还小的椭圆形块状，也难能婕儿能想象得出来！

这个时候，爸爸妈妈要鼓励和保护宝宝的好奇心，尽可能满足宝宝对于未知的探索。帮助宝宝明确他的想象的目的和主题，同宝宝一同游戏，参与和指导宝宝，但是注意不要让宝宝产生约束感，而是让他随着自己的想象尽情地发挥。

5岁的宝宝创造想象

宝宝5岁后，想象的目的性和主动性会出现很大的提高，并开始依据自己的想象进行加工创造了。可以说，这个时候的宝宝已经变成了一个小小的创造家，还能对想象的内容进行客观的描述和分析。

爸爸妈妈这个时候，就要大大的发挥宝宝的语言能力，让宝宝表达出自己的想象力。这个时候，你的鼓励可是不可或缺的力量。

· 亲子心经 ·

宝宝的想象力的培养时刻需要你的帮助和指导，和宝宝一同游戏，为宝宝的想象力发展提供更多的经验引导，才会让宝宝的想象更加有力量。

妈妈讲故事，宝宝编结局

爸爸妈妈看到了电视里一些年幼的"超级宝宝"在舞台上展示自我，讲故事、说相声或是讲笑话时，肯定会感觉到很羡慕吧。肯定也希望自己的宝宝也是能够如此优秀，其实，只要爸爸妈妈正确的引导，每一个宝宝都能变成故事大王。婴幼儿时期，宝宝的发展特点恰恰和图画的特点是相互对应的，这个时期宝宝的思维处于一个由"我向思维"与社会化思维之间的思维，他们的主客体不分明，而且缺乏自我意识。认为世界上的所有存在都是有生命的，想象力很高。所以这个时候，爸爸妈妈抓住宝宝有天马行空的想象力有利时机，教宝宝讲故事，不但能够培养他的语言表达能力，而且对于他的观察力、想象力培养也有很大的帮助。下边，就让我们一起来看，引导宝宝成为故事大王的方法。

生活处处有故事

爸爸妈妈不用担忧没有故事的素材。其实，这些有趣的故事，就暗藏在我们的日常生活之中，只要你去细心的观察、发掘，就能很轻松地看到。比如，带着宝宝在公交车上，就可以让宝宝看看车窗外边的景色，还可以引导他顺着这些景色编故事。车子都具有流动性，而宝宝眼前的景色也在移动，这个时候恰好就能发挥他的想象力。当你看到了树枝上挂着一只断了线的风筝，就可以告诉宝宝说："宝宝，你看，一只小风筝飞啊飞啊，不小心挂在了树上。"宝宝就会接着说："小风筝多伤心啊，它很想找妈妈。"一个小风筝的"离家"故事，就在这简单的问答之中完成

了。在回家之后，你还可以鼓励宝宝向别人去讲小风筝的故事，其他的家庭成员给宝宝的鼓励还有你的肯定，会让他的积极性更高。

让宝宝发挥想象力

在生活中寻找素材的同时，爸爸妈妈也不要忘记那些书本带给宝宝的影响。这些生动的画面和精美的故事，是宝宝想象力提高的有效工具。

宁宁的想象力

还有两个月，宁宁就满两岁了。到底是男孩子，虽然宁宁外表一直给人乖巧听话的印象，实际还是个不折不扣的淘小子。他对奥特曼，神兽金刚崇拜不已，在幼儿园天天和小朋友打打杀杀，回到家也不忘练武功，连洗澡的时候都不放过呢。那天给他洗完澡，宁宁不肯出来，站在浴室里挥掌舞拳，打得墙壁啪啪响。我忍不住嗔怪他，"傻瓜蛋，你手不疼吗？"他居然说，"我不疼墙才怕疼呢，它都被我打哭了！"我忍不住笑了，哪有这么吹牛的！我才不信。宁宁不服

气地看着我，指着墙上的水珠说，你看，这不就是它的眼泪吗？

前不久一日，宁宁背儿歌给大家听："小蝌蚪，小尾巴，游来游去找妈妈，妈妈妈妈你在哪，来了来了我来了，来了一只大青蛙。"刚背完，宁宁突发奇想嘟噜了一句："小乌龟，龟龟叫！"一旁的我愣了一下，诧异地问了句："小乌龟会叫吗？怎么叫的？"宁宁坚定地予以回答："龟龟叫！"真新鲜！我立刻来了兴趣，接着问了句："大公鸡怎么叫的？"宁宁边撅着嘴巴边回答："大公鸡，喔喔叫！"回答正确！我再次发问："小青蛙怎么叫的？"宁宁流利地回答道："小青蛙，呱呱叫！"听着还挺押韵！一时想不起来该再问什么问题，于是迟疑了一会未再发问，谁知宁宁竟趁着这个空当自言自语到："大象大象，象象象！"哈哈哈，把我乐死了，这是什么样的想象力和创造力，竟能自我杜撰出这样新鲜好玩的短语来！我高兴地将宁宁一把搂在怀里，在他肉肉的小脸上一阵猛啃，宁宁受此刺激，愈发天马行空地发挥着他的想象力和创造力，拿着自己的名字在那任意编排，诸如可彤彤、王小可、彤宝宝、王可可等等，让我不得不在心底暗叹：这个小脑袋瓜，想象力真是太丰富了！

爸爸妈妈在给宝宝讲故事时，其实可以适当的变换些新的方式。比如，面对着一幅画面，可以让宝宝先自己去看，让他从画中找出他所喜欢的故事情节，你可以听宝宝故事里的主角的历险故事。然后再给宝宝讲讲书里的故事，宝宝听了故事，肯定会有疑问，"为什么小兔子不喜欢小动物到它的新家里去做客呢？"这个时候，你还要耐心地给宝宝解答，你也要问问，宝宝编出的故事，慢慢的，宝宝就能够在书中注意到那些能够编在故事里的"次要因素"了，而不只是在机械记忆。

故事接龙法

下边，给爸爸妈妈推荐一个故事书的高效利用法。当手拿到了一本故事书时，可以和宝宝一同认真看每一幅画，让他自己讲讲看到的内容。慢慢的，就可以把几幅画连起来让宝宝看，给他认识一个完整的情节过程。最后，再给宝宝讲讲书里的故事，和宝宝"接话"，如此循环。宝宝接得越快，说明思维越敏捷。

发掘宝宝想象力的十大准则

宝宝想象力的丰富，对于他的成长至关重要。简单的说，宝宝的想象力的发展，也是他将来创新力发展的一大前提。而培养宝宝的想象力，爸爸妈妈一定要注意这十大准则！

脚踏实地，基于生活

在培养宝宝的想象力时，要从生活中发掘点点滴滴的小事、小物品和小玩具，让宝宝在自己的生活环境中发现美，感受美，引导他们从简单中想到变化，在生活中想到创新。

打破常规，更换角度

对于宝宝想象力的发掘，仍然需要打破常规，改变固有思路。科学家认定，人类想象力的最大敌人就是现实。这句话对于宝宝同样适用。启发宝宝的想象力，不是仅仅通过刻板的教育就可以实现的。改变思路，帮助宝宝自己去寻找生活中的新变化，帮助他们开动思维。

接触新物，拓宽思路

平时多带着宝宝到动物园、植物园游览，让宝宝多多认识新鲜的事物。把宝宝熟悉的娃娃换一件衣服，或者把他的变形汽车换一个样子。这些小变化很容易让宝宝注意到事物的可变性，这样的积累，能够让宝宝的想象力提高得很快。

放弃旧想法

很多的爸爸妈妈都以为，提高宝宝的想象力，只有带着他去学习美术、音乐才行。其实想象力的开发和引导途径是多种多样的。只要你积极主动地培养，并且明确及时地回答宝宝的疑问，慢慢的加以启发鼓励，对于宝宝想象力发展就是有帮助的。

闭上你批评的嘴

宝宝的想象力肯定千奇百怪，他们的"主意"往往带有他们自己的主观色彩。

对宝宝的想象力品头论足，告诉他们什么是"好"，什么是"坏"，是制约他想象力发展的大门槛。因此，给宝宝时间，让他们的想象力有他们自己的发展空间是非常必要的。

珠珠妈妈谈想象

据说，如果问孩子"宝宝你爱吃香蕉还是爱吃西瓜"这类选择性题目，宝宝通常会回答后面那个答案。珠珠也有过这个阶段，可只有很短的时间，从会说话开始，珠珠回答这类问题都是经过思考以后的答案。譬如，"爱喝水还是爱吃饭"，如果她这会想吃了，她就答吃饭；如果这会不想吃饭也不想喝水，她或许会说"喝奶、喝奶"。给珠珠设置语言陷阱珠珠很少中招，因为她会根据自己的判断回答问题，如果她的答案自己不会说，或者实在没有答案的时候也不会乱回答，会选择沉默。比如分别问她"爱看朵拉（天线宝宝、花园宝宝、巧虎）吗？"，珠珠能根据自己的判断回答准确；如果马上变成选择式问她"朵拉、天线宝宝、花园宝宝、巧虎你喜欢看哪一个呢？"，这时候珠珠的回答就是千差万别，或许她还会说"爱看贝贝（自己的视频）。"

我想，或许从一开始，我就低估了珠珠的想象力。她做这些事情都有她自己的目的，她知道有的事情不应该做或者有的事情大人不会同意她做，但她还是想达到自己的目的，于是自己想办法来做，而这个过程超级有创造力。或许，宝宝的心里早已对任何事物都有了自己的计较。对和错，是与否，谁说大人的规则就一定是正确的呢？所以，给珠珠一个更大的空间让她发挥自己的想象力，真的很重要呢。

让你的宝宝自己做评价

很多的爸爸妈妈把宝宝的画挂到了墙壁上，这个时候，你就可以问问宝宝："宝宝，这幅画里的小朋友在做什么。"对于他们的画提出疑问，很容易激发他们的想象力，甚至宝宝还会自己编出故事来。

创造新花样

如果把宝宝日常看到的熟悉东西，变换成新的事物，用新的玩法来刺激他们，用新玩法转移他的注意力，也可以刺激他们的想象力。

宝宝的虚荣心理

爸爸妈妈在平时如果对于宝宝的进步经常的吹捧，很容易让宝宝感觉到虚荣。小小的改进都能让他感觉到是巨大的进步。所以，爸爸妈妈在鼓励宝宝的时候一定要科学适度。

打开你自己的思想

爸爸妈妈要积极主动给宝宝提供更多更有创造空间的途径，并且要注意打开你自己的思想。你要知道，固有的知识是自己已经知道的东西，而想象力是能使知识不断增长的一种能力。

注重过程而不是结果

宝宝的想象力发展的结果，只是他一次探索的结束，重要的是宝宝在过程中对于创造的理解。所以，爸爸妈妈不要单纯看到宝宝的创造性结果就夸大鼓励，要不断帮

助宝宝设计想象，让宝宝在想象力中创造出更多的作品。

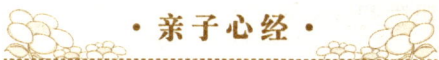

·亲子心经·

爸爸妈妈在一开始就不能低估宝宝的想象力，要善于指导，才能让宝宝在自己想象的空间中开放出更加美丽的花朵。

宝宝喜欢和你一起玩思考游戏

培养宝宝想象力的游戏其实在生活中无处不在。想象游戏能锻炼宝宝模仿能力、语言表达能力和组织能力，还有助于发散思维，让宝宝在玩中成长。

想象游戏其实有很多，最简单的就是让宝宝进行随意的联想，看到什么，就联想什么。让宝宝随着月龄的增长，把这些想象都用比喻表达出来。一本书、一幅画、一个玩具、一个故事，或者是自然界里的一个景观，都是宝宝想象力的最好素材。宝宝在观察这些事物的同时，很容易联想到其他的事物，宝宝边想象边快乐。在家庭中"过家家""当警察""当老师""打电

话"，一起和他画简笔画，促使宝宝在游戏中建立起自信心。

饥饿的玩具熊

1.目的：培养宝宝的想象力，让宝宝学会独立，锻炼他的手部精细动作。

2.玩法：宝宝很喜欢玩喂玩具的游戏，当他看到爸爸妈妈给自己喂饭的时候，很容易会出现把自己小玩具当做小宝宝的想法。这个时候，你可以把他的小玩具熊放在宝宝能够到的地方。在他吃饭时，告诉宝宝玩具熊饿了，要吃他的饭。给宝宝一个小碗，告诉他碗里装着汤，鼓励宝宝用勺子对着玩具熊说话，喂养小熊。

想象力思维培养的小窍门

两个培养宝宝想象力的小方法，你可以下意识地引导宝宝思考，帮助他进行想象思维能力的培养。

● 加减改换法

妈妈在和宝宝一同游戏的时候，就可以有意识地改变事物的形态来引起宝宝的注意，从而激发他的想象。比如，你可以问问宝宝："宝宝的小床上，只能装得下宝宝，如果妈妈和爸爸都来这里，和宝宝睡觉，会怎么样？"宝宝会说："会很挤，会掉下来。"宝宝听了这些有趣的问题，会很乐意去思考。

● 故意为难法

妈妈给宝宝提出了一个问题，要宝宝自己想想解决的办法，等到他给你回答之后，可以继续顺着这个答案再问问宝宝，多问几个"为什么？"，故意为难宝宝，让宝宝自己主动的思考，慢慢养成解决问题的习惯。

诊室医生

1.目的：培养宝宝的想象力。

2.玩法：准备一个小玩具娃娃，还有一个小小的玩具听诊器。很多的宝宝对去医院看医生都感觉到很恐惧，很焦虑。这个时候，通过做这个小游戏，可以适当缓解宝宝的焦虑。让宝宝自己做小医生，把听诊器挂在他的脖子上，让他对这些小娃娃进行"诊治"。在进行诊治前，鼓励宝宝说："你好！我是医生。你的宝宝是不是该体检了？"或者说："嗯，非常棒！你的身体很健康。""让我们来看看你的胳膊正常不。"等等。检查完后还不忘让宝宝给娃娃提供一些指导意见。

贝贝用手促进想象

没有玩具，贝贝很难开展想象。两岁多的贝贝，此时的想象依赖于感知的形象。确切点说，玩具可以促进孩子的想象。有统计表明，沙是孩子最喜欢的玩具。

玩沙在众多游戏中最接近大自然。沙有着"流动性"，捏起一把沙，沙就会从指缝间纷纷漏下来，贝贝会说"下雨了"；一堆静止的沙堆可能会让贝贝想到一座山。而贝贝自己去堆沙的时候，沙滩表面的沙会下滑，手的动作使感知的对象发生变化，观察角度发生变换，"下滑"成了新的知觉刺激，新的感知形象与某种记忆表象的突然接通，这又会引发贝贝的另一种想象。贝贝如果想到自己在儿童乐园的滑梯，就会脱口而出沙在"滑滑梯"。

贝贝这时的想象虽属无意想象，然而已经有从非常规的角度看事物的成分。在这里可以看到创造性想象的最原始的萌芽。

·亲子心经·

其实，宝宝很喜欢和爸爸妈妈一起进行思考游戏。当然，爸爸妈妈在选择游戏时，要注意游戏的内容要根据宝宝的年龄不断的增加调整。

给宝宝的想象王国

心理学家调查表明，很多成功的人在幼儿时期的想象力就表现出了很大的超凡性。可见，宝宝的想象力培养非常重要。

宝宝想象力的提高，单纯靠着说说可是行不通。给宝宝一个想象的空间，才是你所能为他提供的最行之有效的方法。

留一片天地，给宝宝涂鸦

在培养宝宝的想象力时，除了要和宝宝进行交流，倾听他的想象力故事，还要积极给他们创造条件和空间。比如，给他们开辟一片属于自己的涂鸦天地，让他们在"乱写乱画"中自由发展。

3岁以前的宝宝，手指的控制能力和眼睛的协调性还不够好，给他们一个足够的空间运行他们的小想法，对于宝宝可是一个展现自己的大舞台。有条件的家庭，可以为宝宝开辟一面便于擦拭的涂鸦墙。让宝宝站着在墙壁上作画，让宝宝自己设计画作。在这个过程中，你都要积极鼓励宝宝去创造，表扬他的想象，让他自己更加积极地投入于想象和创造的世界里。

猜谜语是培养想象力的良方

谜语一般由谜面和谜底两部分构成。在猜谜语的过程中，能很容易发展宝宝智力，开发右脑。猜谜语多通过一些形象、有趣的比喻来表现事物的特性，是满足宝宝好奇心和思维发展的好方法。所以，可以经常利用日常生活中宝宝常见的事物，让宝宝参与到猜谜游戏中来。

猜谜游戏对于宝宝的观察力、想象力、形象思维能力和记忆力都有很大辅助作用，在游戏的过程中，宝宝通过自己的联想、分析等一系列的思维活动，很容易就在轻松愉快的环境中，完成了一整套的复杂的思维过程。当然，爸爸妈妈在和宝宝进行猜谜游戏时，一定要注意宝宝的思维能力的发育程度，而且不要急于让宝宝说出谜底，要给宝宝想的机会，让他自己开动脑筋。还可以问问宝宝："为什么宝宝要猜这个呢？"即使宝宝答错了，也要听听宝宝的理解。

生活中处处有想象

有一次，我陪女儿去池塘捉鱼。去池塘的路是一条窄窄的小路，路两旁长了许多带蔓的杂草，有的地方把小路都遮住了。我问女儿，这草像什么？女儿歪着头看了半天，也想不出像什么。我用手晃了晃她的头，笑着说："想的越形象越好，要放开了想。"我晃女儿的头时，把她的头发都晃散了，有的还遮住了她的眼睛，她撩了一下前额上的头发，说："绿油油的草像头发一样，把眼睛都遮住了，风吹过来，是它用手把头发撩开，它想看清我们的笑脸，还有飘着白云的天空。"

一次，央视正播一个地板广告，其中有一句广告词："好地板自己会说话。"

那天正吃午饭，电视上又播这个广告，我就顺嘴说："婧婧，地板怎么会说话呢？"女儿瞅着广告，说："假如把自己想象成一块地板，也许它们自己也会有家庭，也会有自己的生活呢？"我说："肯定是呀，有的木头本身就是药材，这药材就是树家族中的医生，人们有了病都会去找它看。"女儿听了我的话，也有了更多的想法，叽叽喳喳地就说开了，"有的树是歌唱家，小鸟的叫声就是它练习唱歌呢。有的树还特别有学问，人们叫它博士。"我赶紧点头称是，并说，这些树都有自己的名字，你叫它们什么呀？女儿放下饭碗，想了一会说，有两块地板，一块来自智慧树，是一个善良的女孩子，人们叫她艾丽丝，小学生的作业她都会做，每次都能考一百分；她的哥哥，另一块地板，是用药树做成的，叫凡卡，能治很多人类治不了的病。她妈妈听女儿这么说，也插嘴替这两兄妹想象情节，说它们喜欢穿什么样的衣服，妹妹还扎着一对羊角辫。大家你一言，我一语的，好像我们的生活中真有这样一对兄妹一样。

想象力就是这样，你给它一个经历，它就会陪你走进自己的生活。

玩具，帮你培养宝宝的想象力

玩具本身就是一项培养宝宝想象力的实物。爸爸妈妈给宝宝准备一个玩具，比如一辆小汽车，就可以利用它，让宝宝自己编小汽车故事，宝宝喜欢就着这些玩具来开展想象。比如，他们在联想的过程中，经常把自己当做"小司机"，而这些往往都是小宝宝最喜欢、最向往成为的人物，这样，在宝宝玩耍的同时想象力也会得到很大的发展。

爸爸妈妈在为宝宝准备玩具进行想象力训练时，最好选用一些能活动的、多变化的制成品，让宝宝有发挥想象的余地，在使用玩具的同时，让宝宝在玩耍的同时养成想象的习惯。

创造力训练

每个宝宝都是创造天才

心理学家们对于创造力的解释表现出了很大的不同，但是不容否认，创造过程和结果的新颖性都是他们的重点强调。

专家认为，人类自出生就具有73种潜能，感知能力、运动能力、注意力、记忆力和社交能力在宝宝刚出生时，就有所展露。而我们所说的创造力，其实就是宝宝的一种能力。你只要稍稍注意，就会发现自己的宝宝就是一个创造天才。

正确培养宝宝的创造力

人类个体的成长和发展过程，可以分为先天性的发展和后天教育培养的发展。

而先天性的发展中，好奇心、求知欲、想象力和创造性就是其中的主要因素。先天性的发展一旦受阻，那么后天教育的知识技能也就不能够被很好地掌握。在教育宝宝时，不要扼杀、压抑他们先天性的发展，这对于他们的后天培养其实有很大的帮助。

简单来说，创造意识是一种抽象的心理过程。人在这个过程中会出现一些新颖的看法，以及一些区别于其他事物的思维过程。宝宝的好奇心大，生活经验少，无拘无束很容易在他们的成长过程中出现这样的创造意识。所以，为宝宝选择适合他们年龄的玩具，诱发他们创造力的发展是很重要的。

创造性宝宝特征

下面，让我们来看看创造力高的宝宝有哪些特征：

1.有较强的好奇心，爱寻根究底地弄清事物的来龙去脉；

2.能较好地掌握阅读、书写和描绘事物的技能；

3.专心致志地倾听别人讲话，爱

细致地观看东西；

4.常常能从表面看来互不相干的事物中，找出相互间的联系；

5.说话或作文时，常常使用推断和类比；

6.喜欢对权威性的观点提出疑问；

7.喜欢对事物的结果进行预测，并努力去证明预测的准确性；

8.常常自觉或不自觉地运用实验手段进行研究；

9.常常重新概括已知的事物和学到的理论；

10.喜欢自己决定学习或研究的课题；

11.喜欢寻找所有的可能性，如解题时爱提出多种办法。

·亲子心经·

爸爸妈妈，一定要抓住学龄前的儿童创造力发展的黄金时期，因势利导，在和宝宝说话交流时，对他们感兴趣的话题尽最大限度地展开。这样宝宝自然而然的就会掉入你给他的"小陷阱"里，兴致勃勃地去启动思维，发挥想象和创造力。

宝宝的创造天赋

宝宝从刚刚出生，就在不断地用自己的感官去认识世界，用自己的感知能力来创造自己的思维方式。他们的生活环境从局限于妈妈身上的气味和奶香，慢慢扩展到整个的家庭中，认识的人也从家庭成员到了陌生人。宝宝在这些环境的不停改变中，在脑子中进行筛选和储存，创造了他自己的小世界。

创造力无处不在

今天下午，我跟小朋友学习一个新律动，正当我听音乐做动作时，小宇突然跑来对我说："老师，你做我这个动作吧！"说着她示范给我看。我一看这个动作既简单，又符合小班孩子年龄的特点，而且其他孩子也能很快地跟着做这个动作，我当即表扬了小宇小朋友。随后，俊余和小杰小朋友在后几个动作的创编中也开始动脑筋想出了许多动作，在他们的带领下，全班小朋友开始了创编比赛。我依次展示了每个孩子的新动作，运用孩子们的创意，一个适合幼儿特点又独具特色的律动被我们顺利地完成了。随着欢快的节奏，我们完成了一个律动。

在教育活动中，孩子们的创造力是巨大的，正如一个圆圈在孩子们眼中不仅是个太阳一样，给他们一些线，他们便会创造出许多有创意的东西。我在活动中发现任一森小朋友有很好的创造力，并给予她表扬。这不仅对她的行为给了肯定，更是给了其他幼儿一个暗示。他们会在这种正面强化的作用下积极动脑，展示自己的才能。

可以说，宝宝的创造力从他们刚刚出生就开始显露。再长大些后，他们会开始新奇地告诉你他的新发现，比如看到春天来了，花园里都开满了花，可是每一朵小花的颜色的形状都不一样。发现小鹅和小鸭都穿着同样的"黄衣服"，这些都表现出了他们的智力在不断的发展。还会随着自己语言表达能力的提高启动自己的小脑袋，在日常对话以及讲故事中培养听说能力，自主地去想象去思考去创造。

诱发潜藏创造力的四大技巧

经验证明，宝宝的潜力其实是无限的。

好奇心，是人们对于自己不了解的事物而感觉到新奇而探究的一种心理表象。

对于宝宝来说，好奇心主要就体现在他们不断地提出"为什么""是什么"。我们都知道，好奇心是宝宝创造力发展的第一步，那么我们除此之外还应该采取什么技巧来发掘出宝宝潜藏的创造力呢？

鼓励宝宝尝试"新组合"

宝宝尝试"新组合"的前提其实就是生活中的"旧元素"。这些旧元素，其实就是爸爸妈妈平时给他们灌输的知识。

所以爸爸妈妈应给宝宝提供更多的探索环境。让宝宝开阔视野，接受更多事物，根据他们自己的兴趣，适度地给他们鼓励的机会和施展的空间，其实就是他们进行"新组合"的必备。但是，"旧元素"始终是为了"新组合"而存在的。当宝贝不按常规来做事时，当宝宝尝试"新组合"时，这就需要爸爸妈妈的鼓励和支持了。千万不要为了纠正宝宝，或免得宝宝受到挫折就放弃鼓励宝宝。

让宝宝多点儿"孩子气"

宝宝都有天马行空的想象，当他们在表达自己的想法和意愿的时候，由于他们的生活经验较少，所以所提出的想法大多都有一定的幼稚性。而这种幼稚性，其实就是我们常说的"孩子气"。宝宝的孩子气，是一种非常宝贵的品质，怎么说呢？

正是因为他们的孩子气，宝宝的小脑袋瓜中才出现着除了我们日常既定规则之外的创意。所以，应该给宝宝更多的自由，让他们去发挥自己的孩子气，不要轻易否定它，让他们自由去想、自由去做，这个宝贵的孩子气自然而然的就能维护下去。

别小·看了"过家家"

4岁的杨杨是个活泼、可爱的小男孩。这会儿，他右手拿着一把勺子，左手拿着妈妈的真丝围巾，趴在客厅的地上，口中念念有词："向左、向左。"接着，右手中的勺子把转向了左边："前面是什么？地图、地图！"他把左手中的围巾铺在面前，小小的手指认真地在"地图"上指来划去，仿佛是一位身经百战的将军在研究作战计划。突然，杨杨拿起围巾盖在头上："下雨了，撑伞！"

妈妈看到了，说："我的宝贝啊，趴在地上会把衣服弄脏，还会着凉的。哎呀，我的围巾，你不要给我扯坏啊！哪有开坦克趴着开的，哪有坦克的方向盘是和勺子一样的……"

杨杨解释说："我正在开坦克，我右手拿着的是坦克的方向盘，我需要地图看明白前面是什么山。可是突然下雨了……"

心理学家邓斯克认为，小孩子在游戏中的"假装"会大大促进他们的发散思维。杨杨假装自己在开坦克，可坦克是根本不存在的，只是在杨杨的头脑中有一个象征的坦克存在；他面前的山以及下雨都是同样的道理，都是杨杨想象出来的，这种发散性的思维正是创造力发展的重要因素。

也不要有问必答

创造力高的宝宝喜欢问很多的问题，当然，爸爸妈妈并不需要逢问必答，而是要尽量引导和提示，让宝宝自己在思考中去挖掘这些问题的小答案。比如，当宝宝遇到一些实际上的难题时，不要打断他，千万不要说："不是这样玩，我来教你。"而应该让宝宝自己去"发明"出一条独一无二的新路。你可以让宝宝自己去想办法，比如看到了一个皮球掉到了小水坑里，就可以引导着宝宝自己去解决，而且可以让宝宝顺势展开联想，顺便问问他："宝宝，水还可以做些什么用呢？"要试着常常向宝宝问"结果怎么样"与"那么，然后又怎么样？"这样宝宝在面对其他问题时，很自然的就会对提出的新问题产生新的想法和思维。正是因为你的适时的引导和鼓励，宝宝才能兴趣盎然地摆弄着那些看起来并不高明的物品，创造自己的"产品"。而创造力，往往就是在这一瞬间中产生的。

亲子共读

亲子共读，不仅仅是培养你和宝宝之间亲情的沟通方式，其实也是宝宝创造力启发的一个源泉。宝宝通过听到你给他讲故事，感受到安全和温馨，在他的想象力世界中会有爸爸妈妈的出现，他还能通过这些方式比别人多一些练习的机会，你也可以在这个环境中融入他的世界中。

· 亲子心经 ·

和宝宝一同玩游戏，锻炼他的创造力时，一定要注意爸爸妈妈所处的角色。这个时候，宝宝才是整个游戏的主角和导演，别忘了按照宝宝创造的剧本演戏。

别让右脑太清闲

有的爸爸妈妈会因为自己的宝宝没有其他的小朋友那么聪明而感到烦恼。其实，造成这个现象的原因往往就是由于宝宝的智力发展有局限，左右脑的发育没有相互均衡。从前面的介绍和锻炼我们知道，在宝宝的幼儿时期，他的创造力就开始发展了。而宝宝的创造性不稳定、不自觉，其实就是宝宝可塑性的一个体现。通过右脑的潜能开发，来教育宝宝，可以让宝宝的潜能得到最大限度的开发。

右脑开发，宜早不宜迟

达·芬奇、爱因斯坦、居里夫人，这些世纪伟人无不例外，都有着超强发达的右脑。经过科学家研究表明，右脑的存储量是左脑的100万倍，而大多数人只运用了大脑的3%～4%，剩下的便被遗忘在了右脑的潜意识里。人脑在3岁以前完成60%的发育，6岁以前完成90%。所以对于右脑加大训练，促进大脑神经发达，对左脑的发育也有着很大的作用。

幼儿园老师谈创造

案例一：秋高气爽，吃完饭带孩子们去散步，有小朋友把小草拔回来，准备喂幼儿园的小兔子。在拔草过程中，宝宝说："这草怎么是黄的？"他的问题引起了我的思考，生活中的小草应该有不同的颜色，这与季节紧密相关。根据孩子的兴趣点，这周我准备在下午的学习中设计"我喜欢的小草"这一活动，并请孩子们说说小草是什么颜色的。我还为孩子们提供了不同颜色的蜡笔和纸，建议孩子选择自己喜欢的颜色，将颜色涂在纸上，将纸撕成小草。一时间不同颜色的小草做成了。在撕贴的过程中，宝宝把小草一根根地横着贴，我不解地问："小草怎么了？"他的回答让我出乎意料："小草感冒了，晚上天冷了，它的被子没盖好。"我鼓励他将自己的想法讲给大家听，引发了孩子们对小草的另一番讨论……

案例二：一天带孩子们在场地上做"小树叶"的游戏，"树叶"们随着"风姑娘"发出的游戏信号做着相应的走、跑、跳、转圈等动作。可是有几片"小树叶"不飞也不动，于是我就问："为什么吹不动呢？""是风太小了"，原来如此。于是，我就开始加大力度，终于，有几片"小树叶"动了，可有一片"小树叶"还是不动，我就问："为什么还是吹不动你呢？""因为我是一片大树叶""难怪我没有吹动你呢？"。

由上面的事例中，我们可以发现教师要以一个观察者、引导者、支持者的身份，通过具体的事情培养孩子们的综合能力，既满足了幼儿的当前需要，又更新了传统的模式，同时也能让幼儿在愉快情绪的体验中获得发展。

让我们来一起关注人的左右脑。左脑由于引导着我们的语言能力、数学能力和逻辑能力而被称为"思维脑"，其实它就是我们人体的理性大脑。而右脑由于引导着我们的图像、节奏、想象、创造，而被称为"艺术脑"。这么看来，培养聪明的宝宝，让宝宝充分发挥他的创造力，右脑的活动是必不可缺的。

游戏，培养创造力

游戏其实是儿童不断成长的主导活动。宝宝在游戏中不断提高自己的创造力，从单纯模仿逐渐地过渡到创造自己的游戏。但是，我们同样应该认识到，宝宝的游戏中如果缺少爸爸妈妈的指导，很可能会长期只停留在一个低级水平。所以，游戏中发展宝宝的智力，需要爸爸妈妈适度的对他们进行帮助启发。当然，游戏的选择也不是漫无目的，游戏最好以角色扮演和建筑

类的游戏作为首要选择。

丰富艺术生活

发展右脑，通过音乐和绘画，可以说是最行之有效的途径。心理学家和教育学家对于音乐和绘画能够促进幼儿身心健康发展的观点一直都是深信不疑的。宝宝在听音乐和画画的时候，其实就是一种培养创造力和开发右脑的过程。一般情况下，宝宝都是喜欢音乐的，他们很容易从这些优美动听的旋律、节奏感很强的乐器和色彩鲜明的画作中感受到愉快的心境。所以，利用和谐悠扬的音乐刺激来培养宝宝的音乐才能和对周围环境的辨别能力，对于宝宝来说，是一种愉快的学习和享受。另外，在画画时也要注意让宝宝尽量展开他们想象的翅膀，自由自在画画，宝宝一旦感觉到放松，他们画出的每一个形象都是他们创造力的呈现。

语言能力的发展

宝宝的早期语言训练，对于语言和智力都有着促进作用，特别是对于临近学龄前的宝宝，刺激宝宝的思考与语言表达，对于他们主动

的进行想象力的发挥和创造都是很有必要的。

另外，多数的人都惯用右手，所以在这种习惯下，很多的宝宝也沉浸于"右脑世界"之中。其实，让宝宝自主地选择优势手，对于他们的创造力发展未尝不是件好事。

·亲子心经·

宝宝在进行游戏的过程中，爸爸妈妈的参与和耐心的诱导是有关键作用的。所以，爸爸妈妈不仅仅要注重宝宝的营养，还有宝宝的精神，给予宝宝最大的安全感和心灵沟通。

管而不死，活而不乱

根据美国旺尼苏达大学教育心理学主任托伦斯的研究表明，创造力高的宝宝最招人"厌烦"。他们具有三个让人讨厌的特点：第一，所作所为时逾常规；第二，做事幽默，但难免带有嬉戏态度；第三，特别顽皮、淘气、荒唐和放荡不羁。儿童教育家蒙台梭利说："儿童对于活动的需要几乎比食物的需要更强烈。"于是，真正负责任的父母就应让宝宝充分地享受活动空间，进行体育锻炼，带着他去参加户外活动，同时讲故事、做手工、玩智力游戏，让他们在最优质的教育中培养起创造性。

好奇心是宝宝创造力的基础

宝宝的好奇心很大，他们的小眼睛总是喜欢看来看去，小手总是喜欢东摸摸西动动。随着月龄增长，他们喜欢把能够抓到的东西放到嘴巴里。其实，这些都是宝宝好奇心的表现。宝宝在对世界有了好奇之后，才会开始不断地提出问题，不断的观察，动手去探索。所以说，好奇是一种求知的内在动力。

适时鼓励等于帮助孩子增长创造力

创造是一个思考和动手相互结合的过程，具有创造性的思想家，看到一个问题时总是会发觉出其他多种方法进行解答。每一个孩子都有一定的创造潜能，而这种潜能就蕴藏在我们的日常生活之中，宝宝在日常生活里把笤帚当做小马骑，一会又把它当做冲锋枪，都是运用着他们的想象力来进行创造。爸爸妈妈在生活中，要对宝宝进行"开放式"或"半开放式"的语言鼓励，让宝宝知道你重视他的努力和创造，是促进他们创造力增长的最好行为。

应该注意培养儿童的动手能力

宝宝喜欢摸摸、动动，而爸爸妈妈也不要简单粗暴地去制止宝宝的行为。鼓励他们做一些小制作，还可以培养他们的手眼协调能力和手部肌肉的发展，相应地也就促进了宝宝的思维和创造力的发展。另外，和宝宝一同做一些让宝宝能够任意想象，挑战学习新技能，能够深入思考的小游戏，也是不错的办法。

创造管理的最高境界

敢想、敢说、敢做才有创造。宝宝"不听话"其实就是一种他敢于提出不同的意见，敢于实践的表现，对宝宝的教育要"管而不死、放而不乱"，可以说是进行创造性培养的最高境界。

你得学会放手让他做

新学期开始了，经过一个学期的学习，托班的孩子每天都能高高兴兴地来园，开开心心地学习了，而且各方面能力都在不断增强之中。午餐的菜肴中有鹌鹑蛋，在分菜的时候，老师很焦急，想着要快快帮孩子们将蛋剥好，大家都不会自己剥蛋呢。

老师刚想给奕奕剥蛋时，奕奕竟然说："项老师，我自己会剥的。"

"你真棒！"老师对奕奕竖起了大拇指。老师转身刚想给怡怡剥，只见怡怡正努力试着自己剥着呢，虽然剥得有点儿困难，但她最后仍是自己剥完了。于是，老师不再试着给孩子们剥蛋，而是观察着孩子们，当个别幼儿真的碰到困难时才进行指导帮忙。

由此可见，习惯于服侍孩子，不仅不是一个为他们服务的行为，而是一个危险的举动，因为它容易窒息孩子们有益的自发的活动。不动手做的孩子永远是不知道如何做的。老师在工作中，应该多创造机会让孩子去锻炼。一个好的老师不在于为孩子做了多少事而在于教会孩子能做多少事。

在现实生活中，孩子都是父母手心里的宝，什么都不让孩子做。事事为孩子包办，其结果是，孩子们应当具有的自我探索性活动都变成了爸爸妈妈精心照料下的被支配性活动。

如果孩子缺乏独立的尝试机会，他们就会变得事事处处都依赖爸爸妈妈。久而久之，孩子会丧失独立性和克服困难的坚强意志与卓越能力。

创造需要一定的时间和空间，如果爸爸妈妈把宝宝捆得死死的，总是纠正宝宝什么是对什么是错，告诉宝宝应该怎么去做，不给宝宝的"淘气"留空间，其实是一种变相地抹杀他的创造欲望。

破坏——孩子创造欲望的体现

有的宝宝不安分，喜欢把玩具都拆开，破坏欲望很强。这其实从侧面就表现出，他是为了急于弄清楚一件事情是什么、为什么而出现的一种"破坏"行为，也就是说，宝宝的这种破坏，是基于想探究的基础上的。

爸爸妈妈在斥责宝宝不爱惜东西的时候，很容易挫伤宝宝的积极性和主动性，这样对他的成长非常不利。宝宝这些"不明就里"的破坏，爸爸妈妈应该尽量采取疏导的方式，不仅要给宝宝讲讲这样破坏东西是错误的，也要记得肯定宝宝的作品其实是很棒的。在培养宝宝的创造性时，可以采取一些小措施。比如，要求宝宝要"基本听话"，整天骂人、打架可不允许，但是要有自己的想法。也要培养宝宝的良好行为习惯，让他慢慢知道什么是对什么是错，在这个范围度中"不听话"去发挥自己。

·亲子心经·

爸爸妈妈应该能够理解宝宝的好奇心，而且应该切合时宜地激发宝宝的好奇心，让他们自己在感觉到好奇的同时，被吸引去想象。如果有意无意中毁灭了孩子的好奇心，那可是一种对宝宝残忍的摧残。

游戏增强宝宝的创造力

游戏，本质是一种采用科学的训练方法，给宝宝灌输精神营养，开发宝宝脑部潜能的一种有效方式。宝宝的创造力很容易受到规矩的阻碍。什么是规矩？大体上是人们长时间约定俗成的想法还有共同遵循的规则。爸爸妈妈在平时，经常告诉宝宝应该做什么不应该做什么，而不根据宝宝的喜好去让他自己选择，这么条条框框就是制约他们创造力发展的第一道坎。

另外，在培养宝宝的创造力时，你的善意帮助和打断，也同样是他们的制约因素，这些很容易让宝宝感觉到不自信，而且他们会容易感觉到尝试不同的方法是在浪费时间，渐渐的养成依赖的惰性，也没有了主见。

爸爸妈妈都期盼宝宝能够达出自己的要求，把宝宝放到一个竞争的环境中，久而久之，宝宝自己会感受到一种压力，而且在竞争如果没有达到第一名，他们的自信心也会受到阻挠，失落感的出现其实对宝宝是有害无益的。再加上爸爸妈妈的评价，宝宝很容易就会忽视自己的想法儿去迎合别人的意愿。其实宝宝最应该去关心的是自己如何玩得开心高兴。这才是顺应他们智力发展的姿态。

培养宝宝创造性的游戏，最主要的就当属建构游戏和角色扮演游戏。而宝宝凭借着自己的想象力和意愿，把一些日常看到的建筑给搭建起来，在游戏中扮演他们所向往的职业，其实就是一种让他们自己在生活中发现创造性的过程。

自由玩耍可培养宝宝创造力

妈妈经常唠叨："你这孩子怎么这么不听话！"其实，经过试验证明，宝宝的"淘气"往往比"老实"更富含创造力。宝宝淘气的特质，会让他们的大脑皮层接受到更多的刺激，而这方面对于他们的智能培养也是起着一定的辅助作用的。

玩具增强孩子思考能力

在介绍创造性游戏之前，我们先看看一些适合培养宝宝创造力的玩具。对于一些年龄小的宝宝，玩具电话、小卡车、厨房小用具以及一些积木、拼图，都是最好的选择。而随着宝宝年龄的增长，他们也有了更多的选择，如亲自动手去制作手工玩具和工艺品，或者在他的房门上挂黑板或画纸，可以让他自由创作，捕捉灵感，对于他们开发大脑，激发创造能力的帮助很大。

小·君的创造力

小君这段时间的创造力特别的突出。以前很喜欢我帮他想该怎么玩，现在都是自己在玩了。而且玩得花样百出，比我们的创造力可强多了。

晚上，我和小君爸在看书，小君一个人在客厅玩。大家都没有看电视，只是给小君在放一些古典的乐曲。一会儿，小君跑来，"妈妈，帮我用这个做个挖土机的履带，可不可以？"我一看，小君拿着给他买的赛车轨道。轨道平常很久没玩，现在是分成了好几段。小君没这么大的力气，把轨道重新接好，就来找我们帮忙了。

小君爸帮小君把轨道接成了一个大的圆圈。小君拿起来就立在地上。然后小君又拿了几段轨道过来，让小君爸又给他做两个小圆圈。小君爸做好给他后很好奇："这两个小圆圈是什么？"小君说："是轮子呀，挖土机的履带里有轮子呀。"听了他的话，我和他爸爸都相视而笑了。我和小君爸本来在各做各的事，现在也被小君吸引到客厅了。只见小君把履带和轮子放好后，又拿着积木做挖土机的上半身呢。看到他那专注的样子，我和小君爸心里可是偷着乐呢。有一次，小君拿着一个有吸盘的小球，拿着一个小碗又不知在搞什么呢。我走过去看，他把小球放在碗里，然后翻过来。由于小球有吸盘，所以球不会掉下来。小君然后兴奋地叫："你看，是灯，是灯。"

扮演角色

1.目的：培养宝宝的想象力、创造力，让宝宝学会观察生活。

2.玩法：角色扮演其实就是"过家家"，在整个的游戏过程中，爸爸妈妈和宝宝之间通过相互配合，连同听说能力的培养，很容易就让他们在这些兴趣的问题中展开对话，启动思维。在游戏中，可以让宝宝扮演家里的大人，在家里招待客人，让他学着自己去招待客人。还可以顺便教教宝宝面对客人的礼节。宝宝在3岁左右，他的思维开始从感知运动阶段过渡到象征思维阶段，而且这个时候的宝宝特别喜欢模仿，爸爸妈妈、亲戚朋友甚至是路上的陌生人都是他们喜欢模仿的对象。

宝宝的游戏，经常会是假装自己是医生，让你假装是病人，我来给你看病等。这在心理学中被称为"假装游戏"。而假装游戏的开始，其实就是由宝宝的心智发展决定的，我们通过这些游戏可以很容易地观察出宝宝的语言能力、想象力、道德能力、创造力的发展状况。

猜猜看

1.目的：培养宝宝的创造力。

2.玩法：猜猜看的游戏其实在日常生活中出现的也很频繁，简单而且取材方便。可以对宝宝进行一些提示，比如一些他熟悉的动物或者是人的特征，让宝宝猜出谜底。再跟宝宝换位，让宝宝提出问题，你来猜。或者让宝宝针对一些事物，做出描述编个故事，你再回答他的问题。这些都能够让宝宝得到创造力思维的发展。

另外，跟宝宝一起玩捉迷藏、丢皮球等任何一个户外的小游戏，都是他们思维活动发展的好时机。跟宝宝在一起玩一玩，让他们自由地发挥自己的创造力，才是为宝宝的成长提供了一片最肥沃的土地。

·亲子心经·

在给宝宝玩玩具时，一定要注意仔细看这些玩具的说明书，看看这些玩具是否符合宝宝的年龄和成长发育情况，要适当的选择性购买。另外，爸爸妈妈在给宝宝选择玩具时，要避免选择用有毒的涂料或易脱落的漆料粉饰的玩具，宝宝拿到了玩具喜欢含在嘴里，很容易因此而造成中毒或其他的危害。

数学智能

宝宝天生就是数学家

研究表明，一个人的智商较高，其数学能力相对较强，在语言能力尚未发展前，就已经开始发展数量能力了，辨别"多少""大小"是一种本能，是"天生"的，也是一种数学反应。每个宝宝出生时都是高智商的天才，爸爸妈妈对宝宝的不断的教育过程，其实就是一种激发宝宝潜藏的智能的方式。大多的家长对于宝宝的智力开发都很重视，而数学智能的培养则是孩子智力开发的关键。因此，爸爸妈妈及早选择适当的激发方式培养宝宝的数学能力，对于宝宝的智力开发具有重大的意义。

哲哲的数学智能发育记录

我最早发现哲哲对数字敏感，是在哲哲两岁的时候，他自己用扑克牌认数字时会经常问我这些是什么，我就念给他听。没想到，我就说过一次，孩子就自己记住了，后来他把一副扑克牌上的数字都认全了，还清楚地知道A就是1呢！

哲哲上了幼儿园后，有一次我带着哲哲到奶奶家吃饭，哲哲边吃边说："哦，奶奶，今天有五个菜！"我一看，嗯，就是啊！后来，哲哲三叔来了，他又说："刚才我们六个人吃饭，后来三叔来了，我们就七个人吃饭了。"我感觉到很高兴，孩子对数字的敏感度真好。后来他三婶子考他："那如果三婶和三叔都回家了，还有几个人在奶奶家？""那就只有五个人了。""真的么？不是四个人么？"哲哲涨红了小脸，一本正经地说："不是啊，七个人走了两个人，就是五个人，婶婶你忘记哲哲了吧。"大家都大笑一顿，我们都忍不住佩服哲哲的加减法厉害。有的时候，哲哲看到了自己喜欢的东西，都自己数数，有的时候还经常问我。宝贝对数字感兴趣，问我我当然要全力以赴应答了。自己真的是开心啊。有一次和哲哲一起照相，哲哲跟我说："妈妈，我们多做OK，不要做耶了，做耶才有四根手指，可是做OK，就有六根指头了！"哲哲的数字学习，真是让人哭笑不得。不过看到孩子健健康康地长大，很让我和哲哲爸爸放心啊，我们都期盼着培养出一个小小的数学家呢！

父母要培养宝宝的数学能力

我们所生活的世界，就是一个充满数学元素的大空间。法国的科学研究近日表明，宝宝在3个月大的时候，对数字就已经有了一定的认知能力，在对宝宝的脑电造影成像显示中，能观察到宝宝的大脑神经元对于数字的变化有异常反应。这就说明宝宝的数学智能教育，需要及早进行。

宝宝在刚出生没多久，就能够表现出对于数字的量的概念。例如，他能够认识到自己的饥饿，会做出大声哭泣的反应，当妈妈给宝宝喂奶过量之后，宝宝会把奶汁吐出来；宝宝啼哭的时候，也会希望别人的关注而放大音量。

国外的相关研究发现，宝宝5岁时，在没有经过数学教育的情况下，自己就能够掌握数字的抽象概念和简易运算，人们对数学的意识是天生的。

数学让宝宝更聪明

数学作为一门专业学科，是自然科学甚至是社会科学的基础，而从小就对宝宝进行良好的数学教育培养，对于促进宝宝的认知水平、逻辑推理能力和智力发展都是非常重要的。数学能力渐渐成为一种独特的逻辑和智慧的心理特征，成为判断宝宝智能高低的一个因素。

宝宝的数学能力学习一般可以分为对于数字和运算之间的认识；对于实物的数量和测量的认识；对于图形的形状和空间的认识以及对于事物逻辑推理关系的认识几个方面。所以在培养宝宝的数字智能时，要多方面全面地考虑。

数字智能的教育对于宝宝以后学习数学的兴趣和数学逻辑推理能力的高低有很重要的影响，但是爸爸妈妈要选择适合宝宝年龄和能力的教学方法，才能让宝宝在生活中、学习中变得更加的聪明。

·亲子心经·

宝宝由于年龄较小，对于事物的认知能力不够，自己形成的一些概念还很不稳定。爸爸妈妈在引导宝宝时，可以通过游戏、实践的方式，让宝宝依靠形象思维来扩展自己的思维能力，进而培养并且提高数学能力。

如何开发孩子的数学智能

数学智能，就是要发现数字的内在含义，将生活中的具体形象变化为抽象符号，然后再对抽象的事物进行处理，并思考假设和陈述间关系的一种能力。

培养孩子的数学智能，对于宝宝今后的数学计算能力、逻辑思维能力、解决问题能力、对模型和关系的辨别能力都有很大的裨益。那么作为爸爸妈妈，应该怎么去开发宝宝的数学智能呢？

开发数学智能从学数数开始

宝宝会说数和真正会数数之间是有很大的差异的。一些宝宝很容易地就会从1数到20，可是如果让宝宝辨认桌子上有几个苹果，往往就数不清楚。其实，在生活中有很多教宝宝数数的机会和环境，而教宝宝能够真正学会数数，是启发他数学智能的第一步。

● 让宝宝对数字敏感起来

在日常生活中，爸爸妈妈要"刻意"让宝宝认识数字。比如，你在择豆角，就可以给宝宝几个，然后告诉他："宝宝手里拿着的是豆角，帮妈妈数一数一共有几根呢？"在让宝宝吃苹果的时候，可以跟宝宝说："宝宝，今天妈妈一共买了5个苹果，宝宝吃了1个苹果，剩下的是几个。"和宝宝一起玩玩具时，可以问问宝宝："宝宝一共有几辆小车呢？"有这样意识地和宝宝提起数字，用一些强调的语气来处理数字，逐渐让宝宝注意起数字。

● 学习数字可以通过对比

教宝宝数数的时候，要从少开

始慢慢地增加，也可以通过将颜色或者形状不一样的小物件来左右排列起来让宝宝学着数，妈妈可以当着宝宝的面在一排小物品上添加一个，让宝宝清楚地就看到左边多了1个，这样宝宝能够很直观形象地认识到数字，慢慢培养起对于数字的概念。

进行早期的数学启蒙

很多的爸爸妈妈都感觉宝宝的数学能力很难培养，其实只要爸爸妈妈掌握一些小方法，就可以帮助宝宝进行数学智能启蒙，激活宝宝的数学细胞了。

· 亲子心经 ·

宝宝的数学智能开发要从宝宝的认知思维的特点出发，并且要注意充分调动宝宝的积极性和学习主动性。在游戏的选择上，选择一些益智并且有挑战性的小游戏，更容易让宝宝沉浸在数字的奥秘中。例如搭积木，就是一项很好的启智游戏，宝宝用积木搭建不同的建筑物，还可以激发他的创造性和想象力。

● 启蒙要有个好环境

宝宝的生活离不开家庭环境，宝宝和爸爸妈妈的接触，是最早、最多的，爸爸妈妈注意通过周围的生活环境中所蕴含的数、量、形和一定的空间方位形式，给宝宝创建一个开放、自由、轻松的学习环境。当宝宝出现问题时，也要及时指导、建议，帮助宝宝获得数学感知的体验。

● 启蒙要宝宝自主探索

爸爸妈妈可以在生活中为宝宝提供一些小的生活用具，例如杯子、积木、扑克牌等，让宝宝在动手操作中自己获得关于比较、排列等数学知识和技能，要让宝宝在自主动手动脑探索中养成一个良好的学习习惯。

全家总动员

我的孩子浩浩的语言能力很好，也爱动手动脑，可他的数学方面就有些欠缺了。其实，浩浩很小的时候就会从1数到20了，但是有的时候具体用玩具什么的数数，就偷懒。

有一天晚上，浩浩和他爸在玩拼插，要拼一个小汽车，我跟浩浩说："浩浩，这个玩具是你的，要自己动手才行，和爸爸一起弄。"浩浩爸就让浩浩数数需要几个小轮子，浩浩要么就胡乱地说，要么就爱答不理的，催得紧了才开始数。开始，我就问浩浩："一共需要几个轮子呢？"浩浩数了两个就不想再动了。浩浩爸有些着急，催促了一句，浩浩就更不敢数了。我告诉他数一数，指点着数，看看是几个，浩浩还是不说话，我只好做示范，帮他一起数，他才慢慢地放开胆子，最后终于拿了4个小轮胎放在手心里。我知道浩浩有些紧张不放松，就一直都在安慰他，过了很久他才开心地和我一起玩儿。

其实在生活中，爸爸妈妈对宝宝的引导不够，对于数学方面的能力培养不重视，会很容易让宝宝害怕数学，所以我决定，从明天开始和浩浩爸爸一起给浩浩贯彻快乐学习数学法，呵呵。

● 启蒙要根据宝宝的年龄走

父母对宝宝的期盼值有时过高，经常希望他从抽象的数字中领悟到数学的概念。其实，对于宝宝的数学启蒙教育务必要注意遵循宝宝的身心发展，不可揠苗助长。那样宝宝很容易感觉到数字的枯燥，机械性的被动记忆，让宝宝根本就不能理解真正的意义，反而让他感觉学习数学是一件很困难的事，带来适得其反的效果。

宝宝数学智能培养方案

数学智能，是能够有效运用数字和推理的能力，是人类的智能结构中重要的八大基础智能之一。

宝宝处于数学智能的启蒙阶段，他们认识自然界的重要方式之一便是通过认识各种事物的形状、数量和空间的概念关系，他们利用这些关系不断认知新的知识，进一步促进智力的发展。所以，爸爸妈妈要在生活中，有所留意，对宝宝进行一些简单的数学智能培养。

用游戏培养宝宝的数学智能

数学这门学科本身就带有高度抽象性、广泛应用性和严密的逻辑性，这些对于小宝宝来说是单调而枯燥的。如果爸爸妈妈仅仅靠着书本和语言来教宝宝，就很难让宝宝真正领悟数学的魅力，甚至反而会降低宝宝对数学的兴趣。对宝宝来说，游戏是一种喜欢的活动，爸爸妈妈可以结合宝宝所喜欢的游戏，在其中不知不觉地加入数学智能，让宝宝感觉到学习数学是一件快乐有趣的事情。

日常生活中培养宝宝的数学智能

宝宝在家里可以学到很多有关数字的知识，一般以实物为基础，可以随时随地训练宝宝。例如，让宝宝自己"说出"数字，可以先让宝宝认识家里的水果、积木的个数，数数家里有几口人，桌子上有几个盘子等；将1到10的数字编成小儿歌来让宝宝朗读。有些宝宝喜欢竖起手指头来告诉别人他的年纪，也喜欢告诉别人自己已经可以从1数到10了，爸爸妈妈可以利用宝宝的这种心理，不断鼓励宝宝，让宝宝增强对学习数学的兴趣，宝宝慢慢就会对数字有了自己的概念。

用动手操作培养数学逻辑能力

据相关研究显示，动手操作的学习方法对于孩子的数学思维能力培养有很明显的帮助，是孩子获取新知的一个有利途径。例如，为宝宝买一些彩色的可以拆卸的卡片，让宝宝根据色彩的变化来区分数量关系，如红的几个，绿的几个；在教孩子数字加减时，可以让孩子拿实物进行分类操作，慢慢他就会明白数字的奥妙。

妈妈经验谈——贝贝认数字

贝贝3岁的时候，他的思维大多是通过一些生活中熟悉的事物的具体形象来认知的，比如给了贝贝一块饼干，然后再给贝贝一块，问问贝贝有几块，他很容易的就告诉我说，"是两块"，可是如果我要是在纸上写出"1＋1"，让贝贝计算，他就不能算出来了。其实这就是他的认识并不是通过对事物的内在联系理解的。一直到5岁了，他的抽象思维才开始发展起来，才知道使用概念、判断、推理等方式思考问题。所以说，爸爸妈妈尽可以放心，不要着急，注意到年龄不同，在平时训练宝宝时，尽量用一些形象生动的实物来帮助宝宝认知。

应把握数字智能培养的关键期

数学智能的培养并不只是将一些枯燥的数字整合在一起，它还具有逻辑性、抽象性、精确性的特点，包括数字计算、解决问题、推理演绎、归纳以及辨别等很多的方面。宝宝在0～6岁正处于智能培养的关键时期，爸爸妈妈培养宝宝要特别注意用科学的训练方法来激发宝宝的数学智能。

在平时对于宝宝进行数学智能培养时，要注意听宝宝的感受和思路，多和宝宝交流，让宝宝思考时思路更加清晰，还可以提高他的表达能力，把训练培养与宝宝的日常生活内容融为一体。

· 亲子心经 ·

很多父母因为经常忙于工作，生活压力大，和宝宝的交流很少，并且对宝宝的询问表现出不耐烦，忽视了对宝宝的数学智能培养。其实，只要在日常作息时间中，稍微留出一点时间对宝宝进行潜能开发，长此以往，不仅可以培养和宝宝之间的亲子关系，而且还可以培养宝宝的智能。

专家坐诊

1.小强爸爸：我儿子今年5岁，上大班了，我一直都觉得应该给孩子一个快乐的童年生活，跟他妈妈从来都不要求儿子学太多的东西，上什么辅导班。有一次我看见幼儿园老师教他们学10以内的数的分解，就想考考儿子，结果特别不理想。看到别的孩子都已经学了很多东西，我就是因为没有特别的要求孩子，这会不会让儿子输在起跑线上？其实，小强他也挺喜欢看书的，也爱画画，就是不喜欢数学，可是他明年就该上学前班了，我很着急。教授，我该怎么让儿子喜欢数学呢？

专家：其实提高宝宝学习数学的兴趣，最好的方法就是把数字、故事、游戏等孩子所感兴趣的东西融合起来，不要刻意地强调这些，而要让宝宝在自然而然中攻克"难关"。有兴趣，孩子就能够学的好；学的好，就又激发了他的兴趣，所以这点并不能说明宝宝有什么"输"，要看到宝宝的长处，多鼓励他。

2.敏敏妈妈：敏敏已经2岁6个

月了，我每次教她学数字她都变得很反感，而且特别容易怒，别的孩子都已经从1数到10了，是不是她的智力有问题？

专家：宝宝年纪较小，对于数字的概念并没有形成，对数字的辨别力不强，孩子没有学会数数可能是教育的方法有碍，试着叫宝宝念一些"数数歌"的儿歌，换一种方式，很可能对于宝宝形象地认识数字有很大的帮助。

宝宝数学智能大测试

传统的心理学家认为，逻辑——数学智能和语言智能测试是智商测试的主要基础。经过大量的调查研究，这两种智能是人类可以在不同的领域、专业解决问题的"原始智能"。

爸爸妈妈的数学智能测试

爸爸妈妈自己的多元智能发展对于小宝宝的影响很大，宝宝很容易对爸爸妈妈的兴趣和喜好表现出独特的爱好。所以，爸爸妈妈了解一下自己的智能发育水平是很有必

要的。请根据自己的实际情况来做以下的小问题，得分相加之和越高就表示在这方面智能发展就越好。

1.有掂量物品的习惯。

2.对各种物品的功能都想要了解清楚。

3.擅长找出事物之间的相互逻辑关系。

4.喜欢做数学运算题。

5.觉得数学公式比语言描述更容易理解。

6.喜欢对各种问题作出假设。

7.思考问题的时候常常进行严谨的推理。

8.习惯用抽象的符号来代替语言文字描述。

每题评测答案：不符合为0分；较为符合为1分，很符合为2分。

如果分数之和为13~16分，说明您在数学智能方面发育很好，您的宝宝有可能也是个善于思考的小学者。

如果分数之和为9~12分，则说明您的数学智能发展的较好。

如果分数之和低于9分，则说明您在数学智能发展方面要继续努力，对于宝宝也要更加尽力培养。

数学智能优势表现

数学智能是一种偏向理性思考方式的智能，多数数学智能强的孩子比较深沉，具有很好的理性思维能力和稳重的气质。数学智能强的宝宝喜欢提出问题，并希望通过进行实际证明答案，更喜欢数学、比较，对于不懂形状的东西很感兴趣，喜欢在别人的言论中找到逻辑、缺陷，对于可以测量、归类和分析的事物接受能力很强，看到小数字一点都不会觉得乏味，经常表现在以下几个方面：

1.喜欢有关于数学的东西，从小时候就经常念念有"数"，对数字很敏感，很容易记得电话号码等。

2.喜欢数学课，喜欢逻辑推理或智力难题，快速心算方面的表现很突出。

3.对电脑计算游戏很感兴趣，喜欢下棋和其他的策略游戏，比如数学方格。

4.对于如何做事有很多的问号。

5.喜欢把事物进行分类或者分等。

6.喜欢做存在高度思考过程的实验。

7.思考方式比同龄的孩子抽象化、概念化。

8.因果关系的概念很强。

谈谈宝宝的数学智能发育

丁丁妈妈：丁丁2岁1个月了，数数可以数到20，但是让他自己数一数玩具啊或者是看图画数数里边的什么动物的，都数不清，两个以上的东西他都说是3个，是不是丁丁的智力发育慢啊？

琪琪妈妈：丁丁妈不用担心，每个宝宝的长处都不一样吧。其实丁丁能从1数到20只能算是背数。我女儿琪琪那个时候也是背数到20，实数也就数到5，后来我就平常多教教她，和她一起数积木什么的，慢慢就好了。后来有意识地还教教她5以内的加减法，平常抓住小机会就让琪琪自己数。现在琪琪都5岁了，还会说不少英文数字呢。

小壮妈妈：宝宝今年2岁5个月了，以前就会自己比划着数，昨天他洗完澡看到自己的小毛巾，就告诉我说，"妈妈，毛巾上有熊"，还用小手点着另一个手数着"12345"。有一次，他还告诉他姥姥说故事书上的小马有几个耳朵，几条腿。

看到小壮越来越像个小大人，真高兴。

乐乐妈妈：我跟乐乐爸有的时候给乐乐讲数字的时候，就发现乐乐不太爱听，也不能正确地认清楚画面上的数字。后来乐乐他爸有次教着玩，让乐乐数书架上的书，没想到孩子一会儿就会了。后来我们就直接在家里给乐乐找素材练习，很简单地就学会了。

·亲子心经·

数学智能强的宝宝在学习中需要通过思考和推理来不断认识事物，所以爸爸妈妈要为宝宝提供一个理想的学习环境，例如经常带宝宝去动物园、植物园、天文馆等科普知识场馆，这些实物和现场，对宝宝的智能发展有很大的帮助。

兴趣是学习最好的老师

著名科学家爱因斯坦曾说："兴趣是学习最好的老师"。在培养宝宝数学智能时，爸爸妈妈也要根据宝宝的兴趣，在日常生活中抓

住时机去教育宝宝，才能取得事半功倍的效果。

激发宝宝的好奇心

● 给宝宝营造一个良好的学习环境

在日常生活中，爸爸妈妈要在家庭中营造出一个"自由交流"的氛围，让宝宝在轻松愉快的环境下培养对学习数学的兴趣。例如，妈妈跟宝宝在超市的时候，看到饼干的标价，就加以引导，问问宝宝："你喜欢吃的饼干是3块钱，妈妈喜欢吃的饼干是2块钱，哪一个价格比较高呢？妈妈买了这两盒饼干，要花多少钱呢？"

于宝宝学数学

我家宝宝的幼儿园班主任前几天给我打电话，说起了于宝宝的数学计算问题，计算慢还好马虎，老师有些急，让我在家给每天练练。宝宝今年才4岁，年纪小，我是不主张每天都让孩子总动笔写很多字的，之前跟他一起上幼儿园的晴晴的妈妈曾经告诉个方法来锻炼计算能力，就是两个人和多个人一

起玩扑克，每次每个人抓两张牌之后相加，谁的数大就谁赢。然后玩熟了再抓三张牌。晴晴的数学学习挺好的，每次上课都积极发言，所以我就想着用上了玩扑克牌的方法进行提高。开始的时候，我跟于宝宝一起玩，他还表现的兴趣不大，后来我拉上他爸爸，我们三口人一起玩，于宝宝似乎兴趣大了些，这也是很好的亲子游戏，每天玩一会儿，重在坚持吧！

让宝宝爱上学数学

在培养宝宝的数学智能时，要尽量将学习的概念趣味化，减少宝宝的学习压力。当然，在学习的过程中，你也要表现出对数学的好感，让宝宝从你对数学的态度上感觉到更加有动力。

● 拓展宝宝的数学思想

数学的枯燥很容易让宝宝在学习中感觉到厌烦，那么此时爸爸妈妈就应该让宝宝了解，其实数学还包括其他有意思的方面。比如，当你带着宝宝回家换鞋时，可以跟宝宝说："宝宝，妈妈的鞋子是那双大的，宝宝的鞋子是那双小的。"在在这一大一小的比较中，给宝宝渗入数学概念。

● 给宝宝一个计算器

许多的爸爸妈妈都反映，说宝宝喜欢玩小手表、闹钟等东西。其实，爸爸妈妈就可以利用这点，给宝宝一个计算器，来教宝宝学习数学，还可以让宝宝跟着计算器学习简单的加减运算。虽然宝宝并不能理解计算器是怎么运行的，但是小小的计算器对于提高宝宝的学习数学兴趣的帮助还是很大的。

● 经常让宝宝回答

善于抓住机会，让宝宝开动脑筋回答小问题，对于数学智能的培养也有很大的帮助。例如，当你给宝宝准备小点心时，就可以问问宝宝："宝宝，妈妈一共有五块小蛋糕，给了宝宝一块，爸爸一块，那么还能剩下几块？"让宝宝自己得出答案。要是宝宝回答正确，记住要给宝宝点小奖励哦。

学习数学给宝宝来点儿音乐

相关的调查显示，学龄前学习

音乐的宝宝的数学智能和空间感更好。其实，音乐中的节奏，就是数字之间的序列，平时常常让宝宝听听音乐，给宝宝唱唱歌，不仅对宝宝的数学培养有很大的帮助，而且节奏的强弱，对宝宝的听觉敏感度的培养也很有好处。

· 亲子心经 ·

对宝宝的教育，爸爸妈妈要时刻保持着耐心，慢慢摸索出适合自己宝宝生长发育的模式，让宝宝对于学习知识有兴趣，也不要刻意地去苛求宝宝样样精通。

宝宝的数字化生活

其实在日常生活中，培养宝宝数学智能的机会有很多。可以利用家庭和周围的现有环境，给宝宝有意识地创建一个数字化的环境和对宝宝进行数学思维训练，许多事物都可以拿过来作为加强对宝宝数字的刺激。

给宝宝个数字化环境

在宝宝的玩具上贴上数字化标签，让宝宝自己选择对应的玩具，或者选择一些结构简单的玩具，比如小皮球、形状规则的积木、罐子等，让宝宝自己玩耍，很容易让宝宝感知到蕴含在里边的小数字讯息。

● 阅读环境

给宝宝选择一些适合他们理解和阅读的书本，有大量图片，色彩鲜明的最好，让宝宝在读书的时候，认认图片上的颜色、数数图片里画的小动物的数量等等。

● 起居环境

在家中的墙壁上挂上一些图片，或在地板上贴上一些贴着数字的智能图形，让宝宝随时指认图片上的物体的颜色、大小，同时还可以跟着这些智能图形学习数数。

● 玩耍环境

给宝宝选择玩具时，可以多选择一些种类、形状、大小、颜色都不同的玩具，宝宝在玩耍时反复的操作，慢慢地就会有新的认识和体验。

● 饮食环境

小宝宝喜欢吃喜欢玩，爸爸妈妈就可以利用吃饭的时候，让宝宝数数餐具，给宝宝指定小座位。比如，可以问问宝宝："桌子上有几个小勺子？宝宝，今天爸爸坐在哪里呢？"这样可以不知不觉的锻炼宝宝对于数字的感知能力和空间感。

学数学寓教于乐很重要

女儿佳佳现在5岁了，正在学习奥数。可是老师就经常说："这孩子聪明是聪明，就是坐不住。"这星期的数学课上，老师就让学生记录一些我们日常生活中见到的100以内的物品，我觉得这就是一个把数学和生活结合起来的好机会，和佳佳一起在家里做了一个数字大调查。比如，我们数了钢琴键的黑白键一共88个、我们的体重、水彩笔的颜色数等等。生活中，数学无处不在，佳佳表现出很大的耐心，这种寓教于乐的学习方式非常吸引女儿。还有一次，奥数老师让学生预习"有趣的水杯"这一节课，这节主要就是讲在相同的水杯子里放入不同的东西，水位会发生不同的变化，然后根据这个变化去推算放入水杯子里物体的大小。这个题，其实挺难，也挺抽象。我给佳佳举了"乌鸦喝水"的故事，女儿感觉到很有趣，我又给她举了我们平时喝牛奶时候要放糖的例子，佳佳一下子就明白了原来很抽象的东西，很容易就能被掌握。同样的道理，在生活中的浅显易懂的事情中学习，对数学智能培养是很有帮助的。

家里的数学思维训练

下边介绍几个在家中可以进行的数学思维训练。

● 建立一个小账本

妈妈把家里每天的花费和收入都做一个详细的记录，然后让小宝宝当个小管家，来算一算家里的简单的收支情况，而且要为宝宝自己建立一个零用钱账户，让宝宝了解到家里的花费状况，看看自己的玩具、小人书都花了多少钱，不仅可以锻炼宝宝的计算能力，而且还可以让孩子从小养成节约的好习惯。

● 购物

妈妈和宝宝一起在商场、超市或者游乐园玩耍、购物时，可以趁机对宝宝进行数学智能训练。比如，针对宝宝喜欢的商品或者玩具，让宝宝选择哪一个更加优惠合理。

·亲子心经·

家庭环境和宝宝的成长学习密切相关，进一步了解启蒙宝宝的方法，可以适当地向一些幼教老师、儿童心理治疗师请教学习，在生活中渐渐的培养宝宝，以循序渐进的方式教导，不要苛求孩子知道数字的意义。

找出藏在角落里的数学

数学逻辑智能高的孩子，从小就爱独立思考，爸爸妈妈在生活中要了解宝宝数学智能的发展规律，培养宝宝的理性思维能力和严谨的学习态度。要知道，一个不具备优秀学习智能的人在未来的高科技社会中是无法立足的，爸爸妈妈一定要重视数学智能对宝宝的重要性啊。

爸爸妈妈在教育宝宝时，要采用多元化的思想来全方位拓展宝宝的用脑空间，下面就给爸爸妈妈介绍几个变通小练习。

联联反反

帮助宝宝培养逻辑思维能力，还要注意宝宝的语言关联性。比如，在吃饭的时候就可以问问宝宝："为什么宝宝的碗比妈妈的小呢？"宝宝会说："宝宝的肚子小"。这时候，你就可以告诉宝宝："是因为宝宝的年纪小，而妈妈的年纪大。宝宝长大了，就也能吃妈妈这么大腕的饭了。"而且要注意培养宝宝的逆向思维。

缩缩扩扩

妈妈用超市里所卖的压缩爆米花来给宝宝展示是再好不过的了。把体积小的压缩爆米花放到微波炉里，取出后就会变大，让宝宝能更直观的就看到这种现象。或者可以和宝宝一起用放大镜读故事书，宝宝看到字体放大，自然会感觉好奇，你也可以适当的引申，告诉宝宝照片放大技术，就是这样思考的结果。

改改变变

改变是一种很重要的思路。比如，告诉宝宝将雨伞改为折叠式，才方便携带。或者改变一下小玩具的形状和颜色，就会有新鲜的感觉。这个时候，爸爸妈妈可以利用数字小卡片，让宝宝看着这些小数字，想想它们的形状像什么，让宝宝自己创造一个小思路去认识它。

加加减减

可以在平时用加加减减的小方法来训练宝宝。例如，在给宝宝吃小饼干点心的时候，就可以问问宝宝："妈妈拿走了一块，宝宝会怎么样呢？"

或者给宝宝更加直观的表现，把小铅笔和小橡皮放在宝宝面前，然后把带橡皮头的铅笔也摆放在他面前，告诉宝宝说："橡皮头铅笔，就是这个小铅笔和橡皮组合起来的，宝宝你看是不是很神奇呢？"

教宝宝要注意的问题

当你对宝宝进行数学教育时，不仅要考虑到宝宝的思维发展规律，注重数学学科的知识，还要记得充分地利用家庭生活环境。

● 别忘了知识源于生活

孩子在生活中遇到的是真实、具体的问题，和他自己息息相关，这些最容易让宝宝理解。我们可以常常带着宝宝一起找找隐藏在生活小角落的数字，生活化的学习能让宝宝更加轻松理解。

● 为宝宝旁敲侧击

宝宝在没有获得逻辑观念之前，不会计算是很正常的反应。但是爸爸妈妈却可以为宝宝提供有价值的逻辑经验。

比如做一些小配对游戏、分玩具游戏，这些简单的东西看似和数字无关，其实却是宝宝学习数学的基础。

● 多给宝宝培养经验

宝宝能够建立起数学逻辑思维，要有一些具体的经验基础。比如，父母在平时就和宝宝一起做一些简单的分类游戏，根据玩具颜色分分类别，让宝宝辨认大小，宝宝就很容易理解数学中"等分"的概念，虽然他并不能够说得这么专业，但是这种思想已经融入了他的小脑袋里。

· 亲子心经 ·

测量对于宝宝来说是一个很重要的数学概念。在我们生活中，大部分的物质都有可测量的性质，父母可以帮助宝宝把重点放在物体的性质上，让他学会怎么去描述它。比如，让小宝宝用自己的身高、手脚的大小做测量工具，或者用宝宝熟悉的苹果、玩具等做重量工具，让宝宝有更加直观的认识，激发他的兴趣。这样一来宝宝在这种反复的测量过程中就会发现问题，学会解决问题。所以说，爸爸妈妈可别忘了要抓住机会教宝宝学测量。

提高数学智能的亲子游戏

宝宝的数学智能提升活动，需要一些简单有趣好玩的游戏，在寓教于乐中进行。用具体事物来表达出对数字的概念，能让宝宝毫不费力地掌握学习数学的小技巧，真是事半功倍啊。

做过数学智能游戏的宝宝，

在将来长大入学后多半对数字敏感度高，理解能力强，学习成绩就会好。其实这些数学智能提升法非常简单，在生活中只要你用一点时间就可以和宝宝进行亲子游戏了。

宝宝找形状

1. 目的：培养宝宝的数学智能，让宝宝学会认识形状。

2. 玩法：爸爸妈妈可以自己制作一些颜色各异的上面有凹下去不同形状（如圆、三角形、长方形等）的小木板，然后再配上一些能够对应上大小的小图形做道具；把这些形状不同的小图形都混合在一起，然后引导宝宝把对应的图形安放在木板上对应的凹槽里。宝宝每次找对一个时，爸爸妈妈要及时地给宝宝一些小鼓励，让宝宝更有兴趣继续进行。

在宝宝的寻找过程中，爸爸妈妈也要适当的给宝宝一些引导。比如当宝宝拿着一块三角形寻找时，妈妈就可以对宝宝说："宝宝现在拿着个像切开的小西瓜一样的卡片。宝宝，你看看小西瓜的家在哪里呢？"如果宝宝把它放到了圆形孔里，妈妈要说："宝宝，这个不是小西瓜的家呢。"让宝宝继续寻找，在爸爸妈妈的鼓励下，宝宝慢慢就会开始培养起对于数字的认识能力了。

寻找宝藏

1.目的：培养宝宝的逻辑思维能力，能够让宝宝学会"先"与"后"的逻辑概念。

2.玩法：爸爸妈妈要首先给宝宝准备一件他非常喜欢的小礼物，来吸引宝宝的好奇心；还要准备一些小卡片作为提示板，在制作卡片时最好采用文字和图画相结合的方法。

玩游戏时，父母先把这个神秘的宝贝给藏起来，然后把小卡片放在每一个指示台上。先给宝宝一张卡片，然后让宝宝自己慢慢寻找其他的卡片，直到最后宝宝找到宝藏位置。

乐乐的数学日记

今天，我和妈妈一起玩了一个叫做抢报30的游戏。这个游戏规则很简单，开始的时候每个人每天最多报3个数，最少报1个数，报数的时候不能重复也不能跳过，谁先报到30谁就赢了。

开始，我和我妈妈一起玩了几局，有时是我赢，有时是妈妈赢，两个人基本上是平手。我心里想：怎样每次抢报的时候我都能赢呢？这游戏里面是不是藏着个小规律呢？

后来，我又和妈妈来了几局，还真发现了一个小规律，只要我每次先抢到数字26的时候，我是必胜无疑的，因为，我发现按照游戏的规则，每次报的数字最多是3个，最少是一个，那么，当妈妈报一个数字"27"的时候，我报"28、29、30"3个数字，我就先抢到30了；当妈妈报两个数字"27、28"的时候，我报"29、30"两个数字，我也能先抢到30了；当妈妈报三个数字"27、28、29"的时候，我报"30"一个数字就赢定了。看来，抢到数字26绝对是胜利的保证。我按着找到的规律，又来了几次，没想到越来越顺手，后来的几局，我都赢了！妈妈惊讶地张大了嘴巴，还问我为什么呢。听了我上面的话，高兴得合不拢嘴。

扑克牌接7

目的：帮助认识相邻数的关系。

玩法：把事先准备好的扑克牌中的"7"并列摆出来，然后和宝宝一起每人各自拿一半的牌，然后以数字"7"为中心，按数的相邻关系接龙。比如，"7"的上方接"8"，"7"的下方接"6"，每个"7"都可以接龙。但是，每次每个人只能接一张牌，无牌可接就由对方接着出牌，直到把所有的牌都出完，谁先出完谁就赢了。

· 亲子心经 ·

在培养宝宝的数学智能时，最好要提前设计一套小计划，让小宝宝有步骤地一点一点建立起数学概念。而且选择游戏时，一定要依据宝宝的年龄和智能发展的程度而定。

让你的宝宝成为数学专家

数学智能是人类智能结构中重要的基础能力之一。而我们认识世界和探究世界的伊始就是从认识自然界和社会之间的数量与能量的形状、空间的概念开始的。

研究表明，宝宝在婴儿时期是数学智能开始发展的关键时期，如果在这一时期及时给予宝宝科学和个性化的训练，他的数学能力也会得到理想的发展。我们可以把孩子的数学智能发展大体上分为4个关键时期。

宝宝数学智能的关键期

宝宝到了1岁多的时候，就能区分"多"和"少"的概念了。有研究表明，18～22个月的宝宝对于辨别物品的大小概念和掌握一些初级数字的认识能力最为敏感，这是培养宝宝数学智能的关键时期。小宝宝已经开始能区分明显的颜色和形状了，就可以平时和宝宝在一起玩玩具的时候，把宝宝的玩具分

成两堆，问问宝宝："宝宝，哪边的玩具多些？"也可以经常的让宝宝做些强调性的暗示，告诉宝宝："宝宝，这是一个苹果，这是一个皮球。"宝宝自然而然地就会提高对于数字的敏感度。爸爸妈妈这个时候也可以慢慢教宝宝练习口头数数："1、2、3……"

宝宝数学智能的伊始期

0～1岁的宝宝，对于语言的理解还在刚刚开始的阶段。当他们开始慢慢地理解了爸爸妈妈的话后，就能够在在自己的动作中表现出对数量的理解了，他能对一些数字有一个初步的概念了。比如，10个月大的小宝宝已经可以区分清楚大小、轻重，而且对于活动的东西特别感兴趣。妈妈可以平时就给宝宝买一些颜色多样、形状各异的小玩具，吸引宝宝的注意力，让宝宝自己玩耍，摸索小玩具潜存在的大秘密。

宝宝数学智能的发展期

宝宝在3～5岁的时候，是数学智能的发展期。这个时候的宝宝已经能够准确地把几个小物品按照颜色、形状、名称等区分开了，变成了一个喜欢在生活中各处看到数字都去念的小能手。

现在的小宝宝特别喜欢玩动脑筋的小游戏，也喜欢用手指着数数，虽然常常会出现手口不一致的现象，但是已经能够开始认识到10以内数字的意义了。爸爸妈妈在指导宝宝学习时，就可以用大小、形状或颜色不一样的小道具，让宝宝自己区分，问问宝宝："哪个小皮球大些？是红色的还是绿色的呢？"在宝宝的生活中，潜移默化地渗入数学。

宝宝学习经验谈

在很多的论坛和报刊上都登有妈妈教育宝宝的问题。现在就让我们一起来听听"小妈妈专家"的解答吧。

提问：各位家长朋友，我家宝宝的数学成绩不太好，加法减法什么的教过好多次的东西，一下子就忘记了。真不知道该如何是好。哪位有可以提高小孩学习数学的技艺呀？

妈妈回答：我女儿原先也一

样，看到数学题从来不肯多动脑子去想，我和她爸多说她几句，她就不高兴了。后来为了培养她学习兴趣，就找了一些趣味题来给她做，每天就让她做上一两道题，不会造成负担又很有趣，再配上适当的奖励。你试试，时间长了她还是很有兴趣的。

专家建议：教宝宝学习数学，要在孩子能理解的基础上来教，这样孩子才能学的开心。比如，准备一些玩具，和宝宝一起玩，问问宝宝："宝宝，妈妈给你一个，自己留一个，一共有几个？或一起搭高楼，宝宝搭一层，妈妈搭一层，现在楼房有几层？像这样以游戏的方式教孩子，孩子会学的快，记得更牢。"用数字运算，是要有个过程的，家长切勿操之过急，平时可以多找些书籍做参考，也可以多和其他的妈妈相互交流一下经验。

宝宝在这个时候，就已经能够进行简单的计算了，会做一些简单的测量，而且能够认识钟表和货币了。这个时候是宝宝掌握数学概念，进行抽象运算以及综合数学能力开始形成的关键时期。

爸爸妈妈应该经常问问宝宝："宝宝，告诉妈妈现在几点了？""宝宝，帮妈妈去买一些洗衣粉吧。"或者帮助宝宝用日常最简单的东西做些测量小练习，比如让宝宝用小手来量量图画书的长度，测测从小区到家一共要多少步。当然，和宝宝一起下棋和玩牌也是很好的亲子游戏。

宝宝数学智能的掌握期

宝宝到了5岁以后，各方面的智能都开始慢慢发育成熟，当然他们的数学智能发展也不例外。

·亲子心经·

在培养宝宝的数学智能的时候，爸爸妈妈一定要多关注一些生活中现有的元素，比如让宝宝伸出小手指数数，比比长短、粗细等；或让宝宝自己找找他的小皮球、小娃娃放在了什么地方都是很好的方法，没有必要将数学智能培养局限于数数和加减运算，要注意引发他们的兴趣和积极性。

第三章

情商篇

美国心理学家丹尼乐　戈乐曼在他的《情商智力》一书中指出：情商与人的生活各方面息息相关，是影响人一生快乐、成功与否的关键。情商主要包括以下几个方面的内容：一是认知情绪，二是自我调控情绪，三是自我激励情绪，四是认知他人的情绪，五是人际关系的管理。

认识情商

揭开情商的神秘面纱

所谓认知情绪就是人对于自身有一个良好的认知情绪。因为只有好好认识自己，才能主宰自己的生活。自我调控情绪也就是可以管理好自己的情绪。

当一个人身处生命中的低谷时期，能够妥善调整好自己的情绪，激励自己，不怕挫折，不惧困难，这种自我激励情绪就可以帮助自我重新出发。

通常情商还表现在能认知他人情绪，真诚地去理解他人，帮助他人，从而实现与他人顺利的沟通以达到正常交往。

在错综复杂的人际关系网中，情商的另一个方面表现为处理人际关系的管理，也就是领导和管理能力，这有利于建立和维系融洽的人际关系。

何谓情商

所谓情商，也可以称为情绪智力，英文全称为emotional quotient，简写成EQ。通常表示一种认识、表达、理解、运用、控制和调节自身情感的能力，以及处理自己与他人之间的情感关系的能力。情感一般在理智思考的前面。它是非理性的，在人的大脑中，其物质基础主要与脑干系统相联系，而大脑额叶则对情感有控制作用。

情商的重要性

有人说过，一个智商很高的人可以成为一名出色的会计师，但只有智商和情商都好的人，才能成为公司的高级主管。高情商的人能将自己有限的天赋发挥到极致，罗斯福就是一个典型的例子。

情商罗斯福

众所周知，美国历史上迄今为止任期最长、最受敬仰的总统富兰克林·罗斯福，是一位非常具有人格魅力的总统。他真诚、坚强、富于人情味，具有积极乐观的性格。正是因为这些品质，带领美国走出经济萧条和二次大战的阴影，在他走向成功的过程中，情感因素起到了非常典型的作用。情商中的各项能力在他身上得到了近乎完美的体现。也被有些人称为"二流智商和一流情商"的典范。

其实情商不是与生俱来的，而是在后天的环境与教育中逐步发展与提高的。一个人是否具有较高的情商，和童年时期的教育培养有密切的关系。因此情商的早期培养对宝宝的成长有重要意义。

情商与智商

● 情商与智商的关系

心理学家发现，情商水平的高低对一个人能否取得成功也有着重大的影响作用，有时其作用甚至要超过智力水平。情商与人的生活各方面息息相关，它影响着人一生快乐、成功。较高水平的情商，有助于宝宝创造力的发挥，也是所有学习行为的根本。杜克大学的巴勃教授说过："如果一个人在智力和社会情感两方面都很出色，那么他想不成功都很困难。"

虽然情商概念产生于对智商的反思，但是，情商并不是智商的反义词，相反，两者无论是在概念上还是在现实中都是相辅相成、相互促进的。如能加强后天的培养和训练，强化自我素质和能力，是使智商和情商都得到长足发展的关键。

● 情商应当引起重视

现在被心理学家和社会学家普遍认可的一种方程式：成功100% = IQ20%+EQ80%，可见情商起着重要的作用，它也将成为未来衡量一个人素质的关键因素。而在现实生活中，有些高智商的人，情商却不一定高。或许他可能在工作、学习是出类拔萃的人才，但人际关系不见得如鱼得水，所以工作也会相应地受到一些影响。相反，一些智商平平而情商较高的人，有着积极拼搏的精神，生活积极，人际关系处理得融洽，相应地就会容易获得成功。有人形象地形容道"凭智商进入机关，凭情商获得提拔"，也不无一定的道理。

英国著名心理学家嘉纳曾经说过：一个人最后在社会上占据什么位置，绝大部分取决于非智力因素。很多人在潜力、学历、机会等各方面相差不多，但是后来所实现的价值以及所取得的人生地位，差距确会很大，这也就难用智商来加以解释的了。

宝宝的情商发育特点

宝宝心理发展是一个从量变到质变的过程，在其发展过程中有着明显的阶段性。婴幼儿期一般是指从宝宝出生到3岁这一阶段。这是儿童生长发育最快的时期之一。

这一时期的宝宝生活的环境主要是家庭，而接触最多的就是父母。宝宝的身高和体重成倍地增长，学会辨认物体，认识周围的人，学习进食，学习控制大小便，学习走路，用言语表达自己的要求，也会按照吩咐或执行一些简单指令。此期间是宝宝自我概念的初步形成期。他会知道自己与别人的差异，会表现出各种基本情绪活动特点，如羞怯、焦虑、愤怒、恐惧和敌意。而性格的内向或外向特征也在这一阶段逐渐明显。

0~3岁宝宝的心理特点

这一时期，宝宝也会面临着信赖危机和自主危机。如果宝宝在1岁左右得到父母温暖、关心和爱，生理和感情需要得到满足，其心理就安稳，阳光，否则宝宝容易产生信赖危机和焦虑感。而在2~3岁，宝宝的自我意识逐渐增强，探索环境活动增多，他更希望按自己的意愿行事，这时容易与父母发生冲突。此时的父母应该多多理解宝宝的行为，以引导、鼓励和适当批评结合，增强宝宝的自信，从而形成意志坚强的品质。

如若父母管制太多，对宝宝过分责备甚至惩罚，则会使宝宝产生怀疑的性格，对自己和对别人缺乏信任感。

依恋的宝宝

我们班上有个叫天宇的小朋友，每天早上都是他妈妈亲自过来送他。每次来的时候，他总是在妈妈的怀里不肯下来，也不让其他老师抱。每次把他放下都哇哇大哭，像受了好大委屈一样，哭个不停。妈妈又不得不再把他抱起来，抱着他在幼儿园里走来走去。差不多半小时的时间，在他注意力被零食分散的时候，才肯从妈妈怀里下来。这时，他妈妈趁机迅速离开幼儿园。当他发现的时候，也会哭闹一阵子。平时的天宇，表现得有些自卑，不太愿意和其他的小朋友交往。自己总是喜欢独自坐在角落里，不说、不笑，也不跟别的小朋友一起玩。经一段时间的仔细观察，天宇对音乐比较敏感，有的时候他自己高兴了还会哼哼几句调子呢。以这个为突破口，上音乐课的时候，我就拉着天宇在自己的旁边，跟着其他小朋友一起唱歌、做游戏。他似乎也发现了其中的乐趣，久而久之，一直牵着我的手不肯放松的天宇，也慢慢走进小朋友的圈子，跟他们一起做操、玩耍

了。而每天，天宇的妈妈来送他的时候，他也逐渐没有了太多的依恋。

这个时期的宝宝是比较容易发生依恋行为的。它通常表现为与抚养者（通常是父母）亲密关系的行为倾向和表现。而这种依赖行为对以后的人际关系发展也有着重大的影响。

依恋行为形成和发展是双向的，一方面宝宝对父母亲昵，寻求保护，另一方面父母对宝宝的关心和依恋，父母的行为对儿童产生影响，它会促进宝宝认识世界。

依恋行为发展最基本的就是满足生理方面的需求，比方说饥渴寒冷时的需要。在感情方面会有所表达、接受。比方说宝宝害怕时寻求依靠。如果父母经常对宝宝行为作出微笑、模仿和鼓励，他就会增强自信心，而相对减弱依恋行为。

3～6岁宝宝的心理特点

在宝宝3～6岁阶段，是宝宝社会化迅速发展的阶段。这一时期的宝宝，感知力、运动能力、语言表达能力会有更进一步的发

展，而宝宝活动和交往的范围也明显超出了家庭的圈子。宝宝开始上幼儿园、学前班，开始与周围环境广泛接触，与各种各样的人接触。这时候的宝宝会对接受到学习性别角色，对性别差异会有所认识。也开始判断是非、对错，遵守基本社会规范。随着各种能力的增强，这时候宝宝可以控制大小便、自己穿衣服、吃饭等。也会学习与同伴的相处，在相处中，也会学到互相帮助，也会开始学习一些基本的知识和技能。

在这一时期的宝宝主要心理特点会表现出强烈的好奇心和求知欲，他们通常会问"为什么"，喜欢模仿成人的行为，通常会以父母作为榜样。他们对性别差异有较多的兴趣，日益清楚男女之间的差别。他们的自我概念也会进一步发展，并表现出较强的自我中心倾向和独立性，开始违拗，拒绝父母的要求，不照规矩行事，凭自己意愿和想象尝试不同事物。

而宝宝的另外一个心理特点表现为心理的敏感性和脆弱性。他们会提出要求，希望被注意、得到重视。如若受到过多的责备或批评，便会感到挫折、失望、愤怒或自卑，可能形成被动、退缩、循规蹈矩的保守性格。但若父母理解宝宝的心理需求，给予引导、关心和支持帮助，则宝宝会发展较多的自信，有助于形成独立和进取特征的性格。

· 亲子心经 ·

在情商教育领域，我们称3～6岁的宝宝为潮湿的水泥，这个时期的宝宝85％～95％的性格、理想和生活方式正在形成，他们的学习特点是模仿，需要的是充满爱的温暖环境，我们要做的就是给他明确的指导和方法。

父母是最好的情商老师

爱因斯坦曾经说过：智力上的成就在很大程度上依赖于性格的伟大。这一点往往超出人们通常的认为。众所周知，影响儿童成长及至成熟的两大心理因素是智力因素和非智力因素。

情商的水平定义比较抽象，它不像智力水平那样可以用一些测验分数值来表示出来，它只能依据个人的综合表现进行判断。家庭是宝宝提高情商的第一所学校，父母对待宝宝的方式，对于宝宝的情感世界有着深远而重要的影响。

高情商所具有的品质

一项研究表明，70%～80%智力差异源于遗传基因，20%～30%的智力差异系受到不同的环境所影响。虽然情商的形成和发展，先天的因素是客观存在的，但是后天的影响也是非常之重要的。

心理学家们还认为，情商水平高的人具有如下的特点：社交能力强，外向而愉快，不易陷入恐惧或伤感，对事业较投入，为人正直，富有同情心，情感生活较丰富但不逾矩，无论是独处还是与许多人在一起时都能怡然自得。专家们还认为，一个人是否具有较高的情商，和童年时期的教育培养有着密切的关系。因此，培养情商应从小开始，而父母则是宝宝最好的老师。

高情商父母应关注宝宝的哪些方面

● 树立宝宝的自我概念

所谓自我概念就是宝宝对于自己的认识，它是在自我的发展过程中由人与环境或他人的相互作用而形成的。

父母则要帮助宝宝发掘自身的优点和特长，同时也要教会宝宝观察欣赏他人的优点，学习忍耐和接纳他人与自己不一样的地方。使宝宝从小懂得为自己设立目标，肯定自己的长处，对自己负责。

● 情绪管理

情绪在我们的生活中发挥着独特的作用，它表现为积极情绪和消极情绪。

宝宝随着年龄的增长，喜怒哀乐表现无遗，感觉及反应能力十分敏捷，会逐渐出现矛盾心理，情绪上会相对不稳定。

所以父母就应培养宝宝觉察自身情绪变化的敏感度，认识引起情绪的原因。这样在以后可以教会宝宝如何调适、缓解情绪，并且学会解读他人的情绪变化。

高情商父母应该做些什么

高情商的父母对于教育宝宝来说，也有决定性的作用。

1.在平时，父母就应该加强自身

的情感训练，提高自身的素质，以做宝宝的好榜样。

2.应该仔细观察宝宝的日常行为，如发现宝宝情绪不好时，要懂得理解宝宝的感受，努力去了解宝宝不开心的缘由，从而协助宝宝以适当的方式抚平情绪。

3.在宝宝的日常行为中，要注意培养宝宝的同情心，帮助宝宝建立自信心，一步步促进情商的发展。

家庭是宝宝人生的第一个环境，而与父母的关系是宝宝人生的第一个人际关系。宝宝从小学会的为人处世很大程度上会受到家庭的影响，而父母的教养方式以及家庭氛围对宝宝情商的发展有着举足轻重的作用。

钉子的故事

有一个男孩叫杰瑞，他从小脾气就不好，易怒、易发火。于是他的父亲就给他一袋钉子和一个锤子，并告诉杰瑞：每当你发脾气的时候就钉一颗钉子在后院的围栏上。

第一天的时候，杰瑞就钉下了37根钉子。杰瑞一根根数着那些钉子，自己心想：怎么会有那么多的钉子。第二天过去了，围栏上的钉子只留下了30根。可他还是觉得挺多的。

就这样，杰瑞每天都会钉钉子，然后数钉子。慢慢地，每天钉下的钉子数量越来越少，他也发现控制自己的脾气要比钉下那些钉子容易。直到有一天，杰瑞再也不会失去耐心就乱发脾气了。这时候他高兴地去告诉父亲。父亲又说，从现在开始，每当你能控制自己情绪的时候，就可以拔出一根钉子。这样一天天过去了，围栏上的钉子也一根根被拔出了。

父接拉着杰瑞的手来到了后院，语重心长地告诉他："你做得很好，我的孩子，但是仔细看看那些围栏上的洞，它们将再也不能恢复到从前的样子了。所以你生气时说的话就像这些留下的疤痕一样，那个伤口将永远存在。"

生活中经常会遇到不开心的事情，愤怒越是不愿意忍受，就越难以忍受。所以每个人都会面临情绪难以自制的矛盾。诚然控制情绪并非易事，然而对情绪听之任之就会伤人害己。所以父母要和宝宝一起探索情绪控制的方法，并把自己的经验告诉他。

父亲在情商教育中举足轻重

父母在家庭中起着重要的作用，他们对于宝宝将来的发展产生着巨大的影响力。父母心理健康状况对于宝宝的影响已被国内外一些研究所证实。

在我国，父亲往往是一家之主，承担着照顾整个家、为家遮风挡雨的重任。相比较，母亲是慈爱的，她在整个家中扮演着操持家务、抚养宝宝、维持家庭正常运转的角色。

分工明确

由于这种角色上的差异，父母很"默契"地就把养育宝宝的任务分了工：父亲会常常与宝宝做游戏、辅导宝宝学习、帮助宝宝与外面的世界打交道。

而母亲主要负责宝宝日常起居的照顾。或许在和母亲的生活过程中，宝宝会学习到如何去关心、体贴他人，而在与父亲的交流中，宝宝会学习到更多的责任、义务。可想而知，一个内心积极健康的父亲，对于宝宝的社会适应能力培养，具有重要的无可替代的作用。

父亲在家教中的重要作用

1.父亲参与家教有利于宝宝的智力开发和体质的增强。父亲的逻辑思维和创造力、想象能力一般都优秀于母亲。所以他们与宝宝游戏时，善于变换花样，更能满足宝宝的不同爱好和情趣需要。一些运动量较大的活动，如骑车、游泳、玩球等，有父亲陪伴和指导，宝宝就能玩得更积极、更科学和更安全。在这过程中，开发智力、锻炼身体、磨炼意志的目的也能顺利实现。

2.父亲参与家教有利于培养子女的社交能力。父亲常和宝宝在一起，宝宝在人际关系中就有安全感和自尊心，容易与他人友好相处。如果宝宝总是接受母亲的教育而缺乏父亲的参与，就容易产生依赖性，一旦离开家庭，独立自主能力比较差。

此外，父亲参与教育还能促使宝宝产生对事业成就的追求。社会学家认为，一个人的事业成就感与父子（女）关系有密切的联系。换言之，与父亲关系密切的子女，一般都有较强的上进心和工作毅力。如果父亲和母亲一起关心培养宝宝，那么无论男孩还是女孩，在语言、理解各种概念和数学计算等方面都发展得比较全面。

自立的故事

有一个故事，讲的是有一群宝宝在山里野餐，结果迷路了。于是在潮湿饥饿中度过了恐怖的一夜，他们绝望地抱在一起失声痛哭。"我再也见不到我的家人了"，一个宝宝恐慌地哭着说，"我们会死在这里的"。然而这时，11岁的伊芙雷跳出来坚定地说："我不想死。我爸爸说过，只要沿着小河走，小河会把我们带到一条较大的河，最终一定会遇到有人住的村庄的。我打算沿着小河走，你们可以跟着我走。"结果，他们在伊芙雷的带领下，胜利地穿出了森林。

也许人们就会认为，像伊芙雷这样的女孩天生聪明。其实才能不是天生的，得益于其父的后天教育。目前西方国家，包括东亚的日本，十分重视宝宝的生存教育，从宝宝懂事起，就教育他们如何学会生存和自立，跌倒了自己爬起来，自己学会吃饭，整理自己的东西，并知道什么情况下怎样保护自己等。在近几年的研究中也表明，父爱，在对宝宝的成长中有着不可替代的作用。在宝宝成长的不同阶段，父亲扮演着不同的角色。

·亲子心经·

我们看到一些关于父爱缺失对宝宝影响的数据，父爱缺失对儿子不良影响的研究也越来越广泛深入。英国的一项调查显示，有1/3的女犯人曾生长于单身母亲家庭，或者家里虽然有父亲但他的作用显得微乎其微，根本未尽到父亲的职责。

家庭环境对宝宝情商的影响

"家和万事兴"，这是古训。而居里夫人也曾说过："一家人能亲密合作，才是世界上唯一的真正幸福。"一家人相互关心、尊重、理解、信任，也是教育子女的基本条件。而在失和的家庭里，人际关系是多变的，家庭成员之间缺乏尊重、理解和最起码的信任。如果一个家庭中，父母对生活充满热爱、品格健康、积极向上，观念信仰得当，生活风趣活跃，在这种环境中成长的宝宝，就会造就出良好的性格。我们都知道，一个人所生活的环境对他的成长起着非常关键的作用。从古代孟母三迁的故事我们就可以得出这样的启发：良好的环境非常有益于宝宝优秀精神品质的形成。

孟母三迁

孟子是战国时期伟大的思想家。孟子从小丧父，全靠母亲倪氏一个日夜纺纱织布维持家里生计。她一直希望自己的儿子读书上进，早日成才。

一天，孟母看见儿子与邻居家的小孩扭打在一起，浑身灰土土的，孟母觉得这里环境不好，于是就带孟子搬了家。

新搬家的邻居是做铁匠的，每天总能看到几个满身油污的铁匠师傅在打铁。有一天，孟母看见儿子在模仿铁匠师傅的样子，正玩得起劲。孟母觉得这里环境还是不好，于是带着儿子再一次搬了家。

这次他们把家搬到了荒郊野外。有一天，一户人家在办丧事，孟母看见儿子和几个孩子一起学着大人的样子跪拜、哭嚎。于是就把他拉回了家。

孟母第三次搬了家，这次的家隔壁是一所学校，有个胡子花白的老先生在教课。老师每天摇头晃脑地领着学生念书，那拖腔拖调的声音惹得孟轲也跟着摇头晃脑地念了起来。孟母就把孟轲送去上学。

这就是孟母为了孟轲有个良好的学习环境，三次搬家。

家庭心理环境对宝宝情商的影响

1.一位人格心理学家说过：家庭对人的塑造力是今天我们对人格发展看法的基石。在一种气氛紧张、父母关系不和谐的家庭里，对于还没有独立生活能力、完全依赖父母的宝宝来说，这样的环境很容易使宝宝情绪紧张，造成孤僻、自私、玩世不恭等不良品质，对儿童的心理健康产生负面影响。

2.父母具有良好的教育态度，耐心和良好的行为风格，能够主动了解宝宝的内心世界，并与宝宝一起参与解决问题，在这样过程中可以教会宝宝自我控制力、自我努力，从而也和宝宝建立起良好的情感关系。生活在这种关系融洽、气氛和谐的家庭中的宝宝，易形成良好的性格特点，会使宝宝对生活充满希望，性格乐观活泼，尊重老师、热爱父母，有良好的同伴关系，有强烈的求知欲望。同样，作为父母能够尊重宝宝的个性，宽容地接纳宝宝，鼓励宝宝去探索，努力培养宝宝的独立自主的人格，并且体会宝宝的认知倾向，启发其兴趣，就会使宝宝的健康成长如鱼得水。

家庭物质环境对宝宝情商的影响

1.家庭的物质环境一般包括家庭经济状况，衣、食、住、行的条件等。有的家庭长期缺乏学习的环境与条件，如家务劳动负担过重，

家长不务正业，家庭环境混乱等，这必然影响宝宝的学习。一个宝宝除天性之外，他的成长是跟他所处的环境和后天的培养分不开的。其环境的影响最具有造就人和教育人的作用。人在家庭、学校、社会以及工作环境中，可以间接得到发展和开拓性的教育。良好的环境起着不可替代的作用。家庭对宝宝的影响，更有着潜移默化的功能。

2.父母职业、文化程度的不同，会导致他们对待问题的态度也是不尽相同的，他们的价值观会千差万别，这就体现在它们与子女交流方式的差异和对子女关心程度的不同。因此家庭的物质环境和精神环境对子女人格的影响是紧密相关的。

3.独生子女与非独生子女的环境也对宝宝的成长有很大的影响。

诚然，"穷则思变"，那是指成年人"有志"的另一个范畴。

·亲子心经·

父母是宝宝的启蒙老师也是终身老师，宝宝能否健康成长，长大后又会变成怎样的一个人，其实很大程度上取决于由父母所营造的家庭教育环境。

道德情商

没有规矩不成方圆

有人说：一个不遵守纪律的民族，必定是一个没有自由的民族；一个不遵守纪律的学校，最后只能成为一所没有自由没有生机的学校。捷克大教育家夸美纽斯也曾经说过："学校没有纪律，就如磨房没有水。"

没有人喜欢给自己立规矩的，但大多数人都喜欢给别人定纪律。所以就人的本性而言，守规矩、守纪律都是不得已被各种教育驯化到骨子里，不然人都是想要随心所欲的。正所谓没有规矩不成方圆。

孙武练兵

军事家孙武因为精通兵法受到吴王阖庐的接见。阖庐对此有些怀疑，出了道题目刁难孙武："您的十三篇兵书我都看过了，可以用妇女试验吗？"孙武回答可以。于是阖庐从宫中挑选了美女百八十人让孙武进行训练。孙武把她们分为两队，并让阖庐最宠爱的两位侍妾分别担任各队队长。

孙武先把号令多次重复地交待清楚，并以击鼓发令，让她们进行列队练习。

结果妇女们哈哈大笑，向左、向右，方向不一。孙武说："纪律还不清楚，号令不熟悉，这是将领的过错。"他又多次重复地交待清楚，然后击鼓发令让她们向左，妇人们又都哈哈大笑。孙武说："纪律已经清楚，但不遵照号令行事，那就是军官和士兵的过错了。"于是，不顾吴王的劝解，斩杀了左、右两队队长。然后按顺序任用两队第二人为队长。他再击鼓发令，妇人们不论是向左、向右、向前、向后、跪倒、站起都符合号令、纪律的要求。于是孙武向吴王报告说：

"队伍已经操练整齐，大王可以下台来验察她们的演习，任凭大王怎样使用她们，即使叫她们赴汤蹈火也办得到。"

·亲子心经·

人类因为是社会性群体，所以应受社会性约束，就有了规矩、纪律的概念。规矩、纪律就是用来保证人们在公平公正的道德底线面前，尽可能地权益平等。

对于父母来说，在教育宝宝纪律观念方面可能着实都有一些艰难的亲自体验。比如：宝宝在外面跟小朋友玩得很开心，一次两次地叫他回来吃饭，说过的话立即被风吹散在空气中，非要亲自上阵连哄带说把他叫回家。还有有些宝宝喜欢看电视，看动画看得入迷的宝宝让他去做功课也不是一件容易的事情。这时候，就需要使用纪律的观念了。

考虑因素

其实在培养孩子纪律观念之前有些问题还是要先考虑到的：首先要根据宝宝的性格特点，因人而异，而且要留心观察到宝宝有什么特别的需求没有。再次，要考虑到自己平常跟宝宝的关系如何，恰当地使用一些技巧，语言上也要多加注意。还有大的方面就是要考虑到家庭的生活近期有没有什么变化和改动之类的，这些对于家庭成员中的宝宝也是有一定影响。

1.明确地告诉宝宝你要求他遵守的约定，并要说明必须遵守的原因、重要性和所达到的目的。

2.认真征求宝宝对你所定下的规定的意见，如果提出的意见合理，可以适当地进行修改。

3.当宝宝违反规定时，必须及时警告他，并督促他执行直至自觉。

4.当宝宝在警告之后再次违反了规则，就要受到相应的责备和惩罚，但是还应该耐心地教育宝宝让他知道究竟错在了哪里，以及错误的后果和受到惩罚的原因。

5.应当以鼓励的方式督促宝宝遵守规定，当宝宝在某时某事达到要求时，应当及时给予表扬和鼓励。

6.应努力与孩子建立起一种互相尊重与关爱的关系，才能使孩子更乐意接受你所定下的规则和纪律。

7.一定要注意所定的规则和制度必须相一致，避免出现矛盾的条款，否则会使孩子无所适从。

8.规则一旦制定就必须严格执行，不要轻易更改或无故不执行。

9.当宝宝长大些时，必须让宝宝也参与到家庭规则的制定中来。

10.要奖惩分明，要一视同仁，对家长也应同样要求。

培养宝宝诚信的品质

诚实，就是忠诚正直，实事求是，不说谎，不虚伪，言行一致，表里如一。守信，就是言而有信，遵守诺言，说到做到，不虚伪欺诈。

"人无信则不立，业无信则不存"，诚信是立身之本，做人的基本准则。诚实守信既是华夏文明的精髓，又是中华民族的传统美德，同时也是我国公民道德建设的一个重要内容。

要跟宝宝讲道理

要宝宝正确认识常见的一些不诚信的行为，杜绝于未然。父母最好是在宝宝还没有出现不良情况时就提早跟宝宝讲，让宝宝明白这样做的得与失，从而避免为小利而做了不诚信的事情来。如：考试不可以作弊，不可以用别人的名声做不该做的事情，做错事情不可以撒谎逃避惩罚等等。

商鞅变法

春秋战国时期，商鞅在秦孝公的支持下开始了变法改制。商鞅推行改革中并不顺利，因为当时战争频繁，民心惶惶。为了树立威信，商鞅下令在都城南门外竖立一根三丈长的木头，并当众许下诺言：如果谁把这根木头从这里搬到北门，就赏金十两。顿时围观了好多老百姓，大家熙熙攘攘，大部分人都不相信只挪动一根木头就能轻易获得十两金子。第一天没有人去搬。于是，商鞅连着把赏金提到五十两。重赏之下必有勇夫，终于有一个壮汉站了出来，轻易地就把木头扛到了北门。而商鞅也兑现了自己的诺言，立即赏了那个人五十两金子。这一举动，震惊了周围百姓，也在百姓心目中逐步树起了威信。而此后商鞅的变法，也很快在秦国推广开来，新法促使秦国逐渐强盛起来，最终消灭了其他几个国家，统一了中国。

要满足宝宝的合理需要

宝宝不诚实的行为大部分是为了满足需要，如果宝宝的物质需要或精神需求没有得到满足，他必然会想方设法寻求满足。而此时，父母如若对宝宝的合理要求过分抑制，宝宝就更加容易扩张欲望，并会采取一些不诚实的行为以满足自己的需要。这时父母正确的做法是跟宝宝一起来分析一下这些需要。父母要认真倾听宝宝的心里话，不要以成人的想法推测宝宝的心理。父母应当告知宝宝哪些需求是合理的，哪些需求是不合理的；哪些需求是才能满足的，哪些需求是以后可以满足的。然后及时满足宝宝的愿望，对于不必当时就满足的可以答应以后慢慢来实现。而对于不合理的需要，一定要跟宝宝讲清楚原因。

用实际行动来约束孩子

在讲道理行不通的情况下，要有行为规范用来教育宝宝，让宝宝从小就按诚实的标准来严格要求自己，如：不准拿别人的东西，不许说大话、不许说假话，不要贪图小便宜，做错了事情要勇于承认错误并及时改正等等。如果父母对宝宝的错误行为听之任之、任其发展，只会增加宝宝不良习惯的形成。

父母要尊重宝宝

虽然宝宝年龄小，但也是具有独立人格的人，诚实源于尊重。如果宝宝的自尊心在某种程度上受到父母的挑战，得不到所期望的尊重，就可能引发不诚信的表现。有的父母不善于倾听，经常不分青红皂白地训斥、责备宝宝，这不但让他们无法明辨行为的是非对错，还会给宝宝心里留下一片阴影，以致使他用更多的谎言来弥补自尊心受到的伤害。

·亲子心经·

俗话说金无足赤，人无完人。宝宝在成长的过程中，不可能不犯错误，做父母的要注意培养宝宝承认错误和改正错误的勇气和习惯。

父母是最好的榜样

著名的教育家克鲁普斯卡娅曾说过：早期教育对父母来说，首先是自我教育。著名科学家钱三强和著名核物理学家何泽慧夫妇，不仅在学术上认真严谨，而且在对待子女的教育问题上尤其强调父母自身的行为，做好对子女的榜样。

由于夫妇双方都是杰出的科学家，家里的各方面条件都很优越，钱三强夫妇就非常担心宝宝从小会因为身在优越的环境而变得铺张浪费、大肆挥霍等。因此，钱三强夫妇首先就从自我做起，严于律己，做好榜样。

榜样的力量

大部分人都曾经历过学习榜样的年代。那些榜样对于我们来说高尚而又遥远，于是我们学榜样的热忱和榜样的光环渐渐熄灭了，可是，我们的父母或许会成为离我们最近的榜样。

钱三强夫妇

钱三强夫妇两人从不追求豪华、奢侈的生活，尤其是夫人何泽慧更是处处以身作则，年复一年，依旧是自己身上的"老三样"：天晴的时候，就是那双平底布鞋；阴天的时候，是那双解放球鞋；下雨的时候，是那双绿胶鞋。而头上咖啡色的围巾，早已洗得发了白。钱三强的生活也是一样，他经常说：衣服能穿就行了，东西能用就行了。父母一向的勤俭节约、身体力行，宝宝从小就会看在眼里、耳濡目染，自然也就养成了好习惯。钱三强家中有三个宝宝，从小没有一个讲究吃穿、讲究派头，他们待人谦虚、礼貌，从来不和他人攀比。上学的时候和其他孩子一样坐公共汽车，穿和同学们一样的校服，更不会靠着父亲和母亲的特权搞什么"特殊化"。他们衣着朴素，吃喝简单，住行平实，成年后在为"人"和为"学"上，都成为同龄人中的佼佼者。

据一位心理学家的调查显示，有一半的宝宝有自己模仿认同的对象，而其中78%的宝宝会以自己的父母为认同的对象。父母是宝宝心目中的英雄人物，如果不好好地扮演好这个神圣而重要的角色，怎么面对孩子的崇拜呢？父母要通过自己的言行，让孩子看到、感受到父母都是善于控制自己情绪的，彼此之间、与邻居之间、与亲友融洽相处，从中受到入脑入心的影响，孩子会在追赶你们的过程中自然地提高自己的情商。

父母应以身作则

生活中，父母的言行举止对小对宝宝有着直接的示范作用。年幼的宝宝缺少辨别是非的能力，他们总是无意识地模仿父母的行为，父母的言行举止无论好坏都会被孩子不自觉地效仿。一个乐观、慈爱的母亲会让宝宝建立稳定的安全感。成年之后一般缺乏安全感的孩子会对人缺乏信任、情感变得冷漠。而对社会适应不良的孩子容易遇事退缩、脆弱不堪一击。同样，一个工作压力大、情绪低落，经常在家发脾气的父亲，会让自己的宝宝产生一种焦虑、压抑的心情。如果是男孩子，会影响他从内心成为父亲的行为方式，成年之后如遇到类似的压力后，会以同样的方式表现出来。而女孩则观察到母亲的表现，

也会像母亲那样变得容易惊恐、抑郁。父母的心理健康状况对孩子的影响是巨大的，父母要认识到自己在养育孩子过程中的特殊作用，并时时保持主动地位，扬利除弊。

·亲子心经·

有人说，宝宝的心灵是一块奇怪的土地，播上思想的种子就会获得行为的收获；播上习惯的种子，就能获得品德的收获；播上品德的种子，就会得到命运的收获。

让宝宝远离谎言的技巧

林肯说："你能欺骗少数的人，你不能欺骗大多数的人；你能欺骗人于一时，你不能欺骗人于永恒"。

宝宝说谎的危害

说谎是什么意思呢？说谎是作弊与欺骗在言语方面的表现。这种欺骗与作弊是很不好的，大而言之，直接的或间接的有害于国家民族，拿那些贪官污吏来说，就是一种惯于说谎的典型人物。小而言之，亦足以使个人的人格破产。

浩浩风波

我是一名幼儿老师，浩浩是花花幼儿园的一个小朋友，今年三岁。有一天他的同学小荷把一辆红色的玩具汽车带到了幼儿园，他觉得好神气呀，于是他趁小荷画画的时候，拿起了玩具汽车。谁知道被小荷扭头发现了，两个人就抢了起来。在班上号称"大力士"的浩浩，小荷哪是她的对手呀，一个趔趄就把她摔倒在地。小荷接着就哇哇大哭起来。看到这种情况，浩浩也慌了神，不知所措地靠在了墙边。

其他的小朋友也被这件事情吸引了，纷纷投来了惊奇的目光。突然，浩浩也哭了起来，只见他朝办公室跑去。后来发生的事情，就是我所知道的事情，浩浩哭着对我说：小荷抢了他的玩具。经过一些询问，才了解到整件事情的经过。

在这种情况下，首先要了解到浩浩会说谎的原因，明明是他自己做错了，怕自己承认了错误，被小朋友们瞧不起，不与他玩，受到孤立；或是怕承认了错误后，挨老师批评，于是就撒谎，隐瞒自己的错误。不过浩浩自己承认不是有意推倒小荷的。对于这点，可以接受，不予责备。所以这时候应该帮助他认识不说真话的坏处。说谎是一种不良行为，大家都不喜欢。当浩浩认识了自己的错误，这时候会对他说："抢小朋友东西是不对的，下次改了浩浩还是好孩子。"浩浩这时也露出了洁白的牙齿。

宝宝说谎的原因

有时候宝宝说谎不是偶然的，是养成了一种说谎的习惯，这种习惯大多数又是从小养成。但并不是从娘胎带来的，而另有原因：

1.有些父母每逢宝宝做错事情时，会习惯性地打骂宝宝。宝宝怕被骂，有时候会用谎言来掩饰自己的过错。当这种掩饰得到宽恕，于是就会发生第二次第三次再说谎来求得宽恕。

2.有时宝宝为了不愿意做或不能做某事时，便会用各种谎言去欺骗，当这种谎言得到同情时，就会发展成以后常说谎去推诿了。

3.很多宝宝为了口谗，要吃东西，也会说说谎。又有些宝宝为了要得到很高的分数或奖品，编造谎言以提高自己的身价。这都是为了贪利的缘故。

4.宝宝辨别是非能力差，若长辈间出现不诚实行为，宝宝就会不自觉模仿。

5.有些宝宝想象力比较丰富，他的好奇心强和以自我为中心的特点，使头脑里不时滋生一些幼稚的夸张和烂漫的想法，从口中说出来有时就成了谎言。

所以，一定要分清楚哪些是有意撒谎，哪些是无意撒谎。

有的是无意撒谎，因为这一时期的宝宝年纪比较小，对事物反映的精确性较差。他的感受器官的发展还不协调，更不完善，又缺乏生活经验，对事物的反映容易走形。有的时候会把圆的说是方的，红的说是白的，这是常有的事。这是幼儿缺乏概念的概括能力，表达能力以及必要的知识经验的缘故。这种情况下，小孩把鸭说成鹅，就不能算撒谎。

有时，由于幼儿想象与现实之间的差距，小孩也会出现这种情况：端着空杯子，却假装喝水。或者到了晚上，不进被子，非说被子里有老虎。当宝宝惧怕什么或希望有什么时，又不能摆脱它或得到它，便会以想象来代替现实，从而取得心理平衡。事实上，可能是他白天在幼儿园或者画报上看到老虎的图片。这个时期幼儿的想象就是这样，既容易与现实混淆，也容易脱离现实。作为父母也不必大惊小怪，这些都是宝宝在发展阶段上可能会出现的现象，不能认为宝宝是在说谎。以上这些"无意撒谎"，只要父母讲清道理，宝宝很快会改正过来的。

· 亲子心经 ·

但如果发现宝宝是"有意撒谎"的时候，父母就一定要严格对待了，尤其是在宝宝第一次撒谎的时候，就应该引起足够的重视。

孝是人生第一步

古训曰：长者立，幼勿坐，长者坐，命乃坐。尊长前，声要低，低不闻，却非宜。

进必趋，退必迟，问起对，视勿移。古代教育就有教导要尊老，孝顺也是中华民族的一种美德。

心灵培植

父母要在恰当的时候告诉宝宝，每一个宝宝都会慢慢地长大直到变老，父母养育了一代代儿女，而现在的爷爷奶奶、外公外婆也正是他们养育了你们眼里的爸爸妈妈，才能有宝宝。

爷爷奶奶、外公外婆现在老了，做不了事情，牙齿也掉了，眼睛也花了，走路也慢了，怎么办？是需要宝宝、爸爸和妈妈孝顺他们的时候了。同样，不光自己的亲人要这样，见到其他的老人也是一样的。

搜集孝心故事讲给宝宝听

很多宝宝都喜欢听故事，我们除了神话传说和卡通动画，不妨搜集一些有关孝心的故事，平时经常让宝宝接受孝道的品德教育。

比如，古代《二十四孝》中的上书救父、哭竹生笋、鹿乳奉亲、亲尝汤药、卧冰求鲤、孝感动天等等；"黄香9岁为父亲暖被窝、薛包尽心侍后母"的故事；还有，"乌鸦反哺""羊羔跪乳"教宝宝明白孝心是真理和天性；"孔融让梨"，使宝宝懂得分享；"香九

龄，能温席。孝于亲，所当执。"让宝宝懂得关心父母，爱在细微处。

笑笑的故事

我家笑笑刚满两周岁，语言表达方面非常有限。但是，偶尔的只言片语，却能折射出宝宝一颗真诚、善良、仁爱的心。虽然只有两岁，他却懂得尊重和孝顺长辈，懂得关心和体贴他人，懂得分享、懂得谦让。比方说笑笑每次吃东西，不管吃什么，都会有意识地四处张望，看看全家是否都有。如果发现谁没有，他就把自己的拿出来分享。有一天吃午饭，喝鸡汤，家里五口人每人盛了一碗，爸爸喝的快，笑笑没注意的时候爸爸就已经一扫而光了。笑笑照例巡查了一遍，沿着餐桌扫视一圈，喃喃自语，"爸爸没有"。然后赶紧端着自己的碗递到爸爸面前："爸爸没有，笑笑有，给爸爸喝！"再如，有一天吃苹果，爷爷牙疼不想吃，笑笑发现爷爷没有，就拿着自己的苹果跟妈妈说："拿刀切，笑笑一半，爷爷一半。"

给宝宝表达孝心的机会

有的父母爱子心切，在自己身体不舒服的时候也会支撑着动手做饭端给宝宝。

这样会让宝宝误认为即使母亲生病了也用不着自己的帮助。其实很多父母都会犯这样的错误，这样的结果久而久之，就会让宝宝对父母的劳累和难处变得不闻不问。

给宝宝营造表达孝心的环境，提供表达孝心的机会，让他们有机会主动关心和帮助我们。平时，就让宝宝分担家里的一些事情，让他负起责任。遇到难题，讲给宝宝听，让他一起出主意想办法。长辈身体不舒服或生了病，告诉宝宝应该做哪些事情，并付诸行动。

时间长了，孝心会在宝宝身上扎根。

和宝宝一起参加亲子活动

父母要与宝宝多交流、多沟通，共同做游戏，亲子共读一篇文章、共诵一首诗词、共唱一首歌。在亲子互动的活动中，不仅可以尽情地享受天伦之乐，而且可以在潜移默化中使宝宝养成孝敬长辈的好品德。

让宝宝了解父母的艰辛

孝，是一切教育的开始。那么，如何培养宝宝的孝心呢？有些独生子女攀比的心理比较严重，张口就是我爸爸是处长，我爸爸开公司等等什么的，很多宝宝聚在一起，往往喜欢炫耀自己的父母地位怎么显赫，却不清楚父母的钱是如何来之不易。这个时候，父母应该跟宝宝多讲一讲自己的工作经历，让他们明白挣钱也是一件很不容易的事情。

帮宝宝"戒掉"任性

随着宝宝一天天的长大，不少父母就会面对这样一个问题：宝宝越来越任性了，这是怎么回事？应该怎样教育他？有些父母会认为自己的宝宝天生脾气比较倔强，没办法。

就绝大多数宝宝来看，任性不是天生的毛病，它也是有一些原因造成的。

首先这说明你的宝宝已经有了自我意识，并且认识到自己可以掌握周围的环境，从这方面看，其实是件好事呢。另外，这个时期的宝宝，所有的行为完全是受本我的驱使，而没有受到自我的控制，等宝宝长大一些，经过家长耐心的教育，行为就会有所控制了。

反抗期

宝宝成长过程中，也是会出现"反抗期"的，一般在3～4岁是人生的第一个反抗期。

这时候的宝宝不会像从前那样听话，而是经常会和父母闹脾气，总是力图想摆脱家人管束。有的时候好像是故意跟父母作对，越是让他去做什么，他就越去做别的事情。到了4～5岁这种情况会依然延续，这时候宝宝会表现出不服管教的特性。当父母对他提出某种要求的时候，他往往会直接拒绝。如果你加以干涉，他就会变得暴躁。

父母往往会认为宝宝这种独立性倾向是不听话，实际上这是宝宝的"反抗"心理，是独立性个性品质发展的重要标志，是一种正常的心理发育现象。如果强制性的管制或责备，宝宝可能会听话，但也会同时伤害到他的自信心和自尊心。

这时候要关注宝宝的反抗心理，因势利导，对孩子的合理行为与要求，充分鼓励和满足；对宝宝的不合理要求也要采用适当方式加以引导，避免强硬手段。

其实宝宝有点"不听话"并非坏事，往往这种孩子兴趣广泛，有独立见解，适应环境的能力强，心理发展也比较健康，而一个一切听从大人安排的特别听话的孩子已经不符合时代的要求，同样是有问题的孩子。

沉着应对

其次，沉着冷静地对待宝宝的任性行为。哭是宝宝发泄情绪的一种表现，先让他痛痛快快地哭一场。不要宝宝一哭闹，就所有合理不合理的要求都满足他。

这时候父母可以在一边静静听着，到他停下来不哭时，再与他分析事情的起因，还要告诉他，哭是不能解决事情的，然后一起寻找事情的解决办法，但一定要让他知道父母是关爱他的，但绝不是溺爱。

分散注意力

这种方法适用于年龄较小的宝宝，父母可以利用宝宝注意力易分散，容易被新鲜的东西吸引的心理特点，把宝宝的注意力从他坚持的事情上转移到其他新奇或他感兴趣的事情或物品上。

白裙子

我女儿满3岁了，虽然说越来越有主见，可也渐渐变得任性了。因为是女孩子，都喜欢把自己打扮得漂漂亮亮的。

她可以自己穿衣服，学着搭配我本来也很开心的。可是，偏偏她要在天气很热的时候穿裤子，而有一天外面天气有点凉，她非要穿那条白裙子，不给她穿，她又哭又闹，发起小脾气来，还蛮凶的。她那么不听话，说了她几句，脾气就更大了。

就连吃饭的时候还撅着小嘴，闷闷不乐地，好像不达她的目的，决不罢休一样。3岁的孩子，这样也有点太任性了吧？有没有什么好的解决办法呀？

其实孩子3岁以后就有自主运动能力，自我意识也会进一步发展。他们想要独立于父母自己做事情。比如固执己见，不肯轻易放弃自己的要求，遇到不同意见会吵闹、不听劝告，不肯听从成人的安排和规范等。这就是几乎所有孩子都会出现的第一个反抗期，是儿童心理发展的一个必经阶段，父母不必过于担忧。

相反，家长要耐心倾听孩子的想法，在一些不违背原则的情况下，尊重孩子的决定，比如：在穿衣服的问题上，孩子想夏天穿裤子，父母可以同意，感觉到热了，宝宝自然会要求更换凉快的衣服，自动纠正自己的错误。因此，只要父母的态度正确，不急不躁，给宝宝一定的自主空间，宝宝是能顺利渡过反抗期，进入一个新的发展阶段。

激将法

利用宝宝好胜的心理，激发起他们的自信心去克服任性。

·亲子心经·

有些宝宝任性，是父母惯出来的毛病。宝宝小的时候，常常有不合理的要求，父母觉得宝宝小不懂事，于是就迁就他，长期下来，宝宝就形成了任性的定势。

自省情商

让宝宝学会"自我认识"

1～2岁宝宝已经开始有自我意识，这个时期的宝宝大多数时间都会用在区分自我和他人方面。宝宝会在自己的小脑袋里勾勒出一个初步的自我形象。

正确认识自我，对宝宝的行为有着很重要的调节作用。宝宝最初是通过别人而认识自己的，宝宝就像一面镜子，父母对他们行为的反应尤为重要，父母的言行在宝宝人生道路的起点上也起着至关重要的启蒙作用。

父母要对宝宝的行为变化做出积极反应，在宝宝发出动作或表现出情绪的时候，要及时反应。例如宝宝咬自己的小手或拍打妈妈的脸的时候，都是对宝宝进行自我概念强化的好时期。这时候很容易让宝宝了解到：这个小手是宝宝的，咬了会痛。

这个是妈妈的脸，和宝宝的是不同的，等等。

照镜子

我的宝宝敏儿已经快1岁了，小家伙的到来给整个家增添了很多快乐。几个月的时候，小家伙每天除了吃就是睡的。随着她一天天地增长，有时候也会习惯性地把小手放在嘴里吸个不停。这种情况有时候是她饿了，可有时候她也总用好奇的眼神看着自己的小手，然后放到自己嘴里尝一下。大约在她10个左右的时候，有一次我抱着宝宝对着镜子弄自己的头发，发现宝宝聚精会神地对着镜子在看，我以为敏儿是在看自己，可是当她伸手去摸对面镜子的自己的时候，我才发现，她是在看我。如果我抱着敏儿靠近了镜子，她用小手拍打镜子，甚至还伸头过去舔镜子。这时候我明白了，敏儿是在"自我认识"。这时候，我拿起敏儿的小手晃了晃，说：这是敏儿的小手。然后又伸出自己的手告诉她这是妈妈的手。我指着镜子里的敏儿告诉她这是敏儿……在这种我、镜子与敏儿的交流中，敏儿一直表现得很开心，有时候还手舞足蹈的。从那以后，我就开始注意帮着敏儿认识她自己，以及周围的事物。

照镜子是培养宝宝交流和交往的有益玩具，对丰富宝宝的视觉体验很有好处。

中国人民大学心理研究所雷教授认为，"孩子照镜子，不光是为了看一个活动的影像，这是他们发现自我的一个过程。"

认识启蒙期

自我意识是人类特有的意识，是人对自己的认识，以及自己与周围事物的关系的认识，它的发生和发展是一个复杂的过程，自我意识不是天生就已具备的，而是在后天学习和生活实践中逐步形成的。

婴儿早期的时候没有自我意识这个概念，他们不认识自己的身体，所以他们会吃手，有时候会把自己的脚当玩具玩。可随着年纪的增长，宝宝会慢慢了解到自己的身体。

1岁以后的孩子开始对自己有所认识，这是自我意识萌芽的表现。他们会知道自己的名字，并能用自己的名字来称呼自己。也开始认识自己的身体和身体的有关部位，还能意识到自己身体的感觉如"宝宝痛""宝宝饿"等。

1岁左右的孩子学会走路以后，能逐渐认识到自己能发生的动作，感受到自己的力量，如用手能把玩具捏响，用自己的脚能把球踢走，这些都是幼儿最初级的自我意识表现。

认识膨胀期

宝宝大约到了2岁以后，会说出"我""你"这种简单的代词之后，自我意识的发展又会上一个新台阶。到了3岁以后，宝宝开始出现自我评价的能力，会对自己的行为评说好与坏。俗话说"两岁三岁讨人嫌"，就是因为这个时期，宝宝的自我意识在强烈的爆发中。他们常常会坚持凡事自己来，可结果却把事情搞得一塌糊涂。

自我意识是人个性的一个组成部分，它的发展有着许多社会因素的作用，在儿童自我意识的形成和发展中，父母要教会宝宝自己教育自己，完善自己的个性。

让宝宝学会自省

自省是指人认识、体察和反省自己的能力。拥有自省智慧的人，能够分辨清楚自己的情绪，知道自己做事的目标和动机，因此有非凡的自我调节能力。他们能够对自己作出正确的自我评价，因而拥有自知、自尊、自信和自制等可贵的个性品质。优秀的哲学家、心理学家、思想家、政治家等都具备较强的自省智慧。

宝宝自省的好处

自省智能就是有自知之明，对自己的价值存在敏感，发展良好的自我感觉，有直觉力，会自我激励，懂得设定目标并完成。培养宝宝自省智能将有助于认识自己的情绪、动机、兴趣和愿望，以及自尊、自省、自律、自主，借以引导自己的行为。

打架风波

我是一名实验小学的老师，今天处理了两个一年级刚入学的新生。看到他们进办公室的样子，真是又疼又气。两个学生衣衫不整、头发凌乱，身上还沾着不少灰尘。他们其中一个原本噙着委屈的泪水，另一个则是振振有词地开始讲述前因后果。我没有马上训斥他们，而是让他们先照照镜子，看看自己的形象再说。

当从镜子里看到自己的形象时，我观察他们的表情，发现他们的内心已经发生了较大的变化。当他们在我面前低下了头时，我让他们想想自己的问题，说不清楚的，可以回去用纸把自己的错误和感受写下来。后来，他们都很诚恳地向我承认了错误，并且互相给对方道了歉。问题就这样顺利解决了。我想，应该"因事制宜"地让孩子学会自省，这样比教师的说教效果要持久得多，花的时间也比较少。

有些宝宝因为一些小事与别人引发了矛盾、甚至跟别人扭打在一起之后，往往都是一味地指责对方的不是。比方说："妈妈，小强打我，我不喜欢他了。"

有些宝宝还经常去家长或者老师那里告状。面对这些问题父母要引导孩子先从自己入手。让孩子思考：对方为什么这样对待自己？还是上面的例子："妈妈，小强打我……"这时要问孩子：小强为什么打你，为什么是打你？我们有没有做得不够好的地方？我们要怎么做，才能避免他人打你？然后入情入理地再给他讲，一个巴掌是拍不响的，一件事情有一个结果，这个结果是由多种因素作用而成的……我们要教会孩子学会自省，学会避免与他人有太多的摩擦，从而为建立起和谐的人际关系打基础。

如何培养宝宝的自省智能

● 让宝宝说出自己的心情

对于年龄小一些的宝宝，可以要求宝宝说出自己的心情，并表现出符合心情的表情，让宝宝从镜子中看自己情绪变化时的表情，以训练宝宝自我发觉及情绪表达的能力，或是运用绘画的方式，让宝宝画出不同情绪下的不同表情。对于年龄稍大点的宝宝尽量多与他谈心，鼓励宝宝多表达自己，和宝宝讨论、分享个人的想法、感受及梦想。平时家长也要主动观察并适时地辅导宝宝认识、了解自己的内心活动、行为能力及情绪表现。

● 加强宝宝的动手能力

让宝宝参与做家事的过程，自己收拾玩具。

·亲子心经·

宝宝自省智能的发展会受到知识能力、交往能力、教师、同伴和父母等很多方面的影响。年龄越小的宝宝，由于言语的限制，培养的重点越应该放在生活自理能力上，以及明白自制的重要性与认识自己上。

● 修正宝宝负面评价

当孩子说出对自己的负面评价时，家长应该将其引导为正面评价。例如，孩子形容自己是一个动作很慢的人，家长可以引导孩子修正为"我是一个做事情慢慢来，不急躁的人，但是需要赶时间的时候，我也能加快我的速度"。

懂得欣赏自己的宝宝

自我欣赏是一种充满自信的行为表现。有抽查数据显示：对自己的长相表示满意的占76.8%；对自己的健康状况表示满意的占80.5%；对自己的性格表示满意的占71.3%；对自己的学习状况表示满意的占70.0%；认为"自己在各处都能起作用"的占66.0%。

这项调查还表明，当今少年儿童有76.2%表示对未来充满了希望。显然，他们对自身存在的价值给予了肯定。

每个宝宝都需要赏识，但不是在任何时候，任何情况下都可以使用赏识。赏识也要有一定的原则、标准、尺度。对于父母，如何欣赏自己的宝宝，可以注意以下几点：

要让宝宝感觉到自己很重要

这种感觉也是确定宝宝成年之后自尊心的一个先决条件之一。一些年纪小的宝宝在生活中很愿意表现自己，一些简单的小事可以让宝宝参与帮忙。比方说，让宝宝帮着拿张报纸，扔垃圾，父母满意地回声"谢谢"。这都会让宝宝感觉到自己的作用。随着年龄的增长，要求宝宝有意识地帮助家中做一些力所能及的事情，如洗洗手帕，擦擦桌子，并形成习惯，一方面可以让孩子感觉到他是家庭的一员，他在家中也应尽一点义务，另一方面，让他感觉到自己在家中的位置和作用。

要让宝宝感觉到自己很能干

有些父母不放心让宝宝做这个做那个，总是会说"这个不能动""那个你不行"之类的话，这些总会让宝宝感到自己有些无能。如果有些物品宝宝不能随便动，父母也得耐心地告知。比方说："现在你年龄小，还不懂如何开关（如煤气灶等），而又有危险，等你长大后就会了。"也应该创造一些能让宝宝做的事情，当他通过努力完成了，父母就夸夸他"真能干"。比方说他能设法搬一个小凳子，然后自己站在小凳子上去取原来拿不到的东西时，一句"宝宝真会动脑筋"，就有助于孩子今后自信心的树立。

要让宝宝知道自己也很漂亮

爱美之心，人皆有之，小小的宝宝也不例外。一天，源源穿了件新衣服，对着镜子照呀照了半天，还用期待的眼神问一旁的妈妈：好看吗？妈妈积极回应了源源：源源真漂亮！源源开心地露出了小虎牙。让宝宝产生这种美滋滋的感觉，很有必要。每个宝宝在父母的心目中都是最美的，这点也要表达给宝宝知道。

让宝宝从小感觉到父母对他们的接纳，有利于宝宝产生自我接纳、自我欣赏的感觉，这是人生最初的一种自爱情感和行为。每个宝宝自身也都有不足的地方，父母要去开导他们发现自己身上的美。对所谓不足之处也要善于用转化的语言让宝宝感受到积极的一面。

相信我可以的

我叫陆路，虽然我年纪不大，但在我成长的记性中，对妈妈的印象非常深刻，因为很多时候是她鼓励了我。记得我上幼儿园的时候，我妈妈第一次去参加我的家长会。幼儿园的老师说我有多动症，在板凳上连三分钟都坐不了，建议妈妈最好带我到医院去看看。可是妈妈参加完家长会，在回家的路上，我问她老师都说了些什么，她鼻子一酸，差点儿流下眼泪。我猜到老师肯定说我表现不好，看老师平常对我的反应我也知道。可是妈妈却告诉我："老师表扬了你，说宝宝原来在板凳上坐不了一分钟，现在能做三分钟了，其他的妈妈都非常羡慕妈妈，因为全班只有宝宝进步了。"

那天晚上，我非常高兴，破天荒吃了两碗饭，并且没让妈妈喂。

后来我上小学了。有次家长会上，老师说，全班50名同学，这次数学考试，我排第49名，他们怀疑我智力上有些障碍，建议妈妈带我到医院去看看。

回去的路上，妈妈又流下了泪。然而，当她回到家里，却对坐在桌前的我说："老师对你充满了信心。他说了，你并不是一个笨孩子，只要能细心些，会超过你的同桌，这次你的同桌排在第21名。"说这话时，我的眼神放了下光，沮丧的小脸也一下子舒展开来。第二天上学时，我去得比平时都要早。

结果这次期末考试的时候，我考了全班第10名。当我拿着成绩单跑回来的时候，我对妈妈说，因为妈妈欣赏我，觉得我行，我知道，我一定可以的。

让宝宝自我宣泄

宣泄就是舒散、吐露心中的积郁，让宝宝淋漓尽致地吐露自己的委屈、忧愁、牢骚和怨恨等不快，使其达到心理平衡。情绪宣泄是宝宝心理健康方面的一个重要内容，也是宝宝常见的一个现象。

采取适度的宣泄情感的方式，使宝宝消除在生活或活动中内在的积郁，让心中的愤怒或不满情绪宣泄出来，从而达到心理上的平衡，这对宝宝心理健康非常有利。宝宝不是永远都是无忧无虑、永远愉快

的，应该理解宝宝的宣泄需要，并以适当的方式让宝宝适度地宣泄，以让他们疏导消极情绪。只有让宝宝学会恰当体验、控制和表达他们的各种情绪，才能成为真正快乐的人。然而对于宝宝情绪宣泄也需要一定的认识水平和评价水平，不良的宣泄对宝宝的危害也是非常不好的。

让宝宝在游戏中得到宣泄

对于年龄较小的孩子，由于他们的语言表达能力较弱，时常不能非常清楚地表达出自己的想法与情绪。提供适当的玩具，对于年龄小的宝宝来说也是一种宣泄情绪的最好方式。

有些宝宝喜欢搭积木，然后就见他又用力地把积木推倒；有些宝宝喜欢玩橡皮泥，只见有些宝宝用劲地挤、压、扭、捏等动作，其实这些都是宝宝在宣泄的一种方式。

很多宝宝喜欢玩"打针游戏"，这就是宝宝在医院打针时所受的痛苦发泄到被打针的对象布娃娃上去的一种方式。宝宝经过一系列游戏活动中的宣泄行为，一般他们脸上总会露出一种满足和痛快的

表情。做游戏、玩玩具可以适当转移宝宝的注意力，分散令宝宝烦恼的精力。它会给宝宝带来不少乐趣，是松弛宝宝紧张情绪的良好方式。

值日生

李伊东一见急了，想赶快洗好手去做值日生，可是上完厕所后，裤子这个时候偏偏不听话，总是穿不好，眼看碗都快分好了，可李伊东还没有做什么，就急匆匆地跑进教室一把夺过那个小朋友手里的碗，"砰"的一声，碗摔到了地上。还没等我走过去，他就委屈地哇哇大哭，嘴里还喊着："今天是我值日！"不过我和其他老师暂时都没有理会他。李伊东自己哭了很久也没有人理会，过了一会儿也就不哭了，自己捡起地上的碗，跑到盥洗室里洗干净了，安静地坐在座位上。这时候我走过去轻轻地和他谈心，了解发脾气的原因。告诉他这样的行为是不太好的，你可以和老师提出来，今天你是值日生，也可以让自己做事情的时候快一些，这样就很好了。他听了我的话也点点头表示同意。

在宝宝安静下来的时候，与他谈心，并对幼儿宣泄行为进行必要的引导，教会他们用恰当的方法来宣泄。这样，宝宝不仅能正常处理自己的情绪，也能用适当的方法宣泄情绪。

缓释宝宝的心理压力

很多人认为，现代的宝宝衣食无忧，受到的照顾无微不至，怎么会有压力呢？然而，现代的孩子在得到铺天盖地的爱的同时，却越来越失去了随心所欲地玩的自由；在得到大量玩具的同时，却失去了与父母拥抱、游戏和谈话的机会；在幼儿园，教师与孩子、孩子与孩子之间有时会有一些问题发生，如受到批评，不能与小朋友友好相处等等，这些都是使孩子产生压力感的原因。没有压力会使人疲乏、懒散，适当的压力可以激励宝宝努力向上，但压力太大会使孩子身心无法承受而出现心理问题。作为父母有责任帮助宝宝克服压力。父母对宝宝具有最重要的影响力量。下面有几点建议，相信对舒解宝宝的心理压力是会有帮助的。

认真听听宝宝的心声

想要帮助宝宝克服心理上的压力，首先是要了解宝宝心理上到底有什么负担。

跟宝宝面对面地坐下来，听听宝宝讲自己的心事，只有父母把心给宝宝，宝宝才会把心交给父母，毫无顾虑地跟父母交谈。也只了解宝宝真实的内心情况，才能帮助宝宝解决问题。

帮助宝宝面对恐惧

有时候宝宝因主见而会表现出跟别的孩子不一样，在跟同伴交往的过程中，有时候会受到嘲笑，甚至会受到孤立、感到恐惧、不知所措等。这时，父母应当引导宝宝要坚持原则，不对的事一定不能做，让宝宝知道，能够做到不随波逐流是很不容易的，这正是一个人成熟勇敢的表现，也是有主见、有头脑的表现。

让宝宝分享自己的经验

父母小时候一定也曾经遇到过和宝宝类似的情况，当时是怎样对待的或者现在遇到了又会怎样去处理等，这些都可以跟宝宝用他可以理解的语言去沟通、分享。当宝宝知道原来父母也常常会有自己面对压力和烦恼的时候，他们对父母所说的话就比较容易听进去了。父母告诉宝宝自己是怎样应付压力的，那实际上是为孩子树立了一个很好的榜样，也就增强了宝宝克服压力的勇气和信心了。

习惯性的肚子疼

我是珠珠的儿童医生，最近珠珠总是在妈妈的带领下来到医院，总是说肚子疼，可当我给她检查了所有项目，一切指示显示正常。后来跟她妈妈聊天中，才发现了一些家里的变故。珠珠的父母离异后，2岁的珠珠被判给了妈妈。珠珠天天在屋子里转悠，表情很是悲伤，有时候还不停地呼唤着爸爸的名字。

每个周末，是珠珠和爸爸见面的日子，但是，她却一点也不开心，见到了爸爸，也总是哭个不停。更糟糕的是，每逢周日，她总是肚子疼，而每个周一，她都去不了幼儿园，在家呆上一天，等着肚子好一些。因为家庭中的变故，造成了珠珠心理上的压力，从而在身体上面出现了一些假象，或者是她有意识地在回避一些不愿意面对的事情。

据一项调查统计，大约有超过1/4前来就诊的宝宝中，他们的腹痛、尿频、头痛等症状都没有器质性的问题，而是因为心理压力引起，根本无需用药，只要进行适当的心理调适，他们的症状就会完全消失。

·亲子心经·

尽管宝宝的生活看起来是那么轻松愉快，但是实际上他们也会遭遇很多心理压力，因此，需要父母以恰当的方式帮助释放心理压力，以便拥有一个更加美好的童年生活。

培养宝宝的自尊

培养宝宝的自尊可以加强他们抗拒各种不良诱惑的能力，比如让孩子发表一些建议，把一些适合孩子年龄的事情交给他自己去做，并且重视孩子的想法和言行。

这是培养宝宝自尊的好方法。

宝宝有较强的自尊就会有勇气、胆量和辨别力，不会同流合污。

宝宝遇到心理压力的几种信号

1.一向睡眠很好的宝宝，突然之间难以入睡、经常半夜醒来哭闹或者超乎寻常地嗜睡等等。

2.宝宝出现厌食，而又找不到肠胃或消化方面的问题，最可能的问题就是宝宝的情绪出现了偏差。

3.宝宝原来随和的性格突然之间变得异常敏感，可能预示着他正承受难以排解的心理压力。

4.宝宝突然变得有些暴力倾向，一不高兴就咬人、打人、推人，仿佛对周围的小伙伴或者父母充满了仇恨，显得很没有耐心。

5.一向喜欢去幼儿园的宝宝这几天总是赖床不起，好不容易把他弄起来了，他有时候总说不舒服或赖着就是不想去幼儿园。

6.宝贝突然害怕自己一个人睡，害怕接触陌生人，也不敢参与小朋友之间的任何游戏，对任何事情都充满了恐惧。

7.原本不撒谎的宝贝突然谎话连篇，他会假装自己生病了，谎称别的小伙伴有了什么新玩具，要求父母也给他买同样的玩具等等。

8.不知道什么原因，宝宝莫名地就会哭起来。

让宝宝及时自我调节

由于宝宝对自己的情绪控制能力比较差，会时不时地发点小脾气，这是很常见的现象。父母不需要特别地加以控制，也可以给宝宝一些时间和空间，帮助宝宝达到自我调节的能力。

让宝宝学会管理自己的情绪

让宝宝学习控制情绪，首先应尽量做到使宝宝在合理范围内有充分表达情绪的权利。只有宝宝能够充分地、合理地表达自己的情绪，才是宝宝心理发育基本健康的标志。有时候宝宝情绪表达方式难免会有些偏差，有时会发生对自己和他人都不利的过激现象。

遇到这些情况时，父母就要采取一致意见进行严厉制止，让宝宝知道发泄情绪也应有一定的界限，自己发泄情绪不应损害别人的利益

和损害物品。当宝宝长大一些时，则尽量鼓励他用语言表达自己的情绪，告诉他遇到问题时要讲道理，说原由，而不要动不动就乱闹、发脾气。

生活中经常会发生一些不快的事情，这些会影响到宝宝的情绪，尤其是遭到挫折时，心情就会更加沮丧。比方说：宝宝这次没有得到小红花，今天跟自己的小伙伴闹了些小别扭等等。父母就可以根据具体情况帮宝宝分析原因。是不是宝宝哪里做得不够好才没有得到小红花，而跟小伙伴闹别扭到底是因为什么事情呢？经过诸如此类的疏导和分析，宝宝自己可能就会想明白一些事情，知道自己该怎么去做了，很快也变得心平气和了。

我的小·小·脾气

在我6岁那年，有一次周末的时候，妈妈去了外婆家，爸爸要外出钓鱼；我一直央求要跟爸爸一起去，可是遭到回绝，一是因为我的作业没做完明天就要上学了，二是因为河边太危险，爸爸专心钓

鱼没办法照顾到我。在我的再三要求下，爸爸也只是答应，下次带上妈妈我们一家人去钓鱼。可对于这个结果，我还是闷闷不乐。爸爸出去了之后，我一个人在家，作业也做不下去，就想着外面应该多好玩呀？为什么不带我去呢？为什么要留我一个人在家呢？

越想脑子里越乱，也变得越急躁。平时有什么要求他们都会答应我的，这一次，被无情地拒绝了，心里有说不出的滋味。

于是我玩起了我心爱的玩具，可不知道为什么，一点也不觉得好玩了，看什么都觉得没劲，拿本书也会掉在地上，好像什么事情都在跟我作对。不知不觉中，房间里被我弄得乱七八糟。这时妈妈回来了，看到了一片儿狼藉，不过她没有马上批评我。而是倒了杯水给我，让我安定下来，然后问了前因后果。看着满屋的凌乱，恢复平静的我也有些不好意思了。在妈妈的悉心劝导下，我觉得本来一件好小的事情，因为自己没控制好自己的情绪而让事情变得更糟了。

所以，我跟妈妈约定，让她监督我，也帮助我学会调节自我。

让宝宝学会控制自己的行为

孩子能不能控制自己的行为是非常重要的。让宝宝学会控制自己的行为，父母就得先让宝宝明确什么是可以做的、什么是不可以做的，事先在脑海中有一个判断是非好坏的标准，按照这个标准，宝宝才能认识到自己行为是否正确，才能学会控制自我。比方说：父母要教育宝宝进别人房间前要先敲门；晚上不能太晚回家；未经家人同意不能在外留宿；下棋、玩游戏要按规则决定胜负；说错话或做错事时要礼貌道歉；看电视时不要干扰别人等等。

让宝宝学会管理自己的学习

当宝宝进入小学之后，父母要教给宝宝有关学校生活的常识，要求宝宝爱护和整理书包、课本、画册、文具。学会削铅笔，使用剪刀、铅笔刀、橡皮和其他工具，并能按老师的要求制作简单的教具等。宝宝进入小学后，要培养宝宝自己做作业和检查作业，自己的事情要让他自己完成。还要注意的一个问题是，当宝宝学习与其他方面产生矛盾时，要教给他怎样处理，从而让他自己去选择。

快乐情商

用"鼓励"成就宝宝的自信

心理学家马丁·塞利格曼称：乐观不仅是比较迷人的性格特征，它也能使人对生活中的许多困难产生心理免疫力。他曾做过研究，结果发现，乐观的人不易患忧郁症，在学习和工作中都比较容易成功。而且乐观的人其身体状况比悲观者更健康。他最重要的发现就是，如果宝宝天生不具备乐观品性，后天也是可以培养的。

漂亮的衣服，精美的礼物，或许这是每个宝宝都所喜欢的，不过，充满欢乐和关爱的精神家园也是每个宝宝所必需的。成长的道路上一定会遇到挫折、困难，父母要及时给宝宝传递爱的鼓励，让宝宝有自信心、坚强地去面对。

赞赏和鼓励可以促使宝宝不断地进步。每个宝宝都有被重视的心理，而赞赏和鼓励他的优点和成绩，可以使宝宝在他们的心中产生一种荣誉感和自信，从而这种情绪会使他们转化为更加积极地去努力学习。有时候面对宝宝弄成的一塌糊涂，父母可能会感到厌烦和愤怒，但是要提醒父母的是，这是每个宝宝都必须要经历的成长阶段，没有办法避免，所以不要埋怨和责备宝宝，不如从积极的方面去鼓励和引导宝宝。鼓励像是沐浴宝宝成长的雨露阳光，它会成就宝宝的自信，让宝宝更好地去面对成长的道路。

拥抱的鼓励

当宝宝遇到挫折或寻求安全感需要拥抱的时候，记得要随时张开双臂，全心全意地将宝宝抱在怀里。这样通过和宝宝身体上的接触使他获得亲密的感受。拥抱之间交流的不仅仅是体温，更重要的是一种无形的情感交流，一种对宝宝的鼓励和信任。

爱的表达

父母跟宝宝的感情是需要时间的培养和积累的，同时，也更需要用行动来表达。"我爱你"，短短的3个字，有时候会让人觉得难以说出，可是它的威力却是无穷的。爱会让宝宝充满勇气和希望，宝宝年纪还小，不太会揣摩父母的意愿，想让宝宝明白父母对他的爱，最直接的方式就是大声说出来。亲吻就是对宝宝爱的表达方式之一，亲亲宝宝的额头、脸颊、脖子甚至宝宝的小肚皮，在亲吻宝宝的时候再配合"啧啧"的声音，则会让宝宝感到更加舒服的。睡觉之前给个甜甜的吻，不但可以安抚宝宝的情绪，也能让亲子关系变得更加融洽。

美丽的床边故事

在宝宝上床睡觉之前，可以选择一些比较温馨、优美、富有想象力的故事讲给宝宝听。这样可以安抚宝宝的情绪，使他可以尽快平稳地入睡。另外也可以放轻柔的音乐给孩子听，让他每天在父母的爱护中甜美入睡。

神奇贴纸

我家琪琪很喜欢小玩具的，每次看到漂亮的贴纸的时候，都表现出异常兴奋。

见到他这种反应，于是有一天，她很高兴的时候我跟他约定了一件事情：每次琪琪表现良好的时候，就奖励她一张贴纸。等到这些贴纸攒到20个时，就可以答应她一个小小的要求。琪琪点头答应了。好像从那天开始，她就显得特别积极，做什么事情都要抢着做似的。

有一次，水开了，琪琪快速地跑过去。她学着我之前的样子，先把火关掉了。

然后踮起脚，似乎想要去提水壶。这时我赶紧跑过去制止了。并蹲下跟她解释道：

我知道琪琪很努力地在做事情，你把火先关掉了，这样做的非常好。可是，水壶太大，而且里面都是热水，琪琪一不小心，不但水壶拎不好，还容易烫着宝宝。所以，像这种事情，你可以把妈妈叫过来。琪琪年纪还小，有些事情现在没法做，但等你长大一些的时候就可以帮妈妈做了，好不好？琪琪点了点头，看得出来，她有点不太高兴。于是我又接着说：但是琪琪这次表现的还是蛮好的，水开了知道先把火关掉，这点，要提出表扬的。所以，妈妈决定送你一个贴纸。这时候，琪琪高兴地拍起手来，高高兴兴地选着这次我要哪张贴纸呢？

后来的时候，琪琪很听话，见过一些有点危险的事情，总是先把我叫过去，问一下：妈妈，这个我可以做吗？

对于喜爱小玩具的宝宝而言，漂亮的贴纸具有很大的魔力。父母可以和宝宝约定好，当宝宝表现良好的时候，就奖励他一张贴纸，等这些奖励的贴纸积攒到一定的数量时，可以答应宝宝一个小小的请求，这个请求一定要事先约定好。

· 亲子心经 ·

当宝宝表现良好的时候，适时地给予掌声并配合称赞的话语，这样对宝宝的鼓励励会更大，宝宝能感觉到更多的认同和自豪感，从而增加了自信。

乐观向上，健康快乐

快乐既是一种心情，也是一种性格。快乐的性格不但能让宝宝自己感到愉悦，还能感染他人，带来快乐的同时也聚集了友谊和人气。

自信心是前提

自信，是乐观向上的一个重要前提。只有自信的人才能正视挑战，才能谈得上乐观。而培养宝宝自信心的落脚点应该放在让宝宝自己做事情上，比方说生活中的宝宝可以力所能及地做一些事情：自己吃饭、穿衣、系鞋带等等。通过做这些小事情，再加上父母的及时肯定和鼓励，在一次次成功喜悦的刺激下，自信心自然就建立起来了。

一切生活起居或者意愿选择都被父母包办替代的宝宝很难有自信心，那些被父母高要求、高标准、批评多于赏识的阴影所笼罩的宝宝也很难有自信心，所以，宝宝是否能够初步树立起自信心，关键在于父母能否解放孩子，能否赏识孩子。乐观也好，自信也好，意味着主体能够看到美好的未来和希望。

我家虎子

我家虎子学习很努力，从不用我操心，而且他的自立能力很强，更重要的是很自觉。每天晚上即使到家很晚，他也要把作业做完，再接着听英语。但是，上学后，他有两次表现出非常的焦虑。一次是因为学校发的一张调查表没填，另一次是在车上发现少带了一个本子，后来发现是忘在了学校。

因为这两次事件，我看到了宝宝心理承受能力不强，同时对自己要求太高。平常对于老师的要求，他一定要做到，做不到就会很着急。意识到这个问题后，我也开始跟虎子谈心。遇到问题先不要急，要多动脑想解决的办法，事后多总结，分析问题出现的原因，争取下次不犯同样的错误。

同时我也跟他讲了一些例子：在奥运赛场上，每个项目获得冠军的一般只有一个人，那么其他的人是不是就没有努力呢？其实不是的，大家都努力了，但却不是人人都能获得冠军，失败和挫折在生活中是很正常的事，没有失败，哪来的成功，所以才有了那句"失败是成功之母"的名言。大家都会遇到失败和挫折，那个遇事坚强、宠辱不惊的人是值得我们学习的，这样的人只会离成功越来越近。只要我们乐观、积极向上地努力，就一定会有好成绩的。

现在，虎子每天都很快乐，他爱上学，也喜欢和老师和同学在一起，我觉得这是一个很好的开端。希望他能乐观向上、健康成长。

兴趣爱好要广泛

看一个宝宝是否快乐而积极，最重要的看他是否兴趣广泛、多才多艺，是否能敏锐地感知这个神奇的世界，是否愿意探索周围无穷无尽的谜，因为没有比这更让宝宝感到快乐的了。一个人快乐活泼，多才多艺，有宽厚的知识和智能基础的宝宝，他的基石就会非常坚固，人生大厦也就有希望拔地而起，昂首云天。

心情教育，放大快乐的法宝

一些心理教育专家提出一种心情教育，所谓心情教育就是以道德观念为基础，引导人们理解真爱，学会关爱他人，让真诚的爱在人与人之间流动。

专家说，心情教育是训练人本质中最深层的动机，使人的知识、品德和意志都能朝着崇高的目标发展，使人的情感、欲望建立在美好心灵和健全人格的基础上。

爱的训练与体察，是心情成长的营养素。心情教育从幼儿时期就开始，可以让宝宝享受父母之爱的同时，就学习以爱回报父母，从小培养孝敬父母、关爱家人的品格。

善待自然

要让宝宝体会到，世界上的万物都有它们存在的道理。多带宝宝去接触大自然，应帮助宝宝从自己身边的生活环境中去发现、感受和体验万物的存在和变化，使他们逐步认识万事万物的变化都与自己的生活息息相关。鼓励宝宝热爱大自然、爱护环境，并懂得善待身边的人和事。

善待他人

父母应该让宝宝逐渐懂得人与人之间的相互依存关系，并学会自己处理一些简单的人与人之间的问题。父母在疼爱宝宝的同时，要先教宝宝懂得珍惜他人的爱，关爱他人。只有让宝宝懂得爱的美好，才能让他了解父母在给予爱时付出的辛劳，从而使宝宝产生尊敬，学会感恩。还要鼓励宝宝多跟同伴交往、友好相处。学会与同伴群体交往，会丰富宝宝的经验，提高他的交往能力。从而引导宝宝注意他人情感的变化，学会关心、理解他人，培养宝宝与他人分享快乐与痛苦的愿望。多带宝宝参加一些公益、社会福利活动，不但可以培养宝宝与他人的相处能力，还能使宝宝从小就具有平等协作的思想与人道主义的精神。

善待自我

父母应该帮助宝宝发展认识自我的能力。只有较为正确地认识了自我，才有可能更好地处理自己与他人的关系。

父母要尊重孩子、相信孩子，给他们适度的自由和自主抉择、自负其责的机会；帮助孩子发展自我设计的能力，鼓励孩子把远大的理想和现实结合起来，形成孩子心目中的自我设计蓝图，一步步培养孩子自我设计的能力。

父母还要注重促进孩子自我实现欲望的产生和发展，调动他们的积极性，鼓励他们从事各种有挑战性的活动，帮助孩子发展自我实现的能力，充分挖掘以前不曾被意识到的聪明才智。

·亲子心经·

在教育宝宝的过程中，当大概可以猜出宝宝行为背后所隐藏的情绪时，不必急着发问，只要说明你所留意到他的事情，然后等他的反应，来得恰当。告诉宝宝你亲身的经历也是说明父母能够了解他们感受的有效办法。

情绪辅导

情绪辅导是父母以情感的交流为基础，尊重宝宝的情绪，以同理心来面对宝宝，帮助他们认识和处理自己的负面情绪。当父母与宝宝间有了真情的互动，以情感为链接，会慢慢让宝宝接受一些规范、树立价值观等等。受过良好情绪辅导的宝宝，对情绪压力具有高度的调整能力，能很快走出负面情绪

的影响。这些宝宝善于安慰自己、集中注意力，必要时能克制自己的行为。还能学会观察他人的情绪，互相倾听，设身处地为他人着想，以同理心思考，建立正确的社交技巧，拥有良好的人际关系。

新旧脚踏车

6岁的亚亚一直期待着有辆新的脚踏车，他以前骑的那辆车还很新，只是太小了。所以那个月，他爸送给他一辆新的脚踏车，旧的则可以给他4岁的弟弟强强继续使用。其实强强也厌倦了那辆旧的脚踏车，他也期待着从哥哥那里可以骑到那辆新的脚踏车。所以也同意了这样的安排。但是当哥哥骑上那辆新脚踏车的时候，强强再一比较，很快地就提出抗议：每次哥哥都用新的，不公平。假使他爸用典型的方式响应，他一定会说：你生什么气，你不是早就答应了吗？虽然这样的指责有根据，但它无法说服强强当时的感受。现在，除了对新脚踏车的妒忌之外，强强又多了一层不被了解的愤怒。现在想象他爸用一句简单的话来做响应：你觉得不

公平，因为你每次都只能用哥哥用过的东西！强强就会有完全不同的感受，他可能会想：对呀！就是如此，虽然我曾经答应先前的安排，但是我还是感到不太公平，我也很嫉妒哥哥的新脚踏车。不过，爸爸了解我的感受。

让宝宝快乐聪慧的源泉

教育心理学教授多雷士·伯根说，父母的鬼脸、可笑的声音会让宝宝觉得有趣并兴奋起来。当父母发出有趣的声音，他们的情感电波会传递给孩子，孩子会因此感到安全和满足，他会手舞足蹈地笑。

幽默感，是通过语言或肢体语言的表达，让与自己互动的对象感到理解和愉快。幽默感是情商的一个重要内容，是人的魅力所在，拥有幽默感的宝宝通常很乐观，能在生活中不断地制造欢笑，让周围的人感到轻松愉快，同时也会让自己富有成就感和自信。大约在四、五个月的时候，宝宝无声的微笑会变成发出咯咯咯的大笑声，在接下来的半年时间里，他们会逐渐接近幽默的含义。

贝贝快乐的成长经历

贝贝大概5周的时候，一般对大人对她做的逗乐行为已经能做出反应了，会发出咯咯咯悦耳的笑声。在她6周的时候，就可以跟她玩"藏猫猫"了，用手挡住脸，然后迅速地拿开，它就会冲着你笑。慢慢地你会发现，宝宝的咯咯咯地大笑是她身体上的快乐，拍拍她的肚子、搔搔她的脚底板、抱着摇晃她的时候，她都会笑。

贝贝4个月的时候，会发现她会因为所看到和听到的事物而微笑，当你夸张地瞪大眼睛，张大嘴巴，并发出"突、突"的声音时，她会因为这种极其简单的傻动作而咯咯大笑。做做鬼脸和一些可笑的声音都会让她兴奋起来，手舞足蹈地笑。贝贝6个月了，他最喜欢的游戏就是爸爸抱着她，轻轻地往空中抛，来来回回，每次他都开心地咯咯大笑。贝贝9个月学走路的时候，已经对他人的脸部表情十分敏感了。我们冲他做着鬼脸，她也会故意做出一些皱眉，啾嘴巴等动作来作为回应。

安全的环境和父母对宝宝的爱和关注是宝宝幽默感发展的前提条件。当父母以快乐的情绪与宝宝进行交流的时候，宝宝也会以快乐的情绪给予回应。一开始，父母在宝宝身上表现幽默感往往以一种逗乐的方式出现，这也是宝宝理解其幽默感的起源。

1岁之后的宝宝

1岁之后的宝宝智力发展是迅速的，随着他逻辑思维的出现和对规则的感知，也就扩大了他对成人幽默行为的理解能力。但在很大程度上依赖于视觉的刺激，主要是对成人带表演性质的较为夸张的动作、表情或者是声音的幽默理解上。他们可以轻易地发现自己就是舞台的中心，能够得到他人的注意会使他们产生欢乐。

2~3岁的宝宝

两三岁的宝宝则已发展到能认识规则的不和谐中潜藏的幽默。他们对事情已经有一定的认识能力，一旦这些出现错位，他会觉得这些是好玩的事情。比方说故意让爸爸穿妈妈的高跟鞋，给宝宝戴上爸爸粗大的男式手表等等。宝宝见了一边会摇头一边会哈哈大笑。还有一些变魔术、捉迷藏等游戏，也会让宝宝非常开心。这种幽默感表明宝宝已经抓住了事物的本质。

· 亲子心经 ·

刚出生的宝宝往往用哭声来表达他们对饥饿、睡眠和拥抱的需求，但这还不是一种社会交流，直到满月以后，人生第一个微笑的出现才是传达他们想要交流的讯息。

让快乐生长在宝宝的心里

在快乐的家庭长大的宝宝一定是快乐的。有了足够的关爱，自然会懂得延迟享受，反之，则是害怕眼前幸福转眼消失，甚至提前支取快乐，也就演变成一种透支情况。让宝宝在一个很有安全感的环境下成长，他才能更积极地探索世界。

不同时期的宝宝状况

在不同年龄对知识的掌握也是有所不同的，抓住阶段会起到事半功倍的作用。

0~6个月的时期是跟宝宝建立亲子关系的最佳时期。

6~10个月的时候宝宝开始懂得自己通过行动去做些事情，比方说：喜欢玩发光或发声的玩具。

10~16个月的时候宝宝会与父母有所互动，会想要和父母有所交流，所以这时候要注意建立宝宝说话的自信心。

16~22个月的宝宝会懂得一些因果关系，比方说：会大力扔东西来引起父母的反应等。

22~28个月时的宝宝具有非常好的符号联想能力，这时候可以多和宝宝玩发挥想象力的游戏。

28~36个月的宝宝会开始学习事情的先后顺序，开始具备逻辑思维能力。

不同时期的快乐

一岁八个月的笑笑很喜欢拿着爷爷的拐杖，戴着爷爷的老花镜，然后在全家人面前学爷爷的样子，常常把全家人逗得哄堂大笑。

两岁半的梦梦每次在上完厕所后，都会捏着鼻子喊着"臭臭"，做出很夸张的表情，然后赶紧跑得远远的，常常把妈妈逗得哭笑不

得。当宝宝能够用言语简单表达喜怒哀乐的时候，他们不需模仿，就会用幽默来对自己的排泄给予一番解嘲。

4岁左右的宝宝会特别喜欢玩过家家，或喜欢扮演卡通人物。当父母发现宝宝正与同伴表演王子与公主的游戏时，不要阻拦，反而自己可以参与其中客串一个小角色，增加些新意，跟宝宝一起让游戏更生动、更好玩。

5~6岁时的宝宝，开始对语言中的幽默成分十分敏感。他们会学习到同音异义词、绕口令等，都会使他们感到趣味盎然。这时候父母可以跟宝宝一起玩猜谜等游戏，甚至由宝宝自己编一些简单的文字谜语等。

跟宝宝捉迷藏

宝宝每天都在快乐地成长着。能让宝宝开心的事有很多，比较特别的该属一起陪宝宝捉迷藏了。

我们刚刚搬了新家，新居的窗帘选的是色彩缤纷、图形各异的布料。客厅则选用了以乳白色为底色、红黄玫瑰图形镶嵌其间的

窗帘。卧室则选用了淡紫色双层窗帘。每天，我们都利用窗帘跟宝宝玩捉迷藏的游戏。

丈夫抱着宝宝站在外层窗帘内侧，并把宝宝的脸与窗帘贴近，增加朦胧感，而我则站在外层窗纱外侧。每当我透过窗帘与宝宝打招呼时，宝宝都会奋力用双手拂去脸上的薄纱，拨开窗帘想看个究竟。一旦发现了妈妈的踪迹，他便会挥动小手，撅着小屁股，发出"咯咯咯"的大笑声。张大的嘴巴时常会口水潺潺，偶尔还会来个飞流瀑布，一直流到地板上。笑得我和丈夫也前仰后合的。

· 亲子心经 ·

俗话说3岁的宝宝定80，6岁的宝宝大脑发育已经完成80%。幸福感也是需要培养的，它会在宝宝心里慢慢发芽，慢慢成长。

让宝宝学会勇于表现自我

服从性高又听话的宝宝，或许会受到大人们的称赞，是他们所认为的乖孩子。但是如果宝宝连自己真正想做的、想说的，都无法通透表达，即使将来长大有自己的思想，也会碍于长期无法表达自己，而导致内在外在不平衡。与其教会宝宝顺从，不如教会宝宝表达想法，做自己的主人。

给宝宝提供一个"勇气"的环境

当宝宝上了幼儿园，开始了团体生活，会发现有时候宝宝回来自己的东西被别人占有了，或者宝宝占有了别的小朋友的东西，看着他表现出不知如何表达愤怒因此产生挫折。平时在家饭来张口，衣来伸手的宝宝，一旦接触团体生活，也不知如何表达自己的需求而手足无措。无法将自己的感受传达给他人的孩子，总是如此压抑无助，渐渐的，也会失去信心。

所以平常在家，就要给宝宝创造一个可以坦言勇于表达自己的环境，给宝宝以勇气畅所欲言。这样才能了解宝宝内心的想法，也会增加宝宝的说话能力，而父母也可以从宝宝的话语中作出判断，给予正确的指导。

儿子要上电视了

我儿子今年开始上幼儿园大班了，那天我帮他洗澡的时候，儿子边脱衣服边唱着：一二三四，一二三四，向前进，绿色军营绿色军装……后面的就剩下哼哼了。我笑着问儿子这是什么歌？他说这是他们幼儿园的1234操，还说这次跳的舞要上电视的。我问儿子有没有参加，他说，我和琛琛都不去跳了。（琛琛是儿子在幼儿园的好朋友，跟我们是一个小区的）我问他为什么，他说："因为我们跳得不好，所以老师就留六个人跳了。""那你会跳的，怎么就没跳好啊？""因为我不想去跳舞的。""儿子，你为什么不愿意去跳舞呢？妈妈觉得你总是不太愿意参加一些集体活动，就像妈妈公司的唱歌比赛，你也说不想去的。""妈妈五音不全的，要是别的活动还可以考虑一下的。""儿子，这样的集体活动对你来说也是一种锻炼，这样你的胆子也会更大了，而且，你能被选中就说明你表现得好啊。""可是，妈妈，现在只有六个人了，我已经不用

去了。""那没关系的。但以后碰到这样的活动，你要努力表现自己，要敢于参加这样的活动就行了。""妈妈，如果明天早上还是八个人跳的话，我就可以去跳了。""那到时候你就跳好一些，争取让老师留你来跳。""好的。"第二天上学的时候，我还特意给儿子打气，"要好好表现呢！"儿子信心满满的进了幼儿园。放学的时候他高兴地告诉我，他也可以上电视了，我很为儿子高兴。

不要拒答宝宝的提问

不要因为宝宝年纪小，就对他所问的问题觉得无聊或没意义就不回答或不理睬。通常得不到答案的宝宝好奇心就得不到满足，长期下来只会造成宝宝思考萎缩，对他人或自己失去信心。若宝宝拥有被别人嘲笑了也敢说的勇气，这会成为宝宝长大后"不耻下问"的优点。当宝宝的意见常被父母采纳，他也就能更积极的表达出自己的主张。

不要轻易介入宝宝之间的争吵

宝宝之间的吵架，其实也是积

极表达自我的方式之一。这里不是鼓励宝宝去吵架，而是指吵架的方式，是宝宝表达内心反应的方式之一。正视宝宝吵架的空间与机会，让宝宝从与别人的摩擦中，学着认识自己与他人之间的不同想法。

·亲子心经·

反过来想想，不敢跟人吵架，连主张都尚未表明就先妥协的宝宝，为了表现的好，反倒不容易真正爱自己，自信心也比较低落，总是觉得自己不如别人。这是一种负面认知。

分享宝宝的快乐

分享不仅仅是宝宝之间的事情，家庭也是他们学会分享的启蒙所。父母要摒弃把最好的东西留给孩子的传统做法，大可以一切与孩子共享，并注重情感的交流和共鸣；同时为宝宝树立大方和善的好榜样。懂得了与人分享，才能得到真正的快乐。善于分享的人都会被人喜欢的。

不能分享的大铲车

我家有个可爱的女儿叫豆豆，今年两岁半，她很喜欢大铲车，那是她的心爱的生日礼物。有一天，我陪豆豆在花园里玩她的大铲车，这时候丁丁开心地跑过来：

"豆豆，让我玩玩你的铲车好吗？"豆豆警惕地看着丁丁，觉得丁丁像是要抢自己的宝贝似的。丁丁的小手还没有伸到铲车前，豆豆就迅速将铲车挪了地儿。于是丁丁站起身从另一个方向凑了过去，试图进入豆豆的游戏。豆豆看了一眼"别有用心"的丁丁，猛地将小手伸出去一挡，丁丁没蹲稳就摔倒在铲车旁。

其实通常我们会对宝宝说，你的玩具要和小朋友一起玩，好吃的要分给小朋友一起吃这样的话，宝宝会容易理解成：哼，妈妈一点都不喜欢我，我的东西干嘛要给别人。对于这个年龄段的宝宝来说，通常会显得比较"自私"，他们不喜欢跟别人分享。宝宝2岁左右的时候，就开始懂得拥有的概念，会变得以自我为中心。在宝宝心目中，只要他喜欢的东西，都认为是属于他自己一个人的。

因此，容不得别人侵犯，只要他的利益受到一丁点威胁，他就会迅速行动起来，维护自己的利益。

当然，每个宝宝都不太一样，有的宝宝在这方面可能就显得比较大度，但大多数宝宝都是占有欲极强的小霸王。因为他们还没有准备好分享，只能在父母的监督下与别的小朋友玩一些平等交换的游戏。

给宝宝树立分享的榜样

模仿是宝宝的天性，父母一般是宝宝模仿的重要对象。所以日常生活中父母的对待生活、对待周围的人的态度都会对宝宝产生影响。榜样的作用往往比说教更容易被宝宝接受。家里来了客人，父母可以把好吃的和客人一起分享，热情地招待客人。平时也可以多跟宝宝讲些因分享而得到快乐的故事，这都会在他心中打下深深的印记。

强化宝宝的分享行为

父母要注意观察宝宝在生活中表现出的分享行为，及时给予鼓励与表扬，并采取正面强化和反馈，以帮助宝宝能够在各种情况下不断地、自觉地产生分享的动机和行为。父母所做出的及时正面的强化和反馈，如鼓励、引导的话语、赞许的目光、微笑的面容、亲切地点头等，都能使宝宝受到极大的鼓舞，因而进一步强化分享行为，使宝宝愿意更多地、自觉地付出分享的行为。

与宝宝一起分享点点滴滴

父母可以有意识把自己看到或听到的一些有意义的事讲给宝宝听，跟宝宝一起快乐，一起忧伤，使宝宝在潜移默化中学会情感分享。慢慢地，可以鼓励宝宝把发生在他身边的事情也一起和父母分享，不管是高兴还是伤心的，甚至是晚上做的梦也都可以讲给父母听，跟父母一起分享情绪。像平常宝宝让父母尝一下他喜欢吃的东西，父母不要觉得宝宝喜欢就特意留给他。分享也可以使快乐加倍的，不要养成宝宝独享的坏习惯。当宝宝拉着父母去一起看他喜欢的事情或事物时，不要因为自己没兴趣而不去，分享也会使宝宝更加热爱生活，喜欢探索，而漠然则可能葬送宝宝的好奇心。

社交情商

让你的宝宝爱上交际

有的时候宝宝很难适应自己的家里来了一些陌生客人，他会感觉到不适应、也不愿和他们分享自己的玩具，甚至有的时候你同客人们聊天，宝宝也会感觉到不开心。

其实，对于宝宝来说，虽然他们喜欢和他人在一起说话交往，可是要建立起一个良好的人际协调能力，还是需要爸爸妈妈的帮助。下面，我们就一起来认识一下宝宝交际能力的发展规律和怎么让宝宝的交际能力提高的小方法。

宝宝被好朋友冷落了

早晨出门前，妈妈跟宝宝道别，快过年了，我想有的小朋友可能已经随同父母出游或者回老家了，就问了一句："你的好朋友小郭这两天去幼儿园了吗？"，宝

宝点点头，然后我又随口叮嘱道："宝宝在幼儿园要开开心心的，和小朋友唱歌、玩游戏、拉拉手！"谁知这么无意的一句"拉拉手"竟勾起了宝宝的悲伤。宝宝有点忧伤地说："小郭不和我拉手。"我又问："那小可呢？"宝宝回答："小可是笑笑的好朋友，不是我的好朋友，她们仨都对我不好。"宝宝说的时候还带着委屈。听完，我一时不知怎么回答好了，只好先跟宝宝说再见。出门后，我就一直在想这个问题，如果宝宝真是遇到这样的情况，如今天早晨这种情况——被心目中的好朋友冷落了，感到很伤心，作为家长应该如何安慰或者教导孩子呢？宝宝这种情况没有和我说，可能是这件事情虽然引起了小小的不愉快，但并没有造成很大的影响；或者是宝宝对这种情感的感觉还有点朦胧，还说不清楚，也不知道怎么跟爸爸妈妈表

达。对于以上所说的情况，相信很多宝宝都有，不知道爸爸妈妈、老师都是怎么处理的，怎么和孩子交流的？

宝宝交际能力的发育也是有轨迹可循的。1岁以前的宝宝好奇心大，他们的交际能力多是通过哭来引起周围人的注意，你看他们的眼睛经常会目不转睛地看着一些小玩具，或者伸出手让你抱抱他。这些小行为其实就是宝宝交际能力的开始。到了2岁左右，你就会发现宝宝已经开始有了一些"交朋友"的举动，他们喜欢和小朋友一起玩，而且随着年纪增长宝宝还会告诉你说他们喜欢和谁在一起，不喜欢和谁在一起。到了3岁以上，他们已经会和其他的小伙伴建立起"友谊"了，而这个时候宝宝交际的动机其实很单纯，几个小伙伴在一起往往是以"快乐"为前提的，他们在一起玩耍往往只是因为高兴，并不存在吃亏。而且，宝宝大多都喜欢和自己大1～2岁的孩子在一起玩耍。

宝宝交际有"型"

宝宝的交际能力也根据他们的行为和性格心理分为了几种类型。我们可以分为尝试型、强制型和逃避型。一般尝试型的宝宝，喜欢通过表达意见或者提出问题等容易引起他人注意的手法，和他人进行交往，而且他们一般是比较受到别人欢迎的。而强制型的宝宝，大多比较暴力，和别人交际经常由于他们的强行和别人交往而遭到拒绝。

另外，逃避型的宝宝，却经常表现出和人交往之间的恐惧现象，不会主动的表达自己，甚至会被人忽略。

打造爱说的宝宝

在认清楚自己宝宝的交际能力发育规律和自己宝宝交际的"型号"后，就要通过一些小措施来打造爱说的宝宝了。

首先，就要培养宝宝的分享意识，让宝宝知道和其他小朋友之间要互相分享和协作。而且，要让宝宝学会"友善的姿势"来沟通，比如在和人交往中，用微笑、拥抱等信息来传递自己的快乐。

其次，要告诉宝宝，做事情需要"规则"。比如，小宝宝在玩游戏时会经常出现，遇到挫败后会耍脾气的现象，这个时候，不要一味的去迁就宝宝，要让宝宝明白需要遵守秩序。

在训练交际时，还要让宝宝学会主动说出自己的想法和自己的感受，这么一来，宝宝在和小朋友一起玩耍时，就能够通过交流来表达自己了。在平时，爸爸妈妈也要同宝宝经常交流，并且不断地鼓励他们，赞赏他们。

·亲子心经·

宝宝随着年龄的增长，对于交际能力的要求也会越来越高。他们渴望得到更加广阔的天空，得到更多的小伙伴。宝宝和他人之间多多交流，在交际中认识自己、评价自己，对于他们的个性培养，智能发育同样具有很重要的作用。

宝宝也有社交礼仪

幼教专家建议，爸爸妈妈栽培宝宝时，让宝宝学会赞美，往往会在同时培养起他关怀、安慰人的能力。而这些小小的赞美，也会在最恰当的时刻发挥最好的效果。

别以为宝宝听不懂

打从一岁半后，儿子晨晨的行为举止打破了我以前育儿观念上的许多误区，其中最显著的一个就是，在他一岁半以前，我以为大人说的话，小家伙根本是听不懂、记不住的。

过去，晨晨喜欢看儿歌画书，很大的铜版纸上，画面夸张醒目，而儿歌的字号很小又躲在角落里，于是，给晨晨念儿歌不仅不可能让他识字，简直就成了苦差一桩。因为，每当我辛辛苦苦地努力用标准普通话给他念着儿歌时，他却会突然用小胖手指向画面上完全不搭界的地方。

例如：当我声情并茂地给他念着"小板凳，你莫歪，让我爷爷坐下来，我给爷爷捶捶背，爷爷夸我好乖乖"时，晨晨毫不理会我的苦心，会突然拉着我的手指点向画面上白胡子老头端着的茶缸，并一边吹气一边嘟囔着"烫、烫"；当我连比带划地念着"香肥皂，香泡泡，洗出一个香宝宝"时，他索性在我还没念完时无情地翻到下一页。种种迹象都让我认为，小家伙的心思只放在他自己关注的地方，我们说什么他根本不会理会。

但是，不久前发生的一件事，让我发现自己错了。一天晚上，我哄晨晨睡觉，他缠着我一定要我"背背"，我对他说，"妈妈今天背很疼，不能背你了。"见我不肯背他，晨晨很不情愿地躺下来，靠在我怀里。我哼着儿歌，慢慢地，晨晨睡眼蒙眬了。就在我准备起身时，晨晨忽然举起小手，轻轻地捶着我的后背，嘴里还含混不清地念着："小板凳，妈妈疼，捶捶背。"虽然只是轻轻的几下，我的眼泪却倏地涌了出来。那晚，晨晨的举动让我的心温暖了很久，也让我下定决心不管再忙再累每天都要给他念儿歌。

现在，晨晨即将两岁了，念儿歌不仅使他记住很多词，就连我们大人无意中说的话他也能牢记在心，在意想不到的时候突然说出来吓我们一跳。

记得看过一本书，作者说，宝宝的耳朵是录音机，也许你以为说过的话他没有听见，其实都已经录在了他的心里。

公共场所的宝宝

公共场所的宝宝，才不会因为"面子"而改变自己的想法，去顾忌什么。他们往往不会想到你的面子感受。对于这样的宝宝，你的预防作用就显得非常关键了。

在出门前，你告诉宝宝说你的外出目的是什么，让他知道在外边发生什么事情，要先跟宝宝说好，让他明白，让他自己能够遵守这些规则。其实，宝宝在外边，肯定不会依照你的规则行事，比如他们很容易被一些新奇的事情吸引，往往不听劝说，在超市奔跑吵闹，或者哭闹着要东西。这个时候，你就可以冷静地劝宝宝，问问他："你是要安静下来，还是要离开？"让宝宝知道在公共的环境中只有表现好，遵守这些规则，才能够得到你的认可。

宝宝出口就是恶言

有的时候爸爸妈妈会突然发现，宝宝的嘴巴里会冒出"叔叔，你的嘴巴好臭""妈妈你是猪"这类的话。其实，宝宝说话时的恶言，通常并不代表他想要故意侮辱或伤害别人，而不过只是自己的一时心直口快。而这个时候，爸爸妈妈就要教导他运用适当的词语来表达自己，以正确的态度处理和成人的关系。学会说"请"和"谢谢"，教宝宝学会体会别人的感受和反应，让宝宝学会换角度来体会别人的感受，从而引发他使用有礼的语句。

大人讲话，宝宝插嘴

宝宝会经常在你和朋友、同事聊天时插嘴。如果碰到这种情况，你要记得谨守原则，别过分地回应宝宝的要求，让他错觉这行为是可行的。你可以心平气和地告诉宝宝："打断别人的谈话是没有礼貌的孩子。"然后在和人谈话结束后，主动找宝宝："我现在可以来帮你。"用这样的行动让宝宝明白，什么时候才是你听他说话的时机。

教宝宝说礼貌用语

在日常生活中让宝宝说"请""谢谢""对不起"，要宝宝养成这个好习惯，明白它们什么时候用，怎么用，让宝宝有个良好的交流习惯。因为这些都是保持人际关系的良好基础。

另外，平时家庭聚餐的时候，其实也是对宝宝进行餐桌上礼仪启蒙教育的极好的机会。让宝宝学会说"谢谢"，请别人帮忙递盘子要说"请"，吃饭时不乱走乱跑，不看电视吃饭。在生活中也要多给宝宝提供一些让他们用到这些词语的场所和环境。

交往，在游戏中进行

宝宝人际交往能力的培养，其实也是可以通过游戏来进行的。游戏，往往就是教宝宝学会用适宜的方式来解决问题的最佳方式。

宝宝的"朋友"

小鱼：前天我给女儿买了四条小金鱼，她喜欢得不得了，每天回到家的第一件事就是说："妈妈，喂小鱼。"她会细心地用她胖乎乎的小手去喂我拿给她的鱼食，嘴里还说着只有她自己能明白的故事，偶尔还会喊："妈妈，看，看，四，四。"我惊喜不已。

幼儿园：还有个两岁的小哥哥，也是宝宝的好朋友。这个小哥哥名叫其乐，个头不高，就比宝宝高一点点，但是走路跑步非常灵活。其乐是奶奶带着的，就住在林园小区里。宝宝和其乐一在林园碰到，马上兴奋并哦哦叫着跑到一起，就像电视里面久别重逢的好朋友那样，跑到跟前就马上抱在一起。其乐高一点，就伸出手抱宝宝的肩膀，宝宝就伸出小手抱哥哥的腰，真是亲密无间啊。然后就开始在一起玩耍，一般是哥哥在前面跑，宝宝在后面追。其乐今年上幼儿园了，不能常陪宝宝玩了。刚上幼儿园时还老哭，于是妈妈抱宝宝在幼儿园外面玩时，其乐便呆呆地看着我们，好可怜哪。幼儿园里小朋友真多，宝宝都看得眼花缭乱了。

有个小姐姐，长得还真有一点像宝宝，圆圆的脸，大大的眼睛。隔着栏杆和宝宝玩了几次，就好像认识了一样，每次宝宝一来，她马上就过来。还有的小朋友拿东西给宝宝吃，还有的小朋友和宝宝玩藏猫猫，逗得宝宝手舞足蹈，眉开眼笑。还有两三个小朋友因为刚上幼儿园不适应，天天哭。有个小哥哥哭一会，歇一会，又继续哭。还有一个光叫喊没眼泪，而且一叫就自己掏纸出来擦眼睛，看见的人都忍不住哈哈大笑。

宝宝12月的礼貌

1.目的：培养宝宝的人际交往能力，增进和宝宝之间的交流。

2.玩法：教会宝宝介绍自己，跟别人主动去握手、打招呼、拍手，都是培养宝宝和他人交往时有一个好礼貌的基础。

爸爸妈妈可以引导宝宝模仿与人握手，让宝宝感受和人握手是一种向人示好的表现。

拍手教宝宝，让他知道拍手"欢迎，欢迎！"是友好好客的表现，以及在接受了客人送的礼物或别人的帮助时，教宝宝说："谢谢！"客人离开时，学会跟客人"拜拜"。

其实这些简单的动作和语言就是宝宝交际能力的起步。

小熊家做客

1.目的：培养宝宝的交际能力。

2.玩法：首先让爸爸扮成"熊

爸爸"，你带着宝宝到熊爸爸家做客。拉着宝宝的手敲敲熊爸爸家的门，宝宝这个时候会听到爸爸说："是谁在敲门？"你就可以顺势教导宝宝如何回答。带着宝宝进入熊爸爸家后，就可以示范如何问候，如何做客。慢慢的你就可以让宝宝独立完成这件事请了，并且你还可以让宝宝做主人来接待你和熊爸爸，看看宝宝是如何接待你和爸爸的，让宝宝靠着记忆力和模仿力来提升自己与人交往的能力。

美丽的画笔

1.目的：培养宝宝与其他小朋友的交际能力。

2.玩法：首先你要准备一些蔬菜，胡萝卜、柿子椒、藕、黄瓜。把这些蔬菜切开，然后准备不同的颜料，让宝宝学着用这些"菜"蘸颜料印在纸上，画出美丽的画，然后再让宝宝根据自己的想法把这些画都进行加工。很多的宝宝一同协商制作，交换画笔，在这种实验中，很容易地就能让宝宝养成和其他小朋友交往，和帮助他们用积极的方式帮助他人的习惯。

·亲子心经·

宝宝在自由活动时，你可以通过"交换"的方法，让宝宝学会和他人交流。当别的宝宝想玩你的玩具时，你可以让他用自己的玩具和你进行交换，而当他想玩其他小朋友的玩具时，要让宝宝用玩具去交换。教宝宝在游戏中学会解决社交问题。

妈妈，我失恋了

宝宝尝试与人交往，以及通过自己的方式去接触周围的朋友时，有时会受到冷落，心情就不好。这个时候爸爸妈妈就要用科学适宜的方式来开导宝宝，让宝宝从不开心中走出来，勇敢地成长起来。

当宝宝遭遇冷落时，爸爸妈妈能够做的第一步就是让宝宝感受到，你的关怀和你的爱，让他感觉到家是一个安全的"天堂"。但是，也要同时注意，外边的世界里总是会有宝宝的朋友，不能因此而否定了小朋友的作用。不要对宝宝轻言放弃，帮助他们走出人际交往的误区，才是最关键的。

妈妈，我失恋了

这天，一向爱眯眼笑的小家伙耷拉脑袋回来了，看着他的小嘴撅着，眼睛红红的，我心疼地问："扬扬，这是怎么啦？是不是挨批评了？"他抬起脑袋，委屈地看着我，说了一句让我哭笑不得的话："妈妈，我失恋了。"关于"早恋"这个词，我并不陌生。上小学时，就听过某某和某某谈恋爱了。

可是我并没想到，才4岁的儿子竟然恋爱了，而且还失恋了。我该怎么办呢？总不能告诉他 "大丈夫何患无妻！""天涯何处无芳草"吧。可也不能立刻发火，批评指责他，骂他小小年龄不学好吧。毕竟，恋爱为何物，他一点都不懂啊。

没办法，我只好采取缓兵之计，拼命控制自己的惊慌失色，一边摸着他的小脑袋，一边平静地说："都是个小男子汉了，不要哭嘛。有什么事情告诉妈妈，好不好？"扬扬擦着眼睛，点点头。原来，他喜欢上了班里的一个小女孩月月，喜欢和她单独玩，还送月月巧克力和玩具。今天更好笑，竟自编了首情诗给月月，结果月月一点反应都没有，这可伤了小家伙的心，于是，他就认为自己失恋了。

我决定换一种方式来安慰宝宝呢："扬扬，妈妈知道你很伤心。因为妈妈小时候也喜欢过一个人，可是他不喜欢妈妈。"听到我说这话，扬扬抬起小脑袋惊异地看着我。"你看妈妈现在是不是很快乐？其实啊，喜欢妈妈的朋友有好多，妈妈和他们在一起照样玩得特别高兴。你也一样，兰兰、欣欣不都是你的好朋友吗，和他们在一起玩，不是也很好吗？"

我通过这件事情，明白作为一位妈妈，不仅要关注宝宝生理的健康，更要细心观察他的心理发展，而且要学会采取和缓的方式来应对宝宝让你措手不及的问题。在宝宝的成长中，我们也在成长。

三思而后行

当宝宝遭遇到周围小朋友的冷落时，你如果直接当面指责他们或者和那些小朋友的家长理论，可不是一件睿智、理性的决定。这可能会让宝宝再次成为被攻击对象。如果，你通过劝导，让宝宝认识到其实自己也有一些小问题应当改正，从中让宝宝体会办法，就可能帮助宝宝和同伴更好地交往，也让宝宝获得情感上的满足。

社交是有规则的

宝宝受到了冷落，经常是因为他们不懂得和人交往的规则，他们在家庭生活中经常受到爸妈的宠爱，很容易以自我为中心。团体游戏时，不懂得"轮流"，也不知道"协商"、"少数服从多数"，一味地要求按自己的想法做。这当然不行。所以，在日常的生活中，应该给宝宝制定一些游戏或者生活的规则，要求宝宝遵从。比如，你在和宝宝吃饭时，就可以把宝宝爱吃的东西分些给其他家人，告诉宝宝："好东西人人都喜欢，大家要公平地享用，不能够一个人独占。"长时间的教导，宝宝也会将这种"轮流"和分享的想法变成一种巩固的能力。

在平时，也可以教宝宝一些有效社交策略。比如，让宝宝加入其他人的游戏，让宝宝学会询问："我想和你们一起玩，可以吗？"当宝宝面对其他的小伙伴遇到的麻烦时，也要热心的主动上前提供帮助。如果你看到自己的宝宝在这方面表现得出色，一定要记得赞扬他："你做得真好！"社交策略的学习，对鼓励宝宝交友有着非同小可的作用。

爸爸妈妈还可以做的就是创造具体的情景，来锻炼宝宝的交往能力。对于宝宝而言，和其他的小朋友在一起玩，最好前提就是彼此都感兴趣，让他们感受到快乐的事情。比如，妈妈可以准备一些沙包，教给宝宝如何玩丢沙包，邀请左邻右舍的小朋友一起参加；创设一些活动，让宝宝能够有更多的机会和同伴交往。

而在宝宝和其他的小伙伴进行交友时，还要注意培养宝宝敏感体察他人情感变化的能力。让宝宝知道，自己的行为会给他人带来一些情感变化，或者人们对于宝宝的情绪有什么变化，让宝宝自己把握好情绪。

"人来疯"的宝宝更可爱

宝宝的思维经常是以自我为中心的，他们一方面希望得到肯定和注意，另一方面又不那么的重视别人的需要。

　　家中来了客人，宝宝往往又跳又唱，还把自己心爱的玩具拿出来。可是当爸爸妈妈和客人聊天时，他却依然按捺不住自己。宝宝的这种一反常态，就是俗话"人来疯"。其实宝宝人来疯中既有他自身的原因，也有爸爸妈妈的原因。

宝宝喜欢表现

　　宝宝在2～6岁的嗜好，已有初步的主客体区分能力，但是由于宝宝的脑部发育并不完善，思维还保持着以自我为中心的特点。而宝宝的"人来疯"，其实就是宝宝有较强的表现欲的一种体现，它反映出宝宝希望得到更多注意和表扬的一种心理需求。爸爸妈妈往往对宝宝的变化习以为常，对宝宝的一些才艺未能给予应有的重视，这种压抑就在心中积淀了；而宝宝在客人面前展露时，则很容易得到肯定、表扬和赞许，从而得到一种成功感、满足感。所以，客观来说，宝宝的"人来疯"其实也是一种"压抑"之后表现欲的爆发，当然也含有较强的交往动机。

宝宝爱表现

　　我和老公渐渐发现女儿"表现欲"越来越强。奶奶家是做生意的，每天迎来送往的顾客很多，我的宝蛋对每一位客人都表现出极度的"热情"：有一天来了几位客人要吃海鲜，正巧家里只有几种鱼类。客人决定去别人家，他们出门时姑姑抱着她去送，她一看人家走了又再见又谢谢的，其实是想让人家把她也带上。领头的人回头看看宝蛋，对其他人说"我们就在这儿吃吧，别走了"。说来也是自从我们的"小福猪"降生，姑姑的生意就特别兴隆。

　　在宝蛋14个月的时候就会"排辈"，来我们家的人，年纪稍微大一点的叫"奶奶"，年轻一点的叫"姑姑"，男同志有胡子的叫"大大"，比自己年纪大的叫"哥哥、姐姐"，看到有小宝她会不顾一切地跑过来，边跑边叫小手还在人家身上摸上摸下的，往往比宝蛋大好几岁的宝宝都会被她看得不好意思。如果看到有人进来，她会第一个冲出去，趁姑姑给人家拿东西的时候，她会表演跳舞给客人看，如果客人停下脚步，她会跳得更起劲儿。今天晚上家里有人吃饭，有一只很漂亮的烟盒放在桌子上被她看到了，心里特别想要，但嘴上却不敢说，跑到姑姑的吧台拿了一把钱出来要跟人家换！

另外，宝宝生活在家中，爸爸妈妈都是天天在一起的熟悉对象，而客人的到访对宝宝而言，是一种新鲜刺激。新的地方或家中来了新的人，很容易让宝宝形成全新的刺激，引起兴奋，而且宝宝很容易因为客人的表扬越发得意。客人的放纵与宽容，和爸爸妈妈平时的重视不够，这种"反差"严重地助长宝宝的"人来疯"。另外，当客人夸奖宝宝时，他能明显感觉到爸爸妈妈此时特有的宽容客气，所以就是平时不敢讲的话，平时不准干的"恶作剧"，也敢试试了。

纠正你的"人来疯"宝宝

帮助宝宝纠正"人来疯"是需要一定的小技巧的。爸爸妈妈最好在家里来客人前，就要给宝宝一个心理准备，让宝宝知道在不同的时间应该扮演不同的角色，先满足宝宝的合理需求，助他完成角色转换。比如，你可以告诉宝宝家里要来的客人的名字和数量，在客人来到家中后，要对宝宝介绍客人，也向客人介绍宝宝，建立双方的熟悉感。当客人到来后，给宝宝一些表演的机会，可以让宝宝背诵一首唐诗或者让宝宝弹一曲钢琴。在肯定宝宝的同时也要告诉宝宝说表演差不多就到这里了。宝宝如果在客人面前过于活跃，做些无理的要求，会造成一些尴尬的局面，爸爸妈妈也不必当着客人的面斥责他，过度指责宝宝。在客人走后，让宝宝自己平静下来，给宝宝讲讲道理，让宝宝了解秩序，配合宝宝尽早适应在生活变化中控制情绪。其实，小宝宝的行为大多都是有迹可循的，只要爸爸妈妈多一些观察，并且施与适当的引导，宝宝就可以逐渐改善。

· 亲子心经 ·

宝宝的特殊行为多半可以找到失序的原因，爸爸妈妈如果能搞清宝宝"人来疯"的原因，并且提前设计一些小对策，就可以让宝宝在与客人交流中既有教养又不失活泼。

爱的情商

培养一个有爱心的宝宝

当宝宝具有了爱的能力时，他才会在这个世界上爱自己、爱家人、爱社会、爱大自然，才会真正地活得充实有意义。

"抱抱"很重要

"抱抱"对于宝宝来说很重要，拥抱的这个行为对于宝宝来说，是他的肢体和感觉全方位调动的一种行为。对宝宝而言，拥抱能让他们从内心感到安心。妈妈经常抱抱宝宝，可以传达给宝宝爱心，让宝宝从内心深处中萌生出对人的爱。而培养宝宝的爱心，最先就要从爱家人开始。全家人的爱是相互的，你们之间的爱意的表现对于宝宝来说也是一种潜移默化的影响。宝宝从爸爸妈妈之间的恩爱和对自己的宠爱中，就能够分享快乐，感觉到浓浓亲情。比如，爸爸妈妈在平时安抚宝宝睡觉时，别忘了亲亲宝宝；和宝宝玩游戏，不仅要告诉宝宝："宝宝宝宝我爱你，我真的真的很爱你"，还要对着自己的伴侣说："爸爸爸爸很爱你，我真的真的很爱你"。

在和宝宝日常生活中进行爱的教育时，别忘了抓住吃饭这个关键点。全家人一起吃饭时，可以宝宝喝奶，大人吃饭，大家一起吃东西，让宝宝感受到这种分享的过程。

故事儿歌当帮手

爸爸妈妈都喜欢在宝宝睡觉前给宝宝讲故事，而一些《弟弟摔倒后》《小的留自己》等具有浓浓爱意的教育类故事，就是他们分清是非，感觉爱意的首选。

宝宝会仿效故事来说话、做事，在故事儿歌中学会爱人和给人带来快乐。

另外，你也可以鼓励宝宝，在一些小节日、小生日时，自己动手做一些小卡片，画上自己的作品，或者给家人朋友展示一下自己刚刚学会的祝福的话。

这些看似不起眼的小故事、小儿歌，其实就是宝宝爱心培养的大帮手。

照顾动植物

现在家庭中，独生子女很多，宝宝因为没有兄弟姐妹，自己的责任心较差。而这个时候，有条件的话，爸爸妈妈就可以让宝宝自己饲养动物。养只小狗，让宝宝帮忙照顾小狗的饮食，带它出去玩，让宝宝学会照顾别人，为别人着想，对别人负责。

当然，如果这种"大型"的动物不方便饲养，也可以养些乌龟、金鱼，或者种植和照顾植物，让宝宝理解什么是责任。

小白兔住我家

一只小白兔，在我家已经住下三天了，聪聪好喜欢，已经舍不得下楼了，每天在家陪着小白兔。

今天早上刚起床，聪聪就要我打开书房的门，不知道他要干什么。刚开开门，他就直接走到小白兔的窝边，然后向我指指小白兔，我明白了，他是想看看小白兔，之后他又离开了，不干别的，是去给小白兔拿白菜叶子吃了，他跑到厨房，用手拿了一点点菜叶子，跑过来扔到小白兔的窝里，那么少的一点菜，小白兔想吃都难找到啊。他是想学我，给小白兔拿东西吃，只是有点不太像，看到他那认真的神情，我都要笑死了。

聪聪是一点也不歇着，他把我拉到跟前，又指指小白兔的窝，我明白，他是想让我给小白兔换换窝。前两天，小白兔的小窝脏了，我就要给它换，聪聪发现了这件事，这不，一大早就要我给小白兔换窝，没想到聪聪这么心细，可能是他太喜欢小白兔了吧。聪聪爱摸小白兔，我就给它洗洗澡，我可不能大意，卫生第一！

本来，有个小白兔纯属意外，没想到这个意外也给我带来了意外的收获，我可以用小白兔在我家住的这段时间，好好培养一下聪聪的爱心。

另外，培养宝宝的爱心，在幼儿园、学校组织活动时，爸爸妈妈也要及时与宝宝交流，使他们知道发生在我们周围的事情，让小宝宝知道，人人都需要爱，只要人人都献出一点爱，世界才会变成美好的人间。

让感恩植根于宝宝内心深处

俗话说："知恩图报"。宝宝只有知道了国家和社会对自己付出和关爱，才会懂得感恩，产生感恩之心。

让宝宝从心里懂得感激，让宝宝学会感激，需要爸爸妈妈从宝宝幼儿时期起，不断提示和强化。而真正地让宝宝的内心中充满感恩，需要什么做法呢？

言传身教

爸爸妈妈可以自我审视一下，你在接受他人帮助后有没有及时说："谢谢"。

你在餐厅用餐后，有没有向服务人员表示谢意；在带着宝宝遇见熟人时，有没有主动打招呼；在看到辛苦打扫卫生的保洁员时，有没有致意问好；是不是经常抱怨，经常没完没了的指责……要知道，爸爸妈妈是宝宝的榜样，只有自己以身作则，言传身教，才能让宝宝真正将感恩从生活中提炼出来。

提供方式

给宝宝个机会，让他自己写感谢信，来感谢一下老师的教导，还有别人的帮助。这封信，可以选择在长辈或亲友过生日时，或者幼儿园学期结束前。如果宝宝没有学会写字，让他画一幅最能表达心中爱意的画，然后亲自送到他们手里。要让宝宝学会感激，让他知道感激并不是只是需要金钱，还需要人的真诚。

当然，爸爸妈妈也该向宝宝表示感激。如果宝宝在外出时主动拎购物袋，或是在爸爸妈妈生日时表示祝福，或者对周围的小朋友表现出关爱，在长辈家里表现出的体贴等，爸爸妈妈都应表示感激。作为家长，你的回馈感激，其实就是一种让宝宝明白哪些做法是正确的，哪些是需要保持的一种教育。

游戏强化

我们都知道，宝宝爱游戏，所以爸爸妈妈可以用为宝宝提供游戏的机会来实现宝宝的感恩。比如，在外出时，可以带着宝宝领略大自然的美丽风光，让宝宝感谢一下给我们带来阳光的太阳公公。

在宝宝用饭时，还要让他明白感谢一下农民伯伯，以及让他拥有美好生活的人。在游戏的过程中强化宝宝内心的感激之情，可以使他明白，他的周围就有充满着值得感谢的事和人。

懂得礼貌

让宝宝掌握一些基本的礼仪，使用"请""谢谢"等礼貌词汇，教宝宝懂礼貌，可以让宝宝拥有一个良好的行为规范。虽然他们并不理解感激的真正含义，但尽早地让

宝宝学会这些，会让他在对待事情时有一个潜意识，在面对事情时更加自然。

关爱周围

关于感激的早期教育，爸爸妈妈要从生活中的一点一滴来渗透。让宝宝和身在外地的爷爷奶奶或者外公外婆通一次电话，对他们表达出自己的想念；如果宝宝因为事情没有参加了幼儿园的活动，也可以让宝宝打电话来表示出他的问候，在帮助宝宝懂得关爱弱者的同时，激发他内心的感恩萌芽。

· 亲子心经 ·

让宝宝学会在游戏结束后，把玩具集中到收纳筐里；学着把厨房台面上的塑料碗递给你；学会把脏衣服放进洗衣机；学会整理他的小床铺；学会使用帚把等。这些简单的家务，可以让宝宝明白，妈妈做家务是多么的不易，保持家的干净整洁和有序是需要付出劳动的，宝宝会更加感激爸爸妈妈为他所做的一切。

让宝宝富有一颗宽容的心

宽容心主要表现为对别人过错的原谅，它是一种非常珍贵的感情。宽容之心并非与生俱来，所以要想让宝宝拥有一个宽容的心，就需要在教育宝宝时，不断融入自己的爱，也只有你真诚的爱，才能换来宝宝一颗真正的宽容之心。

，宽容这种感情对于宝宝个性的健康发展，特别是情感有着非常重要的意义。宝宝拥有宽容之心，往往表现出心地善良，惹人喜爱，受人拥护。

教宝宝学会"心理换位"

宝宝宽容之心的最主要来源，就是爸爸妈妈日常待人接物的方式。而爸爸妈妈是不是宽容大度、遇事不斤斤计较，有一个宽容之心，对于宝宝往往都是有很大影响。

当双方产生矛盾时，爸爸妈妈要注意学会站在对方的角度上思考问题，理解对方，减少矛盾，让宝宝看到在处理事情的时候，一定要保持一个好善、乐于与人相处的心态。让宝宝学会在你的处理的方式下"心理换位"，站在对方的位置思考。另外，宝宝也可以站在爸爸妈妈的角度上，理解爸爸妈妈的良苦用心；站在老师的角度上思考，就会理解老师的艰辛；站在小伙伴的角度上，就会理解他们的做法。

要让宝宝学会关心他人

今天午餐时，我正在给宝宝们盛菜。今天，宝宝吃的是红烧肉和鸽蛋。吃饭开始了，宝宝都吃的可香了。这时，只听见泽宇大叫："老师，你看呀，她把这些肉都扔在我的碗里。"我回头一看，只见倩倩把自己碗里的一些小肥肉都放在了泽宇的碗里，见我来了，低下了头对我说："老师，我要吃瘦肉，不要吃肥肉。"我忙问："那肥肉给谁吃呢？"倩倩不情愿地看了看我，又看了看旁边的泽宇说："在家都是我奶奶吃肥肉的。"之后，我向倩倩的奶奶了解，原来，在家里，由于倩倩从小都是奶奶带领的，受到了奶奶的特别疼爱，好吃的东西，奶奶都是留给她吃的。

有些宝宝不愿意与他人分享，是因为宝宝觉得分享就会使他失去他所得到的东西。作为爸爸妈妈应鼓励宝宝在与同伴的交往中，愿意与他人分享的意识。在家里，爸爸妈妈还要教宝宝给家人分东西。宝宝因为年小体弱，生活上一般需要爸爸妈妈给予照顾。有些爸爸妈妈便把对宝宝的爱狭义地理解为保证宝宝的物质需求，用物质上的满足，来表示自己的爱，以至于不惜自己节衣缩食，去满足宝宝的一切要求，却忽视了如何从情感上给宝宝以爱抚、同情、体贴和鼓励。爸爸妈妈如果只注重对宝宝的"养"，而忽视了对宝宝的"教"，这就会导致宝宝情感体验贫乏，久而久之，就有可能使宝宝在情感上出现麻木、无知的状况。所以，爸爸妈妈长辈应注意与宝宝的情感交流，了解宝宝的所思所想，及时给予精神上的鼓励，让宝宝在成长的过程中不迷失方向。

通过这一次与爸爸妈妈的谈话，情倩的奶奶认识到自己在教育上的不足，要从宝宝发展的角度出发，科学地教育宝宝。更深刻地体会到教育的深奥，也需要不断地学习育儿知识，使宝宝更健康地发展。

理解他人，理解人人都有缺点

俗话说："金无足赤，人无完人。"缺点和不足，其实是人之常态，和朋友相处，和家人在一起，责备完全没有必要，教会宝宝理解他人，懂得没有必要事事计较，事事都摆个公平合理。原谅他人多给人一次宽容和理解，其实也就是为自己多增添了一份好心情，也会使宝宝觉得在个性完善的道路上又向前迈进了一步。当然，宝宝的宽容也是有限度的，对于贪婪和坏人妥协和退让是完全没哟必要的。

· 亲子心经 ·

有些爸爸妈妈只是注重宝宝的智力培养，对于宝宝良好的习惯培养和个性发展关心不够。其实，宝宝的心理需求也是需要被关注和满足的，如果宝宝的心理需求被压抑，他们很容易通过极端的发泄方式来寻求一种心理解放，这么一来，宽容之心自然无从谈起。

让宝宝保持一颗平常心

美国耶鲁大学经济学教授陈

志武说，家庭其实是最小的社会经济单位，金融交易以人格化的方式在其中进行。父母对子女的教育，其实是一种投资，父母对孩子的爱和关怀里面，是一定夹杂着对回报的期待的。这种期待通常会是想让儿子发大财或女儿嫁个好人家，也比如希望孩子能够出人头地、光宗耀祖。一般人总是会对自己的宝宝寄予很大的期望，从宝宝还很小的时候，父母常常会希望通过各种手段来开发宝宝的智力，发展孩子的潜能。因此昂贵的早教课和益智产品应运而生。这似乎是一个时代潮流，因为不光是中国父母如此。数据显示，20年美国父母为3～12岁儿童花费580亿美元，比10年前多花170亿美元。

不平常的兰兰

年仅6岁的兰兰，已先后三次夺得所在城市儿童口语故事冠军。我和其他老师常常夸她是个聪明的孩子，父母更是以她为荣。但最近兰兰却一蹶不振。先是在幼儿园的绘画比赛没有取得名次，后来又在一次口语大赛中获亚军。尽管爸爸妈妈安慰她"胜败乃兵家常事"，兰兰却难以接受如此"残酷"的事实。情绪一直变得郁郁寡欢，人也消瘦了好多，不太喜欢跟同学一起玩了。有的时候，还会变得很敏感。她看到几个同学凑在一起，有说有笑，嘻嘻哈哈的时候，而当兰兰走过去，她们又不笑了，她总感觉同学们在背地里议论她，心里的落差就更加大了，心理负担就更加大了。

发现了兰兰近期的变化，我找她深谈了好多次，耐心听她的"苦诉"，也尽量给予她安慰。最后我和兰兰达成共识，争取让兰兰在这次学校的比赛中拿到名次。起初兰兰还是不太愿意接受挑战，我告诉兰兰以一颗平常心去看待周围的事情，而她是真的有这个能力可以做到的，"老师相信你"。后来在这次比赛中，兰兰取得了第一名的好成绩，脸上的笑容又重新变得灿烂了。我想，以后，兰兰应该学会用颗平常心来对待所发生的事情，努力去做了，就心中无悔。

宝宝太好胜也不好

现代社会竞争非常激烈，为

了宝宝将来在竞争中立于不败之地，许多父母在宝宝还很小的时候就灌输一些要有好胜心和竞争的意识等等。殊不知，如果宝宝好胜心太过强，会使他们从早到晚都处于高度紧张的状态之中，不仅对身体健康不利，也会让他们的生活受到干扰。毕竟不是每一次都可以获胜的。一路顺利，一旦遇挫，宝宝心理承受能力会支撑不住。

正确看待平常心

美国儿童教育专家艾森认为，对大多数宝宝来说，引导他们拥有一颗"平常心"更为重要。因为"平常心"可以让孩子以正常的心态看待比自己优秀的同伴，冷静地看到自己的成绩和不足。"平常心"并不意味着不求上进，反而能让宝宝在一个平稳的期望值下更容易获得成绩。

帮助宝宝克服嫉妒心理

莎士比亚名剧《奥赛罗》的男主人公，威尼斯大将奥赛罗误听谗言，嫉妒的烈火使他丧失了理智，竟将贤惠美貌的妻子活活掐死。后来真相大白，他后悔不已，自杀身亡。"嫉妒是思想的暴君，灵魂的顽疾"。只有认识了嫉妒的危害，才能从根子上拔掉嫉妒这棵毒草。

现在社会，宝宝生活在充满竞争的环境里，学习压力大，父母对子女的期望值高，再加上独生子女多有突出自我的性格，往往这种竞争会演变成嫉妒，只要别人在某一方面超过了自己，就会产生嫉妒，就会千方百计抬高自己，想尽办法贬低或打击对方。

· 亲子心经 ·

父母要以平常心对待孩子，以平常心做一个父母，让自己快乐，也让宝宝快乐。所谓成功是别人眼里的，快乐才是自己和宝宝每天都要感受到的。有一个快乐的、允许自由发展和探索的成长过程，才是宝宝一生幸福的基石。

嫉妒会阻碍宝宝成长

嫉妒是一种不好的心理，它会阻碍宝宝的成长，会让宝宝变成心胸狭窄的人，所以妈妈一定不要让自己的孩子变成那一类人。

嫉　妒

小鹏在班里是学习委员，成绩一直都名列前茅。我家儿子豆豆学习成绩平平，比较爱动，有时候有点调皮。有一次考试成绩出来了，小鹏的在成绩要比豆豆高出不少，我夸奖小鹏的时候，儿子就愤愤不平地说："老师包庇他。"而且嘴里还说有什么了不起的之类的就走开了。开始我并没有当回事。期末考试前，邻居小鹏的复习卷子不小心弄丢了，想借豆豆的去复印。可是儿子一口咬定卷子借给他表弟了。可在帮他收拾房子的时候，却发现儿子有2份卷子，原来儿子竟偷了小鹏的卷子。豆豆是因为嫉妒小鹏比自己好，所以才干了这件事。我很是担心，决定要和儿子好好谈谈心。于是，拿出一张白纸，我一条条把危害写给儿子看。1. 对己来说，嫉妒憎恨别人又无法启齿，只会让自己在痛苦中煎熬。2. 对别人来说，被嫉妒者往往因挫折反而勇敢进取更显优秀。3. 嫉妒是丑陋的。从近处说它破坏友谊。从远处说，一旦道德堕落，干出伤天害理之事，还将受到社会谴责、法律惩

处。儿子看着满纸"危害"一言不发，我知道他内心受到了震动。第二天早上，儿子跟小鹏一起去上学的时候，他拿出卷子："昨天是开玩笑的，没影响你复习吧。"这时，我也放心了。

有的宝宝会和同伴相互比较，语言上也带有谁也不服谁的语气，嫉妒也就变得明显。其实归结根源可能就是自私，只想自己，胸襟狭窄，不为他人或集体考虑，所以也容不下别人比自己好。应该从帮助宝宝改正自私开始，实际上就是抑制以自我为中心的奢欲。让宝宝拥有开阔的胸怀，将目光放长远些。

宝宝的嫉妒心时常会冒出来，父母不要过度去责备，可以通过接纳理解他，然后运用智慧，让这种情绪转化为激发潜能的动力。

父母的爱和榜样是化解嫉妒的良药

当宝宝嫉妒别人时，多数情况是感到自己不如别人，嫉妒腐蚀了他的自信心。因此，医治嫉妒的良药是父母对他的爱。不要吝惜对孩子的鼓励和称赞，要让宝宝有安全感和幸福感。这样，宝宝就不会容

易被别人的好所打倒，反而会自信地发展自己的优势。而大度和热情是对嫉妒最好的抵抗剂。

爸爸妈妈是宝宝最好的朋友

爸爸妈妈都希望和宝宝之间建立起一个良好的亲子关系，了解宝宝真实的生活和思想，和宝宝之间无所不谈，走进宝宝的心灵。

研究证明，爸爸妈妈如果懂得在言谈中传达出接受宝宝的态度，对于宝宝欣赏自己、肯定自己，让他积极地对待生活，则对其自立自主能力的培养和智能的发挥都有着很重要的作用。另外，爸爸妈妈的鼓励和支持，对于帮助宝宝走出成长历程中的失意，也有着重要的作用。所以说，爸爸妈妈就是宝宝最好的老师。

慎用批评，控制情绪

小宝宝很容易做错事，而当宝宝碰到一些不如意的事或做错了事的时候，我们千万不要不要过早地下结论，千万不能激动，要知道让宝宝把发生的事告诉你，让宝宝自己发现问题，寻找解决的方式，才

是最好的办法。耐心地听他把事情说完，引导他独立思考，控制自己的情绪，冷静地分析原因。

在和宝宝说话时，一定要注意说话语气，带有命令、责备、拒绝等负面意义的说话语气最好不要采用。让他们逐步养成主动承认错误、改正错误的好习惯。

毛毛的问题

菌子问：李老师，我家毛毛15个月了，有时不听话，我就主张夫妻俩一个唱"红脸"，一个唱"黑脸"，只要我们一拉下脸，毛毛就会看我们的脸色，如对她声音大些，她就会哭。事后抱着她说要听话爸妈才不凶的话，她好像又似懂非懂的样子，我就怕毛毛会成双重性格，专家老师您说会不会有影响呢？对于我们这种方式可不可取呢？

李老师说：当然会有影响，我认为这种方式不可取。因为宝宝听话与否本身就是一种没有主见的表现。我们希望宝宝因为懂得交往的规则而与人交流，而不是通过看人脸色来调控自己的行为。所以最好是爸妈都采用同一种方式：讲道理。

面对宝宝的提问，你要了解其真正含意，并且需要做出回答。特别是对于一些知识性较强的问题，爸爸妈妈一定要对宝宝慎重地回复，以免因为疏忽而造成宝宝长期的知识性错误。

创造机会，替他保密

换一个时间，换一种方式，和宝宝一起谈天说地。比如，你可以选择在和宝宝一同玩游戏时，接宝宝回家的路上，让宝宝在这些"开阔"的环境中，口若悬河地告诉你他今天的经历，他的想法，让他们在没有压力的条件下，表达出自己。而对于给宝宝创造说话的机会，爸爸妈妈也要注意经常变换新鲜的话题，来引起宝宝的兴趣，多让宝宝猜猜，多用用反问的语气，引起宝宝的交谈兴趣。

其实，你和宝宝之间的交谈内容，往往就来自于生活之中，让宝宝在观察身边的各种事物时，说出自己对这些生活经验的看法，往往对于提高宝宝和你之间的关系有着很重要的作用。

另外，宝宝即使对爸爸妈妈，也有他自己的秘密。爸爸妈妈如果已答应了宝宝的事，必须遵守诺言，替他保密，否则你可能失去宝宝的信任。

尊重宝宝，放下架子

宝宝的问题从来都是"不合时宜"的，他才不会管你是不是有一大堆的活要做。而你这个时候，就要好好权衡手头的事情和宝宝的事情，哪一个更加重要。

如果你真的有很急的事情要做，一定要记得与宝宝商定好时间。而如果可以把手头的事搁一搁，也要耐心地倾听宝宝的叙述。你可千万不要一边做事一边听宝宝说话，让宝宝感觉到你一点都不重视他的感受。也许说一些让你无法理解的话，提出一些宝宝达不到的要求，你也要尊重宝宝。

爸爸妈妈在与宝宝之间交谈时是朋友式的，这样才能让宝宝感觉到你离他之间的距离是很近的，而且你还要知道，我们总有做错的时候，在我们错误的时候，一定要勇敢地在宝宝面前承认错误，为宝宝树立起知错就改的榜样。

自我管理

让宝宝在自我管理中找到"北"

宝宝经常丢三落四的，把东西随手乱放，而这些不良习惯其实都是由于宝宝的自我管理意识差的缘故。随着宝宝的成长，对他们的自我管理能力要求也越来越高。但是很多爸爸妈妈却也同时感觉到了害怕，怕宝宝这个做不好，那个做不好，于是什么都尽量地帮宝宝整理和准备。其实，这就是影响宝宝自我管理能力提高的大阻碍，爸爸妈妈不放手，他们就不可能独立的养成好习惯。

强化习惯让宝宝学会自我管理

习惯和技能不论好坏都是没有办法遗传的。宝宝总有一天是要自立于社会生活的，而如果爸爸妈妈能够从小就培养宝宝，让他学会自己的事情自己做，自己的东西自己管，自己的生活自己安排——宝宝

行为的独立性，他做事情的目的性和计划性也会变得越来越明确。

妈妈支招——训练孩子的自我管理能力小·方法

给宝宝的：

1. 订立协议：什么行为是大人鼓励的，做了可加分，什么行为是大人禁止的，做了会减分。然后白纸黑字写下来，告诉他，他可发表意见，通过后按手印确认（4岁开始实行的）。一般一至两个月会调整一次，调整时他可发表意见，定下后就要严格执行。

2. 他所得到的分是用五角星的帖纸表示，统一贴在一个地方。这些分是可以用来兑换奖品的，具体规则可以自己制定，我们目前是两分换一元钱的奖品。这些奖品就是平时孩子自己想要的玩具，零食等。

给爸爸妈妈的：

1.鼓励的行为：他目前做不到，需要花一点点努力就能做到的行为，千万不能把目标定得太高。

2.禁止的行为：对那些差的行为习惯，但千万不要把"不听大人的话"之类的列上去。

3.每次可以加分的行为一定要列很多条，扣分行为只要一两条。等这一两条坏习惯改掉了，下次再换一两条。

4.父母要帮助孩子多挣分，尽量不要扣分。以鼓励为主，这样孩子就非常愿意配合执行这个协议，才能达到好的效果。我们在扣分前都会先提醒一次，再警告一次，还是执意不改才扣分。

·亲子心经·

在实施"五常法"的过程中，需要爸爸妈妈在教导上达成"共识"，按照宝宝的能力去制定标准。如果宝宝在生活中，做到了要及时的给予他鼓励，慢慢的宝宝就会自然的继续做这些受到鼓励的事情，不断的增强信心了。

而爸爸妈妈要想让宝宝学会自我管理，首先就要能够"放开手"。所谓放开手，简单地说就是爸爸妈妈千万不要越位替宝宝做他们能做的事情，而是要鼓励他们，要求他们，当然也要允许他们适当的犯些小错误。比如，我们日常的一些生活习惯，让宝宝学会自己穿衣、叠被。宝宝在2岁时就已经开始出现自己穿脱衣服的意识了，而这个时候，即使宝宝穿不好，穿衣服费时长，爸爸妈妈也要积极的鼓励他，也要教会他正确的穿衣方法。另外宝宝的玩具的整理，爸爸妈妈也可以慢慢地培养宝宝自己去把玩过的玩具送回"家"。

在培养宝宝习惯的时候，爸爸妈妈要允许宝宝犯错误。但是，同时要让他们知道自己要承担起这些小错的后果。比如，你要让他们知道，一些东西丢了不会再有了；把很多的书籍、玩具以及他珍藏的一些小东西摆放错误的位置，在下一次使用的时候会很麻烦。让宝宝学会自己安排和负责这些事情，宝宝的好习惯很容易就会养成了。

自我管理的"五常"说

自我管理有一种"五常"训练。第一，就是常常收拾打理，把一些经常不用的东西放在一起管理，训练的重点要将这些物品集中存放以便降低存量。这个小锻炼可以训练宝宝的观察能力，并且可以让宝宝从小就学着取舍，什么应该留下，东西应该放在哪里的意识很容易就能培养起来了。

第二"常"，就是要让宝宝提高责任感。让宝宝在进行物品管理时养成一个分类的概念。每一个物品都有家，每一个东西都有它生活的地方。让宝宝对这些小东西熟悉，能够在短时间取得或放好这些东西。

第三"常"就是宝宝要知道自己要有保持个人和这些物品清洁的责任，梳理起"我不会使东西变脏""我玩后会马上清理"的观念。这种观念的养成，对于让宝宝保持自己的健康卫生和树立起帮助爸爸妈妈分担家务，收拾桌椅餐具都有很好的辅助作用。

第四，爸爸妈妈在培养宝宝的自我管理意识时，还需要为宝宝提供规范化的环境，让宝宝自己建立起自信心，让他乐意和人沟通，学会寻求帮助。

第五"常"，就是要让宝宝在自信的基础上，不断的养成遵守规章制度的习惯。爸爸妈妈在培养宝宝时，对于宝宝的长处要及时进行适当的奖赏，而对于宝宝的短处要给宝宝一些改正的机会。让他们真正懂得自我管理生活。

培养宝宝良好的情绪情感

情绪，产生于人的内心是否得到了满足，它是人的心理活动的重要表现。

人们经常会出现"喜、怒、哀、乐"的情感表现，作为宝宝当然也不例外。

不同的环境会让宝宝产生不同的情绪表情和反应。积极的情绪环境对于宝宝的行为和智能发展都有促进作用，而消极的情绪对于宝宝的发育也同样有着反作用力的影响。

培养宝宝伤愈调节和控制情绪，让宝宝保持着积极良好的情绪，对于宝宝的成长发育至关重要。

人一生中有利的10种情绪

1.爱：福克斯说："只要你有足够的爱心，就可以成为全世界最有影响力的人。"所以，如果现在有个人跟你发脾气，只要你始终对他施以爱心及温情，他的冰冷终究会被你爱的阳光融化。

2.感恩：感恩也是一种爱，表达出自己的爱憎分明，常心存感恩，人生也会过得快乐。

3.热情：如果做任何事情都带着振奋与热情，那么这件事情就会变得多彩多姿。19世纪英国著名首相狄斯雷利曾说过这样的话："一个人要想成为伟人，唯一的途径便是做任何事都得抱着热情。"热情具有伟大的力量，能把困难化为机会，鼓动我们以更快的节奏迈向人生的目标。

4.好奇心：孩童最懂得欣赏"神奇"的原因，就是因为他们能够发现生活中的奥妙之处。如果你希望你的人生不过得那么乏味，那就在生活中多带些好奇心，你会发现你的人生会是永无止境的学习，全是发现"神奇"的喜悦。

5.快乐：内心的快乐跟脸上的快乐有很大的差别，前者能使你充满自信、对人生心怀希望、带给周围之人同样的快乐。学会保持快乐的心情，面对害怕、挫折感、生气、失望仍表现出宽容和愉悦，才能让生活充满多姿多彩。

6.活力：活力也是一种重要的情绪。维持身体足够的精力，才能让我们应付生活中各样的问题。我们培养出活力，这样也才能控制生活里的各样情绪。

7.信心：从心里建立起"有信心"的信念，敢于去尝试、敢于去冒险，任何的阻碍其实都不是问题。

8.弹性：保持弹性的做事方法，其实也就是要你选择快乐。对于不可控的事情，要时刻保持乐观，那么人生就能永保成功。

9.毅力：毅力能够决定我们在面对困难、失败、诱惑时的态度，看看我们是倒了下去还是屹立不动。

10.服务：生活的秘诀就在于给予。如果我们说的话和做的事，在丰富自己的同时还能帮助别人，其实就是一种真正懂得人生意义的做法。

培养宝宝的情绪你可以

宝宝的情绪培养需要爸爸妈妈的指导和教育。而在你下手培养宝宝前，首先就要充分地了解宝宝的情绪发育特点，才能真正地不失时机地去培养去保持。宝宝情绪具有冲动、易变和不协调等特点，经常会出现烦躁易怒的表情。他们可能今天喜欢画画，明天又对皮球感兴趣。而此时，爸爸妈妈学会把握宝宝情绪变化特点，帮助宝宝顺利渡过"危机时期"，就显得很重要了。

其实，培养宝宝的情绪，首先就要帮助他树立起一个"远大"的志向。让他懂得他应该做什么，为什么这么做，让他自己去克服这种易变的性格，养成一个能够克服困难的自信和勇气。特别对于现在的独生宝宝，爸爸妈妈就更加不能对他们进行惯溺，而给他们一些小"亏"吃，经常利用换位的方法，让宝宝学会站在对方的角度上想问题，以免他们发展不良情绪和娇惯的行为。让他们自己学会热爱生活，认识自己。另外，当宝宝出现了一些情绪上的小问题时，你也要理性的对待，让宝宝去转移对于愤怒事情的注意力，并帮助宝宝合理地发泄自己的难过，让他们的情绪从幼稚走向成熟。

培养宝宝情绪你应该

宝宝在看到一些事情没有向着他所希望的样子发展时，很自然的就会产生难过和不开心。那么，这个时候，爸爸妈妈应该做些什么呢？

首先要让宝宝学会坦然地面对。正视失败的勇气对于宝宝来说一直是至关重要的。让宝宝知道生活都是有输有赢的，不要为这些简单的小事感到挫败，一蹶不振。而且要经常的通过正面的语言和积极的态度去教育宝宝，让宝宝面对环境或者物品的变化。

小宝宝都有很强烈的"占有欲"。他们经常不能忍受自己喜欢的东西和别人一同拥有。而这个时候爸爸妈妈就需要做一些小"手脚"，比如，当一些人来家里玩时，可以帮助宝宝把一些他喜欢的玩具收起来，其实这不仅是一种尊重宝宝喜欢东西的做法，同时也是让宝宝学着和人一起分享的过程。如果宝宝和小伙伴因为一些事情打闹起来，你也不要顺着自己的宝宝，要公平地裁决。根据调查，爸爸妈妈在这个时候让宝宝轮换玩耍的行为远远比"让着弟弟"要好得多。

另外，宝宝的行为很易变，所以爸妈们要记得当宝宝出现了不适当的行为，如耍脾气、抢玩具，要及时的告知他们，不要让他们"为所欲为"。对于宝宝乖乖的行为还要记得给予正面的评价，好让他们把这些优点不断地保持下去。

· 亲子心经 ·

在宝宝的生长过程中，情绪的力量是至关重要的。作为家长，通过了解宝宝的情绪变化特点，运用具体的措施，从正面培养宝宝的情绪，才能让宝宝真正拥有一个健康的人格和心理。

宝宝的情感黑匣子

有研究资料表明，宝宝具有很多的情感需要。情感，是人类在社会活动中对于客观事物所持态度的一种体验。

正所谓"没有人类的情感，就没有人类对真理的探求"。丰富而健康的情感对于人类的精神生活有着至关重要的作用。在家庭环境中，爸爸妈妈的情感教育仍然不可忽视，只有通过健康的方式来教育宝宝，才能真正地让他们的人格得到健康的发展。

宝宝需要什么

宝宝经常会出现情绪风暴，面对宝宝的情感需要，爸爸妈妈首先就要冷静下来，懂得宝宝究竟需要什么。情感的建立过程是一种亲子双方相互影响和作用的过程。每一个宝宝都是"贪心鬼"，他们都有着对于爸爸妈妈的需求。比如"爱"，宝宝都需要爸爸妈妈的鼓励和赞扬，都希望得到爸爸妈妈的喜欢和爱。

当他们取得进步的时候，想要得到爸爸妈妈的鼓励；当他们面对失败和挫折时，他们会很容易的产生灰心丧气，这时他们则很需要得到爸妈们的劝解。

明智的父母应该在宝宝面对挫折时及时地给宝宝能够克服挫折的力量，要让他们面对着挫折和失败，不要害怕，心平气和地面对，摆脱失落。而宝宝喜欢学什么、玩什么，爸爸妈妈也不要对他们硬性规定，要激发他们去想去做。

老师为什么不喜欢懂事宝宝

玲玲回到家，妈妈发现她不太开心。妈妈问玲玲：今天怎么啦？玲玲对妈妈说：老师不喜欢我。妈妈说：你怎么知道老师不喜欢你啊。玲玲说：因为我乖。妈妈说：为什么这样说啊？玲玲告诉妈妈说：小胖不听话，老师就总叫小胖的名，让他改正；娜娜一到幼儿园就不停地哭，老师中午就陪着她睡觉。玲玲不哭也不闹，老师都不理我。玲玲委屈地哭了。妈妈愣住了，不知道玲玲怎么会有这种奇怪的心理。

其实，无论是老师和家长，都可能有这样的习惯和做法：孩子比较懂事听话时，就感觉比较省心，专注在他身上的精力和时间就少些，可以省下照顾他的时间做点别的事情。孩子渴望得到关心和爱，也就是在这个方面他所需要的却得不到满足。当孩子生活中缺少爱和关怀时，就容易在这点上比较敏感和妒忌。作为父母，首先要耐心告诉孩子：老师当然喜欢乖孩子，但他的责任是照顾和教育孩子，而不听话和心情不好的宝宝比你更需要老师的照顾，所以老师要尽责任去陪伴他们多一些，把他们教育得像你一样好。然后在时间上生活中给予孩子更多的关心和鼓励，让她感受到他人对她的爱和喜欢，让她自信自己是个讨人喜欢的宝宝。

区别对待宝宝的负面情绪

让我们一起来看一下当宝宝出现负面情绪，应该如何"具体问题具体分析"。

● 宝宝恐惧

父母应该保持着轻松的语气来告诉宝宝，不要着急，不要担心，科学地给他们解释。虽然宝宝未必能够真正的听懂这些安慰，但是你的爱和鼓励还是能给他很大的安全感。比如很多的宝宝会做噩梦，这个时候你就要告诉宝宝，其实每个人都做，妈妈也做。做噩梦是因为宝宝白天玩的累，或者是睡姿不好造成的。妈妈小时候也会害怕，但是后来又采取了什么方法改变了。

● 宝宝愤怒

你要学着让宝宝用语言来"发泄"，当然这种发泄不是辱骂，而是一种倾诉。对于他的愤怒，你要表示出自己的理解，讲点浅显的道理，并且教宝宝有意识地控制自己，决不允许宝宝愤怒时打人或毁物。

● 宝宝遇挫

宝宝因为生病或碰到挫折，你要以一个宽容的心态去安慰他，让他尽快从负面情绪中走出来。宝宝也有情绪低沉的时候，理解他们是最关键的。让他们哭出来，陪着他们在一起，培养他们的独立性，和宝宝谈心，温情地抚慰才是你最应该做的。

● 宝宝无理取闹

你可以适当地放任不理，采用冷处理。时间长了，宝宝很容易感知自己的要求得不到满足，"自讨无趣"，之后他会重新接受合理建议。

训练宝宝管好自己欲望的能力

与大人一样，宝宝也有欲望。许多宝宝不断地向家长要这要那，所以很多父母是买了这个又买那个，一一满足宝宝的要求。可是，这样的满足隐藏着忧患，放纵宝宝欲望的结果将会造成许多不良后果，可能会给他们养成物质欲望无限膨胀的坏毛病。

欲望本身并没有错，但要有所节制，决不能使宝宝的欲望无限膨胀。所以，父母要重视对宝宝的欲望加以限制，培养宝宝控制欲望的能力。

把握好尺度

父母为宝宝的消费应该是有选择的、适度的。对宝宝购物的欲望，不要一味地满足。这样容易使宝宝形成毫无节制的不良习惯，而在为宝宝选择消费的过程中，也要教育宝宝什么是重要的，什么是不重要的，这直接影响着宝宝价值观的形成。

正确看待礼物

宝宝思想单纯，通常会在礼物贵重程度与心意之间画等号，会认为送的礼物越贵重，关系越亲密。作为父母，要给宝宝一个正确理念：礼物的意义在于表达心意，有时候，一些切实的帮助或亲手制作的礼物，反而令对方倍感珍惜，且过分贵重的礼物还可能会给对方带来很重的心理压力和经济负担，而引导孩子正确看待，不要随意收取别人过于贵重的礼物。

"欲望"的"诱惑"

我同事有个6岁的女儿叫丽丽，她非常喜欢芭比娃娃，所以又很想给芭比买一套家具。可是同事一直没有答应她。正好丽丽要参加一次钢琴比赛，同事小欢就帮她定了一个目标："如果能进决赛就可以

买。"听她妈妈说，丽丽为了这套玩具家具，这段时间内练琴非常主动，到时间就自己坐在钢琴前，而且再也不跟父母就一首曲子要弹多少遍而讨价还价。

经过一段时间的准备，丽丽参加了预赛，虽然成绩不是特别好，但是进入了决赛。这时候丽丽提出要给她买家具，但我同事还是不松口：现在买可以，但是只能买一套小的，如果想要大的，要等你决赛拿了名次才能买。听同事这么形容着，丽丽想了会，还是决定参加决赛后再买，因为我们都知道她还是喜欢那套家具齐全的，不仅有床、衣柜、梳妆台，还有书架和沙发呢！

又坚持了一段时间的练习，决赛时，丽丽发挥得很好，竟然得了这个组的前几名，还意外地得到了300元的奖金。小姑娘第一次用自己的努力挣来了钱，同事一家高兴地到了商场，让丽丽自己挑了一套芭比的家具。

"适度不满足"可以让宝宝再坚持努力一下，让她在各方面有种动力，小时候可以用物质"诱惑"

为主，之后转为对知识学习的目标，再往后可能就是理想了。

物质欲望的节制

在宝宝对社会的适应能力的成长中，不容忽视的是其在物质欲望上的控制能力。当宝宝想要获得玩具、零食、金钱时，如果无限制地给予满足的话，是无法培养宝宝对欲望的控制能力的。金额比较大的东西，最好在宝宝的生日或一些比较大型的节日里买，但也要和宝宝事先约定好，在时间还未到来之前必须等待。这是培养宝宝对欲望的控制力的必要方法。

零花钱的规定

对于零花钱，也应该与宝宝定好一个合理的数目，然后严格地遵守。如果宝宝提前将钱花光了，要让他耐心地等待下一个"法定"的领钱日。同时，宝宝平常有想要买的东西，可以教育宝宝把自己省下来的零花钱攒起来，不久之后就可以自己满足自己的愿望。这样还可以培养宝宝储蓄的概念。

培养宝宝学会管理时间

生活中的方方面面都可以培养宝宝的自制力，让宝宝学会管理自己的时间就是其中的一个方面。时间改变人。很多人事情做不好，就是没利用好时间。宝宝的生活一定要有规律，什么时候该睡觉，什么时候该玩，什么时候该吃饭。这些习惯慢慢地在持久中就会养成。宝宝管理时间，也主要表现在合理安排作息、游戏、运动等的时间上。

约定时间

比如宝宝出去玩，到了规定回家的时间就必须得回家。如果发现她玩起来忘了回来或不想回来，那么下次他再出去玩的时候一定要跟他有个约定，玩1个小时就必须回家。如果遵守约定，就天天带他出去玩，如果不遵守约定，下次就不带他出去了。事先有个约定，会让宝宝懂得时间概念，同时也让宝宝学会了纪律与克制。

借助计时器的帮助

由于宝宝年纪小，又常常以自我为中心，有时并不按照别人的意见去做事。这时候不要训斥宝宝，更不要帮宝宝做。不妨以一种豁达、宽容的心情和宝宝去挑选一个他喜欢的计时器，然后每次做事情的时候，让宝宝自己选定合理的时间去完成。借助这个小小计时器的帮助，会大大调动宝宝的积极性，不自觉中宝宝就会提高做事情的速度，改掉拖拉的做事习惯，更重要的，还能有个良好的时间观念。

爱看电视的美美

美美今年4岁，从小就是个电视迷，周一到周五，每天只要从幼儿园回到家，她第一件事情就是熟练地拿着遥控器，趁我做饭的时候，看上一个半小时电视。

吃完晚饭，常常会看上一段时间卡通片后才肯在我的督促下洗澡睡觉。要是到了周末，她睁开眼第一件事就是打开电视机，每次总要等到带她出门的时候才肯关上。于是，我想了一个办法，给美美拟定了一份"电视协议"：每天保证1小时画画或者做手工，保证1小时游泳，看电视时间总计不能超过2小时。如果不能按规定活动，就缩短看电视时间。这个任务交给爷爷奶奶督促完成。可是第一周过去了，美美总以各种理由，比如外面太热、蜡笔用完了，甚至用坐在小椅子上屁股疼等理由压缩游泳和画画的时间。而看电视当然就成了填补空余时间的活动。

提前给宝宝几分钟提示

有些父母很多时候会要求宝宝从一种非常活跃的状态下转到静态。当父母要求宝宝放下手中正在做的事情，改做另外一件事情的时候，无论是宝宝的大脑思维还是动作方面，都要做出转变，这是很不容易的。这时候，父母应该给宝宝留出一定的时间。可以提前5～10分钟给宝宝一个提示。要注意的是，父母在每次警告过后都要真正实施了。首先要对他行为的转变做好准备，这一点很重要。

提前告知

除了拆礼物包装能带来的那份惊喜，我想很多宝宝再不会那么乐于期待的了。

对于宝宝即将要做的事情，父母最好提前让他们知道个大概，好让他们有个心理准备。平时可以给宝宝建立一个时间表，让他清楚什么时候该做什么事情。

·亲子心经·

当宝宝到了6岁该上学的年龄，团队的动力、伙伴的压力以及对时间概念的掌握都可以帮助他接受这个事实：时间到了，我们应该去做另一件事情。学校也将是宝宝学习平稳过渡的一个大舞台。

让宝宝学会期待成功

所谓成功就是一个人能把自己的潜能都发挥出来，为社会作出贡献。如果一个人因为没有受到良好的教育而未能发挥出潜能，这就不是成功。

著名的教育家蔡元培先生说过："教育应指导社会，而非追逐社会。"但是我们国家现在的教育模式还没有完全摆脱原苏联的教育模式，而家庭教育也非常落后，特别是我们的父母没有这一代宝宝的成长经历，再加上没有专门研究过家庭教育，难免就跟不上宝宝成长的步伐。

父母这一年代的人当中，经常会发现这样一个规律：以前调皮捣蛋的学生现在很多都当上了公司总裁、小老板等，而那些以前在班上当干部的学生，现在反而都给别人打工。人们发现在工作中表现最出色的人不一定是在学校学习成绩最好的学生，而往往是那些成绩稍次，但各方面能力均衡的学生。这就涉及了"成功智力"的问题。

美国耶鲁大学的心理学家斯腾伯格认为，学习中表现出来的学业智力也只是反映学生在成绩和分数上的预测。成功智力包括分析性智力、创造性智力和实践性智力。实践性智力也就是目前经常提到的执行力，它才能使人达到人生中最主要的目的。这三方面是一个有机的整体，它们协调、平衡时，智力会得到最有效的发挥。

所以，在只重视宝宝学业智力的情况下，虽然成绩优秀但却不等于成功智力也得到了发展。因此，父母要注意从小培养宝宝的成功智力。成功也不等于成名，成功是实现目标的一种感受。父母要培养宝宝期待成功的心理习惯。

从简单开始

从最简单的事做起，循序渐进，由粗糙到精细、到完美，这需要较长时间，做父母要有耐心，学会等待。宝宝做事情，是一件件地学，再一件件地去做。但是需要注意的一点是宝宝做比较简单的事，

可能比较容易完成，随着所做事情难度加大，就不那么容易完成。做父母的，在孩子做比较难事之前，或过程中，给予恰到好处的帮助，使之经过努力能够完成任务。尤其在孩子第一次去完成有难度的任务时，争取成功尤为重要。

·亲子心经·

当然，暗示也需要一些技巧：细心观察，从某件小事，用一种积极思路，去激发宝宝。宝宝都是敏感的，要用宝宝能接受的语气，给予暗示。

积极暗示

有些父母对宝宝期望值太高、目标太大，理想与现实之间加大了反差，于是会导致父母喋喋不休地数落、批评，总认为多说些，是为孩子好，孩子因此能记住，改掉毛病。

其实，这样做法不但改不掉毛病，反而给予孩子消极暗示，使错误行为得到加强。宝宝是夸大的，父母应该用阳光的心态对待宝宝，用积极暗示方式，去夸奖孩子，鼓

励孩子，强化孩子好的行为，使之成为习惯。

暗示的作用

我是小乐，今年刚上小学一年级。每天早晨起床的时候，对我来说都是一种折磨呢。我妈妈是个急性子，每天早晨叫我起床总凶巴巴的："还不起床，你听听，人家对门的敏敏都在读书了。"不等我说话，我妈又会接着说："怎么还不起呀，敏敏5点多就起来读书了，像你这样哪能学习好呀？"每次听到妈妈这么说，我心里可不舒服了。我写字比较慢，晚上光做作业就要做到9点，再加上另外的辅导作业，每天都要做到10点多。要是按照妈妈所希望的那样，早上5点钟就起来读书，我一天才睡几个小时呀，白天上课的时候不打瞌睡才怪呢，到时候被我妈知道，罪过就更大了。每天我都不敢懈怠，妈妈还这样严格要求我。

平常，妈妈总是说人家敏敏这次考试又考了100分，人家敏敏怎么怎么样……我总觉得自己真的很差，真的不如邻居敏敏呢。越是这样老批评我，我越不想再做什么。越做不好，妈妈的责备、批评就更加厉害了，我简直就成了她心目中的"麻烦制造者"。

为什么会出现这样情形呢？一项调查表明："谁是孩子最好的朋友？"选择同学占87.4%；"有心理话最想对谁说？"同学占92.3%。这不能完全归于亲子沟通不畅，是父母对孩子期望值太高，目标太大，理想与现实之间的反差就大，于是父母就喋喋不休地数落、批评。

体验成功

宝宝的成长，应该是充满一个个成功的记录，由无数个短小的成功组成的成长经历，对完成宝宝人生大目标奠定了基石。所以平常对宝宝的要求，应该落到具体事情上。分解每一天，再具体到一件件小事情上，根据宝宝的能力，让他容易做到，易于成功。

宝宝除了一些文化知识的学习之外，生活技能、体育锻炼、与人交往等是有许多事情要做的，所以成功也是多方面的。

让宝宝学会解决情绪问题

下面，给爸爸妈妈提供几个帮助宝宝解决情绪问题的小方法。

凡凡怎么了

我们在反反复复地讨论着，父母的离异将对孩子产生怎样的影响；来来往往地交涉着孩子的抚养权、教育费问题，有谁想过问一问孩子的感受，他们对此怎么想、怎么看呢？事实上，对父母之爱的需要是人生最强烈的感情。有人会说"孩子小，不懂"。的确，成人社会里的复杂关系，孩子可能是不懂。可是作为一个完整的个体，他们能够感受到父母"以前好好的，现在不见面"的不同气氛，体验着分身无术的为难和父母各持己见时的矛盾。正像我笑着问凡凡是否有事时，我心里也在想着"一个小孩子能有什么大不了的事呢"。可事实让我震撼——正是一个小孩子在承载着也许连我们成人都无能为力的悲痛，她甚至还不明白这悲从何来。作为父母，我们计划着每天发送多少文件，完成多少指标，准备

多少菜肴……

在我们神情茫茫、步履匆匆之际，有没有计划每天腾出点空和孩子聊上一聊，哪怕就那么一小会儿？不是聊"今天在幼儿园学了什么"，而是"你今天心情怎样"。

作为老师，我们忙碌着教学目标的达成，欣慰着幼儿又一次安全地离园，重复着"上位做好""好好听话""不许乱跑，不准插话"……我们有没有蹲下来平视着幼儿，轻轻地告诉他"你知道吗？我很喜欢你"，或者"怎么啦？你好像不高兴"？孩子是多么需要一个表达他内心情感的机会，一个可以耐心听他倾诉的对象！凡凡的那一长串"接"和"玩"，一定是在她心里磨蹭了很久，在犹豫要不要选择我之后的"最终"爆发。

幼儿受的限制实在太多了。一时偏离自己的小椅子，是因为小屁屁有些痒；偶尔吃饭时小声嘀咕，是因为想告诉同伴今天的饭很好吃；忍不住插嘴，是因为他总在牵我的辫辫；大声叫起来，是因为今天老师宣布的游戏他心仪已久……可是，"快上位"、"不许大声说话"、"不许插嘴"、"不能快

跑"、"要听老师话"等点点滴滴、细细碎碎的规矩，犹如一根根木桩立满幼儿园的角角落落。幼儿在这里一不留意就会撞破了头，或者踢疼了脚，哪里还敢向老师表达心里的喜爱、不满、兴奋、悲伤和恐惧呢？幼儿的理由在这些规矩面前似乎都是次要的，破坏了规矩就要受到老师的批评，并且对于批评还只能接受。

· 亲子心经 ·

宝宝受到了小挫折，肯定会表现出郁闷和不开心。而这个时候，爸爸妈妈给宝宝一个大拥抱，给宝宝一些鼓励的话，宝宝就能迅速从这些消极的心理感受中走出来，坦然而从容地面对接下来的路。宝宝在自己郁闷时情绪已经没有办法克制，爸爸妈妈在处理宝宝情绪上的问题时，一定要用你慈爱的目光，温和地劝慰他们，为他们解围，并且要带着宝宝及时脱离让他郁闷和悲伤的情境。

设个"出气角落"

爸爸妈妈给宝宝在家里设定一个专门的区域，作为宝宝的"出气角"，让宝宝在出现负面情绪时，能够充分的发泄出自己的情感，将他们心里的小郁闷都随着发泄释放。另外，当宝宝在"出气角"发泄时，爸爸妈妈最好不要去打扰他们，让他们自己学会反省，并给予他们理解和支持。这样，一个旧沙发，几个旧垫子，旧玩具就可以轻松地帮你解决宝宝难劝的小脾气。

以身作则法

在帮助宝宝培养健康情绪时，爸爸妈妈必须要确保自己的自我情绪能够得到有效的管理。有的爸爸妈妈性子急，看到宝宝发脾气，自己也跟着急起来，特别是在自己工作繁忙或者压力大时，宝宝的坏脾气往往就是爸爸妈妈发怒上火的导火线，宝宝莫名其妙成为"受气包"。如果没法控制好自己的情绪，很容易"传染"给宝宝这样的坏脾气。所以，当宝宝出现了不正常的情绪反应时，爸爸妈妈要用心去探讨原因，认真审视自己是不是能够平静地帮助宝宝进行情绪的处理，千万不要把事情弄得更糟。

打个秘密暗号

宝宝的好奇心大，而且对于秘密的自我新奇感很强，他们往往特别喜欢秘密的东西，也最珍惜秘密。爸爸妈妈就可以利用宝宝的这种想法，和他一起设定出一些小的秘密信号。

比如，宝宝"干得好"，就向他眨眼睛；而宝宝要"继续努力"，就可以对宝宝点点头。或者当宝宝的脾气没法克制时，就可以用你的肢体动作，来让他慢慢地平静和稳定下来。

来个"亦褒亦贬"

批评和鼓励的度，爸爸妈妈一向很难把握。批评的力度大，宝宝很容易产生负性情绪，他们会感到压抑，感觉不到爸爸妈妈的爱。而鼓励得过滥，又很容易让他们产生骄傲的心态。这个时候，爸爸妈妈一定要注意，你对于宝宝的事情一定要客观处理，做到就事论事。比如，一向乖巧的宝宝在生病发烧的时候向你要冰激凌吃，如果你还是，认为宝宝"不懂事"，那就有些片面了。

另外，在对他鼓励和批评时还要通过一些小的技巧和方法。不要过分地直接，导致他们产生逆反的心态。

宝宝的情绪风暴

人的情绪如同天气一样，是经常出现变化的，好的情绪不可能常在，而坏的情绪会不时出现。宝宝的情绪本来就不稳定，情绪坏的时候让爸爸妈妈很头疼。很多的爸爸妈妈看到宝宝的坏脾气，常常感到手足无措，迁就、哄骗用尽其招，甚至粗暴的打宝宝都不能起到好作用。那么，面对宝宝的情绪风暴，我们究竟应该如何应对呢？

宝宝也要发泄

事实上，宝宝和成人一样，也有自己的小烦恼。而爸爸妈妈在解决这些小烦恼之前，首先就要接纳宝宝的这些负面情绪。"别这样，你怎么这么不懂事。"这些日常生活中的常见话其实就是对于宝宝情绪的一种不理解表现。

大喊大叫的小公主

小娟每天都把家里弄得天翻地覆：玩具散落一地，画笔、画纸摊满了桌子，床上也堆着她的各种小玩意儿，自己最喜欢的书也十有八九到想看的时候不知道去哪了。多次的提醒仍然没能使小娟有任何改观。

错误批评：屋内的一片狼藉点燃了妈妈心中的怒火："跟你说过多少次了，从哪儿拿来的东西玩完了还放回哪儿去。你就是不长记性，你不收，看我全把它们扔掉！"说着假装把孩子最心爱的玩具扔了，接着是一阵急风暴雨般的叫嚷。

留下的伤痕：不是你的嗓门越高就越能产生立竿见影的效果，声调和结果往往成反比；并且大喊大叫使孩子丝毫感觉不到尊严的存在，也把你的修养咆哮得无影无踪。如果大人孩子都发脾气，批评很有可能会升级为哭闹和打骂，教育的效果抵消为零。而且孩子很快就会知道，妈妈嘴上说"扔掉"，但是手上却没有真正"扔掉"，妈妈的威信也由此丧失。

教育有方：千万不要以为你的态度，包括表情、语气和目光无足轻重，只有好心就足够了；不肯在表达方式上花心思，孩子难以心服口服地接受批评。因为，有时候他们拒绝的不是批评本身，而是父母的态度。心平气和地批评孩子，有助于保持良好的亲子关系，也能达到批评的目的。所以，面对幼儿，最好管住自己的脾气，让自己息怒。

其实，作为宝宝，他们也要发泄。在心理学防御机制中，发泄被定义为"为了避免精神上的痛苦和不快，以及遭遇到挫折后产生心理疾病的境遇，来维持自身心理平衡的一种方式。"不要让宝宝压抑自己，鼓励他将这些负面的情绪宣泄出来，和爸爸妈妈倾诉一下，或者转移宝宝的注意力，让他们改变一下对于事物的看法和态度，其实也是很有必要的。而过分压制宝宝的情绪表达，往往会使宝宝更加悲伤难过，助长他对于自己的否认情志，甚至会在宝宝长大后产生一些心理问题。

宝宝发泄爱咬人

12个月以内的宝宝正处于"口欲期"，他们的口部发育的敏感度要远远高于他们的手部。这种"咬"的行为，不单单只是一种探索世界的方法。游戏，也同样是宝宝情绪发泄的一个渠道。

当宝宝说不清楚自己的要求，或者没有办法表达出想法时，就会出现急躁咬人的情况。这个时候，爸爸妈妈要客观地看待宝宝咬人这种现象。这些小小的行为其实都是有迹可循的。他们通过咬人表达出他们的急躁，或者吸引人的注意。而你就应该及时对他们进行制止，带着他们离开引起他们发火的地方，冷静地进行教导。

宝宝并不知道好情绪和坏情绪，所以爸爸妈妈面对他们的情绪变化，要先接受后劝导。对于宝宝的哭闹，要特别克制自己的情绪跟着宝宝走。而不分青红皂白地训斥宝宝和说一些让宝宝自尊心受到伤害的话都是不可取的。

在万般无奈而训斥宝宝的时候，也一定要注意方法和方式，避免说这么一些话："别大喊大叫的！""有什么可高兴的！""哭什么哭！有什么好哭的，再哭就不带你出去玩了。""再气人我们不要你了！"而要尽量保持平静，以安慰的方式让宝宝停止发火，等宝宝平静后再仔细询问原因，才是解决问题的好方法。

国外的"TFCRS"自立法

TFCRS——The Family Chip Reward System，意思是说利用宝宝喜欢的卡片作为奖品，对宝宝的好行为立刻给予奖励。宝宝有很多令你头痛的坏习惯吗？你想尽一切办法都没法改变宝宝吗？OK，试试启动你的"TFCRS"吧！

启动"TFCRS"的步骤如下：

1. 带着宝宝一同去杂货店，挑选一些他喜欢的卡通小卡片。卡片最好有不同的类型，代表不同的分值。宝宝最喜欢的那类卡片自然分数最高，其他次之。

2. 告诉宝宝从现在开始，他可以自己管理自己。

3. 向宝宝描述"TFCRS"运行的方式。以爸爸妈妈为例进行说明，如爸爸妈妈上班，得到工资，然后用工资支付其他费用，像买好吃的、好玩的或看电影等。如果宝宝在某方面表现得好，他就可赢得一张卡片作为奖励，然后用这些卡片换取他需要的东西或想做某件事情的资格。

4.制定一个可以赢取卡片的清单，向宝宝详细解释哪些情形他可以赢取卡片。从每天一早就开始观察宝宝的行为，并对宝宝的好行为及时给予奖励。

5.制定一个需要付出卡片的清单，向宝宝详细解释哪些情形他需要支付卡片。

一旦宝宝的某种要求得到满足，也要扣除一定数量的卡片。

·亲子心经·

在现实生活中，爸爸妈妈要鼓励宝宝表达情绪感受。既不能让宝宝感觉到压制，也不能任其坏脾气的爆发，从根本上培养孩子的积极情绪，让他们积极上进才是最关键的。

突发意外，教宝宝学会自救

有机构曾经做过一项调查，把中国和日本的3～6岁的学前宝宝同时住进一个宾馆。日本的孩子进去做的第一件事就是一定要找到安全出口。而中国大多数宝宝进去做的第一件事情就是首先打开电视机，或许设置自己的环境。不会考虑这些自我保护措施的地方。

生活是美好的，但是生活中也处处存在着危险。虽然有些自然灾害或突发事件是难以避免的，但是，从小让宝宝学会自我保护，仍然可以减少许多不应该发生的悲剧。父母要重视对宝宝进行自我保护的教育，做到防患于未然。

字条风波

我住在槐花小区，我旁边是一户三口之家，他们有个可爱的小女儿，名叫毛毛，今年好像已经5岁半了。据我所知，毛毛可是一家人心上肉、掌中宝。毛毛长得也很可爱，穿上公主裙，简直就像个洋娃娃。

有一天，我忙完事回到家已经很晚了。因为每天回家都会经过毛毛家的门口，那天我发现毛毛抱着玩具娃娃蹲在门口，把头埋在娃娃里，身子缩成一团。我心疼地走过去，询问毛毛发生了怎么回事，她抬起小脸，明显看到她哭过的痕迹。

毛毛委屈地告诉我：她家里没有人。我抱起毛毛，发现门口墙上贴着的纸条，上面写着让毛毛回奶奶家吃饭。可是毛毛没有看到字条，只知道在门口干等，而不知道去邻居家或给奶奶打电话。如果不是我发现了毛毛，说不定她就会在门外冻一个晚上。

看着毛毛可怜的样子，确实让人心生怜爱，可仔细一想，明明字条贴在墙上，这么简单的自我保护方法都不知道，也不免让人有点担心。

培养宝宝对突发事件的应变能力

平常的生活中，就应该教育宝宝独自面临危险时能够冷静处理，

这也与父母长期以来一直给宝宝灌输安全观念有很大关系。

比方说：宝宝平时喜欢边吃零食边玩，还会发笑，这时候就要很严肃地警告他，不许吃东西时嬉笑；当宝宝大一些，吃冰糖葫芦，或是拿牙签，父母都应随时提醒宝宝别被扎着；教他不被好吃的、好玩的东西引诱，更不要随便跟陌生人走，等等。

培养宝宝鉴别与分析能力

现在社会上的事情比较复杂，一些网站、杂志、录像、图书中充斥着不健康的东西，这些不健康的内容对宝宝极具诱惑性。父母要经常跟宝宝讨论什么内容是健康的，什么内容是有害的，来提高宝宝分析与鉴别的能力，让宝宝从小自觉抵制不健康的东西。

· 亲子心经 ·

要让孩子掌握一些紧急救助的知识和方法，如记住家里的电话、一些急救电话。遇到危险事情的时候会知道报警等。对宝宝从小进行自我保护教育，同样也是一种素质教育。

第四章

习惯篇

一位幼儿专家曾指出："有许多幼儿，甚至学龄期的宝宝，吃饭还要父母喂，不愿自己动手或者存在挑食、偏食、厌食的现象。对此，很多父母的做法不是大声训斥，就是埋怨宝宝。实际上，除了少数是病理原因外，多数与宝宝早期饮食习惯及教育不当有关，父母应该负很大责任。"

饮食习惯

让宝宝定时定量进食

　　婴幼儿时期是建立和培养良好饮食习惯的关键时期，如果这一时期引导不当，一旦形成不良的饮食习惯，以后要改正就非常困难。

养成良好饮食习惯的重要性

　　父母要让宝宝养成定时、定量进食的饮食习惯。定时进餐可以让宝宝在条件反射的作用下，提高摄食中枢的兴奋性，使宝宝体内的食物进行有规律地消化、吸收，增强宝宝的食欲。

　　如果宝宝不定时进餐，很容易造成消化功能紊乱，影响食欲。宝宝还要养成定量进食的习惯，因为每个人胃肠道的消化功能都有一定的限度，让宝宝养成定量进食的习惯，有利于宝宝消化吸收功能的正常运行。

养成定时定量进餐的好习惯

　　首先，父母要合理控制宝宝每天的进餐次数、时间和进食量，让三者之间有规律可循。

　　到了吃饭的时间，就应让宝宝进食，但不必强迫他吃，当宝宝吃得好时就应表扬他，并要长期坚持。

　　其次，精心调配食物。烹调时需注意食物的色、香、味俱全，软、烂适宜，便于宝宝咀嚼和吞咽，以调动宝宝用餐的积极性。还可以给宝宝买一些形态、色彩可爱的小餐具，让宝宝喜欢使用这些餐具进餐。

宝宝喂养，定时、定量需灵活掌握

　　有研究表明，不少父母都刻板地遵循定时定量，强迫宝宝严格遵守，这同样对宝宝的成长非常不利。请看下面的案例分析，看看您是不是也犯过类似的错误。

不要强迫宝宝丢下手中的玩具去吃饭

彬彬正在外面玩得开心的时候，不知不觉吃饭时间到了，妈妈就让彬彬放下手里的玩具，可他又哭又闹，妈妈认为："定时吃饭就是定时吃饭！"实在没办法妈妈干脆端着饭碗，追着彬彬跑，而彬彬一边玩，一边吃上两口，喂上一顿饭要花两个多小时。

专家指出，宝宝不像成人一样，有很强的时间观念。而且宝宝的小肠胃没有养成定时的习惯，如果在玩耍中途被打断，会增强宝宝对吃饭的厌恶感。一边玩一边吃饭更是饮食习惯的大忌，父母应该灵活地掌握宝宝定时喂养的方法。

定量饮食也要灵活掌握。有的父母还会严格按照书上的标准，让宝宝吃饭，遇到宝宝偶尔不想吃的时候，父母也要千方百计地哄他吃下去。这种做法也是不可取的，父母要根据宝宝自己的情况而定，因为每个宝宝的发育情况、饮食量都有所不同，不能一概而论。

目前，很多家庭存在强迫喂养现象，且"定量强迫"显著高于"定时强迫"。

幼儿专家表示："强迫喂养很容易导致宝宝厌食。宝宝偶尔食欲不佳是正常现象，如果父母过于纠缠在一定量的食物上，会使宝宝食欲更加降低。而宝宝的厌食让父母更加焦虑，就用坚决的手段强迫宝宝进食，会使厌食更加严重。"

·亲子心经·

定时、定量进食是宝宝良好的饮食习惯之一，也是增进宝宝食欲的重要手段，父母一定要灵活掌握。让宝宝定量进食是为了摄取合理的营养，但也要防止吃得过多，给身体带来不利影响。父母不要在用餐时训斥宝宝，应让宝宝心情愉快地用餐。

帮宝宝做好饭前准备

陈福民，中国社会科学院文学研究所研究员。他曾说："谁配得到上帝的奖励？毫无疑问，只有那些准备好了的人。对于一个追求成功，渴望成功并且有可能成功的人来说，永远没有完全准备好了不再需要准备的时候！你要切记，人的一生都在'准备'之中。"

父母对于宝宝行为习惯的培养，应该从点滴小事做起，让宝宝在饭前做好吃饭的准备，这既可以培养宝宝良好的饮食习惯，也可以养成宝宝事前做好准备的办事习惯，这样在以后的人生道路上才会做好充足的准备，去迎接每一次挑战，到达成功的巅峰。

饭前排除一切干扰因素

很多妈妈对喂宝宝吃饭的问题而感到头痛，请看下面的案例分析，看看这位妈妈在宝宝吃饭的时候出现了什么问题。

妈妈的烦恼

快到中午了，张妈妈将饭菜端到餐桌上，这时候阳阳一边吃着薯片，一边目不转睛地盯着电视上的动画片。"阳阳吃饭了！"可阳阳还是在看电视，不想吃饭，张妈妈拿着碗喂她吃，就像给她吃药一样，有时候看着碗端过来的时候，阳阳马上就会哭闹，就是不想吃。平时，即使阳阳饿的时候还是不怎么喜欢吃饭，张妈妈说："阳阳都2岁多了，还是不肯吃饭。我快愁死了！真不知道怎么办才好！"专家指出，吃饭前，应提前排除一些干扰宝宝吃饭的因素。

例如，提前将电视关掉，不要让宝宝在饭前吃零食、喝饮料等。大人们在进餐时不要追喂宝宝，这样宝宝被动地张口接受食物，更加不专心吃饭，父母应该鼓励宝宝自己用餐。

父母还应该鼓励宝宝帮助父母做一些力所能及的餐前准备，比如摆碗筷等，以便吸引宝宝对进餐的注意力。也可以让宝宝说出自己喜欢吃的菜，做给他吃，等等。

做好饭前的准备工作

想要让宝宝养成良好的饮食习惯，其中最重要的一点就是做好饭前的准备。

● 帮宝宝树立进餐意识

最好让宝宝在固定的时间，

坐固定的位置，使用自己的小餐具。儿童餐具比较适合宝宝，可以带宝宝一起去购买，让他自己挑选喜欢的餐具，从而促进宝宝吃饭的兴趣。这样每到妈妈开始做饭的时候，宝宝就会有进餐的意识。

● 提早通知宝宝准备吃饭

宝宝正玩得正开心的时候，如果突然被打断，难免会有生气、拒绝甚至哭闹、反抗吃饭的心态，因此即使面对一个2岁大的宝宝，父母也应该事先叮嘱宝宝即将要做的事，然后给他充分的缓冲时间，让他收拾玩具、关掉电视。

宝宝饭前的情绪很重要

宝宝餐前良好的情绪，对于增强食欲有着重要影响。很多宝宝出现厌食、偏食、拒食等现象，一部分就是饭前不良情绪引起的。因此，调节宝宝餐前情绪也是培养宝宝正确饮食习惯的一项重要内容。

父母可以在饭前叫宝宝帮忙抹桌子、拌佐料或者尝一尝即将上桌的菜，味道如何，有哪些蔬菜，哪些是宝宝喜欢吃的，哪些是爸妈喜欢吃的等等。

当宝宝有一点进步的时候，父母就要及时地给予宝宝表扬和鼓励，让宝宝在养成好习惯的同时，有份好心情。父母千万不要因为宝宝犯了错误，就在餐前大声呵斥、责骂宝宝。因为这样会破坏宝宝的情绪，即使宝宝很饿，也会因为受到坏情绪的影响，拒绝吃饭。

·亲子心经·

父母在饭前要为宝宝营造一个温馨的氛围。在宝宝吃饭前，不要让他进行剧烈的活动，以免交感神经过度兴奋、副交感神经受抑制，影响胃液分泌。可以在饭前适当地提醒宝宝，做好饭前的准备工作，并向宝宝发出进食信号，让他有充足的时间停止活动，准备就餐。

做个不挑食的宝宝

宝宝的挑食现象很普遍，是成长发育过程中的一种通常的阶段性现象。但这种现象如果不得以及时纠正，会引起宝宝营养摄入不均衡，对宝宝成长发育造成一定影响。父母们要从宝宝很小的时候注意宝宝的饮食习惯，对于挑食的宝宝要剖析其原因，对症下药。

一般情况下，宝宝挑食的原因不外乎以下几种：

1.大人们的过分迁就：有些大人们无原则地迁就着宝宝，如果宝宝不肯吃青菜，就尽量不做青菜，从而使得宝宝认为排斥青菜是一种很正常的行为。

2.父母的不良示范：父母是宝宝的第一任教师，父母对食物的偏好影响着宝宝，使宝宝在不知不觉中形成了相似的饮食偏好。

3.食物自身的特点：有的食物坚韧，不容易嚼碎，有的食物味道过于浓烈或清淡，一般宝宝排斥这类食物。此外，不良的饮食习惯和宝宝对某些食物的心理作用也会导致宝宝偏食。

"肉食"阳阳

奶奶给阳阳和姑姑做了许多好吃的，有鸡肉，有胡萝卜，有大白菜，有饼……

阳阳从一开始就只盯着鸡肉吃，奶奶给阳阳撕了一个鸡翅，阳阳狼吞虎咽地吃了，自己又去撕了一条鸡腿吃。奶奶给阳阳夹了白菜和胡萝卜，阳阳不理会，还是一个劲地吃肉。奶奶给姑姑夹了条鸡腿后，把肉收起来了，放到阳阳够不到的桌子上。

奶奶和姑姑边聊天边吃，阳阳吃完肉后盯着姑姑碗里的鸡腿，趁姑姑不注意，一把抓起鸡腿，跑到餐桌的另一端开始吃，奶奶和姑姑啼笑皆非……

要解决宝宝挑食，首先要找出宝宝挑食的原因，然后对症下药。这里给父母们几条建议供参考：

父母言传身教

平时大人们可经常在宝宝面前吃一些宝宝比较挑剔的食物，比如青菜等。大人们在吃的过程中还要表现出特别喜欢吃样子，这样宝宝潜意识里会认为这些食物很好吃，因为爸爸妈妈都喜欢吃。长此以往，宝宝慢慢会喜欢上本来不喜欢的食物。

添量喂养

父母可以在不告之的情况下，采用少量添加或逐步添加喂养的形式，在宝宝的日常食物中少量添加他挑剔的食物，以此让宝宝顺其自然接受这些食品。

巧妙搭配食物

针对挑食的宝宝，大人们可以巧妙地搭配各种食物，把宝宝喜欢的和不喜欢的食物进行"完美组合"，也可将宝宝不爱吃的食物来个"大变身"，以唤起宝宝的食欲，使他乐于尝试各种食物。

巧妙组合食物

有一次在姑姑家吃饭，姑姑炒了蒜苗、韭菜等，奶奶发现阳阳不喜欢吃清淡的蔬菜，如白菜、萝卜之类的，倒是很喜欢吃炒蒜苗，炒青葱，炒韭菜等口味比较重的东西。以后奶奶给阳阳炒蒜苗的时候，将小白菜、油菜等切成小片，混在一起炒，放少量的油和调味品，阳阳会津津有味地吃完一小碗。奶奶还将阳阳比较喜欢的鸡肉或瘦猪肉切成小小的块丁和蔬菜一起炒了，让肉味入蔬菜，这样阳阳就将蔬菜和肉一起吃了。

告诉宝宝食物的价值

每种食物都有其独特的营养价值，父母不妨对宝宝不爱吃的食物作以研究，了解它对宝宝生长发育的作用，并耐心跟宝宝讲解这些食物对他有什么好处。例如宝宝不吃胡萝卜，妈妈可以告诉他："吃胡萝卜可以长大个儿。"

让宝宝从小吃杂食

最近，儿科医学专家指出，在婴幼儿时期给宝宝普遍地吃各种各样的食物，宝宝长大了以后，很少会有挑食的毛病。

表扬鼓励

父母要善于当面表扬宝宝在饮食方面的进步，如果宝宝某次吃了他平时不爱吃的东西，父母要给予鼓励，让宝宝更好地坚持下去。

· 亲子心经 ·

挑食的习惯不是一天两天可以改掉的，父母要有足够的信心和耐心，坚持鼓励和引导宝宝，逐渐培养宝宝健康的进餐习惯。不可急于求成，半途而废。

让宝宝学着使用筷子

使用筷子能提高宝宝的手臂协调性和精细动作能力，有助于宝宝的智力发育。美国一位家庭医生最近把使用筷子列入宝宝必须学会的21种技能之一，而日本也很早就把每年的8月4日定为筷子节。

医学研究证明，用筷子夹取食物时，不仅是5个手指在活动，同时也牵动着肩、肘、手腕、手指间等各部位的30多个大小关节和上臂、前臂、手掌、手指等处的50多条肌肉的运动。这些手部关节和肌肉只有在大脑中枢神经系统的指令下，才能完成夹取食物的动作；反过来，这些关节和肌肉夹取食物的动作，又刺激了脑细胞，有助于儿童大脑的发育。

有利于宝宝大脑发育

用筷子进食是我国人民的一大特点，用筷子进餐，会使宝宝得到锻炼，必然促进宝宝"心灵手巧"，起到"健脑益智"的作用。常言道，心灵手巧。

此外，用筷子还能促进宝宝的视觉发育，对于预防斜视和弱视都是大有帮助的。在使用筷子夹食物之前，离不开眼睛的视觉定位，即两眼注视同一目标，再将它们分别所得的物像融合成具有三维空间完整的像。这一过程看似简单，但需要两眼外肌的平衡协调。

宝宝拿筷子的姿势需要一个改进过程，此时父母不必强求宝宝一定要按照大人的姿势，可以先让宝宝自己去摸索。

让宝宝用筷子吧

餐桌上，两岁半的阳阳拿着筷子在小碗里乱戳乱捣，弄得饭菜散落半个桌子，地板上也是饭菜。妈妈见状，取来一个勺子给阳阳，并哄着从她手里将筷子收了，让阳阳用勺子吃。在旁边吃饭的奶奶说："让她用筷子吃吧，自己倒腾几次就会用了。"奶奶给阳阳在一个小碗里夹了些大片蔬菜和面条，让阳阳用筷子夹。

下午，阳阳和奶奶一起玩，奶奶拿来两个小铁碗，一小盘子蚕豆，还有两双筷子，告诉阳阳："咱们比赛夹豆子好不好，用筷子把豆子从盘子里夹到碗里，看谁夹得快。"然后祖孙俩就开始夹豆子比赛了。刚开始阳阳只是用筷子头戳豆子，好不容易夹到一个，刚一拿起来就又掉了，每次阳阳的豆子掉了，奶奶就哈哈大笑，笑豆子不听阳阳的话，惹得阳阳也哈哈大笑，奶奶夹一个，让阳阳模仿奶奶，阳阳终于小心翼翼地将一颗豆子从盘子里送到碗里了，奶奶夸奖阳阳真厉害，豆子听话了……

· 亲子心经 ·

手部动作训练可以促进大脑发育，但前提条件是大脑发育至一定水平，"越早越好"中的"早"字也应有一个"度"，过早让宝宝用筷子也不好。在一般情况下，对宝宝的智能训练要遵循儿童大脑发育的客观规律。宝宝从2~3岁起，手部动作发育接近成熟，这时练习使用筷子吃饭比较合适。

如何教宝宝使用筷子

刚开始学用筷子时，可先让宝宝夹一些较大的，容易夹起的食物，即使宝宝没有夹住，掉了，父母也不要责怪，应给予宝宝鼓励和支持。宝宝刚学习用筷子，难免会将饭菜撒了，将饭碗弄翻，这时父母要有足够的耐心，控制自己的情绪，千万不能责怪或训斥宝宝，否则会挫伤宝宝进餐的积极性，影响进餐情绪。

筷子多种多样，对初学用筷子的宝宝来说，应以安全为主。用毛竹筷子较合适，一是四方形筷子夹住东西后不容易滑掉，二是本色无毒。还有，不要让宝宝把筷子的一端含在嘴里，很危险。

养成吃好早饭的好习惯

由中国疾病预防控制中心营养与食品安全所副所长马博士主持的一项跨越1998年和20年城市学生营养早餐的调查表明，事隔10年，城市学生不吃早餐的比例并没有明显的改善，早餐的营养质量却在下降……

享受一顿丰盛均衡的营养早餐，对于精力充沛地开始一天的生活是极其重要的。但时至今日，仍有人把早餐看的可有可无，很多家庭马马虎虎，敷衍了事。

大多数宝宝不吃早餐的原因

起床后短时间内没有胃口，吃不下早餐；很多人认为早餐吃不吃无所谓，如果不吃早餐，营养可以从午餐或者晚餐得到补充；社会节奏很快，很多人早上没有充足的时间准备早餐、吃早餐。

不吃早餐对宝宝的不良影响

● 影响宝宝的脑和智力发育

长期不吃早餐使人的血糖低于正常供给，大脑的营养供应不足，对大脑有害。

此外，早餐质量与智力发展也有密不可分的联系。据研究，一般吃高蛋白早餐的儿童在课堂上的最佳思维普遍相对延长，而食素的儿童情绪和精力下降相对较快。

● 容易坏牙

近来美国科学家所做的一项研究显示，与那些天天都吃早餐的同年龄段儿童相比，年龄在2～5岁经常不吃早餐的儿童患蛀牙的风险是前者的4倍还要多。

● 不吃早餐宝宝容易肥胖

早上吃饱肚子，宝宝在一天里可以更好地控制食欲，防止中餐及晚餐时暴饮暴食，有助于控制体重，否则宝宝饥饿时会借助零食或暴饮暴食。

一项调查研究

据研究人员介绍说，以前有研究结果显示，贫困家庭的宝宝蛀牙发生率较其他宝宝要高。然而，他们这次研究结果显示，那些不吃早餐，或不喜欢吃蔬菜水果的非贫困家庭宝宝的蛀牙发生率却比贫困家庭的宝宝还要高。

因而，健康的饮食习惯对于帮助宝宝预防蛀牙十分重要。

而在这次研究中，研究人员对1988年至1994年期间4000多名儿童的健康信息进行了分析。研究发现，在那些天天吃早餐的儿童中，只有23%的人有蛀牙历史。而在那些经常不吃早餐的儿童中，有蛀牙历史的人高达34%。研究人员解释说，那些不爱吃早餐的儿童在感到饥饿时往往喜欢求助于零食，而零食中的糖分含量非常高，吃后又不能及时清口，所以给蛀牙的发生创造了良好环境。另外，早餐的牛奶和面食中含丰富的钙和矿物质，有益于保护牙齿。不吃早餐使得宝宝得不到及时的养分补充。

早餐，让宝宝吃好了吗

一些宝宝的早餐吃得极不科学，有的为"随意型"，食品大多是前一天的剩饭，有什么吃什么，数量和营养都不能保证需要；有的是"唯蛋白质型"，只有一杯牛奶或者一个煎的鸡蛋；有的是"唯碳水化合物型"，只吃稀饭，馒头，而缺少蛋白质等。

这种早餐结构是不可取的。研究表明，早餐应摄入适量的蔬菜。现在，很多家庭早餐桌上出现最多的不过乎是奶制品、豆浆、鸡蛋、面包、油炸食品、稀饭等。

这类食品富含碳水化合物、蛋白质和脂肪，属于酸性。而蔬菜不仅仅含有丰富的胡萝卜素和多种水溶性维生素，还含有很多的钾、钙、镁，这些都属于碱性。由此可见，假如早餐吃些蔬菜，就能使饮食做到酸碱平衡。

如何让宝宝开心地吃早餐

评价一份早餐的营养充足与否，可以用是否含谷类、肉类、奶类及水果四类食物衡量，如果都有，可以评价早餐是非常的营养、非常的充足，如果是三类的话，营养还可以，如果只有一类或者两类，那早餐质量就比较差了。好的早餐应该是：主食为主，副食次之，有干有稀。

● 好的早餐一定要有一些谷类食物

如馒头、烤饼、包子、面包、面条、蛋糕、粥、饼干等，而且要各种谷类食物搭配，粗细搭配。

● 好的早餐要有一定量的蛋白质供给

如蛋、奶、豆类食物都含有丰富的蛋白质。每天早餐都要让宝宝保证食入250毫升牛奶或豆浆，一个鸡蛋或几片牛、猪、鸡肉，保证供给宝宝生长发育所需的蛋白质。

● 好的早餐要有一定的植物油

别忘了在凉拌菜中放几滴植物油，脂肪可为宝宝提供所需的热量，又能增加菜的色香味，促进食欲。

● 好的早餐要供给一定量的蔬菜

如凉拌莴笋、萝卜、黄瓜、白菜、西红柿等蔬菜，豆干、豆腐、豆皮等豆制品或凉拌海带等海产品，以提供其他营养素和矿物质及增加食欲，保证早餐食入量。

· 亲子心经 ·

早餐一定要均衡搭配，不同的口味、不同的品种，要满足好吃、好玩、有趣味的特点，不仅营养要好，颜色要好，口味也非常重要。

养成细嚼慢咽的好习惯

父母要让宝宝养成细嚼慢咽的好习惯，这样有利于食物的全面吸收，可减轻宝宝胃肠道负担，也有助于减低儿童肠胃疾病（胃酸、胃疼、消化不良等）的患病几率。

宝宝在吃饭时应该细嚼慢咽，因为饭菜在口里多嚼一嚼，能使食物跟唾液充分拌匀，唾液中的消化酶能帮助食物进行初步的消化，而且可使胃肠充分分泌各种消化液，这样有助于食物的充分消化和吸收，可减轻胃肠道负担。此外，充分咀嚼食物还有利于宝宝颌骨的发育，可增加牙齿和牙周的抵抗力，并能增加宝宝的食欲。

但现实生活中，很多宝宝吃饭时都是狼吞虎咽。导致这样的原因有很多，包括家人的影响、宝宝的性格（急性子宝宝吃饭快）、宝宝的吃饭时间有限等等。

最慢的"小·赢家"

彤彤5岁了，吃饭很快，对于面条和米饭，几乎是进口就咽下去，从不咀嚼，对于大片的蔬菜和肉，也是稍微在嘴里捣鼓几下就咽下去。彤彤和爷爷奶奶一起吃面条时，爷爷奶奶还没吃到一半，彤彤已经见碗底了，于是早早地丢下碗去看动画片去了。奶奶每次笑彤彤是个急猴子，吃饭都急巴巴的，让彤彤慢慢吃，可彤彤一拿起筷子就不听话了，还和奶奶顶嘴："我爸爸吃饭比我快多了，怎么没事呢？"

后来家里人约定，每次和彤彤在一起吃饭时，全家人都放慢速度，可彤彤照样先吃完，先走人。

这时奶奶想了个主意：比赛谁最后一个吃完饭。全家人都慢慢地咀嚼，谁咀嚼的时间最长，谁最后一个吃完一碗，就算赢了。爸爸妈妈和爷爷奶奶都有意让彤彤赢了两次，后来彤彤就自信了，每次都要赢，一口一口地咀嚼，成了家里最慢的"小赢家"。

吃饭太快，饭菜尚未嚼烂就吞咽下去，会让胃花很大的力量去"捣碎"食物，而且还因消化液未充分分泌、唾液未充分掺和进食物，影响食物的消化，有可能造成消化不良，从而引发胃肠道各种疾病。

向宝宝解释细嚼慢咽的好处

对于大于3岁的宝宝，完全可以向他解释吃饭细嚼慢咽的好处，

及狼吞虎咽对身体的危害，讲时可举些例子，如某个宝宝吃饭太快，肚子疼了，打针很疼；某个宝宝吃饭太快长大后胃不好了，吃不下饭等。例子要简单浅显，可适当夸张一些。

规定宝宝不许提前离开餐桌

好多宝宝急着吃完饭去玩，这时父母可定一条用餐规矩，规定每个人在半小时内不许离开餐桌，这样宝宝即便吃完也脱不了身，也就不急着吞咽食物了。

创造一片轻松的用餐氛围

用餐期间父母尽量放松心情，创造一片温馨和谐的气氛，让宝宝由衷地喜欢餐桌上的气氛，宝宝会愿意多在餐桌上逗留，不会因为逃离餐桌而"狼吞虎咽"。

・亲子心经・

有的宝宝食用花卷、馒头等主食时，习惯用汤就着吃，减少咀嚼次数；有的宝宝吃饭时总喜欢边吃饭边喝水。这些都是不良的饮食习惯，会影响食物的消化吸收，导致营养不良。

让宝宝自己动手吃饭

1岁左右的宝宝动手的愿望很强，看着爸爸妈妈用筷子往嘴里送，自己也不甘示弱。性急的宝宝还会不停地动着小手，急着抢家人手里的筷子或勺。

对于宝宝强烈的"自己动手"愿望，父母是阻止还是鼓励，是决定宝宝未来吃饭能力的关键。父母不妨索性给宝宝一把勺，一双筷子，任他在碗里、盘子里乱戳乱捣，一口口地往嘴里送。结果当然是掉到桌上、身上、地上的比吃到嘴里的多得多，然而不能否认的是，最初宝宝毕竟有一两口送到了自己嘴里。有过如此训练的宝宝，一般一岁半以后就能独立吃饭了。

允许宝宝用手抓着吃

刚开始先让宝宝抓面包片、磨牙饼干；再把水果块、煮熟的蔬菜等放在他面前，让他抓着吃。一次少给他一点，防止他把所有的东西一下子全塞到嘴里。

抓着吃饭是一个必经过程

奇奇刚满1岁，每次吃饭时都是奶奶抱着她坐在腿上喂，最近奇奇总是伸手抓奶奶的筷子，还想挣脱奶奶去抓茶几上的菜。每顿饭都折腾很长时间，奶奶自己也吃不好，于是爷爷提议让奇奇自己趴在茶几上用手抓着吃。奶奶给奇奇拿了一个不锈钢的小碗和一个短柄秃勺子，在奇奇的碗里夹了些短面条和菜叶，放在茶几上，茶几正好比奇奇矮一个头，她可以站着吃。奇奇用手大把往嘴里送面条，掉到茶几上还会伸手去捏，吃得津津有味，上衣前襟上沾满了面条和菜片。吃完了后就抓着碗打桌子，让奶奶再给她夹面。奶奶尽量将菜盘子和面条盆子放在奇奇够不到的地方，等她吃完自己碗里的就再给她添些。

把勺子交给宝宝

给宝宝戴上大围嘴儿，在宝宝坐的椅子下面铺上塑料布或旧报纸，给宝宝一把勺子，教他盛起食物往嘴里送，在宝宝成功将食物送到嘴里时要给予鼓励。

父母要容忍宝宝吃得一塌糊涂。当宝宝吃累了，用勺子在盘子里乱扒拉时，把盘子拿开。

能自己吃饭后就不要再喂着吃

宝宝能独立地自己吃了，有时他反而想要妈妈喂。这时，如果你觉得他反正会自己吃了，再喂一喂没有关系，那就很可能前功尽弃。

·亲子心经·

宝宝碗里、盘子里的饭菜不要过多，温度适中，防止烫伤宝宝，或太凉吃下去胃不舒服。一次给宝宝一种菜，最好不要把几种菜混到一起，使宝宝吃不出味道，倒了胃口。宝宝的整个吃饭过程不能嫌麻烦。

养成文明进餐的好习惯

吃饭聚餐是常事，却不是小事，它与人们的健康和文明息息相关。一些不文明的饮食习惯不仅会影响他人就餐，还会导致疾病的传播，更主要的是体现了个人的修养和素质。作为父母，应该从小就培养宝宝这方面的习惯。

吃饭爱闹腾的宝宝怎么办

小洋今年四岁半了，吃饭贪玩，需要父母不停地督促，他还经常用筷子戳着食物满桌子乱捣鼓，需要什么菜时会爬过去连盘子挪到自己跟前，如果家人稍有阻挡会大喊大叫，拿着筷子敲打桌子示威。父母很无奈，有时候家里来了客人，大人们会觉得很尴尬。

奶奶来到小洋家里住了几天，发现小洋在餐桌上的表现很不好，于是每次吃饭时，奶奶在一个小盘子里放上一片山楂片或一块切成花形的水果片，告诉他乖乖吃完饭小盘子里的东西就奖给他。结果小洋吃饭时认真多了，吃完后就津津有味地吃着山楂片或水果片。

对于挑食或不专心的宝宝用这种方法效果不错，有时还可在桌上放个宝葫芦、小奖品或在盘里放上小钙片，小馒头等，告诉他们吃完了就可以拿。但如果宝宝没有认真吃完饭，大人们不能给他，宁可让宝宝不高兴也不能让他养成那种随心所欲的习惯。有时候父母应该让宝宝知道，不遵守规矩是不行的，哭闹也不行。

那么如何才能让宝宝从小养成文明进餐的良好习惯呢？以下给出几点建议，父母可根据自己宝宝的具体情况灵活运用。

大人们以身作则

想要宝宝在餐桌上举止文明，那么父母首先要管好自己，不能嚼着食物大声喧哗、将骨头直接扔到地板上、或用自己的筷子在菜盘子里翻来翻去的。要尽量给宝宝做个好榜样，耳濡目染熏陶宝宝。

良好的餐前情绪

吃饭时的情绪是否愉快，是决定宝宝是否乐食的关键。父母不要在餐桌上斥责宝宝，也不要把餐桌当成教子的小课堂，吃饭时尽量避免谈论不愉快的事情。

不要逼着宝宝吃饭

如果偶尔宝宝到了吃饭时间，仍不觉得饿，就别硬要求他吃。隔一段时间让宝宝再次尝试。

一顿饭吃半个小时

教育宝宝学会"一口饭嚼10次，一顿饭吃半个小时"的习惯，既不能让宝宝狼吞虎咽，也不能让宝宝在餐桌上拖好长时间。一到时间就收拾桌子，不要太将就着宝宝，为了等他一个人延长吃饭时间。

全家人一同用餐

尽量做到吃饭的时间一到，全家人一同在餐桌上用餐的习惯，并规定宝宝必须吃完自己的那一份餐，如果宝宝不吃完，就算他等一会儿饿了，也不要给他任何零食。

·亲子心经·

对于宝宝在餐桌边的一些幼稚行为，要多加容忍，宝宝终归是宝宝，要知道宝宝的真正需要及理解宝宝的行为能力。宝宝文明进餐的习惯与大人的影响关系密不可分，因此大人要注意经常给宝宝示范良好得当的用餐举止与行为礼节。

睡眠习惯

做个早睡早起的宝宝

宝宝越早建立规律的生活越容易养成睡觉的好习惯，而这种规律的生活是大人为他创造的，而不是宝宝自己养成的。所以，如果宝宝没有良好的睡觉习惯，主要是因为大人没有严格遵循他们为宝宝制定的作息时间。

对于即将进入幼儿园的宝宝，养成早睡早起的习惯是必须的，父母可从宝宝很小的时候就开始培养，不要等到宝宝即将入园时才强制施行。平时父母可从以下几方面引导宝宝养成早睡早起的习惯。

父母要早睡早起

为了宝宝，即便父母之前一直是夜猫子一族，那么现在也要改变一下自己的作息时间，尽可能以身作则，帮宝宝养成良好的作息习惯。

给宝宝安全感

父母并不一定要跟宝宝一起睡觉，但是宝宝入睡前的活动最好有父母陪同，这样宝宝会心里踏实，感到安全。

小·爱妈妈传授经验

我家小爱，现在基本每晚9点就入睡了，早上6点半就醒了，我先帮她穿件衣服，在床上躺着玩会儿，7点多起床下楼。因为太早起床的话，室内外温差大，宝宝容易感冒，而且早上8点左右的空气才是最好的。

在小爱只有几个月大的时候，她有时候也要10点多才睡觉，稍大点时，我就帮她慢慢调整。那年夏天，我是这样做的，8点前让小爱在楼下和她爷爷奶奶一起玩耍，8点就准时将她抱上楼，帮她洗脸、擦粉，大概9点左右，我和丈夫一起陪小爱睡觉，如果她不困的话就先给她讲个小故事，一般她听上一到两个故事就有睡意了。等小爱睡踏实了后，我再起来洗衣服或看书。

营造良好的睡眠环境

宝宝睡觉时，家里最好关电视、关灯，其他人都安静下来，不要到处走动，让房间变得昏暗、宁静，有助于宝宝入睡。

晚餐尽量清淡少量

晚餐吃得过饱，晚间宝宝会感到肠胃不适，或精力异常充沛，从而影响正常睡眠。父母和宝宝都最好以"早餐吃饱、午餐吃好、晚餐吃少"的原则为准进食。

白天睡觉不要时间过长

如果宝宝白天睡的时间太长了，晚上没有睡意，自然不能早睡，那么早晨也就起不来了，如此恶性循环，宝宝会形成晚上熬夜、早晨懒床、白天睡觉的不好习惯。

睡前催眠活动

如果宝宝因白天玩得很"疯"或睡前泡了热水澡而不易入睡，父母不应一个劲地催促宝宝"赶快睡！""闭上眼睛！"，而应该为他安排一些安静、有趣的睡前催眠活动，例如讲故事、安静地和他谈些轻松的话题等。

· 亲子心经 ·

养成好习惯不是一天两天的事情，面对无法配合的宝宝，父母不能操之过急。要让宝宝养成早睡早起的好习惯，最好全家人都动员起来，以营造良好的氛围来协助宝宝调整好生物钟。

白天充分运动

白天宝宝的运动量是否足够，也会直接影响到宝宝的睡眠。宝宝白天玩累了，晚上会不知不觉地睡去。

在音乐声中醒来

给宝宝准备一个可爱的卡通闹钟，每天选择一段欢快清新的音乐作为闹铃，让快乐的音乐声唤醒宝宝。

太阳公公唤醒宝宝

光线变化是最好的"自然闹钟"，我们拉开窗帘，让"太阳公公"照亮宝宝的双眼，美好的一天就开始啦！

帮助宝宝快速入睡

宝宝的睡眠质量好坏对其身心成长有着重大的影响，而科学的睡眠程序和良好的睡时常规，可以帮助宝宝在夜间形成更好的睡眠，并且成功克服各种可能出现的睡眠障碍。

睡前最好能洗个澡

有条件的话，尽量在睡前给宝宝洗个温水澡。如果是冬天家里比较冷时，要谨慎，避免宝宝着凉。

睡前喝杯热牛奶

睡前给宝宝热一杯牛奶，让宝宝趁热喝下去，可助眠，而且热牛奶对宝宝的胃有好处。

睡觉不要穿太多

宝宝睡觉时穿衣一定要适当，穿得太热或太冷都会影响宝宝入睡。父母可以将自己的手探入宝宝的后背，温热没有汗即可。最好给宝宝穿透气宽松的衣服。

轻轻抚摸宝宝

在宝宝平躺到床上后，妈妈用手轻轻抚摸宝宝的头部，由头顶向前额方向，一边抚摸一边唱催眠曲。

轻拍宝宝

宝宝睡下后，如果他的情绪还是不太安定，妈妈可以轻拍宝宝，给他以安全感，这样宝宝一会儿就会安静下来。

轻轻按揉口唇四周

在宝宝入睡前，妈妈用示指或中指轻轻按揉口唇四周，宝宝便会在舒适的感觉中入睡，同时可以纠正吃手或吃奶嘴的习惯。

专家回答

妈妈：儿子7个月的时候，我把他送到姥姥家断奶。为了让宝宝安静入睡，姥姥便让他含着安抚奶嘴。当时这招儿确实很管用，可是现在宝宝已经1岁3个月了，每次睡觉都需要安抚奶嘴，否则就哭闹着不肯入睡。我试着在他入睡后取下奶嘴，但过不了多久，他醒了，就会哭叫着要奶嘴。宝宝的这种习惯不改对他有什么不好的影响吗？

专家：安抚奶嘴这种"助睡"方法是大人而不是宝宝自己想出来的。短时间内，这些方法好像效果很好：宝宝睡着了！其实，它妨碍了宝宝学会自己入睡。设想一下，宝宝入睡前，嘴里含着安抚奶嘴；两三个小时之后，他迷迷糊糊地醒来，发现嘴里的东西不见了，他会多么吃惊：这和我睡觉前的情景不一样！他会因此真正地醒来，直到你再次将安抚奶嘴塞到他嘴里，他才可能重新入睡。这样不仅影响宝宝的睡眠质量，还影响宝宝的健康发育。

放轻柔的音乐

可以放一些轻柔的音乐帮助宝宝睡眠，如小夜曲、摇篮曲之类的古典音乐等。

给宝宝一个拥抱

妈妈的拥抱是安抚宝宝情绪的良方，睡前给宝宝一个拥抱是个很好的哄睡方法，会给宝宝安全感。

睡前检查宝宝的尿布

检查宝宝的尿布是否尿湿，如果已经尿湿了，在睡前应该及时换掉，这样宝宝才能舒适入睡。

· 亲子心经 ·

对经常发生腹泻、消化不良的宝宝，入睡前妈妈可用两手掌互相搓热后，将一手按在肚脐上，先顺时针方向环形轻揉30圈，再逆时针方向揉30圈。这样的按摩，不仅能帮宝宝入睡，又可促进宝宝的胃肠功能恢复正常。

让宝宝从小养成健康的睡姿

睡姿有多种，睡觉采用什么姿势对正处在生长发育中的宝宝很重要，尤其是对于患有某些特殊疾病，或者处于特殊状况的宝宝来说，则睡姿显得更为重要了。

一般情况下，睡姿分为以下几种，每一种睡姿都有其缺点和优点，父母要根据自己宝宝的具体情况选择有利于宝宝健康的睡姿：

● 仰 卧

有60％的人选择仰卧睡姿，其优点是不压迫身体脏腑器官，对血液循环有利，符合睡眠卫生。缺点是容易导致舌根下坠，阻塞呼吸，不适于打鼾和有呼吸道疾病的宝宝。需要注意的是仰卧时不要将手放在胸部，否则容易梦魇。

● 俯 卧

5％的人选择俯卧，即趴着睡觉。其优点是睡觉时会感到安全，也有助于口腔异物的排出，同时，对于腰椎不好的人也有好处。其缺点是会压迫心脏和肺部，影响呼吸，患有心脏病、脑血栓、高血压的人不易选择俯卧。

● 右侧卧

有25％的人采取右侧卧。其优点是不会压迫心脏，睡眠有稳定感；缺点是影响右侧肺部运动，不适合肺气肿的患者。

● 左侧卧

医生认为，左侧卧容易让人在睡觉时翻来覆去，产生不稳定的睡眠。而且，由于人体心脏位于身体左侧，左侧卧会压迫心脏，所以它是一种很不健康的睡姿。

优点：无；缺点：压迫心脏及其胃部，尤其对于患有急性肝病、胃病、胆结石等疾病的患者，更不易采用左侧卧。

欧美国家的母亲喜欢让婴儿俯卧

多数欧美国家的母亲认为，俯卧姿势便于宝宝胃肠道内的气体排出，而且不容易引起腹痛。对于刚出生的宝宝，俯卧姿势可预防由于呕吐奶汁而引起的窒息。同时，头的后部也不会因仰卧而出现扁平变形等等。但是，刚出生不久的新生儿颈部肌肉长得不结实，自己还不能抬头，如不注意很容易堵住鼻口呼吸，造成宝宝呼吸道阻塞，甚至窒息死亡，因而须有专人看护，随时注意宝宝的呼吸道是否畅通。

🐻 妈妈传授经验

我宝宝现在8个月，以前喜欢仰躺。后来我在喂奶时都让宝宝侧睡着吃，吃着吃着就侧身睡着了，如果宝宝是喂奶瓶的，也用这种方法。以前是睡着后自己翻身仰躺，现在是要侧睡才睡得着，不注意仰睡了还要翻成侧睡呢。另外，宝宝喜欢侧向妈妈这一边，我常将宝宝侧身，将宝宝抱在怀里，让宝宝蜷着腿躺在我怀里。

中国母亲喜欢让婴儿仰睡

由于仰卧有益于全身的血液循环，因而我国大多数母亲普遍希望婴儿仰卧着睡。但仰睡有两个缺点：一是婴儿进食后胃部涨满，一旦有呕吐物易呛入气管引起窒息，或呛入咽鼓管造成中耳炎；二是仰卧总是一个方向睡，就会引起头颅变形，形成扁头，影响头形美观。

婴儿最健康科学的睡姿

从睡眠卫生角度来说，婴儿侧卧的睡姿更健康。侧卧睡姿在发生呕吐时，有利于呕吐物的排出。但是由于新生儿的头颅骨骨缝尚未完全闭合，长期侧向一边睡可能会导致头颅变形。故应左右两侧交替着睡。如果婴儿吃完奶后易溢奶，可在喂完奶后，让婴儿取右侧卧位，以减少溢奶。一般每4小时左右，给新生儿调换一次睡姿，同时注意不要把耳轮压向前方，以免久压变形。

·亲子心经·

小宝宝的睡眠安静与否，还与他的发育及健康状况密切相关。当他身体不适时，便会出现一些不良的睡姿，父母们应当常常注意观察，及时调整宝宝的身体状况。有的宝宝入睡后反复折腾，这常常是因为胃内有积食，腹部胀满等症状，有的宝宝面朝下、屁股抬高，像个青蛙那样趴着睡，常常是因身体有热，有时还会伴有口腔溃疡、烦躁不安等。

让宝宝学会独立睡觉

让宝宝独自睡眠不仅可培养宝宝良好的睡眠习惯，而且对宝宝的身体健康也大有好处。大部分宝宝1岁后都已经断奶了，而且夜间也不再需要喂食了，这为培养宝宝夜间独自睡眠提供了有利条件。

独立睡眠的必要性

首先是有利于健康。宝宝与大人睡在一起不利于健康发育，因为在这种睡眠的小环境中，充满了大人呼出的二氧化碳，可使宝宝整夜处于缺氧状态，而出现睡眠不安、做噩梦、惊哭惊叫，影响睡眠质量，而且大人呼出的气体交融在一起，使空气污染浑浊，增加宝宝遭受感染的机会。

再次，影响睡眠质量。宝宝与大人常常会因为翻身而互相影响睡眠，尤其是宝宝睡熟后可能会横七竖八地乱翻动，势必影响大人的休息。第三，有利于宝宝性别意识的培养。宝宝已开始注意男女之间的差异，而且他也表现出了对父母双方依恋倾向和崇拜倾向的差异。如果此时不分床，很有可能会助长宝宝的恋父情结或恋母情结，不利于其性心理的健康发育。

还可锻炼宝宝的独立性。让宝宝单独睡觉可以锻炼独立性，培养大胆、勇敢的意志品格，减少对父母的依恋。

宝宝不肯独立睡眠的原因

1.过分依恋：宝宝希望随时能看到父母，听到父母和自己说话或与自己嬉戏。爸爸妈妈不离左右，宝宝心里就会踏实，在他们的潜意识里，安全就等于在父母身边，睡觉的时候更是如此，比如有些吃母乳的宝宝甚至熟睡中会下意识地摸摸妈妈的乳头，一旦找不到就突然惊醒，当依偎在父母身边甜甜入睡已成为一种较固定的知觉模式。

2.恐惧心理：这是宝宝成长发育中普遍存在的一种体验，如害怕妖怪、噩梦等。让宝宝单独睡到暗暗的卧房的时候，他可能会想起看过的电视里的恐怖画面、书里的可怕故事，再加上身处黑黑的房间，将黑暗中朦朦胧胧看到的东西假想成自己担心遇到的事物，更加深了对黑暗的恐惧，不敢自己睡。

3.空间狭小：习惯了大床的宽敞，突然置身于筑起高高栏杆的小床，空间范围小了，不能充分自由地在床上翻滚了，这也是喜欢随心所欲的宝宝不愿意单独睡的一个原因。

妈妈交流经验

阳阳妈妈：我家阳阳已经满2岁了，还跟爷爷奶奶睡在一起。前几天我让她独自睡在给她准备的小卧室，她哭着不睡，我给她讲故事，看她睡着了就悄悄起身，准备离开。宝宝可能是害怕我离开，心里一直不踏实，我刚一开门她就醒了，哭着爬起来要跟我走。看到她害怕、可怜的表情我就陪她一起睡了。

以后几次都没有成功，现在她仍然和爷爷奶奶睡在一起。她爷爷奶奶年纪大了，身体不好，宝宝半夜起来上厕所、喝水，都要人开灯，我怕打扰他们休息，且听说宝宝和大人睡在一起不利于身体健康，我一直为这事发愁，请各位姐妹们帮忙出个主意，谢谢了。

乐乐妈妈：我家宝宝刚开始也怕一个人睡，我在我们大卧室的一角给他支了一张小床，和我们同屋不同床睡了几个月，后来给他布置了一个小卧室，在里面放了他喜欢的小动物和其他玩具，在避开他头侧的小桌子上放了一个光线比较模糊的小台灯，一直开到天亮，每天给他讲故事一直到睡着。

可他半夜醒来会跑到我的屋子里，我尽量把他哄回去，如果他实在不想回去就带他去自己的小卧室，哄他睡着了我再回来，刚开始几个星期很折腾人，慢慢他半夜跑来的次数减少了。

下面推荐一些帮助宝宝独立入睡的方法，父母可根据宝宝的具体情况参考：

1.将宝宝的小床和大床紧挨放在一个房间，或者让宝宝睡同一个床不同的被子。

2.白天睡觉的时候可以让他睡小床，这样慢慢习惯下来他就不会这么拒绝睡小床、分房间。

3.给他放他喜欢的录音带（音乐或故事都行）或者给他讲故事、唱歌来陪他入睡，亲亲他的额头，使他感到父母的爱，等他睡着了再离开。

4.等到分开房间之后要告诉他灯的开关在哪里，或者在屋里开盏小灯，使房间里不致太黑或者睡觉前找个宝宝喜欢的玩具陪着他来代替父母。

5.平时有一段独处的时间，节假日让他一个人在爷爷奶奶或外公外婆家里住上几天，有意识地培养宝宝的独立精神。

6.委婉而平静地告诉宝宝："很多像你这么大的小孩都会害怕的。""妈妈小时候也害怕过，后来不怕了。"让宝宝明白，不是只有他一个人才会害怕的。允许宝宝将他的恐惧流露出来，并给予开导，使宝宝懂得恐惧是会消失的。

7.如果哪天宝宝有特殊原因，如生病、受委屈等要求与大人同睡，千万别拒绝，让他感到在他需要时爸爸妈妈随时在他身边。

让宝宝养成午睡的好习惯

早在远古时代，祖先们为了躲避午后的暑热，会在午后休息片刻以保存体力。这便是最早的午睡。历史上许多名人从小就养成午睡的习惯，如爱因斯坦、拿破仑及丘吉尔等。

午睡可改善疲劳，利于脑部发育。宝宝大脑发育尚未成熟，半天的活动使身心处于疲劳状态，午睡将使宝宝得到最大限度的放松，使脑部的缺血缺氧状态得到改善，让宝宝精神振奋，反应灵敏。

午睡可改善饮食，增强免疫力。良好的午睡可以促进消化，改善食欲。此外，午睡时体内胞壁酸分泌增多，这种被科学界称为睡眠的物质，既能催眠，又能增强人体的免疫功能。

午睡有利于宝宝健康成长。在睡眠过程中还会分泌生长激素，促进骨骼、肌肉、结缔组织和内脏的生长发育。俗话说，爱睡的宝宝长得快就是这个道理。

午睡可解放妈妈。让宝宝养成午休的好习惯，可以给妈妈更多的时间去处理自己的事情或休息。

合理安排午睡时间

宝宝一岁半以后，白天可以只睡一次午觉，时间一般安排在午后，睡2小时即可。保证宝宝午睡醒来至晚上睡觉前有4小时以上的清醒时间，这样才不会影响夜间入睡。对于已经上了幼儿园的宝宝，午睡时间最好控制在半个小时左右，因为时间太长会扰乱生物钟，影响晚上的睡眠质量。美国的研究人员通过测试得出这样的结论：午睡时间过长，不仅会影响宝宝夜间的正常睡眠，而且会削弱他们的大脑活动，影响其心智表现。

儿子不午睡怎么办

我家贝贝和他爸爸一样没有睡午觉的习惯，无论我威逼利诱，摆事实讲道理，试图证明午睡的必要性，但他就是以不变应万变，总是说："我睡不着，睡不着还要叫我睡。"我于是妥协了。但在幼儿园里当老师要求午睡时，他竟然说："妈妈说了，睡不着可以不睡的。"

我以退为进，仍允许他不午睡。事后，每每发现他有什么不妥之处，我抓住机会把这些原因都推到了不午睡上。如："你看，不午睡的坏处可多了。如果你中午睡了，上课就不会挨老师的批评了，手指也不会受伤，人也不会累了，肚子也不会饿了。"凡能带上关系的，都给他摆出来。儿子点点头，有了一点点相信。周日，我问他中午睡不睡，他表示不睡，这时如果我强迫要求他必须睡，他有可能会睡的。但我没有，他表示不睡，我会陪他在沙场玩。到了四五点钟，他累了，这明显是不午睡的后果，体力透支了。他说："我搬了一块大石头，很累了，需要休息一会儿。"于是竟然躺在了沙子上面。

我适时向他摆事实讲道理："你看，不午睡的坏处可多了，如果你午睡了，现在就不会累，搬大石头也不会累，对吗？"儿子点点头。我说："那你在幼儿园里一定要睡一会儿好吗？不然上英语课时又会累了。"他又点点头。

不午睡对宝宝来说的确是不好，父母该以宝宝能够接受的方式让他自动遵循，而不是强迫和威胁。只有充分让他明白不午睡的后果，他才会真正觉得午睡是必要的，才会自动遵守规则。发自内心的，而不是来自外界的压力。

如何让宝宝养成午睡的好习惯

● 营造夜晚的环境

如果宝宝习惯在光线暗的环

境里入睡，午睡时，妈妈应该为宝宝拉上窗帘，确保他的房间里保持黑暗，避免午间阳光刺眼。还可放些舒缓的音乐，起到催眠平稳心态的作用；妈妈也可以试着轻轻拍打宝宝身体，或用手轻轻抚摸宝宝，以营造一个类似夜晚睡觉的安静环境。家里有不睡午觉的人，在宝宝午睡时间要保持安静，不要干扰宝宝。

● 提示宝宝午睡

午睡时间到了，妈妈提示宝宝"该午睡了，睡醒再玩"，使宝宝形成一种概念，即"午睡和吃饭一样，是一天生活中不可缺少的内容之一"。或轻轻说"天黑了，月亮和星星出来了，宝宝快闭上眼睛做一个好梦吧！"

● 脱衣准备法

午睡时，带宝宝进入房间，给他脱掉鞋和外衣，将他抱上床，使其形成反射，尽快入睡。如果午睡时间较长，可以只穿内衣，时间短的话，只需要脱掉外衣。

● 唤醒宝宝请别心疼

午睡有益宝宝的身心健康，可午睡时间太久，就会影响宝宝晚上的睡眠质量。起床时间到时，妈妈先把窗帘拉开，让阳光射入屋内，这样宝宝一般都会醒来。

· 亲子心经 ·

对午睡的需求是因人而异的，不同年龄的宝宝对睡眠时间的需求也不一样。对一部分宝宝，晚上有足够的睡眠时间，即使不睡午觉，其生长发育也不会受到影响。只要宝宝白天精力充沛，没有睡意，就没有必要强迫宝宝午睡。需要注意的是，午饭后30分钟内不宜立刻午睡。

帮助宝宝快速入睡

许多婴儿都在半夜会醒来几次，伴有踢打哭啼等现象，这是每个父母都必须经历的艰难过程。但宝宝夜醒是有原因的，父母如果能准确把握宝宝夜醒的原因，并采取相应的措施，就可减少宝宝夜醒的次数，且能让宝宝再次顺利入睡。

宝宝夜醒的原因分析

1."胃酸倒流"或食积是导致宝宝夜醒的潜在原因，如果宝宝半夜醒来吐奶，有可能是胃酸倒流或是睡前吃多了，奶和食物积在胃里了。

2.尿布湿了：尿布湿了宝宝会啼哭醒来，啼哭强度较轻，哭的同时两腿蹬被，当你换上干净的尿布他就不哭了。

3.要大小便：大便前肠蠕动加快，宝宝感觉腹部不适会哭醒来，哭声低，弯着腰，吭吭使劲，排便后即停止啼哭。有的宝宝小便时也会醒来，一般父母不能及时发现，于是宝宝就尿床了。

4.冷热不适：如果宝宝夜晚感到冷时会醒来，哭声较低沉，哭时肢体少动，小手发凉，口唇发紫，当为宝宝加衣被或放到暖和地方时，就变得安静了。如果宝宝感到燥热会大声啼哭，烦躁不安，四肢舞动，颈部多汗。

5.孤独而产生的焦躁感：多发生在半岁至一岁半的宝宝。大多性格内向，当夜幕降临或夜间醒来时，因感孤独而焦躁不安大声哭闹。

夜里把尿

阳阳1岁多了，奶奶从很小就培养她"识把"，现在每当要拉臭臭或小便时会发出一些信号，但这些信号只有奶奶才能准确识别，所以当阳阳和奶奶在一起时，很少尿裤子或尿床。

前一段日子，姑姑休假回家，带了一周阳阳，结果阳阳白天总会尿湿两三条裤子，晚上也会尿床一两次。每天晚上到半夜时，阳阳会哼哼唧唧地醒来，姑姑迷迷糊糊地拍她几下，哄她入睡，过一会儿后她又会醒来，哼哼唧唧地将身子扭到她的小褥子外面去，用手抓小屁股，姑姑摸一把后发现尿湿了，给她换了干褥子后她会接着睡。

奶奶和阳阳一起睡时，总会醒来几次，给阳阳盖被子，摸一把阳阳的身子，看出汗了没，每到半夜固定时间都抱起阳阳把尿。把完尿后阳阳一般都会睡到天亮。

有时候奶奶在把尿时间没有醒来，阳阳都会自己醒来，哼哼唧唧地叫奶奶，奶奶马上给她把尿，而不是像姑姑一样迷迷糊糊哄她入睡，把完尿阳阳很乖地睡了。

如何预防宝宝夜醒

白天喂饱宝宝

白天让宝宝吃饱，当然睡前不能吃太撑，半夜尽量不要给宝宝加餐，让宝宝形成一种夜晚不加餐的习惯，这样就不至于半夜饿醒来。

理想的睡眠温度

给宝宝盖一个稍微大点的被子，这样就不容易踢开，避免受凉；但也不能让宝宝睡得太热，避免宝宝烦躁不安。

如果是春夏天气比较暖和时可开窗睡眠，不仅可以交换室内外的空气，提高室内氧气的含量，调节室内温度，还可增强机体对外界环境的适应能力和抗病能力。不要依据婴儿的手或脚的温度来估计他的体温。大多数婴儿这些部位的温度通常比身体的其他部位低。婴儿房间的温度应该保持在夏季25℃～26℃，冬季16℃～24℃。

不要通宵开亮灯

婴儿在通宵开灯的环境中睡觉会导致睡眠不良，睡眠时间缩短，半夜容易醒来，同时也会对宝宝的视力发育产生不良的影响。

睡前给宝宝把尿

这样减少了宝宝尿床的次数，培养宝宝有规律地大小便的习惯，还有利于宝宝的身体健康，因为宝宝排空尿睡觉可减低膀胱负担。

宝宝夜醒后怎么办

消除使宝宝感到不舒服的因素（如尿湿、或冷热、要大小便等）后，用手掌轻拍他，哄他入睡。如果宝宝积食或"胃酸倒流"，可给他吃片消食药后抱着他轻轻摇动，不要马上放宝宝躺下。一般胃里不舒服时躺下感觉更不适。

对于稍微大一些的宝宝，父母可坐在他身边，小声不间断地说一些让他放心的话。如"宝宝不要怕，妈妈就在你的身边，放心睡觉吧。"但每日要逐渐减少安慰的时间，渐渐停止安慰。

·亲子心经·

在宝宝半夜醒来时，父母要耐心观察宝宝的状况，不能因为自己太困了，就忽略宝宝的哼唧声或立即哄宝宝入睡，更不能抱怨发火。在确保宝宝身体舒适的前提下再耐心哄他入睡。

不能轻视宝宝的呼噜声

有的宝宝睡觉时打呼噜，不少父母或监护人对此掉以轻心。殊不知，打呼噜是由多种因素引起的一种现象，如宝宝患有慢性扁桃体炎、腺样体肥大、慢性鼻炎、鼻息肉等，其中腺样体肥大是引起宝宝打呼噜的常见原因之一。

宝宝打呼噜可能是病

宝宝抵抗力弱，经常感冒，可引起腺样体发生炎症而变得肥大，易堵塞呼吸道，使呼吸道经常处于狭窄状态，影响通气。由于呼吸不畅，宝宝便张口呼吸，这样气流通过咽腔时，振动了软腭或悬雍垂，就会出现打呼噜声。

'宝'宝打呼噜可能是病

3岁的毛毛看电视时总喜欢把嘴张着，而且发出很大的声音，晚上睡觉时，像个小猪一样，打起了呼噜。开始，毛毛的妈妈没在意，以为是宝宝调皮，而且听着宝宝打呼噜还觉得很可爱，后来宝宝的呼噜声越来越大，时常吵得她无法入眠。于是，妈妈便带着毛毛到医院检查，医生发现，毛毛是由于腺样体肥大引起的这些症状。据武汉大学人民医院耳鼻喉科罗教授介绍，目前，腺样体肥大在3～8岁的儿童中发病率非常高，他每天都会接诊几例这样的患儿。腺样体又叫咽扁桃体或增殖体，腺样体在人出生后即存在，6岁左右最大，一般10岁以后开始萎缩。当儿童机体抵抗力降低，如受凉、感冒时，存在于机体的病毒、细菌大量繁殖，外界的病原体又乘虚而入，患儿这时易患急性腺样体炎，表现为突起发热，鼻塞严重，呼吸困难，若炎症波及咽鼓管咽口可引起化脓性中耳炎，表现为耳痛、听力下降等。

宝宝打呼噜影响智力

宝宝长期用口呼吸、鼻子不通气，易造成头部缺血、缺氧，出现精神萎靡、头痛、头晕、记忆力下降、反应迟钝等现象。由于宝宝发育需要大量氧气，而打鼾会使宝宝在睡眠中严重缺氧，直接导致其脑部发育供氧不足，引起促生长激素分泌减少，不但影响宝宝身高，还会影响宝宝智力。

尽管目前尚不知道打呼噜造成的损害是否是永久性的，但至少通过目前的研究可认定，宝宝在打呼噜病症治愈后若干年内仍残留有学习能力方面的缺陷。因此，如果宝宝经常大声打呼噜，应该去看医生，必要时应该考虑看儿科睡眠专科医生。

· 亲子心经 ·

婴幼儿的呼吸通道（如鼻孔、鼻腔、口咽部）比较狭窄，故稍有分泌物或黏膜肿胀就易阻塞。半岁之内的婴儿时常有鼻音、鼻塞或喉咙有杂痰音，就是这个原因导致的。当然宝宝打呼噜不一定就是有什么疾病，有时宝宝睡姿不舒服时也会打呼噜，父母不必过分紧张。

脱衣睡觉让宝宝更健康

宝宝生长迅速，在这个时期，若经常穿衣睡觉，会影响宝宝的血液循环，不利于休息，在一定程度上还会影响宝宝的身体发育。脱衣睡觉能够使宝宝睡得更加舒心、坦然，有利于宝宝的健康成长。

睡眠的过程也是大脑皮质抑制的过程。睡眠中，新陈代谢处于最低水平，全身各部分的活动普遍减少，主要表现为血压下降、心率呼吸减慢、胃液分泌、尿液生成减少等，其中要数肌肉松弛最明显，出现得也最早。

如果宝宝睡觉时穿得衣服太厚，尤其当宝宝穿的是紧身衣的时候，宝宝的身体便会被裹住。这不利于松弛宝宝的全身肌肉，还会影响宝宝的呼吸功能和血液循环，出现梦魇。还有，如果让宝宝睡觉时穿得太多，醒来后又不及时穿衣，极易引起感冒。所以，父母这样做不仅没有起到保护宝宝的作用，而且还不利于宝宝的健康成长。

脱衣睡觉能使宝宝睡得更舒服

婴儿期的宝宝生长迅速，在此阶段之内，宝宝的身高由出生时的50厘米左右快速增加到75厘米左右；体重增加更为明显，从出生时的3千克左右，能增加到9千克左右。这时期若经常穿不合体的衣服睡觉，会使宝宝感到束缚，影响生长。

妈妈的经验交流

点点妈妈：我们家点点快4个月了，因为是冬天生的，加上那时她晚上要醒好几次，所以总是穿着衣服睡，现在天气渐渐变暖，她的睡眠也越来越好，每天晚上八九点开始，可以一直睡到早上六七点起床，但中间到两三点时一般会醒来吃一次奶，我们正在考虑是否要让她脱掉外衣睡，那样会比较舒服，但一方面怕她好不容易睡着了一脱衣会把她弄醒，一方面晚上起来吃奶时又穿又脱怕感冒，同时也会让她清醒，再就是她睡觉时喜欢把两手伸在外面，那样也很容易感冒，所以到现在为止，也只敢给她脱了袜子睡。诚心向各位妈妈请教，你们是否给宝宝脱衣睡觉呢？

匆匆妈妈：现在天气这么热，用小毯子盖住肚子，手脚不盖没关系的。我宝宝还没满月呢，睡觉就穿个肚兜。白天睡觉就用浴巾盖着肚子，手脚全在外面，晚上就盖薄的儿童毯，刚睡时也是盖手脚，等夜里凉了我再给他盖到手挽下，宝宝喜欢把手放在外面，一直到现在，也没感冒什么的，都挺好的，

别捂的太严实了，反而对宝宝不利。

脱衣睡觉不易感染皮肤病

由于宝宝经常尿裤子，因此，裤子难以保持清洁干燥，特别是棉裤更容易滋生细菌，会导致宝宝皮肤感染，引发皮肤病。

容易养成良好的生活习惯

良好的生活习惯需要从小开始培养，宝宝在婴儿期条件反射才刚刚建立，对于心理发展而言很重要。如果父母能从宝宝出生开始就注重日常生活细节方面的训练，如睡觉、洗脚、洗手、洗脸等，则有利于形成良好的习惯和健全的性格。

·亲子心经·

对于宝宝而言，正确的睡眠姿势应该是：睡觉时尽量少穿衣服，一般情况下，穿一件内衣和一条短裤即可。如果有条件的话，可穿睡衣睡觉。被子厚薄也要适中。对于睡觉爱踢被子的宝宝，父母可以自己设计一个睡袋。

学习习惯

宝宝都是学习的天才

宝宝的兴趣往往是他某种天赋和素质的先兆。有位学者曾把宝宝学习的兴趣和向上的积极性比做父母撒在宝宝心田里的一粒小小的火种。父母不仅要帮宝宝将这粒火种点燃，还要小心呵护这小小的火苗，要"哄"着它一点点燃起来，旺起来，最后成为熊熊烈火。否则风小了火苗燃不起来，风大了火苗就会吹灭，而且"柴草"也要合适，不松不紧，干燥透气……

每个妈妈心中都期盼着一个"天才"宝宝，甚至从计划做妈妈起，就对宝宝拥有种种美好的幻想，在想象中规划宝宝遥远的未来，希望他长大了聪明智慧，甚至是个数学家或画家……

其实，每个宝宝都是学习的天才，他们拥有超强的学习能力，即便是还在妈妈腹中的胎宝宝也不例外。每个胎宝宝的生活都是丰富多彩的，他们会吸吮手指、抓脐带；他们会吐咽羊水，为出生后的生活做准备，他们能感知各种声音、味道、光线的变化，以及妈妈的情绪变化。

宝宝刚出生时不仅有视力，而且还有视觉偏好，他喜欢对比分明的图案，特别钟情于人的笑脸；宝宝还有听觉分辨能力，能够区分人的说话声和其他声音，对妈妈的声音尤其偏爱，对在妈妈肚子里曾听过的乐曲更是情有独钟。除此之外，他还有非常敏感的味觉、嗅觉和触觉。

更可贵的是他还有旺盛的学习欲望，他会认真地看着放在床边玩具；他会转头朝向发出声音的地方。再长大一些他会模仿大人们做鬼脸；他开始在家里所有的角落去探险。随着年龄的增加和本领的提高，宝宝学习的天性也越发高涨，你带他到户外转一圈，他就总盼着再出去欣赏这美丽的世界。再长大一些，宝宝热衷于跟妈妈一起读书，还主动伸手翻书页；他会央求你给他讲故事，而且百听不厌。他会不断地模仿大人的动作、语言和表情，会不断地制造麻烦，他开始有了十万个为什么，会不断地问这问那……

宝宝天生具有学习的本领

研究表明，在出生后最初的4个小时里，宝宝就已经会模仿伸舌、张嘴，或者是在嘴里动舌头等动作。新生儿在安静觉醒的时候不但会注视母亲的脸，还会模仿母亲脸部表情。当母亲和宝宝对视时，可慢慢地伸出舌头，让宝宝模仿。如果宝宝仍然在注视，常会学着妈妈将舌伸到口边甚至口外。有时候宝宝甚至还会模仿其他脸部动作和表情，如哭、微笑等。

法国儿科医生阿米尔梯桑和格里纳通过大量的研究实表明，一些新生儿能够伸手拿东西。在新生儿安静觉醒的时候，母亲集中注意力，平静地与新生儿面对面相看，

并轻轻地摩擦新生儿的颈部3~4分钟，使颈部放松后，新生儿可伸手去拿东西。正常新生儿在出生时有够东西的内在能力，但由于颈肌紧张，妨碍了新生儿的伸手运动。

父母要经常和他眼对眼地互相注视，并做出各种夸张滑稽的表情。宝宝可能也会凝视着父母，似带微笑，有时会学着父母张开小嘴，此时父母要给予积极热烈的回应，做出更多的表情，更多地与宝宝"交谈"，发掘宝宝的潜在智能。

宝宝的学习能力分两大类

一类是递增能力。这种能力主要指理解方面的能力，随着年龄的增长会逐渐增加。还有一类能力是递减的。这种能力主要指记忆能力、反复能力、吸收能力、模仿能力、和直觉领悟能力，会随着年龄的增加反而逐渐减弱，这些能力往往为大家所忽视。宝宝的心灵是非常开放的，就像一座空的新房子，可收纳任何东西；他的心如同一块海绵，对周围的事物不加选择地吸收，这种吸收方式是整体输入。宝宝就是凭这种吸收能力，简单轻

松、愉快自然地吸收了周围的语言和社会风俗习惯。因此，刚出生的婴儿，不论放在什么地方，也不论当地的语言有多么复杂，他到了3岁时都能轻松学会。

良好的外在信息刺激需要四个条件

1.丰富：信息数量越多，神经元突触产生越丰富。

2.优质：信息质量越好，神经元突触链接越恰当。

3.及时：脑神经发育是有其时间段的，错过这段时期就起不到应有的作用了。

0～3岁已经完成60%，3～6岁完成20%，6～13岁完成10%，13～18岁完成最后10%。可见6岁以前儿童的大脑发育占到80%。所以及早进行信息刺激神经发育，才能充分挖掘宝宝的潜质。

4.反复：刺激次数越多，神经元突触链接越牢固。给幼儿反复听经典音乐，看经典名画，会使宝宝的听觉和视觉获得最佳刺激，而读诵经典著作，又兼具视觉和听觉两种刺激，因为每个汉字就是不同的丰富的图案，不同汉字的发音高低起伏，抑扬顿挫，朗朗上口，这样就

会够建一个最优质的外在信息刺激环境。

· 亲子心经 ·

在某种程度上，宝宝是不是天才要看父母的态度。若父母认为宝宝不行或漠不关心，宝宝往往不行。只有父母先改变，宝宝才会改变。父母要做到爱宝宝，而不是给宝宝压力，才有助于宝宝潜能的开发。

培养宝宝的学习兴趣

兴趣是学习的动力源，对学习有浓厚兴趣、自觉性强的学生，大都注意力集中，肯动脑筋，爱提问题；而那些缺乏学习兴趣的学生往往很被动，学习不专心，敷衍了事，遇到困难易产生消极畏难情绪。而宝宝的兴趣是从小一点一滴培养起来的，不同的年龄段往往有自己的独特性。大人要经常问一问宝宝的兴趣是什么，要引导宝宝不断发展兴趣，从学龄前就开始培养。

发现宝宝的兴趣和特长

宝宝有自己特殊的兴趣，没有谁比父母更能发掘他们的兴趣所在。发现宝宝的兴趣后，父母要正确引导宝宝向那个方向发展，从而开发宝宝在该方面的潜力。每个宝宝都有优点，大人可以通过宝宝的优点、特长，鼓励宝宝在这方面取得成功，趁机培养学习兴趣和毅力。

不要忽略宝宝的小·兴趣

刘老师曾教过一名学生名叫胡禾，现已被保送到北京大学，他的父母就是有心人，看到宝宝对数学感兴趣，便重点培养。胡禾读小学时，对马桶的工作原理产生了好奇，便动手拆了自家的马桶，父母很支持孩子的这一做法。其间，胡禾学到了一些数学知识，并对其产生了浓厚兴趣。父母又因势利导送胡禾学奥数，一直到现在，胡禾对数学热情不减。

认可宝宝的点滴成绩

在宝宝取得一点点小进步时，父母要给予肯定，例如当宝宝在手工课得了"优"，兴致勃勃地让你欣赏他的作品，而你只是不屑地瞅了一眼，这对宝宝来说是一个不小的打击，有可能让他从此对手工失去信心。

当宝宝的点滴成绩被大家认可时，他们会倍感自豪。这种温和的表扬方式很容易被宝宝接受。

从游戏中开发宝宝的兴趣

爱玩是小宝宝的天性，一些益智游戏也能激发宝宝对某一事物的兴趣。同时，因为宝宝的年龄偏小，他对有兴趣的事情，一开始往往只凭好奇和热情。

因此，父母要引导他从兴趣中探索和思考，从兴趣中获得科学知识，使其保持兴趣的长久性。对宝宝的兴趣不闻不问或无动于衷，是做父母们的大忌。

激发宝宝的好奇心

父母经常带宝宝去一些名人故居、名胜古迹、博物馆、书展、画展、书店等地方，以激发宝宝的好奇心和求知欲，增强宝宝的学习兴趣。

宝宝开"小店"

阳阳3岁半左右，我开始用掰手指头的方法教她做"2+3"等于几的计算，她不感兴趣。那时她特别喜欢跟我去买东西，我每次都告诉她买什么，并让她把钱递给店主，还让她接受店主的找零。后来我和他爸爸聊天时提起了阳阳喜欢买东西的事情，他爸爸提出给她在家里开个"小店"。我们拿一些东西摆在茶几上，给她布置了一个"小店"，并摆上各种"货物"，包括小衣服、日用品、玩具、零食等，阳阳喜欢的东西如果没有时，就用别的东西代替。阳阳做了掌柜的，我和她爸爸做顾客，我们轮流光顾她的"小店"。我们选好商品，问她多少钱，有时还要讨价还价。

付款时，一般情况下都是需要找一些零钱回来的，比如买一个本子3元钱，我们一般会给她5元钱，这样她就得找2元钱出来。定价无论大小都是一个比较整、比较简单的数字，比如1元、10元等，于是我就暗暗地把她往稍复杂些的计算上引，比如一个苹果1元钱，我就告诉她外面的水果涨价了，她是不是也该涨价，一个苹果涨5毛钱，这样就能赚更多钱了。等阳阳学习乘法和除法时，我就暗暗在游戏中加进了相关知识，比如一根雪糕1元钱，我要求一下买5根，或一个本子3块钱，我一下子买5本，她就得动用她的乘除法知识来计算了。

与宝宝寻找学习的乐趣

宝宝爱看电视、爱玩，不喜欢学习，是因为他觉得学习远不如看电视、玩游戏有趣。父母可以通过各种形式与宝宝一同发现学习中的乐趣。可以让宝宝当"小老师"，把他所学会的知识"教"给父母，或来个比赛，如让宝宝跟父母比赛朗读，比赛找错别字，宝宝会乐此不疲。

学会创造问题

父母指导宝宝学习时，可以换一种方法，不是经常让宝宝去解答问题，而是采取让宝宝创造问题的学习方法。这不仅会改变宝宝的学习态度，而且会激发讨厌学习宝宝的兴趣。

小宝宝特别爱问"为什么""这是怎么回事？"面对宝宝千

奇百怪的问题，父母们应该耐心面对，用通俗易懂的语言为其解释。

不要强迫宝宝放弃眼前的事情去学习

如果宝宝正在看喜欢的画本或电视节目，不要打断他，而是把时间调整一下，等宝宝把画书或电视看完，再嘱咐他去学习。这样，宝宝不仅乐意接受，而且比平时多学，效果也好。

·亲子心经·

不少父母把"兴趣"和"爱好"两个概念等同起来，发现宝宝爱好某一事物时，就认为他对其产生了兴趣。其实这两个概念有区别，"爱好"的范围很广，而兴趣是人们对某一事物高层次的需求。比如有些宝宝喜欢看电视、玩积木，这只能说他爱好看电视和玩积木，而非兴趣。父母培养宝宝的兴趣时要多样化，但不能太滥，要让宝宝专心致志地集中到一两门主要兴趣上，而把其他的兴趣作为一般爱好就行。父母只有认识到这一点，把它们区分开来，才能有效地对宝宝兴趣加以引导和培养。

培养宝宝的学习习惯

习惯具有相对稳定性、自动化的特性，不需要别人督促、提醒，不需要自己的意志力。对于好的态度和好的方法，都要使它转化为习惯。学习应该成为一种习惯，养成了这种好习惯，宝宝的一生将受益匪浅。

但良好的学习习惯从什么时候开始培养呢？过去一般父母都认为是在宝宝上小学后，或上幼儿园后才开始培养。其实，现在有好多早教专家认为，宝宝的学习习惯在婴幼儿时期就该开始培养，即在宝宝上学前就该养成一种学习的好习惯。父母要根据自身条件和自己宝宝的性格特点采取相应的措施，下面给出一些建议只供参考，不可照搬。

创造学习氛围

言传不如身教。如果父母们都热爱学习，这便是对宝宝的最大鼓励。在学习气氛浓厚的环境中长大的宝宝，往往对学习有浓厚的兴趣。父母应该尽量给宝宝从小营造一个良好的学习氛围，如丰富的藏书、宁静幽雅的书房环境、全家人一起学习的温馨时刻等等，熏陶宝宝对学习的热情，养成宝宝爱学习的习惯。

和女儿一起享受学习时光

女儿现在在一所市重点上高中，学习成绩不是班里拔尖的，但考一个重点大学应该没问题。女儿各科成绩都很优秀，尤其是语文和英语。女儿的学习习惯很好，每天在校都能提前完成各科作业，回家复习、预习完功课后，总会抽出一些时间阅读。记得在女儿上幼儿园的时候，每天睡觉前，我和她爸爸都会拿出一本书，让女儿依偎在我们的肩头一起读书，当我们拿起一本关于爱的书的时候，还会分角色朗读，这个时候，女儿就会理所当然成了书中的主角，当我们读到："女儿，我爱你！"的时候，女儿会露出甜甜的微笑，用明亮的眸子瞅着我们，心中充满了温暖和甜蜜！有时候我和她爸爸也因为她的粗心而批评她，或因为她动作慢而催个不停，女儿也会不高兴，但是每当我们的读书声响起的时候，她就在爸爸妈妈的读书声里忘记一切烦恼。以后我们工作忙了，不能每天都和她一起读书，但她会自己去读，阅读已经成了一种习惯。

培养宝宝的注意力

对于幼小的宝宝，可通过做游戏训练他的注意力。在做游戏时，父母要通过玩具、动作、表情、声音等多种方法吸引宝宝的注意力，让宝宝投入到游戏中去。如果宝宝精神不集中，可暂停游戏，或选一个宝宝注意力集中的时候再做。切忌在宝宝心不在焉时强迫他做某种事情。

合理安排时间，抓紧点滴时间

大人帮宝宝制定一个时间表。有一个合理的时间表，父母就按照时间表进行限制和督促，让宝宝按照时间表的规定做事，当然不可死板硬套，合理变通是可以的，但不能容许宝宝自己随便更改。

培养宝宝规律的生活习惯

许多学习习惯与宝宝的日常生活习惯实质上是相通的，一个生活松散、邋遢的宝宝，他的学习习惯怎么能好呢？有规律的生活习惯包括早睡早起，遵守作息常规，保证充足睡眠，物品放置顺序化、用完即收回原处等。

培养自行解决问题的习惯

宝宝在学习时遇到什么难题，父母千万不要直接告诉他答案。俗话说"宁给宝宝一把梯子，不给宝宝一个果子""授人以鱼，不如授人以渔"。宝宝的抽象思维较薄弱，父母在帮助指导时应该多举例，可采用实物演示、比较、分析等方法来指导宝宝学习，让宝宝自己沿着梯子去摘取美丽的果实。

·亲子心经·

宝宝初上学在家做功课时，父母给予适当的指导与帮助是必要的。但有的父母在宝宝做作业时总是陪在旁边，一切准备工作由父母给做，有了困难父母马上予以解决，做作业时父母盯着，做完作业由父母检查、改错。这种做法是不可取的。久而久之，宝宝会形成一种依赖心理，不陪就不读。宝宝的独立学习能力怎么能提高呢？

和宝宝一起学习

和宝宝单独相处的时间是非常宝贵的，爸爸妈妈要弯下身，做个和宝宝一样大的宝宝，跟宝宝一起学习、练习，这样会让你的宝宝更享受学习的过程。不要充当老师的教导角色，无论您是否精通都要从零开始，和宝宝同步学习，跟他一同讨论，态度要谦和。

大人宝宝共同进步

父母本身对学习的态度和重视程度，影响着宝宝对学习的重视程度。如果父母们都很好学、勤奋，每天都会忙里偷闲吸收知识、提高自己，那宝宝自然会受到父母的良好影响。如果父母们觉得自己实在没有必要看书，或者不知道看什么，那么不妨看看宝宝的书，了解宝宝所学习的东西，或者找几本名著和宝宝一起欣赏……

大人宝宝一起玩耍

只学习不玩耍，聪明的小孩也变傻。玩耍是每个宝宝的天性，宝宝的许多能力也是从玩耍中积累的，尤其是对于0~6岁尚未上学的宝宝，他们的潜能大多是在游戏中得以充分的开发。父母放下架子，以童心童态和宝宝做朋友、玩游戏，对独生子女性格塑造、拥有一个快乐童年很有益处。

把大人当做宝宝看，把宝宝当做大人看

在和宝宝一起玩耍或学习过程中，就要把自己作为大人的心态、大人的口吻收起来，用朋友的口吻和态度，并把宝宝看成一个小大人，在某些问题上征求宝宝的建议，和宝宝共同商讨，不能因为宝宝小而忽略他的看法和态度。父母还要经常主动陪宝宝或者应宝宝邀请一起玩玩具、做游戏，有益于宝宝在快乐中成长。

来自妈妈的感叹——宝宝长大了

源源妈妈：宝宝转眼就上大班了，回想起她刚上幼儿园的情形，不禁感慨：真是一年一个样啊！从忐忑地走进一个陌生的环境，到非常喜爱这个大家庭，宝宝一天天地在成长、一天天地在收获。而我们作大人的呢，有时也仿佛变成了宝宝，和他们一同成长、一同欢乐！

冰琪妈妈：宝宝上大班了，我感觉他这学期一下子懂事了许多。不经意间我发现他像小大人似的，可以和大人们平等地沟通了。他已经有了一定的思想、自主的能力，可以和我们共同看待事物、甚至可以帮我们处理一些事情了。我还发现，我宝宝的记忆力非常好，他能清晰地记得他小时候一些事的情节，而我自己当时的做法也许正与我现在教说他的一套相悖……宝宝远比我们想象的要聪明，我们如何才能更好地和他们一起相处呢？也许，唯有和他们一同学习，一同成长！

和宝宝一起背诵

背诵是一个老套而有用的学习方法，虽然有很多人反对死记硬背，但语言学习就是需要多背诵，只有背诵，才能提升语言交流水平。很多男宝宝对语文、英语没有兴趣，原因就是不愿意背诵。如果能养成背诵的习惯，宝宝也就能突破学习语言的恐惧，改善厌倦情绪。父母不妨和宝宝一起背诵一些经典诗词文章，这样不仅对宝宝是一种鼓励支持，更能让宝宝增加

自信。父母还可以和宝宝玩"比一比"的背诵比赛，增加宝宝的热情。

合理利用网络资源

许多大人们对"网瘾"谈之色变，让宝宝对网络也避而远之。其实任何事物都有两面性，父母应该通过言传身教让宝宝明白网络是一种学习路径，是一种很方便的学习资源，而不是一个劲儿地让宝宝回避网络。平时可从网上给宝宝找一些成语故事、童话故事、科教片等，和宝宝一起学习。父母切忌在宝宝面前玩网络游戏、进入聊天室等，以免影响宝宝。

· 亲子心经 ·

和宝宝一起学习最常出现的问题是：父母总喜欢指指点点，强加自己的看法。指点太多，看法太多，宝宝会无所适从，注意力分散，厌烦学习。有时候父母的看法不一定适合宝宝的心理。父母要多忍耐，保持安静，即使宝宝做错了，让他自己纠正。这样他才会有主动学的劲头。

做个博学多才的宝宝

宝宝在很小的时候无意识地背诵过的一些东西，会长留在记忆中，转化为永恒的财富。父母这时候不妨教宝宝多背一些除古诗文之外的东西，让宝宝享用一生。

从小注意扩展宝宝的知识面，让宝宝知"天文地理"，通"古今中外"，培养宝宝广泛的爱好与兴趣，等宝宝长大后再接触到这些东西时会有种熟悉感，并产生喜爱之情。这对宝宝将来的成长和学习有益无害。

背诵《历史朝代歌》——打开历史之门的钥匙

好多父母们会觉得，靠历史知识不能挣钱，也不能赢得惠顾或垂青。这些都不是历史自身的价值所在。历史是一门学术，也是一门生活学科，能够让头脑健康敏锐地思维，让头脑迸发出有益于人类前进的火花；了解历史，是丰富的精神生活的折射。英国诗人雪莱曾这样写道："历史，是刻在时间记忆上的一首回旋诗。"

《历史朝代歌》

第一种

夏商与西周，东周分两段，
春秋和战国，一统秦两汉，
三分魏蜀吴，二晋前后沿，
南北朝并立，隋唐五代传，
宋元明清后，皇朝至此完。

第二种

唐尧虞舜夏商周，春秋战国乱悠悠，
秦汉三国晋统一，南朝北朝是对头，
隋唐五代又十国，宋元明清帝王休。

了解人体奥秘——探索科学

父母可经常给宝宝讲一些小百科知识（如人体奥秘、身边的科学知识、动植物百科等等），增加宝宝的知识面，培养宝宝对科学的兴趣。给宝宝讲这类知识时要简单易懂，尽量将复杂的原理转化为简单形象的叙述，让宝宝轻松愉快地接受。

耳屎贵如金

有些人总喜欢眯着眼，拿火柴梗、牙签等东西，在耳朵里挖来挖去，恨不能把"耳屎"掏得一干二净。他们不知道：耳屎是特制的保护耳朵的佳"药"。我们所谓的耳屎，在医学上有个大名叫"耵聍"，是耳朵的外耳道常分泌的一种油脂，是保护耳朵的一道防线。因为耳屎的味道很苦，又是油乎乎的。如果小虫出于好奇，想进耳朵内去探探险，耳屎就会请他们尝尝特有的"苦"味，把小虫吓退；而灰尘一钻进耳朵，就会被这些油脂粘住，不能翻身。所以把耳屎挖去，无异于洞开方便之门，让小虫、灰尘长驱而入。其次，耳屎还能防水，保持耳道干燥。一般，耳屎到一定时候会自动掉出来，不需要特意去挖。人们挖耳的用具一般都不够卫生；这会使耳朵的外听道染上细菌，发肿化脓；而最可怕的是：一不小心，戳破了耳朵里面的鼓膜，轻者会发生中耳炎，引起听力减退；重者就会变成聋子！

因此，别看人们为耳屎起了一个不干净的名字，它的作用却是太重要了，无怪乎有的医学家说"耳屎贵如金"呢。

要启发宝宝的探索精神，父母首先要做有心人，在生活中注意细节，给宝宝营造一个充满知识的环境，如烧水时可告诉宝宝什么是水蒸气，为什么热水会使玻璃杯子炸裂，刮大风时告诉宝宝为什么会有"嗖嗖嗖"的响声，鸡蛋为什么在水中沉底而在盐水中漂浮等等。只要用眼用心，身边到处是科学，而这些"小科学"就是宝宝学习的最佳资料。

·亲子心经·

父母还可给宝宝讲一些名人故事，历史人物传记，动植物百科等知识，或给宝宝推荐类似的书让宝宝读，扩展宝宝的知识面。要选择有趣味性的东西，否则宝宝会觉得乏味。

经常带着宝宝逛书店

许多父母每个周末带着宝宝去逛商场，给宝宝选择各种玩具、衣服之类的东西，可有多少父母会经常带着宝宝去逛书店呢？

带宝宝逛书店的好处

一个人的兴趣很大程度上与幼年养成的习惯密不可分，要让宝宝爱上书，从小培养非常重要，这也正是"带宝宝进书店"的好处之所在。

图书激发宝宝的读书兴趣和欲望

带宝宝进书店可以让宝宝通过书店的环境感受读书的气氛。宝宝通过与书店"零距离"接触，触摸翻阅图书，对书有更直观的认识。

书店里各种各样的幼儿图书齐全，有许多书一定是宝宝喜欢读的。在这里不用父母教，宝宝自己就会翻开来读，这对吸引宝宝对书产生兴趣非常有帮助。

宝宝可购买自己喜欢的书，体验到购书带给他的乐趣，从而对书产生兴趣。父母想让宝宝成为一个爱读书爱学习的宝宝，从小就应该带宝宝去逛书店。

妈妈的心声

阳阳妈妈：女儿幼儿园最近组织了一次参观书店活动。突然发现，宝宝都4岁多了，而我带她去书店只有一次，而且那是唯一的一次。结果她在书店里跑来跑去，和小朋友在书架间捉迷藏，后来再没去过书店。书都是我买来给她看，要不就是去图书馆，她自己找书自己借来看。想问问其他的妈妈，你们是带着宝宝一起买书，还是代为做主，给宝宝买来看？

·亲子心经·

带宝宝去逛书店的时候，尽量避免第一次就到大书店去。不过，也要避免去看起来简陋且脏乱的书店，因为这会让宝宝对书店留下不好的负面印象。随着宝宝年级越来越高，就可以逐渐参观更大的书店。

让宝宝养成写日记的好习惯

许多博学有才的人从小都有一个写日记的习惯。从现实利益来说，日记能锻炼宝宝的书写和语言表达能力，能培养宝宝的恒心和毅力；从非功利角度来说，日记是对宝宝对成长过程的记录，是一本本零散的自传，是宝宝的一笔精神财富。

引导宝宝养成写日记的好习惯

怎样写日记，或者写到什么程度才算好呢？其实没有统一的标准，有话则长，无话则短，千万不可强迫宝宝去写，一旦致使他们讨厌、甚至恐惧写日记，就得不偿失了。

日记是一笔精神财富

教育一个宝宝，不能只盯着眼前的小小"成就"，不能让宝宝将所有的美好时光都用在无穷尽的考试上，而当宝宝长大后回忆起自己的童年，除了考试和复习再也没有任何东西可怀念。这于父母是一种失败，于宝宝是一种遗憾。

一个人的精神世界无形而强大，在短时间内看不出它的力量，但在未来的人生路上会影响宝宝一生，生活的快乐与否，事业的成功与否，品格的高尚与否……这些都建立在强大的精神基础之上。而精神世界是可以培养的，除了博览群书、欣赏艺术等之外，日记也是充实个人精神世界的好方法。

日记是宝宝自我教育的好材料

日记是宝宝成长道路上的真实的思想记载，是宝宝前进的足迹。在一定的时候，翻开日记看看，前一段时间的经历和思想像电影镜头似的展现在眼前，可以直观地看到自己的决心是实现了还是落空了，看看自己前进的步伐是加快了还是缓慢了，从中激励自己发扬优点、克服缺点，不断前进。

写日记培养宝宝的毅力和意志

写日记虽然是件小事，但并非人人都能坚持做到。宝宝如果从小学开始，就能坚持不断写日记，那对他们的意志和毅力是一种长久的锻炼。作家列夫·托尔斯泰从19岁开始写日记，一直坚持到82岁去世为止。除特殊原因偶有间断外，一直坚持写。托尔斯泰的名著《昨天的事业》，就是根据他的日记整理的。

鼓励宝宝写特色日记

1.插图日记：这是图文并茂、饶有情趣的一种写日记的方法。试想，一篇生动流畅的日记，配上色彩鲜艳的一朵花、一片绿叶或是一只小动物，还有灵活多变的字体标题，这些都能激起宝宝极大的热情和兴趣。

2.摘抄日记：苏联的拉德任斯卡雅教授说："训练宝宝从书本上搜集材料，从某种意义上说就是训练他们走向生活。"摘抄的内容可自由选择，如：名人名言、生活百科知识、时事、奇闻异谈、好词库、诗歌短文等。

3.想象日记：可以是提供词、句或情景的想象写日记，为日记开启鲜活的、永不枯竭的源泉。

· 亲子心经 ·

父母可以找一些英雄模范人物或名人作家的日记给宝宝看，或者讲读给他听。宝宝写日记时爱瞎编、说假话，应及时指导宝宝，日记是写给自己的，应写真实思想，否则将失去意义。

思维习惯

如何提高宝宝的思维能力

思维通常也叫思考，是一种复杂的心理活动，不是人一生下来就会的。人的思维能力是智力的核心因素。人与人之间的思维能力差异很大，如果在宝宝很小的时候就从点滴开始，注意培养宝宝的思维能力，将使他一生受益匪浅。

丰富宝宝生活的环境

在宝宝还是婴儿的时候，父母可以在摇篮的上方悬挂一些彩色的小球，或简单的色彩鲜艳的玩具，或能发出声响的东西如小风铃等，供宝宝醒着的时候看和听；随着宝宝的长大不断提供合适的玩具；1岁左右的宝宝能行走了，要为他提供一个活动的空间，让他自由地进行各种活动；3岁左右的宝宝可以和他一起看电视动画片，一边看一边讲给他听；多带宝宝到室外走走，看花草树木、各种动物等等。

让宝宝学会独立思考

年龄小的宝宝遇到疑难问题，总希望大人们给他答案。有些父母就真的把答案告诉宝宝，这样的结果是当时解决了问题，但从长远来说，对发展宝宝智力没有好处。而高明的父母，面对宝宝的问题，提示宝宝寻找答案的方法。

让宝宝经常处在问题情景之中

当宝宝爱提各种各样问题的时候，周围的大人要跟宝宝一起讨论、解释这些问题，大人们的积极主动对宝宝影响很大。宝宝大了以后，有的不爱向父母们提问题了，这时父母们应该主动提出一些问题引起讨论，包括家庭遇到的一些疑难问题。有时，父母们应放下架子，向宝宝请教一些自己不懂的问题，这些做法，对发展宝宝思维大有好处。

鼓励宝宝积极思维

好动、好问是宝宝的天性。宝宝经常会将玩具或家里的用具、摆设拆开，想看看里面是怎样的？父母平时不要将重要的东西放在宝宝手边，并要叮嘱宝宝，这些东西很贵重，不能拆开。有不用的可拆卸东西可鼓励宝宝去拆，并与宝宝一起探索其中奥妙。如果宝宝不小心拆了父母的重要东西，也不要过分斥责宝宝，以免挫伤他的积极性。

引导宝宝提高语言能力

通过语言中的语法和语义，宝宝才能脱离具体的动作和形象，开始抽象的逻辑思维。语言是表达思维的工具，有了词才能对事物进行概括和间接的反映。语言的发展对思维能力的提高能起很大的作用。

搞家庭智力竞赛

利用节假日进行，父母们和宝宝轮做主持人，谁来主持，谁准备竞赛题目，设立小奖品或其他奖励措施。为了增强气氛，可以请亲友或其他小伙伴参加。准备过程和竞赛过程都是训练脑力的过程。

给宝宝提供民主的气质

父母不能压抑宝宝，应该为宝宝提供宽松的环境，激发宝宝的创造性和思考欲望。如果过于压抑宝宝，只会造成宝宝服从、懦弱、唯命是从的性格，使思维闭塞。

让宝宝大胆说出自己的想法

面对问题，有时答案并不重要，重要的是使宝宝有兴趣去寻求答案。因为标准答案有时并非只有一个。

答案不只有一个

有一道智力题：一个房间里点燃了5支蜡烛，吹灭了1支，问第二天早上还剩几支蜡烛？宝宝稍许思考，便会很快答出"一支"，即被吹灭的那支蜡烛。宝宝确实没答错，多数父母对宝宝这样的回答往往也不会有什么疑义。而事实上，此类智力题简单想起来"标准答案"都只有一个，但经过多向思维，就知道能有许多正确的答案。可见，这里存在着一个父母是不是重视宝宝思维能力训练的问题。

答案"一支"当然是正确的。但设想一下：如果燃着的四支蜡烛在夜里有一支被风吹灭呢？如果四支当中有一支较大，因而到了第二天早上仍在燃烧呢？如果……那么答案显然就不只是"一支"了。

这就给我们启示：许多问题，我们不应该仅满足于为宝宝提供一个标准答案，或是满足于宝宝答案的标准。

跟宝宝一起收集动脑筋的资料和故事

能让宝宝转动脑筋的资料和故事有很多，包括真人真事、童话故事、寓言等等。父母们可以和自己的宝宝共同收集这些故事，整理好放在书柜的一角。空闲时间，大家可以翻阅这些资料，互相讨论感兴趣的问题。

给宝宝独处的空间

如果家里有条件，应该给宝宝提供一个属于自己的房间。随着宝宝自理能力的日益增强，这种必要性更为明显。即便是家里没有条件给宝宝提供个人房间，也应该给宝宝独处的空间和时间。独处对培养宝宝的思考能力十分重要。

多鼓励宝宝

宝宝做什么事，当然不包括危险的事情和错误的事情，大人都不应该对宝宝限制过多。如果宝宝失败了，大人应该鼓励他，帮助宝宝找出失败的原因，并鼓励宝宝克服困难，避免失败。

· 亲子心经 ·

为了提高宝宝的思维能力，父母要经常创造一些动脑筋的氛围，鼓励宝宝多思考、多提问、多观察，脑子才会越用越灵。

赏识宝宝的点滴进步

根据加登纳的多元智力理论，每一个正常的宝宝都具有七种智力，或者说具有这几方面的发展潜质。如果我们给宝宝适当的鼓励，提供良好的环境，每个宝宝都有能力将这几种智能发展到一个相当高的水平。

日常生活中只要父母留心发现，每个宝宝都应该有值得赞赏的地方。赏识宝宝，首先从发现宝宝的点滴进步开始。

相信宝宝的潜能

其实宝宝虽然年纪小，但"功利"心却不小，每当宝宝做某事时，如果父母用赏识的口吻给予肯定，宝宝就会尽力做得更好，以得到父母的更多赏识与夸奖。

比如让4岁的宝宝自己穿衣服，不要说："你现在自己穿上衣服，下午就给你买雪糕。"而只需说："我想你已经长大了，能够自己穿上它了。"在这样的提示下，他努力穿好了，就会感到自己确实已长大了，就会在此后每天的努力中巩固这种感觉，从而自信心大增。

及时发现及时鼓励

宝宝做了好事，有了进步，最好当时给予夸奖和鼓励。这样，宝宝才能得到最大的满足，把后面的事情做得更好。

跳 绳

今天下午，我和五岁半的女儿跳绳，她第一次连着跳了6下，接着是9下，然后14、19、21下。我和她一起欢呼祝贺一次比一次有进步，可接下来是20下，她一看最后一次没上次多很不愉快，她说绳子不好用，我说宝宝你用大人用都不好用的绳子还能跳20下以上，已经很不简单了，况且到了一定的限度再往上进步本来就不容易啊，如果每次都有这么大的进步那岂不打破世界纪录了！女儿听了我的话有些兴奋，在我的鼓励下，她又跳了一次，竟跳了24个！

弹钢琴的小男孩

小张是少年宫的钢琴老师，这段时间，她正在教一批新学生学钢琴。在这批宝宝中，有一个叫鲁明的小男孩，他刚6岁，很乖巧，学钢琴很认真，虽然刚开始的时候入门比较慢，但后来慢慢地进入了状态，弹得越来越好，小张觉得这个宝宝很有潜力。可是，小张发现鲁明已经两个周末没有来学琴了，于是她拨通了鲁明家的电话，接电话的正是鲁明。

"鲁明，这两个周末怎么没有来学琴呢？""妈妈不让我去了。"鲁明小声地说。"为什么不让你来了呢？家里有什么事吗？""没什么事，因为妈妈认为我学不好，再学下去也是耽误时间。""怎么会呢，你学得很努力，进步也很快，妈妈为什么会这么说？""我每次学完琴回家，妈妈总让我弹给她听。每次弹完，她都说弹得不好，一点进步都没有，就不让我学了。"挂上电话，小张为鲁明的妈妈感到悲哀。无视宝宝的进步，仅仅因为宝宝没有达到"最佳"或自己心目中理想的标准，就全盘抹杀宝宝的成绩，这是对宝宝的一种伤害和扼杀。

学会赏识挫折中的宝宝

许多父母在宝宝不尽如人意时会冷言冷语、冷面相加，宝宝的自信被打击得支离破碎，还谈什么上进？作为父母，在宝宝表现"差劲"时，说一句由衷的鼓励比批评十句管用。发现并赏识宝宝的进步，不仅影响到宝宝学习和做事的效果，而且还会影响到宝宝对学习和做事的态度。我们发现，宝宝喜欢某一门课程，很多时候是因为放学回家后有人愿意了解他们的学习情况，并肯定他们的进步。有的宝宝喜欢音乐课，因为回家后可以唱歌给爸爸妈妈听；也有的喜欢数学课，因为回家后算数经常得到妈妈的赞扬。

假如你的宝宝不能成长为参天大树，那就让他做一棵默默无闻的小草吧，他一样可以给你带来春天的美丽；假如你的宝宝不能成为一片汪洋，那就让他做一朵最小的浪花吧，他同样可以带给你跳动的喜悦；假如你的宝宝不能成为一位名人，那就让他做一个平凡的人，无论是地地道道的农民，或是普普通通的工人，也无论是一名军人还是一位商人，只要他诚实、正直、善良、上进，为父母者都应感到骄傲，只要培养出来的宝宝是一个对社会有用的人，已经足够了。

· 亲子心经 ·

宝宝在学习或者生活中总会有一些让父母不满意的地方，如做事没有别人快，脑筋没有别人聪明，但是，宝宝一直都在进步，这才是最重要的。父母应该珍视宝宝的进步。在宝宝看来，只要自己取得一点点进步，父母就应该是高兴的，就应该表扬自己。

帮宝宝插上想象的翅膀

想象力比知识更重要，因为知识是有限的，而想象力概括世界上的一切，推动着进步，并且是知识进化的源泉。

在素质教育中，想象是宝宝创新思维的翅膀。宝宝借助这一翅膀，可通向创造的王国。丰富和培养宝宝的想象力，对发展宝宝的智力非常重要。想象力不是生来就有的先天素质，而是后天开拓的结果，它是完全能够培养的一种能力。那么如何培养宝宝的想象力呢？

不要用知识束缚宝宝的想象力

有人曾做过这样一个测验，给幼儿园的宝宝、小学生、中学生分别看图形"O"，问："这是什么？"结果大多数中学生说是"零"或英文字母"O"；小学生中也有相当一部分人这么回答，另一部分小学生则回答是个"面包圈""眼镜片"；而幼儿园的宝宝却说了许多小学生、中学生、成人们根本没有想到的东西——"眼泪""围棋""表"等等，让我们不得不惊叹于小宝宝的想象力。

倾听中让宝宝放飞"奇思妙想"

虽然宝宝的知识经验没有成人丰富，但却更富有想象力，因为他们脑海中没有太多的固定"答案"与"思维模式"。想象力成长所需要的土壤是放松、宽容、自由与多样。因此，如果宝宝对父母早已认为不是问题的问题苦思冥考时，请允许他的"奇思妙想"。

宝宝提出的问题可能会稀奇古怪，这正是宝宝想象力的最初表露。这时对宝宝提出的问题，父母不能采取避而不答的方式或不耐烦的态度，而应该不失时机地给予肯定或加以引导，以培养宝宝发散思维的能力。

星星是从哪里来的

妈妈正在做包子，5岁的小女儿坐在小凳子上看着。女儿忽然提了一个问题："星星是从哪儿来的？"妈妈没有急于回答，而是说："你想想看"。女儿出神地注视着母亲揉面的动作。母亲揉面，揪面团，擀面饼，包包子……

看了好一阵子，女儿突然说："我知道星星是怎么做出来的了，是用做月亮剩下的东西做的。"

妈妈听了先是愣了一下，然后特别激动地亲吻了自己的女儿："宝贝，你的想象真奇特。"爸爸听了这件事以后也非常高兴，拉过女儿给她讲女娲造人的传说……

但在现实生活中，宝宝的"奇思妙想"常常会遭到成人的打击——"星星本来就有的，有什么好想的，快点背书吧！""你就会想这些乱七八糟的东西，老师讲的却什么也不知道。""你去看看书上怎么写的！"

我们成人在不知不觉中将宝宝引入一个不需要想象、只需要记忆的世界，最终，这些宝宝也变得和我们大多数人一样，只会重复前人的知识与技能，不会突破与创造。所以，如果你认为想象力是非常重要的，那么就留意生活中的点点滴滴，留意你对宝宝"奇思妙想"的反应。

在艺术活动中激发宝宝的想象力

美术和音乐活动是发展宝宝想象力的有效途径。要鼓励宝宝尽情地画，并及时给予指导，让宝宝画意愿画，主题画、填充画、涂物画，鼓励宝宝大胆想象，大胆尝试，这不仅可以激发宝宝的兴趣，充分调动其积极性，而且可以丰富他们的想象力。音乐也能激发宝宝的想象力，音乐可以促进宝宝去做相应的律动及相应的游戏。根据音乐编动作，通过语言表达对音乐的理解，也可使宝宝产生相应的想象。

白纸变童话

一个折纸游戏中，宝宝学会折小兔子后，把小兔子贴在了纸上。这时妈妈问：

"小兔子生活在哪里啊？"

宝宝就给小兔子画了一个漂亮的房子，还有绿草地、美丽的小花。接着妈妈又问："你知道小兔子吃什么东西吗？"

"它最喜欢吃萝卜，我得给它画些萝卜！"宝宝高兴地继续做着。"你觉得小兔子还需要什么呢？""还需要朋友、妈妈、爸爸、玩具……"宝宝开始设计出越来越多的东西。原本只贴了一只小兔的白纸，现在不但有了漂亮的房子、绿色的草地、美丽的鲜花、可口的萝卜，还有在跑步的小乌龟，另一只穿着裙子的小兔，大大的蘑菇、飞翔的小鸟、高高的太阳、弯弯的小溪，别提有多热闹了。

此外，父母还可让宝宝多做一些"收尾"工作。年幼的宝宝独立完成一件事情的能力有限，比如说画画，父母先画一个小猪的头，然后让宝宝画耳朵、嘴巴等，父母再画身体，再让宝宝加东西，这样不仅鼓励了宝宝想象，更让宝宝有参与的"成就感"。

让宝宝在生活中展开想象的翅膀

想象力不是无源之水，无根之木，而是在丰富的生活经验基础上积累、激发出来的。优秀的绘本和动画片不可缺少，而真实的生活体验更加重要。

奇思妙想的彤彤

彤彤是个想象力丰富的宝宝。她会把我戴着手套的手指头当成毛毛虫，并很认真地与"毛毛虫"对话；她会指着书皮上大大的逗号兴奋的大叫"小哨子"等等。

每每看到彤彤在丰富的想象下无比快乐可爱的小模样，我心中总是涌动起莫名的温暖和感动！

在我们家每个周末都是全家出动，亲近人与自然的时间。看到树上的知了皮，彤彤好奇地发问，我们便带她一起寻找知了在地上的家，讲解知了生成的过程。彤彤听完，兴奋地对着树上的知了大叫：知了知了，我拣到你脱下的衣服了，我给你穿上吧！看到地上的蒲公英，彤彤就用力的吹啊吹，还高兴地说着：妈妈你看，我把"蒲公英的种子吹上蓝蓝的天空"，呵呵，这可是故事书里的话啊，你看彤彤一下子就理论结合实际了！

和宝宝一起编故事

一般宝宝小的时候，表达能力有限，只能被动地听故事。大一点儿就会有主动编故事、讲故事的冲动和热情，这是锻炼表达能力的好方法，也是发展想象力的好机会。父母一定要抓住宝宝这个敏感期，鼓励、引导宝宝多想多说。

彤彤编故事

彤彤在两岁半后有了讲故事的激情，那段日子她特爱听大灰狼和小羊的故事，可是我一讲到"大灰狼说我要吃了你"时，彤彤就要打断改编一下，今天讲大灰狼吃饱了不饿，明天讲彤彤用拳头打、用小辫顶大灰狼，后天又说从高楼上背着螺旋桨冲向大灰狼，再后来又让大灰狼吃掉了出场救小羊的爸爸，我吓了一跳，彤彤却得意地说：春天来了，山上还会长出一个新爸爸来！哈哈，真是旧爸爸不去，新爸爸不来啊，好一个机灵鬼怪的小家伙。

就这样连续一周，彤彤每天都推陈出新，编出不同的方法对付大灰狼。现在彤彤根本不需要谁给开头了，拿个小本子就像模像样的开讲了，内容五花八门，极富有跳跃性。这时你可不能光顾着笑，还要给予及时地响应和适当地引导，让宝宝的思路更加宽广。毕竟童心可嘉，讲什么故事并不重要，保护积极性才是第一位啊！

一起就地取材制作玩具

现在的宝宝玩具很多，但新鲜感过后宝宝就很少问津了，可是你有没有尝试过跟宝宝一起就地取材、变废为宝呢？

就地取材

我家彤爸就极其聪明，可以化腐朽为神奇：一张废旧光盘，和彤彤一起夹上一圈小木夹便成了风火轮；一张破纸，捅几个洞就做成一张面具。出去玩沙子忘带工具了，没关系，彤彤爸把喝完的奶茶、酸奶杯子洗干净，再找几颗褐色的石子、采几个树叶和树枝！你肯定疑问这些东西能玩沙子吗？别急，你看彤彤已经把沙子装到奶茶杯里认真的搅拌呢，不一会小家伙兴冲冲地告诉我"奶茶做好了！"——沙子奶茶。妞妞又把酸奶杯里装满沙子，"妈妈，你看沙粥也做好了"——沙子做粥，有创意吧！再把树叶插在上面就成了"青菜沙粥"；用酸奶杯扣个圆柱体，上面点缀上石子、插上树枝，就变成了"带巧克力豆、点着蜡烛的生日蛋糕"了。

用童真的心陪宝宝一起玩耍

陪宝宝玩是每个父母的必修课，但是陪宝宝玩时你是否保持一颗童真的心呢？陪宝宝玩时我们要放下身份、忘记年龄，迅速进入宝宝设计的故事情境，并要突出宝宝领导和主动地位！

·亲子心经·

其实宝宝天生就长着一对想象的翅膀，而我们大人要做的就是给予善待、呵护、鼓励、引导，使他们无拘无束地翱翔在知识的天空中，健康快乐地成长。

和宝宝站在同一条"快乐"线上

彤彤在纸上信手涂鸦，再不像我们也齐声赞扬；彤彤要当老师，我们就变成小手背后的幼儿园小朋友；彤彤变成奥特曼、黑猫警长和葫芦娃，我们就赶紧变成怪兽、一只耳和蛇妖，声音和动作还得有形象的配合哟；那天彤彤在看动画片，我喊她吃饭，意犹未尽的小家伙给我来了句：我现是在孙悟空，你是猪八戒，你得叫我猴哥！这不都乱辈了嘛！不过为了彤彤"角色扮演"游戏的"剧情需要"，咱该牺牲就得牺牲啊！要不我一批评指正，有可能泯灭了彤彤的个性和想象力！

培养宝宝的逻辑思维能力

宝宝的逻辑思维能力不是天生的，父母要从小注意培养宝宝在这方面的能力。对于宝宝来说，培养逻辑思维能力好的方法莫过于游戏和日常生活实践。

实际活动是宝宝思维发展的源泉

看看下面这位母亲是如何在日常生活中引导宝宝开发思维的：

妈妈的经验

我是这样引导自己的宝宝从玩水的活动中增长智慧的：一盆水，此外是火柴杆、积木、竹筷、铁钉、曲别针、塑料盖、玻璃球……让宝宝自己去玩，宝宝将各种东西放进水盆，有的浮在水面上，有的沉到水底，宝宝在玩耍中发现，木质的、塑料的都是轻的，于是作出凡是轻的东西都能浮在水面上的肯定判断。重的东西都沉在水底，铁钉是重的，玻璃球是重的，所以铁钉、玻璃球沉在水底，宝宝轻松地作出了正确的推理。当爸爸拿出一只空铁盒问宝宝："这只铁盒会沉还是会浮？"

宝宝会毫不犹豫地回答："沉"。可当盒子放进水中，却高高地浮在水面上，宝宝在摆弄盒子时发现盒子是空的，空盒子尽管是铁的，也能浮起来。

让宝宝按照各种标准练习归类

学习分类法把日常生活中的一些东西根据某些相同点将其归为一类，如根据颜色、形状、用途等。在归类过程中宝宝会注意力集中，认真思考物品之间的关系，从而增强其观察能力。

🐻 生活中的归类游戏

取红色、黄色、白色等不同颜色的小球各若干。父母任意取出一种颜色的小球，让宝宝取颜色相同的小球，进行配对。当家中有两个或两个以上的宝宝时，还可以进行"看谁拿得对和快"的游戏。也可以准备一些颜色相同但形状不同的物体，让宝宝分类、配对，以训练宝宝对图形的观察和判断能力。

父母还可以准备一副扑克牌，让宝宝按花色形状分成几堆，如按方块和红心等。随后，可以让宝宝按红色和黑色分类，最后可按数字分类。

让宝宝认识大群体与小群体

教给宝宝一些有关群体的名称，如家具、运动、食品等，使宝宝明白，每一个群体都有一定的组成部分。同时，还应让宝宝了解，大群体包含了许多小群体，小群体组合成了大群体。如动物——鸟——麻雀。

🐻 图片分家游戏

准备一些图片：壁虎、葡萄、葱头、蝴蝶、西瓜、白菜等，要宝宝分别地把它们归入"动物""水果""蔬菜"类里，看宝宝能否独立完成。这种训练方法可使宝宝初步判断掌握事物的属种关系，模糊地知道事物之间的区别与联系。还可同宝宝这样做游戏：确立一个种属概念，如动物，然后每人用交叉对话的方式分别说出一个动物的名字（如兔子、猫、狗、猴……），一次只说一个，而且不许重复。类似的种属还有：蔬菜、水果、玩具、衣服等等。

·亲子心经·

宝宝的时间观念很模糊，掌握一些表示时间的词语，理解其含义，对宝宝来说是必要的。父母可有意识地加强宝宝对一些时间词语的印象，如："在……之前""立即"或"马上"等。

让宝宝理解基本的数字概念

不少学龄前儿童，有的甚至在两三岁时，就能从1"数"到10，甚至更多。父母在宝宝数数时，不能操之过急，应多点耐心。同时，还应注意使用"首先""其次""第三"等序数词。也可用日常生活中的数字关系，帮助宝宝掌握一些增加减少的概念。

掌握一些空间概念：父母可利用日常生活中的各种机会引导宝宝，比如："请把勺子放在碗里"。对于宝宝来说，掌握"左右"概念要难些。

培养独立思考问题的好习惯

爱因斯坦说过："学会独立思考和独立判断比获得知识更重要，不下决心培养思考习惯的人，将失去生活的最大乐趣"。

成功者都或多或少有些"与众不同"或"超凡脱俗"的个性，这两个词语的真正意义在于能够展示并表达独具特色的思想，有独立思考与判断的能力。早期教育的一个重要内容就是培养宝宝独立思考的能力和爱思考的习惯。父母应多用心思、借助日常生活的一些细节、琐事以及一些游戏，帮宝宝将他的大脑"转动"起来。

营造一个思考的氛围

在生活中，营造思考的氛围，对宝宝形成独特的个性，表现有创新意识的思维、举动非常重要。我们不能因为宝宝小或以为宝宝不懂事，需要大人照顾等而把他看成是大人的附属品，要知道宝宝也是一个完整的、独立的个体，应该允许他们有自己的世界、自己的空间。

倾听宝宝叙述自己的想法

宝宝的想法常常是天真、幼稚、甚至可笑的，尽管如此，父母仍要抓住他们谈话中有趣的、有道理的论点，鼓励他们深入地"阐述"，使他们尝到思考的乐趣，以增强自我探索的信心。

在游戏中"动脑"

宝宝都喜欢玩水、玩沙子，而在此过程中他们会遇到许多"难题"，这时，守在一旁的父母最好不急于给出答案，要给宝宝时间，鼓励他们"启动"自己的大脑去解决。

神奇的万花筒

童童盯着万花筒看了好一阵，随后摆弄来摆弄去，终于，把它的外壳拆下来了，发现里面有三片镜子，有小花片，还有塑料盒。噢，

原来如此！看明白了，童童试图把万花筒复原，却屡试屡败。他跑到妈妈跟前，指着一堆"零件"说："坏了！"面对这种情况，妈妈如何应对？比较好的方法是，平静地对宝宝说："宝宝先回忆一下刚才是怎么一点点拆下来的，再自己想想办法，说不定你能装好呢！"

然后，给宝宝独处的空间和时间、自己解决难题。如果过一段时间宝宝还弄不好，妈妈再来和他共同解决难题。如此，宝宝就经历了一个思考的过程，从中受益。

带着宝宝走出家门

在户外玩，是引发宝宝思考活动的大好时机，比如给宝宝提个醒儿：我们来看看蜗牛爬树、蜘蛛织网和蚂蚁搬家，好吗？然后，做出向宝宝求教的姿态："妈妈不明白，蜗牛怎么总把身体缩在壳里呢？蚂蚁为什么不自己把面包搬回洞里呀？你要是知道，告诉妈妈，可以吗？"在这种氛围中，宝宝非常喜欢开动脑筋。如果宝宝说不到位，妈妈再讲给宝宝听，或者一起到书中找答案。

博物馆、科技馆也是宝宝的好去处，不过，这需要妈妈和宝宝一边看一边聊："如果恐龙复活了，地球会变成什么样？假如没有竹子，还会有大熊猫吗？"便于宝宝根据眼前的事物，联想到更多的内容，养成遇事思考的习惯。

让宝宝在"破坏"中研究

每个宝宝仿佛都是破坏大王。但仔细分析，毁东西其实正是宝宝思维活跃的表现，在这种时刻，他们需要的是父母的宽容与指导，丝毫的批评和斥责，都会抑制宝宝思考和探索的萌芽。

给宝宝提个问题

父母在与宝宝一起看故事书时，可将画面上的人物或景物等内容指给宝宝看，便于他认识；宝宝

再长大一些，父母不妨把图中的人物、动物、景物等的高矮、大小与远近的关系讲给宝宝；看书过程中向宝宝提问："这棵树和这间蘑菇房哪个高？为什么蘑菇房看起来比树还高呢？""如果袋鼠从河边走过来，是变大还是变小？"父母可以根据故事情节、画面的内容，及宝宝的实际水平，设置一些适当的问题，引领宝宝去思考。当然，也可以引申开来："汽车越来越远和越来越近，我们看起来会有什么不同？"这样，把书中的内容和现实生活结合起来，拓展了宝宝的思维。如果父母与宝宝互换角色，相信宝宝会更感兴趣。

探究水的秘密

瑶瑶把一小瓶水倒入另一个大一点的瓶子中，左看右看之后，又倒回原来的瓶子。就这样反反复复，不解地问妈妈："在这个瓶子（大一点的瓶子）里，水怎么变少了？"妈妈没有直接回答她，而是递给了她一个更小的瓶子："把水放这里，试试看。"结果，瓶子装满了，水还剩了一半。瑶瑶又试了

几个来回，突然开窍了："这些水放在大瓶子里就觉得少、放在小瓶子里就觉得多……"

水是一种富于变化的"玩具"，宝宝百玩不厌。妈妈不妨顺应宝宝的兴趣，让想一想：水是怎么来的？它有什么用处？水是怎么给花"解渴"的？启发宝宝尽量说出多种答案。当然，妈妈也可以和宝宝做个小试验：把水调出各种颜色，再将一支支白色的花插入不同颜色的水中，观察花的变化。亲自实践之后，宝宝知道了花是怎么吸水的，同时也能发现"思考"的奥妙，享受思考的乐趣。

·亲子心经·

父母在培养宝宝思考能力这方面要防止"功利"思想，即便宝宝没学到明显的知识、没增长什么"本事"，但他们兴致勃勃地探索、游戏状态也很有价值，这不仅是宝宝思维的锻炼，也能优化宝宝的性格。

让宝宝自己去感觉

不会独立思考的宝宝，就没有独立性。要培养宝宝的独立思考，就要提供一些机会给宝宝自己去思考，去感觉：什么对，什么错，什么应该做，什么不应该做……深谙人脑"用进废退"的原理，宝宝思考越多、越独立，智力发展就越快，不要多余的帮助，更不要代劳，给宝宝自己思考、自己解决、自己着急的独立空间，只有在远超出宝宝能力范围的事情上，给予适当的引导和帮助。

培养有创造力的宝宝

创造力不是与生俱来的，宝宝越小思维越活跃，父母要从小培养宝宝在这方面的天赋，充分发挥宝宝的潜能。

千变万化的纸张

准备一些彩色文具纸、剪刀、细线等东西，将彩纸剪成大小不同的小方块，教宝宝叠不同形状的东西，如小船、飞机、青蛙、长嘴鸟、传声筒、望远镜等。

刚开始妈妈和宝宝每人拿一块纸，妈妈折一下，让宝宝跟着做，妈妈的动作要慢，让宝宝有足够的模仿时间，并指导宝宝叠成之后，告诉宝宝这是什么。训练几次后给宝宝一块纸让他自己叠，没有必要非得让他叠出与妈妈的完全一样，可让宝宝自己随心所欲地折叠，充分发挥他自己的创造能力，并不断鼓励宝宝："宝宝真棒，叠得真好看！"等宝宝叠出一个花样后，猜测宝宝叠的都是什么东西，如"这个是小鸟吗？""是小飞机吗"等。

不要将剪刀给宝宝。

抓住生活中的点点滴滴

宝宝的创造力的培养应渗透于日常的点点滴滴之中。因此，父母要抓住发生在宝宝身边的每个细微行为或动作，以激起宝宝的思考能力和想象能力，让宝宝的创造潜能发挥到极致。

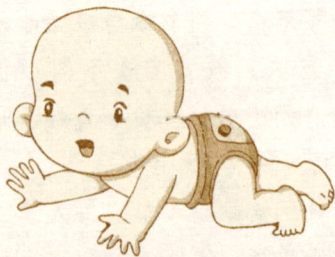

客厅游戏

经常在客厅里布置一些障碍物，如沙发、矮桌子、婴儿车等，然后坐在这些障碍物的另一边拍手叫宝宝："宝宝过来，宝宝来妈妈这里"，宝宝可以绕障碍物走过去，也可掀起桌裙钻过矮桌子，也可以从沙发上过去爬，总之到达妈妈那里的"路径"有多条。

妈妈要观察宝宝的选择，并引导宝宝不断发现新的路径和方法，如："宝宝从桌子下面爬过来呀""宝宝从沙发上爬过来呀"等。妈妈要不断变换位置，让宝宝从不同的方向过来找。

妈妈不要过分担心宝宝会摔倒，但要保证障碍物要稳固，地面上不能有危险东西，如带利刃和棱角的家具、用品等。

·亲子心经·

在培养宝宝的创造力时要注意过程，加以启发和引导，而不是追求结果。父母要留心观察生活，启发宝宝在生活细节中发现、创造。

给宝宝创设良好的家庭氛围

父母可在各自小家庭中为宝宝辟出了一个空间，对喜欢拆、装、提问的宝宝不再压抑或听之任之，而是尽可能地为他提供方便。创设良好的家庭氛围对创造力的形成和发挥有着很大的关系，应该鼓励宝宝创造性的学习、探索，应该尊重宝宝的个性需要，对大胆质疑和创新应该表示赞同、肯定。如有的宝宝以前喜欢拆装些电动玩具，父母经常会训斥他。其实，父母可以和宝宝一起快乐地探究电动玩具的奥秘所在。

培养宝宝的发散性思维

发散性思维是突破原有的知识，从一点向四面八方扩散，沿着不同方向、不同角度进行思考的方法，它是通过知识、观念的重新组合，找出更多更新的可能的答案、设想或解决办法。

从幼儿期就开始培养宝宝的发散性思维，这对宝宝长大后学习各种科学文化知识有促进作用，同时还可提高宝宝解决问题的能力。3岁以前的宝宝还不具备深层思维的能力，在这一阶段，父母所需要做的主要是让宝宝的动作协调起来，为今后的思维发展打下基础。父母可以给宝宝创设一个轻松、有趣、愉快的游戏环境，促进宝宝萌发思考的兴趣，并尽量让宝宝自己动手操作，使宝宝经常处于积极活动的状态之中，从而在娱乐中帮助宝宝形成发散性思维。

一物多形的扩散

例如：将清水分别装在圆形杯子里和方形杯子里，让宝宝观察它们的形状有什么不同；或者让宝宝想一想，如果将冰块放到热水里，会发生什么样的变化；或者将手放到冒着热气的杯子上，会有什么样的结果，等等。

推荐游戏——横切苹果

平时我们习惯竖着切苹果，苹果核被切成两只小耳朵的形状。这次就和宝宝一起横着切苹果，看看苹果核的横切面会是一个什么形状呢？实验之前，问问宝宝这个问题，激发他思考力和好奇心。然后手把手地帮助宝宝把苹果横切开，让宝宝观察切好的苹果核是什么形状。原来是个五角星呢，是不是很意外呢？你可以和宝宝再切几只苹果，看看是不是每次都是五角星呢？要注意，刀子不要太大、太锋利，不要弄伤宝宝。

一物多用的扩散

准备一些日常用品，如饮料瓶子、纸张、毛线等，拿出一样问宝宝："这个东西能干什么？"并引导宝宝回答出多种答案。

推荐游戏——这个东西还能干什么

妈妈拿一个跟毛线问宝宝："毛线是做什么的？"宝宝可能会回答，"是给宝宝织毛衣的。"妈妈可继续问"还能做什么呢？"宝宝可能回答"还能给宝宝织帽子"等。这时妈妈可诱导宝宝继续回答，如"还可以把宝宝的玩具系在小床上""还可以给宝宝编手链戴在手上""还可以做成毛线球滚着玩"等等。用同样的方法，引导宝宝尽可能多地说出每种东西的用途。

一物多变的扩散

父母可以利用橡皮泥的可塑性，教宝宝用橡皮泥捏出各种各样的小东西。父母尽管放手让宝宝自由地发挥、大胆地创造，让他根据自己的爱好和想象力随心所欲地捏玩。必要时给宝宝提供一些辅助性材料，如牙签、羽毛等。父母可启发、诱导宝宝动脑筋，比如：圆圆的泥块四周插上牙签就是太阳，插上羽毛就是小鸡。宝宝一旦获得成就感，便会更积极地去创造。

推荐游戏——捏橡皮泥游戏

妈妈边唱着儿歌边将橡皮泥捏成一只小鸡，告诉宝宝："这是小鸡"，让宝宝观察一会儿后将小鸡还原成泥巴状，教宝宝自己捏，妈妈唱歌宝宝捏，捏完小鸡还可以捏鸭子和小猫等。

不要求宝宝捏的多么逼真，关键要鼓励宝宝自己动手捏起来，让他随意地发挥。一块橡皮泥变成多个小动物，宝宝一定会很好奇，使劲地捏出各种形状来，欣赏自己的"杰作"，这有利于宝宝的发散性思维发展和形象思维能力培养。

一形多物的扩散

父母引导宝宝，让他尽可能地说出一些形状相同或相似的物品，例如，圆形的盘子、碗、月亮、太阳、杯子、脸庞等等；正方形的桌子、书本等等。

推荐游戏——这个像什么

准备1支画笔和1块画板，在画板上任意画一些图形，让宝宝说说每个图形像什么东西。比如画一个椭圆形，宝宝或许说不出来这是一个椭圆形，但可以和具体的物品联系起来，比如：鸡蛋、梨、芒果……你也可以先让宝宝信手涂鸦，然后由你根据宝宝"画"的基本图形进行加工，添改成为一个比较明显的图案，比如小兔、小鸭、帆船等。这样不仅能让宝宝有成就感，更重要的是，通过这种画画游戏，可以锻炼宝宝的发散性思维。

一因多果的扩散

带宝宝玩"如果……将会……"的游戏。比如：父母可以让宝宝想一想，"如果没有太阳，世界会变成什么样子？""如果天上不下雨，将会发生什么情况？""如果每一个人都随地扔垃圾，城市将会变成什么样子？"等等。

宝宝正处于思维发展、开拓的时候，作为父母，一定要引导宝宝，让他学会多角度思考问题。

在生活中，父母可以时时刻刻加强对宝宝进行发散性思维训练，对父母来说，要让引导成为一种习惯，对宝宝来说，要让他子觉得发散性思维是一种乐趣。

·亲子心经·

引导宝宝多角度思考问题并不是一件很难的事，引导可以存在于日常生活中。只要父母用心，就不难发现问题。一个小小的现象，就可以引发宝宝一大堆的思考。

礼仪习惯

让宝宝学会倾听别人讲话

在现代人际交往中，有一种工具日益成为人们沟通的桥梁，这就是电话，聊天谈事情，约会交朋友，人们在享用电话所带来的便捷的同时，却发现烦恼随之而来。电话运用得体，它会带来成功，运用不得体，它又会成为人们交往中的绊脚石。

在人际交往中倾听很重要，它不仅是一种交往技巧，更是一个人内在修养的表现。一个人缘好的宝宝，不仅是个会表达自己的宝宝，也是个会倾听他人的宝宝。父母要从小培养宝宝这方面的习惯。

独生宝宝由于缺乏与人交往的经验，加之常常急于表达自己的意见或表现自己，不愿了解别人的思想，因而往往喜欢说而不乐于听，较易忽视他人的情绪、情感，这种习惯不利于与别人友好相处。日常生活中父母要注意培养宝宝这方面的良好习惯。

父母要倾听宝宝的要求

大人首先要成为宝宝倾听的榜样，特别是在宝宝主动和自己倾诉时，大人更应积极地响应宝宝的反应，不要敷衍了事、漠不关心，更不要随便打断宝宝的倾诉。有的家长动不动就会给正在倾诉的宝宝泼冷水，如"小孩子家懂得什么呀，烦人。"这种做法会在宝宝的心里留下很不好的印象。

倾听的态度比技巧更重要

学会倾听首先要注意倾听的态度。有效的倾听需要对倾听保持积极、开放的态度，并利用鼓励、询问等方法，这样才能提高倾听的质量。父母首先要给宝宝做好榜样，具体来说，应注意以下几点：

1.专注倾听：在倾听过程中，不

要为别的事情分心，可暂时把手里的活停下来，不要眼睛看书或盯着电视，不要显出心不在焉的样子。

2.注意体态语言：体态语言就是通过人的面部表情、眼睛、手、脚以及身体的动作、姿态，传达某种情感的特殊语言。在倾听宝宝的诉说时，父母可以用许多体态语言表示关注宝宝的诉说。

倾听宝宝时的可选择以下体态语言

可让宝宝坐下，自己靠近宝宝坐下。空间距离中包含着心理距离，空间距离越大，心理距离也越大；相反，空间距离越小，心理距离也越小。父母坐的时候要使自己的身体前倾，因为前倾表示重视宝宝的讲话。

父母的表情要与宝宝"同频共振"，也就是说，要与宝宝的情感相吻合。当宝宝表现出非常痛苦时，父母要有沉重的表情；当宝宝很高兴时，父母也要流露出愉快的神情。

将宝宝抱在怀里，抚摸宝宝的头发、脸颊、肩膀，亲亲宝宝。在宝宝很小的时候，父母很乐于表达

亲昵的行为，其实宝宝长大后，也需要温暖的身体接触，这可令宝宝切身体会父母的关怀。

如果宝宝说到伤心处，有时会痛哭，这时，父母最好的做法是递过手绢、纸巾，或为宝宝拭泪，但不要阻止。因为哭也是一种宣泄，有利于身心健康。递上手绢或纸巾是对宝宝哭的行为的一种支持。这样做宝宝会感到父母和自己站在一条线上，觉得父母很理解自己，更愿意向父母诉说"心里话"。

3.保持安静：在宝宝谈话时，尽量不要插嘴，不要随意打断宝宝的话，保持安静，直到宝宝把话说完。

给宝宝倾听的机会

家长可以带宝宝观看儿童电影或儿童话剧，让宝宝做一个真正的倾听者。可以让宝宝多多参与小伙伴们的游戏，在活动中，逐渐让宝宝学会听懂别人的意图，学会表达，学会倾听。家长还可经常和宝宝谈谈心，如告诉宝宝自己的不快或者遇到的困难，一方面，给宝宝创造了倾听的机会，另一方面，让

宝宝体会自己的倾听能够给大人带来安慰，从而愿意在日后倾听他人的话语。

· 亲子心经 ·

如果你无法接受宝宝谈话中的某些内容和观点，或者宝宝的谈话误解或冒犯了你，请不要马上反驳，更不要恼怒，以后找机会和宝宝心平气和地交流。

让宝宝了解基本的电话礼仪

座机和手机已经深入了日常生活之中，那么电话礼仪恐怕就比较重要了。电话什么时间打最得体？电话使用又该注意些什么？使用电话又有哪些技巧？等等一系列问题随之而来。父母们首先要了解这方面的细节，才能有效地教导宝宝。下面给出一些基本的电话礼仪和细节，供父母们参考。

打电话时间的选择

即什么时间打电话合适。首先打电话的时间不能选在有可能会给人家带来麻烦的时刻。比如休息时间，一般情况下，除非万不得已，晚上10点之后，早上7点之前，如果没有什么重大的急事就不要打电话，万一有急事打电话，第一句话要说的是"抱歉"或"打搅你了"。还有就餐的时间也最好别打电话。

打电话空间的选择

一般使用座机的话就是在自己家里打电话了，没有什么可选择性。如果是手机的话，最好选个安静的地方。一来可以静心地打电话，双方都听得清楚，二来你不会打扰到周围的人，也不会受到周围噪声干扰。还有一点就是尽量不要在公共场合（如商场、食堂、教室、书店等等）旁若无人地打电话，显得很没有教养。

接打电话开场白

接电话时先问候对方，紧接着自我介绍，再问对方的来意，如"喂，您好，我是XX，请问您找谁？"千万别一提起电话就来一句"什么事？"让对方觉得你很不耐烦而且很没有教养。打电话时也一样，"喂，您好，我是XX，请问你是XX吗？"或"麻烦您帮我找一下XX吗？"等。一定要客气礼貌，语气要柔和清晰，让对方听得清楚，有感觉很有亲和力。

接打电话自报姓名有一个好处，即如果拨错号码了就能马上反应过来，不至于说了半天才发现打错人了。接电话时经常遇到这样的事，你拨通号码后"直入主题"，跟人家说了半天，那边人也问了好多问题，说着说着就发现牛头不对马嘴，再一问你是谁，大家互报家门后，发现打错人了。

母女聊天记录

阳阳给家里打电话，电话那头传来一个妇女的声音，电话里杂音很重，声音有点模糊。

阳阳：喂，妈，你在干啥呢？

妇女：我在做饭，正在做着就听到电话响了。

阳阳：做什么饭呀？

妇女：炒醋熘土豆呢。你吃了没呢？

阳阳：刚吃了，在食堂吃的，牛肉拉面。

妇女：你打电话回来有什么事吗？

阳阳：没什么事，就是想你和我爸了，我爸在干啥呢？

妇女：你爸没有回来呀。还在县城呢。

阳阳：我爸去县城干嘛了呀？

妇女：上班呀，还能干嘛。

阳阳：我爸啥时候跑那儿上班去了？

妇女：你爸一直在那儿上呀。

阳阳：你是谁呀？你是我妈吗？

妇女：你是谁呀？

阳阳：我是阳阳，你是我妈吗？

妇女：不是。我不是阳阳妈。我是小惠妈。

挂了电话后，阳阳发现拨错了一位数字。

拨号码之前仔细把电话号码看看，尽量别打错。万一打错说声抱歉，如"对不起，我打错了，打扰您了，再见。"

铃响不过三声原则

接电话的基本原则叫做铃响不过三声的原则，就是等电话铃响三声后再接，不要铃刚响起来就赶紧接上，这样会对方还没有做好心理准备，可能会吓人家一跳，也不要响半天也不接，尤其是你约好了时间让人家给你打电话，人家打来的话却不接那是严重的失礼。

谁先挂断电话

如果对方是长辈，需要对方挂上后宝宝再挂；如果对方是朋友伙伴的话，可比较随便一些。如果有求于比人，打电话给对方，最好是对方先挂。

电话中断了怎么办

有时候打电话过程中由于手机没电或掉线，会出现突然中断的情况，遇到这种情况，接电话的一方有责任告诉对方。如果没有出现任何情况下突然中断，需要马上把电话打回去，第一句话就要说，"不好意思，电话掉线了"。

移动电话的文明使用

要遵守关于安全的若干规定，比如空中飞行时手机要关机，加油站、病房之内不使用手机，这也是个安全使用的问题。公众场合要养成手机改成振动或者静音，甚至关机的习惯。不要在大庭广众手机频频地响起，更不要在人多之处接听电话。

不要借用别人的手机

不要借用别人的手机是基本礼貌，借用手机本身就是没有教养的标志。家人、朋友、兄弟姐妹那还无所谓，但外人尤其是陌生人的手机不能随便借，除非是人命关天的紧急事。同理，自己的手机也不要随便借给别人，这也关系到安全。

要注意通话的长度

通话时间是宜短不宜长，电话礼仪有一个规则，叫做电话三分钟原则。长话短说，废话不说，没话别说。任何一个有教养的人，他是一个办事有效率的人，他是一个尊重时间的人，时间就是金钱，时间就是效益，时间就是生命，生命是由时间组成的，浪费别人的时间就是浪费人家的生命，所以打电话一定要短。

进别人的房间先敲门

敲门，虽然是一件小事，但透过这件小事，可以反映出一个人的教养，也是对别人的尊敬。父母要从小让宝宝养成进别人的房间时先敲门后进的习惯。

在日常生活中，许多家长一提到宝宝，就说宝宝的学习如何如何，宝宝有这样那样的特长，而很少谈到宝宝在日常生活中的行为举止。事实上，对于年纪尚小的宝宝来说，更需要的行为习惯的培养。家长是宝宝的启蒙老师，应该为宝宝的一生铸就良好的行为习惯。

家庭教育既育人又启智，处理好两者关系十分必要。知识教育给宝宝提供了生存手段，而行为习惯的培养则给宝宝以立身之本。行为习惯的培养应该摆在首位，要努力让宝宝成长在一个自尊自重、讲文明、懂礼貌的家庭氛围中。

父母进宝宝的房间先敲门

家庭成员之间，包括宝宝，都有自己的私人事务，应该互相尊重对方。父母也要尊重宝宝，进宝宝的屋子时要敲门，不能让宝宝单向尊重自己，服从自己，而认为宝宝没有任何隐私可言。有句话，"小时候不把孩子当人看，长大了他就做不了人"，只有把宝宝当人一样的尊重，他将来才能像人一样地生活，自尊自爱。

大人没有做到的却要求宝宝做到

露西的妈妈很惭愧地跟我们讲了她们家的事。他们夫妻俩总要求宝宝要有修养，表现的具体方面就是进屋敲门、随手关门、走路脚步要轻、跟人说话要用礼貌用语等等，每次露西忘记的时候爸爸妈妈就会故意装得很严肃，让她明白自己的错误给别人造成多么大的妨碍，每次都让她很正式的承认错误，包括面对面的道歉，一定要把"我错了""对不起""请原谅"这些词说的响亮清楚。

露西一开始做的也非常好，表现很得家长满意，即使做得不好依然会坦白承认错误。但是他们夫妻俩却没有注意自己的言行，进出女儿的房间从来不敲门、放东西的时候也不会注意轻拿轻放，露西每次都给家长指出来，但是爸爸妈妈的回答大多都是"不要盯着我的毛病，我那么要求你都是为你好""我们大人这样不要紧，你以后不这样就好了"，不仅是生活习惯方面的事，其他事情也是一样，爸爸妈妈从来不会为错误道歉，但是依然不会对路西放松要求，几次下来露西每次道歉都会觉得很委屈，自己的错误并没有多么严重，但是却要正式道歉，她对错误越来越没有愧疚之心，逐渐的拒绝承认错误。

当家长要求宝宝做什么的时候，一定要自己先做到，就算不能给宝宝树立成功榜样，也应该尽量做到和宝宝共同学习成长。父母不要把自己做不到的事情强推到宝宝身上，如果想让宝宝养成什么习惯，最好能跟宝宝一起培养、一起坚持。日常生活中父母在进宝宝的房间时首先要敲门，这样宝宝才能重视起来。

· 亲子心经 ·

行为决定习惯，习惯决定性格，性格决定命运。良好的行为习惯不是与生俱来的，而要从细节、从点滴开始做起。一个宝宝不懂得正确敲门，反映出其家庭教育方面的缺失。

敲门要讲究规矩

敲门要讲究规矩，尤其是去客人家拜访，更要注重礼仪。首先要弯曲中指轻缓地叩门两三声，停顿片刻，等待主人应门，如果门内没有反应，再多叩几下，声音可以比先前大一点，但绝对不能大力拍打……这些都是琐碎的细节，但正是这些细节，奠定了我们人生的基调，培养了我们严谨平实、尊重他人的品格。

不乱动别人的东西

虽然对于小宝宝来说喜欢动别人的东西是很正常的，但父母如果放任自流，不加约束，可能会养成宝宝这方面的不良习惯，在以后与人相处时会带来不必要的麻烦。

一个年龄尚小的宝宝乱动别人的东西还情有可原，但如果长大成人了这种习惯还不改，那就成了毛病，很不受欢迎，甚至不利于宝宝的发展。而习惯一般都是小时候形成的，因此父母最好在这方面多给宝宝讲一些规矩，日常生活中注意培养宝宝这方面的意识。

要养成良好的品质和素养

曾经看到一篇短文，大致意思是某外资企业招工，工资很高，要求严格，一些高学历的年轻人过五关斩六将终于到最后一关总经理面试，突然总经理说他有点急事，让这些学子们等他10分钟。总经理走后，这些年轻人围住了经理的大办公桌，你翻看文件，我看来信，没一人闲着。10分钟后，总经理回来了，宣布面试结束，没人被录取。大家很疑惑，经理告诉他们，他不在期间大家的表现就是面试。这些年轻人的举动都在摄像头内，经理看得清清楚楚。这则短文告诉我们，不乱动别人的东西不仅是一种行为习惯，更是一种品质和素养。

现实生活中，有很多父母也都在为宝宝这方面的习惯发愁，让我们一起看看这些妈妈的烦恼及专家的建议：

妈妈的烦恼

天天妈妈：我家的女儿4岁2个月了。生性活泼是她的天性，一天到晚几乎没有安静的时候（除了睡觉或生病），朋友和邻居都说她转错性了，应该是个男孩。

说实话我挺喜欢她这种性格的，喜欢归喜欢，但也有发愁的时候。就是不管到什么地方，对她熟悉或不熟悉的人或事物，只要她有兴趣，小家伙都会主动去搭讪或者乱动别人的东西。为此，我没少批评过她，教育过她，但效果甚微，她却依然照旧，让我特别头疼。谁能告诉我怎么办才好呢？

新新妈妈问：我家宝宝4岁，他有个毛病。要是出去到别人家或者商店之类的地方，总爱动这动那的，我该怎么教育他呢？

专家回答：宝宝年龄很小，看到自己喜欢的东西伸手乱动是很正常的。但父母仍然要告诉宝宝这方面的礼仪规矩，让宝宝知道别人的东西不能随便乱动。首先要从家里做起。家里的东西，比如父母的抽屉、柜子等不允许宝宝随便乱翻；平时告诉宝宝，哪些东西是他可以随意翻看的，哪些他不能动。给宝宝一个自己的空间，放他自己的东西，父母要也要跟宝宝打招呼或才能动，以培养他这方面的意识。宝宝的好奇心需要呵护，如果宝宝对哪一样东西很好奇但是他不能随便动，可以想别的办法来满足他，比如别人的花草不能随便动，可让他自己动手养一盆花草，但要把握好一个度，不能让宝宝养成见什么要什么的坏习惯。

不要随意接受别人的东西

日常生活中，父母要告诫宝宝，不仅在家里不能随便翻动家长的柜子和抽屉，去亲戚朋友家，也不能乱动别人家的东西，不能随便到别人家的冰箱里拿东西吃。

明确告诉宝宝，虽然亲戚朋友会说"没关系，这里和自己家一样"之类的话，但宝宝还是不能随便乱动，不能把别人的客气当成随便。别人给东西，也要经过大人同意才能接受。

·亲子心经·

当然父母也要做好榜样，不仅在别人家不随便翻动人家的东西，在自己家里，尤其的宝宝的私人领域中，也不能仗着自己的"权威"随便乱翻宝宝的东西。

学会使用礼貌用语

会使用礼貌用语，代表着有良好的教养。家长平常说话时，要注意讲礼貌。当宝宝帮你做完事后，别忘了说声"谢谢"；对宝宝提要求时，使用"请你……"等，在家里经常听到礼貌用语，宝宝自然而然就会说了。

大多数宝宝在成人的教育下，一般都会说"谢谢""你好""再见""请"等礼貌用语。活泼一点的宝宝还会主动跟熟人打招呼。

教宝宝掌握常用的礼貌用语

但有的宝宝比较胆小害羞，不愿意主动向人问好，有的宝宝甚至见到陌生人时，总想躲到妈妈的背后。这时家长不要硬拉出宝宝逼着他叫"叔叔""阿姨"，应该首先去除他胆怯害羞的心理。比如经常带宝宝拜访朋友、邻居等，邀请亲戚和邻居家的宝宝来家里玩，让宝宝做主人招待小客人，这样可以逐渐帮助他变得大胆勇敢一些，增强交往的能力。同时，教宝宝怎样礼貌地对待客人，如给客人东西时要说"请"，客人离开时要说"再见"，接受客人的礼物时要说"谢谢"。及时提醒宝宝向别人问好；接宝宝回家时，等待宝宝向老师和小朋友们告别以后再走。

必须掌握的一些礼貌用语

1. 您好，是一句表示问候的礼貌语。不论是深入交谈，还是打个招呼，都应主动向对方先问一声"您好"。

2. 请，是一句请托礼貌语，请求别人帮助时，要用商量的口吻说"请"或者"劳驾"，而不能用"喂""哎"呼之。

3. 谢谢，是一句致谢的礼貌用语，得到帮助、关注、接受服务时，都应当立即向对方道一声"谢谢"。

4. 别客气，当别人感谢时，要说"别客气"，而不能以"恩人""功臣"自居。

5. 对不起，是一句道歉的礼貌语。当打扰、妨碍、影响了别人，一定要及时说一声"对不起"。

6. 没关系，当别人赔礼道歉时，要回答"没关系"或"不要紧"，而不能得理不让人，更不能不依不饶、无理取闹。

7. 再见，是一句道别的礼貌语。在交谈结束，与人作别之际，道上一句"再见"，可以表达惜别之意与恭敬之心。

事前提醒和教导宝宝

宝宝的自我控制能力较弱，即便知道礼貌也控制不住自己的行为，因此父母可适当提醒宝宝。比如，在客人来之前，父母可提醒宝宝："今天有一位叔叔会带着小妹妹来我们家做客，我们要好好地招待他们，宝宝不能闹腾，等叔叔来时要问'叔叔好'，然后带着妹妹去旁边玩耍。"当客人来了后，可以让宝宝承担一些作为小主人力所能及的事，如让宝宝向客人递拖鞋、拿杯子、放包等，并及时夸奖宝宝："宝宝会帮妈妈招待客人了。"当宝宝受到了父母的夸奖和表扬后，以后会表现得更好。

·亲子心经·

父母以身作则，能够收到事半功倍的效果。但有的家长会觉得对自己的宝宝，还需要这么客气吗！他们认为礼貌只是对客人而言的，其实不然，礼貌用语表示对人的尊重，你能够尊重客人，为什么不能尊重自己的宝宝呢？

让宝宝学会原谅别人

宽广的胸怀不是天生的，也要靠后天的培养和教育。尤其是在今天独生子女家庭里，更是要注意培养宝宝拥有一个宽广的胸怀，培养良好的性格和人格。

如何教育宝宝原谅别人

在独生子女"自我中心"意识较为严重的情况下，如何教育宝宝原谅别人呢？

首先要创造机会让宝宝多接触同龄人，在交往中互相取长补短，提高人际交往能力及社会适应能力，养成良好的性格。当宝宝在交往中遇到矛盾和纠纷时，家长可适当给予抚慰，并帮助宝宝分析事情发生的原因，找出自己或别人的不对之处，明辨是非后，妥善处理。

平时要告诉宝宝，原谅他就是给他改正的机会，原谅有利于增进友谊。而且原谅别人也是给自己机会，如果咬着别人的错误不原谅，对自己也没有好处，反而影响自己的情绪。

白衬衣没有变黑，而你却成一个小黑人了

一天，一个小男孩，从幼儿园出来气冲冲地跑到接他的妈妈跟前，大声的哭诉。他的妈妈看到宝宝生气

的样子，就把他拉到身边，离开人群想和他谈一谈。小男孩气呼呼地说："大伟太讨厌了，我现在特别希望他遇上几件倒霉的事情。"

他妈妈听了后没有说什么，一路上儿子愤愤不平，骂骂咧咧跟着妈妈回了家。

到家后妈妈走进厨房，找到一袋木炭对小男孩说："我的儿子，你把前面挂在绳子上的那件白衬衣当做大伟，把这些木炭当做倒霉的事情。你在这里用木炭投白衬衣，每投中一次，就象征大伟遇上一件倒霉的事情。"

小男孩觉得好玩，他拿起木炭就向衬衣上投去，可是由衬衣挂的比较远，结果小男孩投完了所有的木炭，却没有几块投到衬衣上。这时妈妈问："你现在感觉如何？"小男孩说："累死我了，我很开心，因为我砸中了好几次，在白衬衣上留下了好几个黑点子"

母亲发现儿子没有明白她的意图，就让儿子去照照镜子，小男孩惊讶的发现自己满身都是木炭，脸上只能看到牙齿是白的。母亲这时才说道："你看，白衬衣没有变黑，而你却成一个小黑人了。你想

在别人身上发生一些倒霉的事情，却在自己身上发生较多倒霉的事情。亲爱的儿子，人们的坏念头虽然在别人身上兑现了一点，别人倒霉了，但是在自己身上却留下了难以消除的污迹。"

父母一定要教宝宝掌握原谅的标准。分清是非，正确处理所发生的问题，哪些应采取原谅的做法，哪些不可以原谅。首先要明白原谅、忍让不等于没有原则，不是放弃批评与反抗。对小是小非，没有严重后果的个人冲突，无意的损伤等尽可能地不要计较，要加以忍让与原谅。对影响友谊与集体荣誉，会造成较大损害或故意做出的破坏行为等，绝对不可容忍，更不可原谅。

在阅读中培养宽广的胸怀

宝宝喜欢看故事书，父母要多给宝宝讲一些关于原谅的小故事，并无意中赞美故事中会原谅别人的小主人公们，让宝宝知道原谅是值得赞扬的，是一种好品质。

还可结合故事与生活中的一些现象，告诉宝宝怎样才能拥有一个

宽广的胸怀，比如，不要斤斤计较那些鸡毛蒜皮的小事情，要欣赏他人的优点，不要嫉妒等等。

·亲子心经·

经常教育宝宝心胸要宽广，要宽以待人，对待他人要热情等。告诉宝宝，待人要和蔼，像很小的不是原则性的事情，没必要斤斤计较，更不要发火和出口伤人，因为我们有很多更大的事情要做。在这样积极的影响下，宝宝也会变得越来越大度。

日常生活中的礼仪

日常生活中的礼仪虽说不像正式场合那么重要，但也能看出一个人的教养和礼貌程度。日常生活中的礼仪处处存在，不光是去客人家时要遵守，平时在自己家里也应该让宝宝遵守，这样有利于良好习惯的形成。平时在吃饭、接物待人、走路、坐立等细节方面都要注意提醒宝宝。

行走时的礼貌

行人之间要相互礼让，尽量为长者、老弱病残者让路，让负重的人或孕妇、儿童先行。

还要让宝宝养成遵守交通规则的好习惯，走人行道，过马路要走人行横道线，在有规定的地方要自觉走过街天桥或地下通道。若需交谈，应靠边站立，不要妨碍交通，并注意安全。

礼貌问路

在问询之前要热情、礼貌的称呼对方。当别人回答了你的问题，应诚挚道谢。如果对方回答不了问题，也要礼貌道谢。

不要取笑残疾人

有很多宝宝甚至大人，都或多或少对残疾人有些歧视，甚至不把他们当人看，对残疾人除了没有丝毫尊重与怜悯之外，甚至会取笑他们，对他们粗俗无礼，这种现象让人很痛心。残疾人他是人，虽然由于某种生理上的缺陷使他和正常人不一样，但他也是有血有肉有感觉的、活生生的人，不是动物也不是怪物。父母们默许自己的宝宝围观攻击残疾人，那就是心中默认残疾人不是人了，这除了没礼貌，更是没有人性。作为大人，爱自己的宝宝，也要让自己的宝宝爱生命，尊重生命。

不能取笑残疾人

小区有个哑巴，50多岁了，没有妻子儿女，和父母一起生活，时而穿得很旧，但洗的还算干净。每到天气好的时候会出来在小区广场上看小孩子玩。经常有一堆小孩子被他吸引，围着他大喊大叫，手舞足蹈。

那个周六傍晚，外面还算比较凉爽，大人们带着宝宝都到广场上玩，大人坐到一起聊天，宝宝自己玩，哑巴也出来了，宝宝停下脚底的滑板就凑上去了，有个小男孩大概五六岁的模样，很兴奋地冲着他学着哑巴的腔调喊叫，哑巴也乐得大声喊叫着，周围的小宝宝都一片欢腾，像围观一个怪物或者稀有动物一样围观着。这时一个男孩将手里什么东西扔到哑巴背上，好像是皮球之类的东西吧，然后其他宝宝一哄而上找东西往哑巴身上扔，有

水果核，有不怕摔的玩具等，哑巴刚开始还笑着躲着和宝宝玩着，但随着宝宝激情上涨，越来越过火的玩笑，看出来哑巴有些生气了，叫声更尖锐，面红耳赤，冲着扔他的宝宝大叫。这时有几个大人过去拉宝宝了，还有些大人做着一起欣赏宝宝的表演呢。

大人说话宝宝不要打断

宝宝的自我中心意识很强，大都认为整个世界（包括父母）都是他自己的，总想把大人的注意力吸引到自己这边来，在大人说话时不断地打断以获得注意；但宝宝并没有打断大人说话的概念。等到了宝宝三四岁后，便会理解打扰的涵义，宝宝的短期记忆也会发育充分，使他能够记住自己的想法。这时教宝宝"不要打断大人说话"才真正管用。宝宝善于模仿，所以可以利用他的这个特点给他树立一个好榜样。不管什么时候，如果你打断他（或别人）时，要自己停下来说："抱歉，我打断了你，请继续。"宝宝经常听到大人使用"打扰了""抱歉"之类的用语，也会模仿着使用，虽然宝宝还不懂这些

语言背后的真正含义，但也会有所领会，因为他会发现和使用这些语言的人待在一起很开心。

吃饭时不说笑

吃饭时说笑不礼貌，而且也很危险。因为人的气管和食管是靠一个小部件分别盖上、打开的，说话当然就引起气管口的开、合。两件事情一起做协调不好，食物就容易跑到气管里去，堵塞气管，让人喘不上气来。

当然，不是说一顿饭板着脸吃，一句话都不说。在不嚼饭时说说话也可使进餐气氛和谐，但最好说点轻松的小话题，别在进餐时说笑话，又是说又是笑得很不雅观，且不健康。

正确的站姿

当然对宝宝的要求没有那么高，只要站端正，保持自然就行，不要扭着身体歪着站，两手也不要插在裤兜里，或者乱动。

良好的坐姿

让宝宝不要在沙发上爬上爬下；坐时要上身端正，两腿放正，

不要斜躺在椅子或沙发上，也不要将两腿撇开，或者将脚搭在茶几或沙发上。

正确的步态

抬头挺胸，两臂自然前后摆动，脚步轻而稳，目光前视，不要左顾右盼、东张西望。行走时不要左右摇晃，疯疯癫癫，也不要边走边向后看，更不要忸忸怩怩。

·亲子心经·

一些父母认为在宝宝健康成长的过程中，有许多重要的事情都要认真对待，不得马虎，但一些小礼节是一桩小事，很容易被误解为属于"不拘小节"之列。其实，日常生活中的礼仪并不是"可有可无"的小事，而是事关宝宝人际交往的大事，父母和宝宝要把它当做一件"大事"来看待，而且要长期不懈地坚持下去。

理财习惯

教给宝宝钱的概念

多数的宝宝在5～6岁时，对金钱才会有基本的概念，他们渐渐开始了解，用钱可以兑换物品。在教育宝宝金钱概念的过程中，不只是让宝宝了解价格的意义，重要的是给宝宝正确的金钱价值观。

让宝宝接触现金

首先，让宝宝接触实际的钱币，认识纸币与硬币，让宝宝懂得面值不同的钱币代表的价值也不同。再去让宝宝认识与钱有关的东西，如爸爸妈妈的钱包、信用卡、存折，以及随处可见的自动取款机和银行，让宝宝体会钱是很重要的东西，人们的生活离不开钱。其次，让宝宝了解金钱与工作的关系，家中的钱是爸爸妈妈工作挣来的，是劳动成果，不能乱花。

相信你的宝宝

在宝宝五六岁时已经会听话了，而且能分清纸币的大小及常用物品的价格。

父母要相信宝宝，家里放钱的地方可公开，让宝宝知道，并告诉宝宝哪些东西是必需的，想买的时候可以自己取钱买，哪些东西可有可无，尽量不要花钱去买。这样宝宝会觉得父母把自己当个小大人看，觉得父母信任自己，因此会与父母站在一条线上，认为父母的钱就是自己家里的，是自己的，自己的那就不能随便浪费。

相信你的宝宝

有一位家长一直比较忙，经常出差，没有太多时间管女儿。所以，自从女儿五六岁时她就把零用钱都放在一个抽屉里，旁边放一个账本，告诉女儿："家里谁需要用钱就自己拿，然后在账本上记下买了什么东西、多少钱，每个月结束后再对账。"女儿说："妈妈，你就不怕我乱花钱吗？"妈妈说："不怕，我的孩子我知道。"上了小学以后，女儿还是一直自己在抽屉里取钱用，然后记下来，到月末再一起对账。她的女儿从未乱用过钱，也没有做过"假账"，而对钱的认识和算账能力却提高了，她知道在什么情况下用最少的钱买自己最想要的东西，知道了什么叫理性消费。

女儿上了初中后，她的妈妈又说："将你的伙食费、书本费和零花钱合在一起，每个月给你这么多钱，如果不够就少用点，节省下来的则可以自己存起来。"

孩子说："行！"慢慢地，她的女儿不但学会了打理自己的生活，一到家长的生日，还有母亲节、父亲节这些节日，孩子还用自己存下来的钱给父母买礼物，让父母特别感动和骄傲。

给宝宝买一个好看的储蓄罐

几乎每个宝宝都会有一些零花钱、压岁钱。因此，家长应教育宝宝合理用钱，可以问问宝宝，他最想用钱买什么东西？将宝宝想买的东西列在单子上，和宝宝一起讨论这些东西是不是都有价值，引导宝宝合理消费。家长平日可为宝宝准备一个可爱的储蓄罐，鼓励宝宝将零用钱存到储蓄罐里，买自己最需要的东西。当宝宝将钱攒到一定数目时，可以和宝宝一起去银行体验存款的乐趣，也可以一起上街购买他所需要的东西，让宝宝在认真思考后，自由支配自己积攒下来的钱。

·亲子心经·

在宝宝年龄很小的时候就给他钱，并且提供花钱的场合，随着年龄的增长这样的机会逐渐增多。如果宝宝有规律性地花钱的机会，他就有可能学到健康的金钱观。

告诉宝宝钱从哪里来

父母觉得宝宝只要学习好，其他事情都可以放松要求，其中包括宝宝的一切花费，全由父亲或母亲代为处理，如此一来，宝宝对于钱的多少根本没有概念，进入社会后，会因为大手大脚惯了导致财商缺乏。

在生活中，我们看到，有些成年人能妥善处理和钱的关系，而有些成年人只要稍微赚得多一点了之后，就茫然不知所措，不是一味挥霍就是一味节约。之所以会产生如此的差异，很大程度上是因为在他们成长的过程中，父母没有能够给予他们接触钱、自主支配钱的机会和经验。

让宝宝知道钱从哪里来

从小培养财商，变得与智商、情商一样重要。理财这堂"人生必修课"从何时开始，决定着宝宝一生的财商轨迹。如果套用邓小平曾说过的一句话，就是"理财，要从娃娃抓起。"有道是：从小理财，有财不难，但愿更多的家长尽早开始培养宝宝的财商。

🐻 告诉宝宝钱从哪里来

珊珊6岁了。在别人眼里，和同龄宝宝相比，珊珊没有特别的才艺，却有着较高的财商：知道钱怎么用、会规划用钱。比如她会记零花钱的流水账，懂得通过储蓄来规划要买的文具和玩具……其实，珊珊妈从宝宝上幼儿园起就有意识地对宝宝进行财商的培养。

珊珊妈是会计，家境殷实。由于看到亲戚家的独生子女因为小时候乱花钱、长大后花钱没有规划、最后变成了"啃老族"，让珊珊妈感觉到财商培养的重要性。

在女儿3岁时，珊珊妈就教女儿认识钱的来源："我带着她一起去幼儿园报名，让她看着我把学费交给老师。我告诉她，这些钱交给老师，幼儿园的老师就有了工资，幼儿园的小朋友就可以有玩具玩、有画笔用、有午餐吃，让她知道，必须交了钱才能上幼儿园。我还告诉她，上幼儿园的钱不是从银行里变出来的，而是爸爸妈妈每天辛苦工作得来的，只有工作才能获取金钱。"

让宝宝知道钱能干什么

知道钱从哪儿来以后，也要告诉宝宝钱能干什么用。最简单的方法就是让宝宝熟悉交易的过程。例如，上公交车时，让宝宝自己投入一元硬币，告诉宝宝车票是每人一元；买菜时，提醒宝宝看付款过程；甚至家里卖废品时，也可让宝宝帮助收集旧报纸、塑料瓶，使宝宝明白钱可以换来所需的生活用品，不用了的生活用品也可以换来钱。

告诉宝宝钱能干什么

珊珊妈不久后就让她认识硬币和纸币，让她慢慢学会区别金额的多少。珊珊4岁的时候，珊珊妈送了一个储蓄罐给她，遇到剩余的一元、五角硬币，就鼓励珊珊投入储蓄罐，每隔一段时间清点一次："她太小，不会计算总数，我就让她按大小把一元硬币和五角硬币分成两堆，数数各有多少个，然后像搭积木一样把每10枚硬币垒起来，她玩着玩着慢慢就学会比较金额的大小了。"

珊珊5岁多时很羡慕邻居家的宝宝有滑板车玩，这种零售价80多元，换作别人，可能毫不犹豫就买给宝宝了，可珊珊妈不这样做，她先和珊珊把储蓄罐的硬币清点了一遍，共有72.5元，再带着珊珊到商场看价格牌，让她知道她想要的东西要卖85元，而她的钱还不够。怎么办？于是告诉她，可以通过帮爸爸妈妈劳动获得钱。为了得到心爱的车，珊珊通过倒垃圾、叠被子等简单的家务劳动攒够了钱，终于买回了滑板车。经过这件事后，珊珊出门不再乱向父母要钱买零食了，同时由于加深了对"花钱"的认识，她对简单的加减法以及数字都产生了兴趣，上超市时也能注意到价格牌上的数字了。

小宝宝对金钱的兴趣可以说是与生俱来的，早期的金钱教育对儿童树立一个正确积极的金钱观，形成良好的理财习惯与技巧有着不可估量的潜在作用。

美国儿童财经教育学家曾这样告诫父母们：即使你家产丰厚，也不必让宝宝以为他们可以想要什么就有什么，或以此向左邻右舍去吹嘘。如果宝宝问"我们家有钱吗？""我们家穷吗？"之类的问题时，无论实际上你有多富或相对较穷，只要告诉宝宝"中等"就可以了，并可以稍加解释："我们有足够的钱买食物、衣服和许多我们需要的东西。"如果宝宝问父母挣多少钱，父母的回答中不应该提及具体数目，因为不论你说个怎样的数字，对于宝宝来说都是一个天文数字，他们难免会以为你富得不得了。简单地告诉他，你挣的钱足够养活他并能得到许多他需要的东西就可以了。当宝宝问及钱从哪里来时，要明确地告诉宝宝，钱是通过劳动付出取得的报酬，不付出是不会有收获的。以此消除宝宝以为钱是"机器（ATM）里生出来的"等错误概念。

·亲子心经·

父母可把自己的工作情况告诉宝宝。如果宝宝不知道家长是如何靠辛勤工作给家里挣钱的话，那么他们就不会把金钱与工作紧密地联系起来。宝宝到了上小学的年龄，家长就可以把一个人如何靠努力工作来谋生的道理讲给宝宝听。

怎样给宝宝零花钱

给不给宝宝零花钱，给多少合适这些问题一直困扰着一些家长，

其实问题的关键是怎样教宝宝管理、使用自己的零花钱。

许多家长在"零花钱"问题上感到困惑，他们忘记教给宝宝怎样处理手中的钱。无论这笔钱是来自零花钱还是由于完成某项特殊任务而获得的报酬，宝宝都需要学会负起财务责任。

拿零花钱不是理所当然的

所谓"零花钱"就是定期给个人或家庭的费用数额。零花钱的定义适用于许多地方，怎样向宝宝解释零花钱的含义是极为重要的。宝宝是否把零花钱看成是"理所当然"，还是会把零花钱视作完成一项协商好的任务或履行了一项职责后得到的一笔津贴？好多中国宝宝从骨子里觉得父母给自己零花钱是理所当然的，就像父母提供自己衣食住行一样。虽然父母有抚养宝宝的责任，但也不能让宝宝认为自己有权利从父母那儿得到任何东西，而且是无条件、随心所欲的。

为特定任务支付报酬

关于是给零花钱还是支付特定工作的报酬的争论有许多方面。我

们不想支配父母的思想，而是希望提供给父母一种适合他们自己的为人父母之道的选择。给零花钱会发展"理所当然"的思想，而"支付特定的工作的报酬"也会从负面产生影响，使宝宝形成一种雇员意识。"你做这个，我会付你5元。"虽然通过完成特殊的工作或任务挣到报酬是一个重要的争论点，但它仍是教育宝宝承担全面财务责任的组成部分。这里有一些方法可以帮助父母们制定适合各自家庭的零花钱制度。可以对宝宝采取阶段性计划。最重要的是，我们建议您能与宝宝公开、持久地交流对此问题的看法。

不要让"奖励"变成"贿赂"

个人责任不应得到任何的财务报酬。宝宝为了他们自己的健康和发展而应承担的一定责任和义务，例如，早晚刷牙应被列入个人责任范围内，一些家长还把叠床或收拾碗筷列入其中。

家庭或社会责任没有报酬。例如，布置晚饭桌子、给弟妹们讲故事、帮年老的妇女拿东西等都是家庭或社会责任的例子。这些行为有助于宝宝生存环境的美化。

父母根据自己的意愿确立一个准则，以确定是否给宝宝零花钱以及哪些特定的任务或责任可以获得报酬。

启发宝宝的企业家精神。鼓励宝宝思考挣钱的方式。让他们提出任务或分享其他宝宝挣钱的故事以开启他们的心智并抓住他们自己的机会。鼓励他们承担特定的"任务"并建立一套每项任务完成后的支付制度，让他们在工作结束后向你催账。

· 亲子心经 ·

怎么给宝宝零花、给多少合适，这可根据家庭条件、生活环境及宝宝的需求而定，没有统一的标准，也不能一概而论。但有一条原则就是：不要随着宝宝的性子来，不能奢侈浪费。而给零用钱的方式，可以是一星期给一次，给多少则可以与宝宝商量。让宝宝来告诉你，这个星期的生活中，哪些地方会需要用到多少钱，一次给了之后就不再追加。

关于零花钱和记账

爸爸妈妈可以和宝宝一起先制订一个"消费计划"。如果是年龄稍长一点的宝宝，可以试试让他简单地记一下账，一来可以养成节俭的习惯，学会安排自己的生活；二来可以养成细心的习惯，初步培养理财能力。

让宝宝继承节俭的美德

李商隐诗云："历览前贤国与家，成由勤俭败由奢。"其实，细究起来，成败可以有许多原因，光是勤俭未必就一定能成功，可是一旦奢侈成风则肯定会导致失败。一个国家、一个民族、一个家庭，都概莫能外。

节俭是宝宝必须具备的美德

现在很多宝宝不懂得节俭，随便浪费的现象相当严重。这也不能怪宝宝，大人也有责任。好多大人因为疼爱"独苗苗"而迁就宝宝的乱花钱自不必说，有些家长自身也产生了不健康的消费心理，喜欢与人攀比，盲目追求潮流，喜新厌旧，宝宝成天与父母生活在一起，

他还能节俭起来吗？

卖 报

北京市一对年轻的父母带着6岁的女儿去逛街。在一个繁华的路口，有一位老爷爷正在卖《北京晚报》。父亲从口袋里掏出5元钱交给女儿，让她去买10份晚报。孩子买回晚报，父母跟她商量，让她按原价把晚报卖出去，看看要花多少时间才能卖完这10份晚报。女孩在父母的帮助下费了几个小时才把10份晚报卖出去。

然后，父母让女儿去问卖报的老爷爷，卖出一份报纸能赚多少钱。女孩从老爷爷那里知道，卖一份报纸只能赚几分钱。她算了一笔账，花了这么长时间才挣了几毛钱。女儿一下子领悟了父母的良苦用心，她主动对父母说："爸爸、妈妈，我以后再不会随便花钱了，挣钱太不容易了！"那对年轻父母是家庭教育的有心人。

父母要以身作则

节俭既是对创造财富的劳动者的尊重，也是对用自己血汗钱购买

物品的父母的尊敬。要把宝宝培养成有志向、有追求、有出息的人，勤俭节约、艰苦朴素的教育是不可或缺的，这是给宝宝的永久的财富。从小培养宝宝勤俭节约的良好习惯是十分重要的。

首先是父母要以身作则。现在好多80后都为人父母了，这些父母自己从小生活优越，尤其是在大城市长大的父母们，从小生活在丰富的物质世界中，有的甚至是饭来张口、衣来伸手，不知道世界上还有"缺衣短食"的事情，这些父母首先要"改造"本身，才能培养自己的宝宝，否则除了不会让宝宝养成节俭的习惯外，还会让宝宝觉得父母们言不由衷，虚伪做作。父母在日常生活中要不讲究吃穿，不贪图享受，不讲排场，不赶时髦。

家中要立规矩，任何人不得乱花钱，不是逢年过节和招待客人，不乱吃乱用，对宝宝也不例外。再次，父母可告诉宝宝一些贫困地方的小孩子是怎么生活的，他们吃什么穿什么，每天要干多少活，让宝宝了解到还有很多人在忍受着贫穷和饥饿。

但要注意的是，在给宝宝讲这些事实的时候要充满同情，而不是充满自豪地告诉宝宝"有人在挨饿，而我们却生活在天堂"，这样不但不会让宝宝学会珍惜，反而以自己的优越条件为荣，以富有为荣，教育的结果就适得其反了。

·亲子心经·

对于条件不是特别好的家庭，父母千万不能因为自己经济条件不好而觉得对不起宝宝，而是要教宝宝懂得量入为出，要让宝宝明白，花钱必须有经济来源，花钱要看支付能力如何。可明确告诉宝宝家里不宽裕，在物质方面不要盲目跟别人攀比，要靠自己的努力学习改善生活。

让宝宝节约用水用电

水电的大量浪费已成为现代生活中一个亟待解决的问题，节约水电已成为每个公民应尽的责任。父母要从小培养宝宝在这方面的意识和习惯。

宝宝对事物的认知往往是感性的，能够逐渐认识到事物的功能，但难以认识事物的本质。如知道水能喝，看到水从龙头中不断流出，就误以为水永远也用不完。

有的宝宝用完水之后，不拧紧水龙头。没有随手关灯的习惯，不懂得为什么要节约用电，而且很多宝宝还喜欢玩水龙头里的水。

对于宝宝节约用水电这个问题，父母首先要自己有深刻的认识和实际行动。现实生活中，许多父母本身并不关注节约用水、用电之类问题，在这些大人们的潜意识中，往往认为这些小钱没有必要太在意，过分节约反而让自己生活的绊手绊脚。因此常出现浪费水电的现象。这些行为和态度都会潜移默化地影响着宝宝，宝宝会形成与父母相同的态度观念，淡化节约水电意识。

🐻 水不是用不完的

小小喜欢玩水，经常趁奶奶不注意就溜到卫生间，开着水龙头冲水玩。一次，小小玩儿得正高兴，被爸爸逮着了，"小小，为什么玩儿水？你不知道这样很浪费吗？"小小满不在乎地说："那有什么，反正水龙头里老有水。"

爸爸拉过小小说："水不是用不完的。电视上都说了，现在好多地方都缺水，很多人都喝不到干净的水。你知道吗？"小小摇摇头说："那他们喝什么呀？"爸爸翻出一张报纸，给小小读了起来，原来很多地方因为气候干燥或过度使用水，已经到了非常缺水的地步，爸爸还说："那里的小朋友洗过脸的水还要洗手，洗过手的水呢，还要洗衣服，他们舍不得浪费一滴水，你这样做是不是不应该呢？"小小想了一会儿，点点头说："原来水也能用完啊！我以后再也不玩水龙头里的水了！"

最好别给宝宝买耗水玩具

玩具是儿童的亲密伙伴。但是有的玩具（如喷水枪）需耗费水量，就不值得推荐，特别在水资源稀缺的地方，更不宜使用了。还有一些顽皮的宝宝，在自来水的龙头下边互相用水大打水仗，水花四溅，十分开心，但浪费了大量的水。

让宝宝认识水电的重要

父母首先要让宝宝认识到，水

电在生活中有着不可替代的重要作用，让宝宝懂得水是生命之源，电是现代生活中不可缺少的东西。如果没有水，人们将没有水喝，也不能做饭；如果没有了电，灯就不能亮了，电视也不能看了……同时，父母还要让宝宝了解到，世界上有很多地方很缺水缺电，他们喝着不干净的雨水，每个人每天只用很少的水，他们没有电，用煤油灯和蜡烛，不能看电视，等等。父母还可告诉宝宝，水和电都是父母用钱买来的，不是免费用的，浪费水电就是浪费父母的汗水钱，让他在感情上心疼。

教宝宝一些节约用水小窍门

这些小窍门是教给宝宝的，更是教给父母们的，因为想让宝宝节约，首先父母得做到。希望父母们能给宝宝一个好榜样。

1.一水多用。家中应预备一个收集废水的大桶，它完全可以保证冲厕所需要的水量。洗脸水用后可以洗脚，然后冲厕所。淘米水、煮过面条的水，用来洗碗筷，去油又节水。养鱼的水浇花，能促进花木生长。

2.洗澡节水。用喷头洗淋浴；不要将喷头的水自始至终地开着，更不应敞开着；尽可能先从头到脚淋湿一下，就全身涂肥皂搓洗，最后一次冲洗干净。不要单独洗头、洗上身、洗下身和脚。

3.厕所节水。收集家庭废水来冲厕所，节约清水。如果厕所的水箱过大，可在水箱里竖放一块砖头或一只装满水的大可乐瓶，从而减少冲水量。

4.洗餐具节水。家里洗餐具，最好先用纸把餐具上的油污擦去，再用热水洗一遍，最后才用较多的温水或冷水冲洗干净。

5.洗衣机节约用水。坚持三件以上的衣物用洗衣机洗，小的一两件的坚持手洗，特别是要坚持先甩净泡沫后漂洗，这样漂洗两遍衣物也就干净了。这样做的结果，可节约用水三分之一多。

· 亲子心经 ·

节约电就是要在离开房间时，把不用的灯关掉，电视没人看时要注意关好等等。

拥有正确的金钱观

拥有正确金钱观的宝宝，能明白金钱的含义，花钱量力而行，懂得勤俭节约，不攀比不浪费，不用金钱的多少衡量自己和别人。

而现实生活中，拥有正确金钱观的宝宝并不多，多数的宝宝表现出不良的金钱观，最常见的几种金钱观主要有：

互相攀比，铺张浪费

现在的宝宝多半都是独生子女，个个争强好胜，有虚荣心，他们常常比成绩、比零花钱、比衣服等。这样互相攀比的结果就是很多宝宝不顾实际需要以及家庭经济能力，超前超标花钱购物。这种攀比心理，如果家长不及时教育和控制的话，就会渐渐养成不良的金钱观。

将富裕当成光荣

常见一些家庭富裕的宝宝，自以为很有面子，会得到同伴的羡慕和拥护，因此，常常在其他同伴面前炫耀家里的财富和贵重物品，常常大手笔的花钱玩耍，以此赢得尊重。而一些家庭并不富裕的宝宝在这种风气的影响下，有些就变得很自卑，觉得自己没有面子，对父母也心生抱怨。

这都是些很不好的习气，尤其当这些习气出现在幼小的宝宝身上时，让人觉得痛心，然而却是现实，那么到底是什么原因造成现在的小孩子拥有这种心理呢？

对宝宝的过分迁就

现在的宝宝都是独生子女，所以受到过分关爱，家长唯恐宝宝在同伴面前没面子，无论怎样的家庭状况，也要让宝宝吃好穿好，不能落后于其他宝宝。

拜金主义盛行

拜金主义向来都有，但随着物质生活的富裕，这种风气越来越浓烈，已经走入千家万户，深入人们的心底，父母在日常生活中有意无意地表现出的这种思想会潜移默化地影响到宝宝的金钱观念。比如，有些家庭条件比较好，如果家长自身爱炫牌子，爱攀比，就会无形当中给宝宝树立了一个不好的榜样。

节俭不等于吝啬

节俭当然是美德，但事物都有其两面性，太节俭也可能会太小气，由此父母也要关注宝宝的另外一面，让宝宝也不能太在乎钱或者过分省钱。

"吝啬"的康康

邻居小朋友都有零花钱了，康康也想要，父母也觉得应该给他些，可是怎么给呢？给多少呢？"家里卖废品的钱给你当零花钱，好吗？条件是收废品的阿姨你负责叫，废品你负责卖。""好啊！好啊！"

每次卖废品，康康得先去叫收废品的阿姨，有时候得在小区里找一大圈，有时候一次找不到就跑第二趟。然后，他得负责把所有要卖的东西搬到门外去，七零八落地得搬上好一会儿。有时候，他还会和阿姨讨价还价一番。就这么跑上跑下、跑进跑出若干趟，有时还真是满头大汗。自然而然，他参与了家务劳动，为家里的整洁干净做出了贡献，很有成就感；他见识了社会劳动，参与了经济活动，从中也很

有收获。最重要的是，"钱是我自己劳动换来的，拿着安心"。

卖一大堆报纸、纸板、瓶子等，才能换来二三十元钱，一个月顶多卖两趟，因为废品有限啊。每次拿到钱后，康康都会认真数一遍，再和以前攒的钱放在一起再数一遍，然后把钱放进父母给他的一个旧钱包里，把钱包放进一个小钱盒里，再把钱盒放进小书桌的一个抽屉里。这样得来的钱他能舍得乱花吗？事实证明不会。

很多家长都抱怨自己的宝宝花钱大手大脚，甚至买些不该买的东西，康康到目前为止没有这方面的烦恼和担忧。康康身边一般不带钱，也没有买零食和小玩意儿的习惯。偶尔拿钱出去花了，回来一角一分怎么用的他都会主动讲得清清楚楚。

卖废品过程中康康发现了废品的价值，他开始尽可能挖掘价值。出去玩时饮料瓶绝不肯扔掉，一定要带回家攒着，和父母们去外地玩也同样如此。有一次，幼儿园老师要把一个纸箱子扔出去，他很认真地对老师说："别扔啊，可以卖钱的！"搞得老师哭笑不得。

但康康爱惜钱的程度超出了父母的想象。有一次，康康跟邻居三个小朋友一起去附近看动漫展，别的小朋友都买了点东西，他什么也没买，来去打的的钱也不是他付的。回来后小朋友都在康康家玩，康康妈妈便闲聊似地问他们花钱的情况，了解后就跟康康讲，不乱花钱买东西是对的，但出去打的应该主动付钱。今天既然人家付了，索性四个小伙伴共同分担实行AA制，否则不出钱的等于占了人家便宜，那是不应该的。他很愉快地接受了妈妈的建议，把他该分担的费用付给了其他小朋友，他还让另外没有付的士费的小朋友也这样做，大家都很高兴。

· 亲子心经 ·

所谓"智慧家长"并不是家长自己有多么聪明、多么能干，而是善于为宝宝引导，捕捉宝宝身心的变化，尤其要关注宝宝如何做人、怎样处事，要及时和宝宝共同探寻正确看待事物、妥善解决问题的方法。

在宝宝的金钱观方面，家长的影响是首要的。宝宝的消费观念和消费行为最初主要是来源于家长。很多家长本身就铺张浪费、喜欢炫耀、爱慕虚荣，宝宝无形中也养成了这些坏习惯，形成了一种错误的金钱观念。因此，好的家长要自己学会正确对待金钱，不拜金、不攀比、不浪费，也不要用很多的零花钱向宝宝表示自己的爱。家长需要先了解宝宝的消费需要，据此给宝宝合适的零花钱。

有些家长喜欢和宝宝一起讨论谁家钱多，有时候还会讨论到宝宝伙伴的身上，对于那些家庭条件不好的宝宝，父母会和宝宝一起表现出不屑的态度，有时会和宝宝一起贬损一番，不知道这样的家长心里是怎么想的。但不管你出于哪种心理或目的，为了给你的宝宝一份单纯和健康，请不要和你的宝宝一起谈论别人的富有或贫穷，不要为财富大加赞赏，也不要对贫穷肆意贬损，至少保持沉默吧。父母要让宝宝明白，金钱不是评判他人的唯一标准。除了金钱，还有品行、性格、特长、学习等等很多标准。宝宝常常天真地进行比较，你家的车是什么牌子，我家的车是什么牌子，这是宝宝正在认识周围的世界。但重要的是，周围的成年人如何去进行解释。

对自己的花销负责

在宝宝的成长过程中，持续限制他们，到他们长大后，会比那些自幼放任的人较不容易沾染各种坏习惯。

当你的宝宝长到五六岁，基本上懂得钱与购买的关系，这时家长开始给宝宝准备一些零用钱。其实，宝宝的零用钱不需要逐年增加。增加宝宝的零用钱并不能教会他们什么，更重要的是让他们了解有关收支平衡、需求与财力关系方面的知识。

让宝宝自己选择

宝宝在两岁时便已懂得选择，这时候父母可以帮助他从两样东西当中选择其一，逐步让他学会节俭的习惯。到宝宝快上完幼儿园时，便能够在4、5件、甚至6件东西中选择。最佳练习地点是超市。无论宝宝选购的是葡萄干、麦片、脆米花或圈圈麦片，或者买巧克力、香草或草莓冰淇淋，让他们做主。宝宝

有时可能会说："我两样都要。"这是父母教育宝宝节俭的时刻了。父母应这样解释：爸爸妈妈努力工作赚钱买所需的东西，但为了将来着想，以及你们今后上大学的费用，所以要把钱存下来，不能花尽每一分钱。我们要尽可能购买一切必需品，也要尽可能不买非必需品。因此，选择你最喜欢的物品，下次才买另外那一样。

教宝宝怎么花钱

宝宝：妈妈，毛毛哥哥刚才买了一个冰激凌，我也要吃冰激凌。

妈妈：那你自己去买吧。

宝宝：我没有钱了。

妈妈：你储蓄罐里不是有硬币吗？

宝宝：昨天买了棒棒糖和小汽车了。

妈妈：都花没了是吗？

宝宝：恩。

妈妈：昨天刚花了钱，今天又想花了是吧？

宝宝：……

妈妈：钱是妈妈和爸爸一个月发一次工资，不是天天都发的。每

一分钱都是计划好了的，都有用途。这个礼拜给你的零花钱都花没了，只能等到下礼拜了。

宝宝：……（哼哼唧唧）

妈妈：你想吃可以，妈妈可以把你下礼拜的零花钱给你。

宝宝：妈妈好。

妈妈：但是今天只能给你2毛钱，以后每天都给你2毛，等你在攒够一块钱时就去吃。

先储蓄后消费的观念

除了给宝宝零用钱适可而止外，还要让他们树立起先储蓄后消费的观念。对于宝宝来说，如果他们有自己购买的目标——他们认为很重要的东西，存钱就更有意义。一位经济学家建议：鼓励宝宝设立短期目标，让他们存入零用钱，两三星期后就能买诸如玩具、书籍和学习用品等等，然后让宝宝转向更大的目标，存钱几个月，乃至存上一年，才能实现更大的目标。

这种方法可以让宝宝觉得目标和进展离他们并不遥远，通常把他们的注意力集中在目标上，而不是把零钱乱花在其他东西上。

在金钱问题上不要对宝宝说谎

在金钱问题上，家长一定不要对宝宝说谎。比如，你不想给宝宝买他们想要的东西时，可以说"这个月我没为这样东西做预算"，或者直接告诉他"我不准备买这东西"，而不要用"我们买不起"作为搪塞的理由。因为你要在宝宝面前表现出你在控制金钱，以帮助他树立起对金钱的健康态度。

引导宝宝正视自己想要的东西

当宝宝想要获得玩具、零食、金钱时，爸爸妈妈该怎么办呢？

如果无限制地给予满足，便无法培养宝宝对欲望的控制能力。在宝宝对社会的适应能力的成长中，不容忽视的是其在物质欲望上的控制能力。这种能力应该从宝宝性格习惯尚未形成时就开始培养。

平时宝宝向父母要这个要那个，父母要正确分析宝宝的需求，如果是必需的、有用的东西，可适当满足宝宝，如果宝宝是出于和别的小伙伴攀比，或者在电视上看到什么比较时尚的东西自己也闹着要，这时要态度坚决，告诉宝宝：

这个东西爸爸妈妈不给你买，别人可以有，你也可以没有，不能见人家有的东西你就得拥有。如果一定要，那就自己慢慢攒零花钱去买。

培养宝宝对欲望的控制力

金额比较大的东西，最好在宝宝的生日或春节等大的节日里买，并且和宝宝约定，在时间还未到来之前必须等待，这是培养宝宝对欲望的控制力的必要方法。

正确引导宝宝

四岁半的小慧慧已经知道臭美了，每次出去看到小区里的姐姐妹妹们有穿小靴子和小裙子的，很羡慕，围着人家看。妈妈看出了她的心思，但没有说出来。一次周末慧慧和小伙伴在外面玩了一下午，晚上吃饭时，撅着小嘴撒娇："妈妈，妞妞有靴子和裙子了，我也要。"妈妈没有马上拒绝她，也没有马上答应她的要求，而是转了一个话题，对爸爸说"快到春节了，今年春节家里每个人都要买件新衣服，给她爷爷奶奶和姥爷姥姥都要每人准备一件。"爸爸点了点头。

慧慧急了"妈妈我也要！""好呀，到时候我们带你去买，你要什么样的呢？""我要靴子和裙子！""那好，那就只给你买靴子和裙子了，就不买新棉袄了。妈妈本来是打算春节给你买个新棉袄的，既然慧慧喜欢靴子和裙子那咱就买了。"慧慧听到妈妈说不买棉袄了似乎不高兴，但妈妈答应买靴子和裙子让她有几分开心。

离春节还有将近两个月，慧慧几乎是每天都问妈妈啥时候去买靴子和裙子，妈妈拿出日历指着上面的日期，告诉她到那天就去。

慧慧兴奋地期盼着春节，终于等到自己的裙子和靴子了。

合理支出零花钱

对于零花钱，也应与宝宝定好一个合理的数目，然后严格地遵守。如果宝宝提前将钱花光了，要让他耐心地等待下一个"领钱日"。为了培养宝宝对物质、金钱的克制力，家长有必要给宝宝树立信心：虽然即刻不能得到，如果忍耐的话，终能达到目的。家长若以拒绝的态度对待宝宝的物质欲，宝宝将失去期望。

生活习惯

宝宝日常作息要有规律

当吃饭、睡觉、玩耍这些事情每天都在同一时间发生，且有着先后顺序时，宝宝娇弱的系统才能运转得最好。

如果宝宝的生活有规律，不仅父母省心省力，对宝宝的健康发育也很有帮助。

对于小宝宝来说，睡觉、吃饭、洗澡和散步是他主要的几项活动。父母可从这几方面着手，开始培养宝宝的良好生活习惯。

0~2个月

宝宝还不能区分白天和晚上，反复着吃奶、睡觉，有七成左右的时间是在睡眠中度过的。

1.吃饭：对于未满月的宝宝，可以让他想吃多少就吃多少，想什么时候吃就什么时候喂他。从1个月左右开始，宝宝会渐渐养成一定的吃奶习惯，两次喂奶的间隔至少要有1~1.5小时。

2.睡觉：这个时期，宝宝通常是睡几个小时就起来喝一次奶。尽量让宝宝能够沐浴到早晨的阳光，白天让宝宝在有阳光的室内度过，晚上睡觉的时候不要开灯。

3.散步：满月后可以开始短时间的散步，让宝宝沐浴室外的阳光，每天出去散步10分钟左右。父母根据季节灵活调整。

3~4个月

1.吃饭：喂奶间隔可以在一定程度上稍微加长一些。每隔4小时一次，一天5~6次的喂奶时间是最基本的。

2.散步：把散步当做每天的必修课。虽然也要随着季节有些变化，但是在合适的时候选择中午外出散步是比较好的。

3.洗澡：除了避开喂奶前后的时

间以外，在宝宝身体舒适、妈妈方便的时间都可以洗澡。但是要保证基本上在同一时间沐浴，泡澡的时间要以3分钟为标准。长时间的沐浴会让宝宝过于疲劳，并成为宝宝晚上沉睡的理由。

· 亲子心经 ·

父母可根据自己的宝宝的具体情况，如习惯、体质等，具体调整，不能生搬硬套让宝宝按照书本上所说的进行。要以宝宝的快乐、健康为原则。

5~6个月

越来越多的宝宝晚上不需要喂奶了。宝宝对昼夜的区分能力进一步增强，白天睡觉的次数和时间以及晚上睡觉的时间渐渐固定。这一时期要养成散步的规律，开始添加辅食。

1.睡觉：晚上的时候让屋子变暗，并唱儿歌给宝宝听，温柔地拍他入睡。这时候宝宝一天的合计睡眠时间基本上在15小时左右。

2.饮食：把喂奶当中的一次设定为辅食时间，尽量保证每天在同一时间进行。

7~8个月

晚上的睡眠时间会变得更加长了，白天睡觉时间和次数会渐渐变少。这个时期，开始正式养成生活规律，要帮助宝宝学会区分白天的生活和晚上的睡眠。

1.睡觉：要让宝宝学会区分白天睡觉和晚上睡觉。晚上给宝宝换上睡衣、早晨起来后换上白天的衣服。

2.饮食：喂奶时间当中的两次可以改成辅食了，尽量每天在同一时间给宝宝吃辅食。开始的时候，在第一次辅食之后3~4小时再给宝宝吃第二次辅食。

9~12个月

宝宝会爬了，会扶东西站起来了，白天的活动范围扩大很多，这样宝宝在晚上的时候就会很累并睡得很香。这时期要尽量固定辅食、沐浴、睡觉的时间。

1.睡觉：一天的合计睡眠时间在11~13小时之间就可以了。

2.散步：可以享受更长的外出散步时间了，但最好把时间控制在2小时以内。

运动让宝宝健康活泼

"生命在于运动"，健康、活力更在于运动，因为运动的状态才是人生最饱满最自然的状态，它也能带给人许许多多生命中不可缺少的流光溢彩，带给人许许多多生命里最重要的体验。为了能适应激烈的竞争压力，从小打下一个好的身体基础至关重要。当宝宝还小时，为他的成长提供良好的条件是必要的，但帮助宝宝养成锻炼身体的习惯则更为现实。

让宝宝在体育方面也有一技之长吧

一天，刚上小学的尧尧回家对妈妈说他不想上学了，妈妈吃惊地问他为什么，尧尧说在校没人跟他玩，课时同学们都在玩篮球、乒乓球，他什么也不会，大家都嫌他打得不好，他就自己一个人在操场外面走。

从小到大，妈妈只关心尧尧的学习，从来没有让他到外面同小朋友们玩过球。现在妈妈知道了尧尧为什么性格越来越内向，于是到体育馆给尧尧报了乒乓球班。

每天尧尧放学后，先去学一个小时的乒乓球，再回家写作业，这样经过半个月的培训后，尧尧掌握了乒乓球的基本要领，每个周末妈妈还要找人陪尧尧再练两个小时的球。经过一个多月的练习，尧尧对自己的球技有了很大的信心。

从此尧尧每次放学回家都会开心地给妈妈讲一下他在学校打乒乓球的事，好朋友也越来越多。

要想让宝宝养成锻炼身体的习惯，首先要弄清楚宝宝为什么不爱锻炼身体。一般说来，宝宝不爱锻炼身体，有以下几种原因：父母或周围的大人没有锻炼身体的习惯；宝宝的意志力薄弱，不能持之以恒；宝宝的锻炼兴趣不能实现。

培养宝宝早起锻炼身体的习惯

2岁是人形成良好习惯的关键期，此时宝宝在生理上处于生长发育和素质发展的敏感期，人的可塑性大，最容易接受成人的引导与训练，正是养成自觉锻炼身体习惯的好时机。如果错过了，随着人的年龄的增长，由于受旧习惯的干扰，新习惯就难以养成。

要从小培养宝宝锻炼身体的兴趣

兴趣是一个人从事任何事情的基本动力，在这点上，希望家长能够意识到"兴趣是最好的老师"。宝宝对身体锻炼的爱好可以让许多家长省心。作为父母，不妨观察一下宝宝对什么样的体育活动有较为浓厚的兴趣，然后不动声色地提供一些条件和加以引导，宝宝就会积极主动地去参与。

给宝宝创造运动的条件

要创造条件，鼓励、支持宝宝参加各种体育锻炼，以增强宝宝身体各部位的机能和适应环境的能力，增强宝宝的体质。

· 亲子心经 ·

> 父母首先要重视锻炼身体、热爱运动，以身作则，下班后或周末尽量少看会电视，多带宝宝出去运动。

让宝宝持之以恒

家长在对待那些有浓厚兴趣但意志力不够坚强的宝宝时，应多鼓励，制订锻炼计划，并适当地创造奖励条件，进一步巩固强化宝宝的兴趣。甚至可以采用一些惩罚的措施，从而纠正宝宝不爱锻炼的坏习惯。

运动要持之以恒

让宝宝运动不难，而让宝宝坚持运动，养成运动的习惯就比较困难了。宝宝自制能力差，做什么事情都是三天热心，这就需要父母的引导和督促。

日常生活中让宝宝尽量多走路，如每天来去幼儿园时可鼓励宝宝爬楼梯，当然父母也要有牺牲的决心，要陪着宝宝一起爬，不能让宝宝爬，自己却坐电梯去了。

爬楼梯过程中宝宝会厌烦或找借口不想坚持，父母可与宝宝比赛爬，让爬楼梯变成一种游戏。

如果宝宝的幼儿园比较近，步行半小时之内能到的话，最好是带着宝宝步行去幼儿园；如果去幼儿园需要坐公交车，那最好是让宝宝步行去车站，尽量少用自行车送。父母需要起来早一点，与宝宝一起坚持步行。这个挑战其实是针对父母的，不是针对宝宝的，如果父母能做到，宝宝就没问题。当然父母要根据宝宝的年龄和体质合理安排，不要强迫宝宝行走。

冬季也要坚持锻炼

冬季，人的生理状态会随着气候而改变，此时是提高人体机能的最佳时机之一。宝宝在冬季进行适当的体育锻炼，身体经常受到寒冷的刺激，可以增强宝宝对感冒、气管炎等冬季常见疾病的抵抗力。

听听父母们的心声

奇奇妈妈：宝宝一岁半了，喜欢看大马路上的汽车和闪烁的彩灯，她听得懂很多话了，问她去哪里，她手就向一个方向一指，我们就沿着街散步，有时她没逛够，我们往回头走，她哼哼唧唧把头扭回去，手指另一边，意思是我还不想回去呢。在灯光暗的小区里散步，她一会儿就会睡觉，所以我们总带她去小区外面，跟她讲路边看到的东西，老给她看红灯笼，以后一去那问红灯笼在哪，她就伸手去指。

泓宇爸爸：以前我经常是骑着摩托车带着妻子儿子，一家三口游走都市间。虽说方便，但我以为是走马观花。小泓宇坐在车上，一般都在唱儿歌，周围的风景对他来说仅仅是身外之物，无法把自己融进风景之中。

最近我改变了做法，一家三口开始步行。小泓宇行走在地上，置身于整个环境之中，忽而行走，忽而奔跑，蹦蹦跳跳，其乐无穷。他经常指着周围的山山水水、大小物件对我一一发问，还不时指着街上大大小小的汉字问我"这是什么"，我自然乐意为他答疑解惑。然后，他会念着汉字的发音，念到个别比较好玩的发音时，会嘻嘻哈哈笑个不停。当碰到好玩的东西时，泓宇便驻足观看，极大地满足了好奇心。小小的一段路，便可引发宝宝的好奇心无数。

坚持每天都运动

有调查表明，坚持运动的宝宝长大后身高比不运动的宝宝平均多增长5～7厘米。

宝宝正处于生长发育阶段，不要一味追求运动的强度，而要根据宝宝的兴趣和需要选择他自己喜欢的、有条件的、并能坚持下去的运动。家长在与宝宝共同的体育锻炼中，对宝宝要少批评、多指导、多鼓励,营造一种宽松和谐的气氛。宝宝的天性是好动的,有很多宝宝是自己要求坚持锻炼。

· 亲子心经 ·

冬季锻炼与其他季节的锻炼是有所不同的,由于气候寒冷,如果在冬练前没有做好热身或在运动后没有做好保暖措施,就非常容易引发运动损伤或者呼吸道感染等疾病。因此应该注意运动量适宜,穿衣应该适度,做好运动前热身运动等。

多动手的宝宝更聪明

手指是"智慧的前哨",写字、画画、弹琴、雕刻等绝大多数智商作业都是通过手指的活动来实现的。心灵手便巧,而手脚灵了头脑也会更聪明。

手指的动作越复杂、越精巧,就越能在大脑皮层建立更多的神经联系,从而使大脑变得更聪明。父母要从小让宝宝要成爱动手的好习惯,让宝宝做个手巧心灵的聪明宝宝。

跟宝宝一起做手指游戏

宝宝从出生直到满1个月,手都是紧紧握着的。这时父母可以用指尖触摸宝宝的手掌,或者把手指伸进宝宝的手掌,宝宝的手会紧紧抓住父母的手,握得很紧,父母甚至可以连手带身体把他提起来。满月后宝宝的手掌开始松开,手掌自然弯曲,妈妈可帮宝宝打开他的小拳头,让手指头伸展开来,并轻轻触摸宝宝的小手,让小手动起来。在宝宝长大一些,能够坐起来时,父母可和宝宝做一些手指训练游戏。

手指训练游戏——"拿"和"放"

将小彩球、积木块、小铃铛、奶嘴、手帕等各种玩具装在一个大盒子里面,将盒子推在宝宝前面,引导宝宝将玩具一件件放进盒子里,然后在一件件拿出来。刚开始父母可演示给宝宝看,让宝宝模仿着父母拿放。每当宝宝拿出来或放进去一件玩具时,要给予鼓励。

等宝宝六个月大时已经开始学着用手指去捏拿小东西,父母应该多给宝宝提供一些捏拿机会,如给宝宝拨浪鼓、小彩球、手链等玩具让他尽情把玩。

🐻 手指训练游戏——撕纸

准备各种质地的纸，如卫生纸、报纸、杂志纸等，让宝宝稳坐在床上，将一堆纸放在宝宝前面，妈妈先撕几张给宝宝看，然后和宝宝一起撕。需要注意的是，不能有过硬的纸，以免擦伤宝宝的小手；防止宝宝将小纸片放到嘴里。

·亲子心经·

笔和纸是宝宝不可缺少的活动工具。大人可以教宝宝正确的握笔姿势，让宝宝在纸上乱画，也可以让宝宝模仿大人画一竖、画一横、画圆形、画交叉线等。

手指训练游戏——串珠子

准备一些孔比较大的大珠子，一细长毛线，毛线的一头拴一个钥匙环或一块布疙瘩，以免宝宝穿好的珠子另一头溜出来。妈妈先给宝宝示范，让宝宝模仿妈妈穿，熟练后鼓励宝宝自己穿。等宝宝穿好了所有珠子时，妈妈帮宝宝将绳子打结，组成一个珠子链，提起来让宝宝观看自己的成果，并赞扬宝宝。随着宝宝手部灵活性的增加，可给宝宝提供更小的珠子。

锻炼宝宝手部运动的游戏

此外，还有许多活动或游戏可锻炼宝宝手部运动能力和灵活性，如折手帕、折纸巾、夹小球、画画、手工制作、搭积木、自制玩具等等。

1.手工制作：给宝宝准备小剪刀进行剪纸制作、玩插板玩具等。

2.搭积木：积木是宝宝不可缺少的玩具。"盖楼房""建大桥"等活动，能锻炼宝宝手的稳定性和随意性。

3.自制玩具：自制玩具的种类很多，一般受宝宝喜欢而简易做的玩具有：纸折玩具、布制玩具、泥塑玩具、插杆玩具，还有小瓶、小石头粘成的各种玩具，用废罐头盒做的小拉车，用碎木头做的小动物，用纸盒做的小房子、家具，用蛋壳做的不倒翁等。

让宝宝珍视自己的眼睛

眼睛是人体重要的器官之一，宝宝的眼睛尚处于发育阶段，再加上宝宝往往因缺乏对眼睛的认识和护眼意识，经常用小手搓揉眼睛、因好奇而戴成人的眼镜、躺着或趴着看书、看东西不注意距离等，很容易因使用不当而受到伤害。

眼睛的构造十分复杂、精细，而且十分容易受到损坏，轻者视力下降，重者失明。因此，保护好眼睛便成了一个不容忽视的问题，要养成良好的习惯必须从宝宝开始。关键是纠正其不良用眼习惯。

宝宝年幼无知，在这方面父母要多提醒宝宝，教给宝宝一些正确用眼的方法，并督促宝宝实施。

不要连续长时间近距离用眼

连续长时间用眼会使眼的视力负担过重，眼内外肌持续紧张，循环不良、眼压增高造成痉挛而逐渐形成近视眼。长时间的近距离用眼，眼的调节过度使用，眼睛就容易疲劳，形成假性近视。久而久之，形成真性近视，视力严重减退，有的还发展成高度近视。父母们要从小教育宝宝，写字看书时注意姿势和保持距离：身体坐直，与课桌之间保持一个拳头的距离；眼睛视线要与书本平面成直角，眼与书本的距离要保持30厘米左右；握笔时手和笔尖要保持3厘米左右的距离。

不要在强光或日光下看书、写字

光线太强或太弱都会给眼睛带来不良影响。日常看书写字只需要100米烛光就可以了，而在太阳下看书，照明度可达8万米～12万米烛光，是日常照明度的800～1000倍。眼内肌过度调节，会促使近视的发生。而且强光会对视网膜造成损害，强烈的紫外线辐射还容易损害角膜和晶状体。

走路、乘车时不要看书

走路或乘车时书本与眼睛的距离在不断发生变化，两眼所看目标移动次数较多，视中枢收到的是个模糊影像。要想看清书上的字体，就得把书本靠近眼睛。在近视环境当中，也必须不断地改变眼睛的调节力度，才能看清字体。眼内肌持续紧张，很容易引起视疲劳和调节痉挛。

严格控制看电视时间及距离

电视机应放在光线较柔和的角落，电视机的屏幕几何中心应和眼睛处在同一水平线上，或比眼睛稍低些，看电视时应坐在屏幕的正前方；眼睛和屏幕的距离应是屏幕对角线的6倍以上。看电视时不能躺着，屋子里的光线既不能太暗，也不能太亮；每看30分钟后，最好利

用广告时间休息一下眼睛，向远处看看，或闭着眼睛休息一会儿。

严格控制玩游戏时间

游戏机屏幕上闪烁的图案极为刺眼，而且游戏节目速度太快，变化不定，眼睛睫状肌需要不断改变调节，这样很容易引起视疲劳，有的还会造成头昏眼花、视物模糊，最终形成近视或加深近视度数。

·亲子心经·

室外活动可以开阔宝宝的视野，让宝宝的眼睛得到放松。如有条件，多带宝宝到野外或公园绿地活动，对宝宝的视力保护也会起到很好的促进作用。

妈妈的伤心

早上送完宝宝回来，坐在电脑前看着宝宝小时候的照片，一双水汪汪的大眼睛清澈地望着我。

而今，这一双可爱的大眼睛已经不再清澈。宝宝，你将来怎么办呢？年纪这么小，眼睛就已经近

视成这样，妈妈的心深深为你担忧着……

前天，趁着国庆节放假，带着宝宝检查眼睛，一个程序下来，医生说宝宝是真性近视。两只眼睛分别是0.25，0.3。

妈妈中午难得吃不下饭。以前看到别的宝宝戴眼镜，心里觉得很惋惜。没想到，放到自己的宝宝身上，竟然是如此痛苦！眼睛是一个人心灵的窗口，是观察世间万物、获得信息的重要的通道，是一个宝宝聪明的基本条件。

妈妈深深地自责。都是妈妈没有对你照顾好，或者是妈妈对你提醒的还不够。

当你看书时间长时，妈妈没有及时让你停下来，休息一下眼睛，妈妈是一个不称职的妈妈。

大夫说，宝宝的近视一般每年能控制在50度以内发展，就已经不错了。照这样下去，宝宝，你到18岁，你的眼睛该是七八百度了。

看着宝宝秀气的脸上架着一副镜片，仿佛压在妈妈的心上。

宝宝，从今以后，你要记住：不看电视、不玩电脑游戏。

妈妈再爱你，也不能代替你。今后你人生的路还长，一定要学会爱惜自己的眼睛，不再让妈妈为你担忧。

经常提醒宝宝不要用手揉眼睛

有的宝宝困了或累了时有用手揉眼睛的习惯，家长应告诉宝宝，每个人手上都带有人的眼睛看不到的细菌，如果用手搓眼睛会让细菌侵入眼内，引起眼睛充血、发炎、感染等。

洗澡提防浴霸伤眼

冬天给宝宝洗澡，浴室内的暖气温度不尽如人意时，不少家长便使用浴霸来加温。有的家长会将宝宝仰面朝上，直接让加热灯照射，这很可能会给宝宝的视力造成永久伤害。

提醒妈妈注意的是，浴霸灯光的能量和强度特别高，如果长时间盯着浴霸的灯光，强光进入眼睛经过眼底反射聚在眼球上，会灼伤视网膜黄斑，这跟用肉眼直接看日食被灼伤是同一道理。

沙尘眯眼后不要乱揉

用手揉眼睛时，就会把细菌送到眼皮里去。遇到这种情况，妈妈应教育宝宝先闭上眼睛，使眼睛充分分泌泪水，再用手把眼皮开闭几下，或者眨动眼皮让眼泪把沙子冲出来。如果眼泪无法将异物冲出时，可请家长帮助把眼皮翻过来，找到异物，用干净的手帕蘸水，轻轻地把它擦洗掉。如仍然取不出来则要带宝宝去医院。

把用过的东西放回原处

用过自己的东西不放回原处，生活会变得杂乱无章，会影响他人对自己的信任感；用公共场所的东西不放回原处，会给大家带来不便……虽然很多人从小就知道要把用过的东西放回原处，但真正能做到的人却很少。

用了东西放回原处，能帮助宝宝节省很多不该浪费的时间。很多人经常因为找不到要用的东西翻箱倒柜，甚至大动肝火，这样既浪费时间，又影响心情。要是从小能养成良好习惯，用过的东西放回原处，什么东西放在什么地方就会一

目了然，省去好多不必要的麻烦。

建立宝宝的秩序感

把用过的东西放回原处，首先强调的是秩序感的建立。秩序是有条理、不混乱的状况。良好的秩序能使人产生愉快、兴奋、舒服以及安全的感觉。秩序感一旦失去，麻烦就会来临。假如一个人习惯了整洁有序的家居环境，就会本能地拒绝杂乱和肮脏，因为后者会破坏他已经建立的秩序感、清洁感。

"没收"政策

妈妈为罗宾的房间乱七八糟而和罗宾吵了好多次。罗宾是个风风火火的宝宝，情愿从一个地方跳到另一个地方，也懒得拣地板上的东西。罗宾找不到需要的东西时，自己也特烦。

妈妈厌倦了从地板上拣衣服，所以她上星期开始实施一项新政策，告诉罗宾，如果衣服鞋袜等东西不放在该放的地方上，她将没收，一个星期以后才能拿回去。

罗宾以为这没有关系，并没有在意妈妈的话，仍然将衣服换完后

扔到地板上。但她突然发现衣柜里的衣服越来越少了。"妈！有没有看见我那件新的红裙子？"罗宾上气不接下气地冲进厨房，妈妈正在那里喝咖啡。

"我想你昨晚扔地板上了吧。"妈妈平静地回答。罗宾立刻就急了。"噢，不！"她哭了，"我完了！今天跳舞时还要穿呢！"说着就跑了出去。

看着6岁的女儿从门口消失，妈妈得意地笑了。

其实罗宾有整整一晚上的时间可以收拾，但她却从不付诸行动。等罗宾上学后，妈妈就会走进她的房间，把所有乱放的衣服都抱走。

妈妈有一个箱子，把衣服放进去，再把箱子存放在衣橱的架子上，箱子上写了收衣服的日期和衣服"到期"日期。在"到期"日期以前，罗宾不能拿走那个盒子里的衣物。

培养思维的有序性

对于比较小的宝宝，思维还未成熟，父母可以帮助他们培养思维秩序。人们的行动是受思维支配的，思维有序，行动才会有秩序。用了东西放回原处，强调的是秩序。让宝宝尝试固定摆放物品的位置，比如说，放学回家，鞋脱在门廊的鞋架上、大衣挂在衣帽间、书包放在书桌上等。教宝宝学会将物品归类，比如将书籍、衣物等物品分类，分别置放，常用的东西要放在容易拿取的地方。

· 亲子心经 ·

父母还要告诉宝宝，在公共场合更要注意自己的行为，因为一个人没有做好这一点，就会影响其他的很多人。比如购物时，不能拿了不想要的东西随便一扔，买书时，不能将翻过的书随手一扔等。

教宝宝自己上厕所

宝宝的如厕行为就像学走路一样，需要耐心等待，它的顺利完成不取决于父母的主观愿望，而在于宝宝动作与心智两方面的成熟度和协调度。父母要根据自己宝宝的具体情况选择最佳训练时间，训练得太早太晚都不好。

太早开始训练宝宝如厕会给他造成压力，让宝宝有挫折感，甚至出现便秘、拒绝排便及上厕所畏缩等反应；而宝宝两岁半还在白天兜着尿不湿的话，会让他在群体生活中成为笑柄，让宝宝产生自卑感。

什么时候开始大小便训练

宝宝能稳步行走，并可以从行走姿势自如地变成蹲坐姿势，且能蹲坐稳定；宝宝会模仿父母的行为并听得懂简单的指令，对他人上厕所表示出兴趣；宝宝大小便时已经能通过肢体语言或者依依呀呀声向大人示意；宝宝可以将衣服拉下或拉起。

大小便训练

宝宝在1岁半到2岁的年龄阶段，可以在白天需要大小便时，知道主动喊大人协助了。大人在日常生活中要多观察宝宝的大小便规律，看宝宝一般是什么时候大小便，及大小便与睡觉、吃饭、喝水的时间联系。在宝宝大小便时间要观察宝宝的动静，如果有任何声音或动作提示就赶紧把便，有的宝宝大小便时会哭闹。

父母要给宝宝单独买一个合适的便盆，为宝宝多准备些棉质、吸水性强、易于清洗的内裤，这些内裤不宜太大或太小，使宝宝既能很容易地将内裤脱至大腿根部，但又不至于掉下来。当父母发现宝宝要上厕所时流露出各种奇怪的表情或做特殊的动作时，可以教宝宝说"我要尿尿"，"我想大便"，并立即带宝宝到固定的"幼儿马桶"上厕所。时间久了，宝宝自然而然就会对着父母喊"我要尿尿"，有些宝宝则会主动跑到"幼儿马桶"前。在训练的过程中最好辅以表扬，巩固成绩。

让宝宝养成自己大小便的习惯

让宝宝养成自己大小便的习惯是一个"漫长而艰巨"的过程，父母一定要耐心，并始终保持鼓励的态度，千万别斥责宝宝，对宝宝而言，学会自己控制大小便、自己上厕所是一件很难的事。

调查报告

2000年儿保专家的研究结果显示，绝大多数父母在宝宝18到24个月之间开始如厕训练，80%的宝宝在两岁零4个月可以完成白天的训练，到3岁左右才能完成夜间训练。专家发现男孩在训练时所要花费的时间超过女孩；而越早开始训练的宝宝，其训练期也较长。例如18个月开始训练，到26个月时完成白天的训练，花费8个月，而从24个月开始训练，到第28个月也完成了，只花费4个月。

父母要多留意宝宝的一些细节，比如他自己上厕所时会不会弄脏裤子，并及时纠正。提醒宝宝上厕所前后要洗手，从一开始就让他们将上厕所和洗手联系在一起，养成习惯。也有些宝宝会害怕听到冲厕的声音或者不喜欢看到粪便被冲走，如果发现有这种情况，可以让他们离开后再冲厕，避免因"心理因素"造成宝宝不愿自己上厕所的情况。

宝宝学会如厕的同时，也要学会自己擦屁股。这个步骤很多父母都乐意为宝宝代劳，怕宝宝自己擦不干净，也怕他弄脏手。其实这一环节不完成，如厕训练就不能算完整。父母要示范正确的擦拭方向，尤其是女孩子，大便后一定要从前往后擦，以防尿路感染。假如怕宝宝弄脏手，督促他便后洗手就可以。

· 亲子心经 ·

研究表明，经常尿裤子的宝宝往往形成胆小、害羞的性格，其自信心也将大大降低。因此尿裤子不光是身体问题，更是涉及到宝宝的心理健康，家长应尽早地训练宝宝的独立如厕行为，不要因图省事而长期给宝宝使用纸尿裤。

卫生习惯

让宝宝保护好自己的牙齿

有许多父母认为宝宝年龄小，没有必要刷牙，而忽视了这方面习惯的培养。其实宝宝蛀牙很常见，如果宝宝能早晚刷牙，便可消除口腔细菌，保持牙齿清洁，并有效防止蛀牙。在宝宝的养育过程中，父母们关注较多的是宝宝的智力和能力，而对于一些最基本的生活习惯则经常忽略，认为宝宝长大了自然会刷牙。的确，生活中的很多事情，等宝宝长大后都可以轻而易举的完成，但是一个好习惯却绝非一蹴而就。刷牙是生活中的一件小事情，但每个家长的态度和观念决定了宝宝今后的刷牙习惯，也让宝宝知道了干净的标准。

让宝宝了解刷牙的重要性

带宝宝到镜子前看看自己的牙齿，和宝宝一起数数长出了几颗牙，还可以让宝宝张大嘴，和宝宝比比谁的牙齿又白又亮。等宝宝长大一些后，父母还借助一些书本等工具，给宝宝讲一些有关牙齿的知识，让他知道牙齿和人的皮肤一样也需要清洁，否则就会像树长虫子那样，出现蛀牙、牙疼等症状，严重的还要将牙拔掉。

不刷牙的危害

牙齿咀嚼食物时残渣会塞入牙缝，这对于细菌来说就是美味佳肴，细菌会在牙缝里生长繁殖。

食物中含有许多糖，细菌在生长繁殖过程中会将这些糖变成酸，而酸会使牙齿变软，并腐蚀牙齿的保护层，破坏牙根，最后使牙齿脱落。

"虫牙"其实就是细菌在牙齿上生长、产酸，然后酸在牙齿上进行化学反应，把牙齿腐蚀。天长日久，就会在牙齿上形成一个小洞。

有的细菌在牙缝及口腔中生活，它吃进食物后，产生一些带臭味的物质，而使人的口腔产生异味，出现口臭。

🐻 常用的刷牙方法

1.竖刷法：操作时把刷毛以45度角放在牙龈上，然后向牙冠转动，每个部位重复8~10次动作。刷牙齿的咬合面时，把牙刷平放在牙面上前后拉动刷去窝沟内的残渣。这种刷法对牙龈能有效地清洁牙齿间隙，对牙齿有良好的按摩作用。

2.BASS刷牙法：刷牙齿的唇、舌面时，刷毛与牙面成45度角指向牙龈方向，刷毛进入牙间隙，做短距离来回颤动，刷洗咬合面时，刷毛平放在牙面上，做前后短距离颤动刷净窝沟，这种方法清洁力较强，能有效地清除牙颈部和龈沟内的菌斑。把竖刷法与BASS刷牙法结合起来效果更好。

3.生理刷牙法：牙刷毛顶端与牙面接触，然后向牙龈方向轻微地拂刷。此方法适合于牙周组织正常的儿童使用。

睡觉前刷牙极为重要

宝宝要坚持早晚刷牙、饭后漱口，以清除食物残渣和软垢。

晚上睡觉前的刷牙尤为重要，因为夜间人的唾液分泌显著减少，口腔各部分的活动降到最低程度，这对牙齿的自我清洁很不利，因此睡前彻底清除黏附的食物残渣尤为重要。

·亲子心经·

应当给宝宝买儿童牙膏。成人的牙膏含氟量较高。氟对6岁以下宝宝的危害尤其大，宝宝吞咽功能不健全，刷牙也不够熟练，牙缝里常常会残留较多牙膏，甚至会把漱口水咽进肚里，长期使用含氟牙膏，会导致宝宝体内氟摄入量增加，从而发生氟牙症。

刷牙水温要合适

家长们应帮助宝宝调好刷牙用水的温度，冬天宜用温水，夏天不要用过凉的水。千万不要以为用冷水或热水刷牙漱口都无所谓。

用冷水、热水刷牙，对宝宝幼嫩牙龈、牙齿来说都是一种骤冷、骤热的刺激。骤冷会引起牙龈血管的痉挛收缩，不利于牙的营养供应和代谢需要；骤热会引起牙龈血管充血、肿胀，甚至导致牙龈出血，长期受这些不良刺激，会缩短牙齿的寿命。

养成勤洗手的习惯

宝宝好奇心强，对什么东西都能产生浓厚的兴趣。见到地上的石头、泥土、草、叶等都会动一动，甚至会乱捡垃圾，弄得小手脏兮兮的。因此必须要让宝宝勤洗手。

据一项研究证明，一只未洗净的手上有大约4万到40万个细菌，这些细菌如果大量滋生，可引起皮肤病、红眼病、肠炎、肝炎、痢疾、寄生虫等疾病。而宝宝又喜欢用手揉眼睛、挖鼻子等，很容易引发鼻子、眼睛黏膜的破损，致使疾病发生。那么，日常生活中需要注意哪些卫生习惯呢？

饭前便后要洗手

饭前便后洗手是保持手卫生的基本条件。对宝宝来说，养成这一良好习惯尤为重要，特别是在外面玩回来之后，不管小手有没有弄脏，回家的第一件事就是要先洗手，因为很多细菌是肉眼看不见的。在不便洗手的环境中可用湿的消毒纸巾为宝宝擦干净手后再吃东西。

便前也要洗手

当今生存环境复杂，感染机会极多，且3～6岁年龄儿童活动范围扩大，手的污染几率加大；便前洗手可以避免手上的一些病毒粘到皮肤、内衣裤及腰带上。尤其是在一些特殊的环境下，比如公共厕所，宝宝的手刚接触了门把手，接触了上面的细菌，然后又马上接触内衣或者皮肤，这样不但很不卫生，也让病毒细菌有机可乘，因为在一些环境差的公共厕所内，门把手有时候和马桶垫一样脏。

女孩子更应从小养成便前洗手的习惯，妇科病没有年龄界限，只要是女性，都有患病的可能，即使年龄幼小的宝宝也不例外。四五岁的女孩子得妇科病已不是什么稀罕事，这除了家长的粗心使宝宝感染外，也有很多是因为没有养成便前洗手的习惯而造成的。

而且在以下情况也要洗手：当用手接触眼睛、口之前；课外活动后，上手工课后；从外面回到家里时；接触公用物品，如楼梯扶手等；用手接触钱之后。

预防儿童铅中毒首要的方法就是勤洗手。由于铅尘直接附着在手上，不能被清水冲掉，为了让铅尘脱离手表面，必须先用水把手浸湿，再抹上肥皂或者洗手液，反复地认真揉搓清洗，并将指甲缝里的污垢清理干净。

洗手的步骤和方式

洗手时要注意指尖、指甲缝、指关节等部位，因为这些部分最容易藏污纳垢。

用流水湿润双手，涂抹洗手液（或肥皂），掌心相对，手指并拢相互揉搓。

手心对手背沿指缝相互揉搓，双手交换进行。

还有，在关水龙头时，水龙头开关处也应先用肥皂洗，再用水冲干净。也可取干净的纸巾包住水龙头再行关闭。同时，记得将纸巾直接丢弃，否则双手又有可能沾染细菌。

· 亲子心经 ·

还要定期提醒宝宝剪指甲，让宝宝懂得长指甲容易藏污垢，要选择适合宝宝用的指甲刀，在宝宝安静的时候为宝宝剪，注意长度要适宜，以免伤及宝宝的手指。

父母要提醒宝宝勤洗手

有的宝宝贪玩、性子急，不是忘记洗手就是不认真洗，家长应经常耐心地提醒宝宝洗手，不要因宝宝不愿意洗手而采取迁就的态度。

大人要有勤洗手的好习惯

宝宝周围的大人首先要有勤洗手的好习惯。在宝宝很小的时候，父母可当着宝宝的面洗手，让宝宝对洗手感兴趣；而当宝宝四五岁，懂事了之后，父母则不要为了给宝宝看而洗手，更不要在洗手时唠叨个没完没了，这样宝宝除了不会记住父母的话外，反而会厌烦，把洗手当成一种艰巨任务。父母只要自己勤洗手、保持卫生，从心底里看重洗手这回事，宝宝自然会感觉到洗手的重要性和乐趣。

让宝宝勤洗热水澡

皮肤上长有汗毛，从汗毛孔里能排出汗水。皮肤上还经常会有脱落的皮屑，当皮屑和汗水、灰尘等混合在一起时，就会在皮肤上形成污垢。污垢是细菌最容易生长和繁殖的地方。因此，要让宝宝养成从小爱洗澡的好习惯，而且，洗澡对快乐入睡也有很好的辅助作用。

夏天天气热，若家里不开窗户，不通风，宝宝在密闭的空间里面，再加上宝宝活动多易出汗，但是又不会自己擦汗，结果导致汗管堵塞、汗管破裂，汗液外渗，就会出现痱子。对付痱子的关键是预防，其中洗澡就是预防措施之一。

宝宝怕洗澡的原因

宝宝不愿意洗澡的原因很多，如浴室保温不好，洗澡后怕冷；洗澡时怕滑倒，怕吸入洗澡水；父母洗澡时太严厉，经常呵斥宝宝，动作太强硬，使宝宝不舒服等等。出现这种状况父母不要斥责宝宝，也不要强迫宝宝，以免让洗澡成为对宝宝的"折磨"。而是要和宝宝交流，弄清楚宝宝为什么不洗澡，然后根据宝宝怕洗澡的原因对症下药。

让浴室变成一个温馨的小窝

雨雨两岁左右时很怕洗澡，每次洗澡都是父母两人一起忙前忙后，她也不配合，总是哼哼唧唧、哭哭啼啼地磨蹭，有时候溅得水花到处都是，每次洗澡都花很长时间。后来妈妈想出了一个办法，雨雨很喜欢听童话故事，妈妈洗澡前就抚摸着她的头问她，"宝宝想不想听白雪公主呀？" "想听。" "那妈妈给你在浴室讲好不好？妈妈给宝宝边洗澡边讲故事好吗？" "不洗澡，雨雨不要洗澡。" "宝宝为什么怕洗澡呢？" "雨雨想玩鸭子，不想洗澡。" "那咱们把鸭子拿到浴缸里玩好不好？鸭子和宝宝一起游泳。" "水会把鸭子湿了，鸭子怕冷。" "原来是宝宝怕冷呀？那今天妈妈给宝宝弄个大大的浴巾，宝宝就不会怕冷了。妈妈也给鸭子穿个衣服好不好？""好。"妈妈准备了一个厚浴巾和一块小手帕，宝宝沐浴完后赶紧给她把浴巾披上，并尽量让宝宝多淋热水。在妈妈给宝宝洗澡时。她自己一边在浴缸里玩鸭子，玩得开心，都忘了给鸭子裹上手帕了，也忘了让妈妈给她讲《白雪公主》了。不知不觉中澡就洗完了。

水温和室温要合适

水温过热或过冷都易使宝宝产生不舒服的感觉，甚至因为水对皮肤的刺激而对水产生恐惧感，从而排斥洗澡。洗澡水温一般应在25℃左右为宜。

营造轻松愉悦的洗澡氛围

如果宝宝体会到某件事的乐趣，他自然会喜欢去做。因此，父母应尽量让洗澡这个过程变得有趣一些，如在浴缸中放一些宝宝喜欢的玩具，和宝宝一起做水中游戏，边洗澡边给宝宝讲故事等。宝宝感受到洗澡是一件快乐的事后，他自然会向往洗澡，享受洗澡时间。此外，洗澡前半小时最好别让宝宝玩容易引起兴奋的游戏，否则宝宝会因为沉浸在游戏中而不愿意去洗澡。

·亲子心经·

父母在对宝宝洗澡问题上态度要温和。在遇到宝宝不配合时不要斥责，也不要强行洗澡，否则宝宝在洗澡上就会与父母形成一种长久的抵抗态度，有时候他不是讨厌洗澡而是反对父母。父母洗澡时动作也要轻柔，不要用力太大，以免让宝宝对洗澡产生恐惧感。

生吃水果要洗净

水果对宝宝的生长发育很重要，可改善宝宝的胃肠道功能，促进胃肠道消化吸收和排泄。但如果水果不洗干净就吃，可引起腹泻、腹痛、肠炎、恶心等现象，有时候甚至会引起严重中毒。

为什么吃水果要洗净

瓜果在栽培、采摘和运输过程中很容易被致病菌沾染，而且现在好多瓜果等都使用农药过度，有的甚至使用各种激素。另外瓜果很容易腐烂，腐烂的水果表面的致病菌和寄生虫卵能深入到内部。如果经过充分洗净，瓜果表面的细菌可以减少82%～97%，如有条件时再经过适当的消毒处理后，可安全食用。

高锰酸钾溶液消毒

配1∶5000或1∶2000的高锰酸钾溶液（现用现配），把经清水洗净的瓜果放入溶液中浸泡10～15分钟，取出后用冷水冲一下。用此方法，因氧化作用会使瓜果表面的颜色发生一些变化，但不影响瓜果的香味甜味。

洗水果的步骤方法

很多人对清洗瓜果存在错误概念。有些人认为用清水冲洗过，上面没有泥土灰尘就行；有些人觉得洗涤剂是化学制品，不宜用来清洗直接入口的瓜果蔬菜，不如放在温水里多泡一阵；还有人迷信洗涤剂杀菌消毒去污力强，认为放得越多洗得越干净……

正确的清洗方法是：在清水中滴几滴餐具洗涤剂，搅拌一下，先将瓜果蔬菜表面泥土脏物洗去后，放在里面浸泡十来分钟，捞出后用

清水冲洗，沥清后即可放心大胆地食用。

因为以便喷洒和使用时能有效地粘附在农作物表面，达到杀灭害虫的目的，农药在生产过程中，需要加入一些油性载体，光用清水无法洗干净。而餐具洗涤剂中含有多种活性物和乳化剂，能把各种污渍和有害物质变成溶解于水的物质，漂洗时随水冲走。此外，餐具洗涤剂还含有杀菌消毒成分，适量使用可除去有害微生物。

吃水果最好削皮

为什么洗干净的水果也要削皮？

水果中含有较多的维生素和矿物质，在一些水果中，果皮上的养料要比果肉还多，所以从营养角度来看，吃水果时应连皮一块吃。可是，这也把果皮上的农药吃进肚里去了。有的父母可能会说，水果洗了数次，并用开水或洗涤灵消毒后，果皮上的农药不就去掉了吗？回答是否定的，因为果农在管理果树时，从花落到结果，一直使用农药，时间一长，一些农药就会残留

在果皮里。所以，苹果、梨、桃等水果削去皮再吃。

·亲子心经·

用普通卫生纸擦水果同样是不可取的。卫生纸与餐巾纸是不同的，卫生纸是普通生活用纸，不能在就餐时使用。餐巾纸只可以使用木材、草类、竹子等原生纤维做原料，而卫生纸则可以使用回收的纸张印刷品、印刷白纸边做原料。

毛巾擦水果越擦越脏

有的父母或宝宝由于懒惰或卫生意识不强等原因，吃水果时只用毛巾擦一擦，去掉表面能看得见的泥污就吃，这种做法除了没有减少水果表面的脏污、细菌之外，反而将毛巾上的细菌、污物沾到水果上了。

有些父母往认为自来水是生水、不卫生，因此在用自来水冲洗过瓜果之后，常常再用毛巾擦。这样做看似卫生、细心，实则相反。皮肤上的油脂、灰尘、水中的杂质、空气中的细菌都会沉积在毛巾上，而且潮湿的毛巾更容易滋生

出大量的细菌。用毛巾擦水果再食用，抵抗力低的宝宝很容易会病从口入。

不吃不干净的食物

变质的食物里存在大量细菌，即便有些食物稍微变了味道，看上去没有长毛或发霉，也不能食用。水果如果腐烂一块，整个水果都会有细菌滋生，也不能食用……

细菌在食物中繁殖后会使食物腐败变质，所以腐败变质的食物一定有细菌存在。如果把细菌吃下肚去，又会把细菌带到肠子里，并在肠子里繁殖，致使胃肠发炎，引起发热、呕吐、腹痛、腹泻等消化系统疾病的症状。如果吃进痢疾杆菌就得痢疾，吃进伤寒菌就得伤寒，吃进葡萄球菌还可引起食物中毒等。所以千万不能吃腐败变质的食物，若食物隔夜或放在冰箱内已有2～3天后，表面上看不出变质的征兆，但也应再煮过烧透后才能吃。因为很多细菌在低温下也可以繁殖，所以不能疏忽大意。

有的人看到只有食物表面发霉，以为刷掉或切掉霉变部位后，

就可以食用了，其实，真菌的"毒素"已经渗透到食物的内部，霉变的食物是致癌物。

腐烂水果的危害

水果腐烂后，将腐烂部分挖去后可食用吗？

只要水果发生霉变腐烂，各种微生物特别是各种真菌都会在腐烂水果中不断加快繁殖，并在繁殖过程中产生大量有毒物质。这些有毒物质又不断通过水果汁液向未腐烂部分渗透、扩散。距离腐烂部分1厘米处的正常果肉中，仍可检出毒素。因此，如水果略有小斑或少量虫蛀，应用刀挖去腐烂虫蛀处及其周围超过1厘米处的部分。如果水果霉变腐烂或虫蛀面积达到1/3，应马上丢弃。因为吃入后除了会对神经、呼吸、泌尿等系统造成伤害外，还有较强的致癌作用。此外，水果腐烂后其所含的硝酸盐在体内还会变成有毒的亚硝酸盐。

教给宝宝识别健康食品的方法

告诉宝宝，如果食物出现以下情况之一就不能吃了：夏天如果剩余食物在屋子里隔了一夜就不能再吃，如果在冰箱里隔了两天就不要再吃；如果食物颜色发生变化，如长了绿色的小毛或绿色点，整个食物都不要再吃。切忌将外皮剥去继续食用；如果食物出现发霉的味道后不能食用，哪怕是味道很轻；水果出现腐烂后不能食用，即便是只有小块腐烂，整个水果都不能再食用。水果腐烂后会发软，颜色变深，有苦味，或其他奇怪的味道，要正确鉴别。

尽量不吃剩饭

含淀粉的食品最容易被葡萄球菌污染，这类食品又最适合葡萄球菌生长、繁殖，因此，吃剩饭易引起食物中毒。轻者出现恶心、呕吐、腹痛、腹泻；重者会剧烈腹泻、脱水，因此休克的现象也曾发生过。另外，经热加工过的食物通常都有部分维生素流失，而且加热的温度越高，次数越多，维生素流失也就越多。显然长期吃剩菜容易造成营养不良。还有，研究发现，剩饭重新加热以后再吃难以消化，时间长了还可能引起胃病。

让宝宝爱整洁、爱干净

个人卫生看起来是一件小事，却往往反映出一个人的精神面貌和生活情趣。人们常说，活着就要提高生活质量，从而获取精神上的自由和超越。如果一个人的衣食住行一塌糊涂，不注重个人卫生，他的精神面貌肯定很差，更谈不上什么精神升华。

但在日常生活中，许多宝宝的个人卫生意识非常差。经常会看到一些学生，尤其是住校了后，穿的倒是不破，但皱皱巴巴，脏兮兮的，臭鞋子一脱就顺手扔下，臭袜子也是随地乱扔，桌子上杯盘狼藉也不会动手收拾一下，床单被罩看不到颜色了也不会洗，什么东西都往床底下推，脏鞋子、臭袜子、球、空瓶子等等。这些习惯就是从小养成的。小时候在家里饭来张口、衣来伸手，什么事都有大人包办，等独立生活时就一塌糊涂。

培养宝宝良好的卫生习惯

个人卫生虽然是"私事"，但其实对别人的影响更大。有一篇谈学生宿舍人际关系的文章中指出，要保持良好舍友之间的关系，整洁是很重要的。如果将东西乱堆乱放，会影响别人的方便与心情，而且大家之间乱拿乱用，长此以往难免会导致同学之间的矛盾。

因此，培养宝宝这方面的习惯要从小抓起。首先父母要给宝宝树立榜样。大人定要起到带头作用，也就是说，大人必须从自己做起，做事要有规律和秩序，爱整洁。要求宝宝做到的自己首先要做到。还可给宝宝讲故事，让宝宝从故事中领悟到整洁干净的重要性。

· 亲子心经 ·

家长常认为自己吃一点发霉或者烂掉的东西没什么关系，如霉变的苹果或者稍微发霉的饼干，这样既不卫生也不健康。正因为有这样的迁就意识，在宝宝饮食问题上也就似是而非，不利于宝宝健康饮食观念的形成。

衣袋卫生不可忽视

宝宝的衣服口袋往往是个"大杂烩"，吃的、用的、玩的样样都有。对于喜欢吃零食的宝宝，最容易通过衣服口袋将细菌带入口中。

有不少宝宝的衣袋里常常既装手帕，又装瓜子、花生或糖果，或许还要把买东西找回的零钱、票据等也塞进衣袋。据检测，一张半新的纸币沾有30万～40万个细菌，并有大量的蛔虫卵；手帕由于擦汗、擦脏物后没及时清洗，上面沾满油污、细菌。这些物品放在一起会互相感染，是很容易染上疾病的。

为减少衣袋病菌的感染，建议：不要把没有包装或可直接进嘴的食物装入衣袋；将口袋作为洗涤重点，翻过后反复搓洗并漂洗干净。

泥巴怪物

有一只粉红色的小猪很可爱，有一天刚刚下完雨，小猪就兴冲冲地去找好朋友小兔和小猫玩儿，路很滑，小猪一不小心摔到了泥坑里，粉色的小猪变成了泥巴小猪。可小猪只是拍了拍身上的泥巴，没有回家清洗便去找好朋友了。

半路上，正好遇到小兔和小猫。"你们好啊……"小猪高兴地打招呼。

"天哪，你是谁啊？"小兔子吓得直往后退。

"它是泥巴怪物，一定是的！"小猫也害怕了，"你，你是谁？"

"我来找你们玩儿啊！"小猪靠近一步。

"天哪，泥巴怪物来了！"小兔和小猫撒腿就跑。

小猪沮丧的回到家里，跳进浴缸，好好地洗了个澡，小猪又变成粉红色的了，干净可爱。

他又去找好朋友。小兔和小猫看到他，非常的高兴："啊，小猪你来了！我们还以为你被泥巴怪物吃掉了呢！"

小猪快乐地回答："我才不怕泥巴怪物呢，他再也不会来了！"

·亲子心经·

垃圾桶不要等到满得塞不下才去倒，要养成每天清理一次垃圾桶的习惯。厨房和厕所最好使用密闭性较强的带盖儿垃圾桶，若使用内套塑料袋的敞口垃圾桶，平时也一定要将袋口系紧。家里的垃圾桶不要多，每个屋子一个即可，如果屋子不是经常住人的话最好不要放垃圾桶。

给宝宝一双健康的双脚

脚有第二心脏之称，人的脚上分布有全身的代表区和五脏六腑的反射点。脚部的保健很重要，父母要从小培养宝宝保护双脚的习惯。宝宝要从小学会保持脚部卫生，学会正确选择鞋子、袜子、鞋垫等物品，并要勤洗勤换鞋袜、垫子，更要养成每晚睡前洗脚的好习惯。

穿运动鞋一定要穿袜子

在夏天天气比较热的时候，有些宝宝喜欢光脚穿鞋，这样对健康不利。因为袜子除了可吸汗外，还可以起到防摩擦的作用。如果不穿袜子就穿运动鞋，容易磨出水泡、血泡，一旦破了就有引发感染的可能。

正确使用鞋垫

当宝宝需要用到鞋垫时，妈妈就要教会宝宝如何正确使用鞋垫。首先每个人至少要两双鞋垫，每天晚上将使用一天的鞋垫换下来，第二天挂在阳光下晾晒，换上另一双鞋垫。因为长时间使用一双鞋垫很容易导致鞋内的细菌大量繁殖，引发脚臭和脚气病。而且，最好每隔一周对鞋垫清洗一次。

如何选择鞋垫也是有讲究的。对于活动量大的宝宝，脚出汗较多，就不宜使用真皮鞋垫。相比之下，使用吸湿性能较好的纯棉鞋垫，因为棉质吸湿性能较好。另外，还可以使用活性炭鞋垫或经除臭加工的海绵鞋垫。对于扁平足患者，可以选择纵弓垫。

每晚睡前洗洗脚

每晚让宝宝洗个热水脚，宝宝会感到舒服。晚上用热水洗脚有利于血液循环和入睡。

看这些妈妈是怎么做的

1.小宝宝最喜欢洗脚了，一到睡觉前就吵着要洗脚，每天晚上给她洗脚的时候她都用脚打水玩，玩的呵呵笑！

2.因为是冬天，我家宝宝两三天洗一次澡，所以不洗澡的时候洗脚时必需的，把脚洗的热乎乎的睡觉才舒服嘛。

3.我家宝宝一般都是早上起来洗个小澡（我家说"小澡"是指下

半身全部入水），晚上洗洗小屁屁。我们觉得宝宝现在还小，基本不怎么走路，所以目前还没考虑洗脚的问题。等开始走路的时候再考虑给她洗脚。

4.我家宝宝是4、5个月开始洗脚的。每晚用温水慢慢撩水在小脚上，他很喜欢，还发出哗哗的声音吸引他的注意，不亦乐乎……再放进水里撮一撮，连同小腿一起，速度尽量快些，天冷，最后再玩玩脚丫，让他感到很有趣。

夏天不要用冷水洗脚

夏季宝宝大多穿着轻便凉鞋、拖鞋，喜欢用凉水冲洗双脚。特别是很多男孩子在运动打球之后，喜欢把脚直接放在水龙头下冲一冲，既方便又舒服。然而，夏天经常用凉水冲脚，却对健康有害无益。

为什么夏季不能用凉水洗脚

俗话说，"寒从脚下起"。人的双脚密布许多血管，分布的穴很多，约占全身穴位的十分之一。值得一提的是，在脚心处有一个很重要的涌泉穴，这正好也是人体站立时最低的穴位。涌泉穴是具有急救作用、防病健身等多种作用的重要穴位。

热水洗脚后经常搓揉涌泉穴，有防病健身作用，历代都把这个简便易行的方法作为养生的重要内容。

此外，脚的部位离心脏最远，又是毛细血管分支的末梢所在，其脚底是人体全身温度最低的地方。同时脚下的脂肪层又薄，保温性能差，很易受凉。如果在夏季经常用冷水冲脚，使脚进一步受凉，久而久之，寒冷之气通过经络、血管可导致周身一系列复杂病理反应，最终导致很多疾病。

另外，因为脚底的汗腺较为发达，在运动出汗之后突然用凉水冲脚，会使毛孔骤然关闭阻塞，时间长了会引起排汗机能障碍。特别是脚上的感觉神经末梢受凉水刺激后，正常运转的血管组织剧烈收缩，日久会导致舒张功能失调，诱发关节炎、风湿病等。即使是光脚在凉爽的空调房内长时间逗留，也可能对身体造成同样的危害。

宝宝不宜穿高跟鞋

宝宝骨骼的生长发育非常迅速，穿高跟鞋会令趾骨、跖骨变形且变粗，妨碍关节的灵活性。并还易引起趾外翻、平足等畸形的发生。此外，穿高跟鞋时，上身向前倾，臀部向上突出，身体的重心落在脚趾上，正常的重力传递线就会移位，有碍于身体的正常生长发育。假如女孩子过早穿高跟鞋，还会引起骨盆的入口处变狭窄，必将会影响成年后的生育。

·亲子心经·

尽量不要给宝宝穿皮鞋，因为儿童的骨质松软，生长发育很快，太早给宝宝穿皮鞋，会影响脚部的血液循环，影响脚趾与脚掌的生长发育，易导致脚变畸形。

鞋子要常换

长时间穿一双鞋还容易导致脚气的发生。脚会出汗，鞋在穿过一天之后都会变得潮湿，而且至少需要24小时才会完全干透。每天都穿同一双鞋，会令脚长期处在一种潮湿的状态下，病菌就更加容易滋生，导致脚气的真菌便是其中一例。父母最好给宝宝准备两双鞋隔天换着穿，使得另一双鞋彻底干燥。

教宝宝保持公共环境卫生

一个人不仅要重视个人卫生和家庭卫生，也要重视公共环境的卫生。有很多人穿的干净利落，甚是时尚前卫，但是走在大街上就原形毕露，垃圾随地扔，痰随地吐，毫无顾忌。父母要让宝宝从小有这方面的意识，培养宝宝这方面的习惯，让宝宝做个文明的宝宝。

一般人们都会觉得，自己家里的卫生由自己控制，而公共场所的卫生即便自己保持了也没有用，别人照样会弄脏。而且自己又不在那儿待多久，没有必要在意。

可是哪个人喜欢坐在垃圾旁边，喜欢踩在满是痰液的水泥地板上，又有哪个人看见旁边的人一口痰飞到自己脚边而不生气、恶心呢？

如果人人都抱着这种心态那公共卫生是没法保持了。试想如果每个人都自觉起来，维护公共卫生，那结果会是另一种情况。人们共同生活的地方的环境卫生，要靠大家共同努力来保持，这是符合每个人的利益和要求的。

自觉保持环境卫生不仅是一个人的自身修养和素质的外在表现，更是社会公德所要求的，它关系到一个人的素质水平和一个民族及国家的社会风貌。

不乱丢垃圾的宝宝

要让宝宝养成不乱扔垃圾的习惯。平时告诉宝宝，乱丢垃圾是很没有礼貌和教养的表现，别人看见了会觉得宝宝不乖。平时出门时可让宝宝拿个塑料袋，产生的垃圾如果不方便丢的话可暂时装到塑料袋子里，遇到垃圾桶时再丢。如果在路上看见别的宝宝乱丢垃圾可明确告诉宝宝，那些乱丢垃圾的宝宝不对，不能模仿。

一位妈妈的日记

我一大早起来带宝宝到外面吃早餐。给小树树要了一碗热干面加一杯酸奶。看看时间不早了，我说酸奶就边走边喝吧。刚走出餐厅门我就听见吸管空吸的声音，估计是喝完了。

到幼儿园骑车也就花十分钟的时间，今早还飘着小雨，下车后我催促小树树快进去，他却往相反的方向走，我说你去哪？树树将手中酸奶杯一扬也不说话，原来是去扔酸奶杯。冰冷的酸奶杯树树居然一路捏过来没丢掉！

返回的路上我忽然想起看过的一篇文章，大意是一对父子去小镇旅游，一天他们包车去一个风景地，到达后父亲问："是现在付钱你晚些再来接我还是……"司机说："不用，你们游完了打电话，我等你们就是"。在游玩中父亲其实也想过要是他们不叫原来的车回去可以省下一半的路费，但是他更好奇的是素不相识的车主为什么会相信他们就一定会再找他。于是在车主接父子俩回来的路上父亲提出了这个问题，车主说："我看到你孩子上车前手上就拿着一个盛早点的塑料袋，却一直到下车时看到垃圾桶才扔掉，我没有理由不相信教育这孩子的家长，你也肯定不会在孩子面前失信！"父亲恍然大悟，却也会心地笑了！

不乱涂乱画的宝宝

年龄比较小的宝宝并不是有意要弄脏墙壁，他不了解为什么只能在纸上画，而不能在其他地方画，只觉得门和墙壁大，画起来开心、方便，可以随心所欲，无拘无束。年龄稍大一些的宝宝虽然知道不该在墙上乱画，但由于自制力差，当他高兴地拿到笔时，常常忘记成人对他提过的要求。

无论是哪种情况，都应该让宝宝懂得，到处乱涂乱画是不对的，只能在纸上画。从宝宝拿到笔学画画，或任意涂鸦时，父母就要给他一张大的纸，告诉他只有画在纸上，不能在桌子、椅子、及墙上画。一旦发现宝宝在墙上、门上及不该画的地方随便乱画时，必须对宝宝表示不满，指出他做得不对之处，并以画脏的墙壁和洁白的墙壁对比，进行教育，尽可能和宝宝一起把画脏的墙壁刷掉或擦干净，要使宝宝付出努力，使他知道，由于自己的过失造成的后果，并体验到使墙壁重新恢复洁白很不容易，需花费很大的力气，从而增强改正缺点的有意性和自觉性。

不随地吐痰的宝宝

随地吐痰是个十分不文明的现象，但却很普遍，即便在北京上海这些比较发达的大城市，也到处可见随地吐痰的人，尤其是男同胞，西装革履却毫无顾忌地随时随地吐痰，让人心生厌恶感。父母要从小告诉宝宝随地吐痰的危害，并告诉宝宝随地吐痰是件很不光荣的事情。同时还要教宝宝正确地处理痰液的方法：随身携带手纸，如果有痰液可在厕所或躲过人群将痰液吐在纸里扔到垃圾桶中。

·亲子心经·

父母要给宝宝做个好榜样，尤其是父亲，更要养成不随地吐痰的习惯。如果父亲当着宝宝的面随地吐痰，却口口声声要求宝宝不能随地吐痰，那就有些虚伪，难以让宝宝信服。